Conheça o
Saraiva Conecta

Uma plataforma que apoia o leitor em sua jornada de estudos e de atualização.

Estude *online* com conteúdos complementares ao livro e que ampliam a sua compreensão dos temas abordados nesta obra.

Tudo isso com a **qualidade Saraiva Educação** que você já conhece!

Veja como acessar

No seu computador
Acesse o *link*

https://somos.in/TGDIR6

No seu celular ou tablet
Abra a câmera do seu celular ou aplicativo específico e aponte para o *QR Code* disponível no livro.

Faça seu cadastro

1. Clique em **"Novo por aqui? Criar conta"**.

2. Preencha as informações – insira um *e-mail* que você costuma usar, ok?

3. Crie sua senha e clique no botão **"CRIAR CONTA"**.

Pronto!
Agora é só aproveitar o conteúdo desta obra!*

Qualquer dúvida, entre em contato pelo *e-mail* **suportedigital@saraivaconecta.com.br**

Confira o material do professor
Ricardo Maurício Freire Soares
para você:

https://somos.in/TGDIR6

* Sempre que quiser, acesse todos os conteúdos exclusivos pelo *link* ou pelo *QR Code* indicados.
O seu acesso tem validade de 24 meses.

- Caderno Extra de Questões de Concursos Públicos para as Carreiras Jurídicas
- Caderno Extra de Questões de Provas do Exame de Ordem (OAB)
- Caderno Extra de Questões Discursivas elaboradas pelo próprio Autor
- Videoaulas com exposições das ideias gerais de cada capítulo
- Mapas Mentais dos conceitos principais de cada capítulo

Ricardo Maurício Freire Soares

TEORIA GERAL DO DIREITO

2024
6ª edição
Obra revista, ampliada e atualizada

saraiva jur

DADOS INTERNACIONAIS DE CATALOGAÇÃO NA PUBLICAÇÃO (CIP)
DE ACORDO COM ISBD
ELABORADO POR ODILIO HILARIO MOREIRA JUNIOR – CRB-8/9949

S676t Soares, Ricardo Maurício Freire
Teoria Geral do Direito / Ricardo Maurício Freire Soares – 6. ed. – São Paulo : SaraivaJur, 2024.
552 p.
ISBN: 978-85-5362-348-8 (impresso)
1. Direito. 2. Norma Jurídica. 3. Normas Morais. 4. Princípios Jurídicos. 5. Teoria do Direito Intertemporal. I. Título.

2023-1844
CDD 340
CDU 34

Índice para catálogo sistemático:
1. Direito   340

Av. Paulista, 901, Edifício CYK, 4º andar
Bela Vista – São Paulo – SP – CEP 01310-100

SAC sac.sets@saraivaeducacao.com.br

Diretoria executiva	Flávia Alves Bravin
Diretoria editorial	Ana Paula Santos Matos
Gerência de produção e projetos	Fernando Penteado
Gerência de conteúdo e aquisições	Thais Cassoli Reato Cézar
Gerência editorial	Livia Céspedes
Novos projetos	Aline Darcy Flôr de Souza
	Dalila Costa de Oliveira
Edição	Ana Carolina de Souza Gomes
Design e produção	Jeferson Costa da Silva (coord.)
	Camilla Felix Cianelli Chaves
	Guilherme Henrique M. Salvador
	Lais Soriano
	Rosana Peroni Fazolari
	Tiago Dela Rosa
Planejamento e projetos	Cintia Aparecida dos Santos
	Daniela Maria Chaves Carvalho
	Emily Larissa Ferreira da Silva
	Kelli Priscila Pinto
Diagramação	Adriana Aguiar
Revisão	Cecília Devus
Capa	Paulo Caetano
Produção gráfica	Marli Rampim
	Sergio Luiz Pereira Lopes
Impressão e acabamento	Gráfica Paym

Data de fechamento da edição: 2-10-2023

Dúvidas? Acesse www.saraivaeducacao.com.br

Nenhuma parte desta publicação poderá ser reproduzida por qualquer meio ou forma sem a prévia autorização da Saraiva Educação. A violação dos direitos autorais é crime estabelecido na Lei n. 9.610/98 e punido pelo art. 184 do Código Penal.

| CÓD. OBRA | 15870 | CL | 608809 | CAE | 840556 |

*A Nossa Senhora, no mês da celebração de
sua providência divina, para que continue a abençoar-nos e
a guiar-nos em direção à senda iluminada do bem e da justiça.*

Acontecimento

Haverá na face de todos um profundo assombro
na face de alguns risos sutis cheios de reserva
Muitos se reunirão em lugares desertos
E falarão em voz baixa em novos possíveis milagres
Como se o milagre tivesse realmente se realizado
Muitos sentirão alegria
Porque deles é o primeiro milagre
E darão o óbolo do fariseu com ares humildes
Muitos não compreenderão
Porque suas inteligências vão somente até os processos
E já existem nos processos tantas dificuldades...
Alguns verão e julgarão com a alma
Outros verão e julgarão com a alma que eles não têm
Ouvirão apenas dizer...
Será belo e será ridículo
Haverá quem mude como os ventos
E haverá quem permaneça na pureza dos rochedos
No meio de todos eu ouvirei calado e atento, comovido e risonho
Escutando verdades e mentiras
Mas não dizendo nada
Só a alegria de alguns compreenderem bastará
Porque tudo aconteceu para que eles compreendessem
Que as águas mais turvas contêm às vezes as pérolas mais belas.

Vinicius de Moraes

SUMÁRIO

I – TEORIA GERAL DA NORMA JURÍDICA.. 1

1. O direito como fenômeno normativo 1
2. Normas morais *vs.* normas jurídicas: critérios distintivos............ 5
3. Os atributos das normas jurídicas... 8
   - 3.1 Validade... 8
   - 3.2 Vigência... 9
   - 3.3 Vigor 12
   - 3.4 Eficácia 13
   - 3.5 Legitimidade 14
4. Classificação das normas jurídicas... 18
   SINOPSE.. 27

II – TEORIA DOS PRINCÍPIOS JURÍDICOS 33

SINOPSE.. 41

III – TEORIA DO DIREITO INTERTEMPORAL 45

1. A cessação da vigência 45
   - 1.1 Revogação 45
   - 1.2 Caducidade 47
   - 1.3 Desuso 47

2. A possibilidade da repristinação 49
3. O binômio irretroatividade *vs.* retroatividade das normas jurídicas 50
   SINOPSE 52

IV – TEORIA DAS FONTES DO DIREITO 57

1. Fontes do direito: conceito e acepções 57
2. Legislação 58
3. Jurisprudência 67
4. Doutrina 73
5. Costume jurídico 75
6. Negócio jurídico 77
7. Poder normativo dos grupos sociais 78
   SINOPSE 78

V – TEORIA DA RELAÇÃO JURÍDICA 81

1. Relação jurídica: conceito e elementos constitutivos 81
2. Fato jurídico 84
3. Sujeitos de direito 85
4. Direito subjetivo 88
5. Dever jurídico 92
6. Ilicitude 93
7. Sanção jurídica 94
   SINOPSE 98

VI – TEORIA DO ORDENAMENTO JURÍDICO 103

1. Ordenamento jurídico: a noção de sistema 103
2. O problema da integração das lacunas jurídicas 106
3. O problema da solução das antinomias jurídicas 111

4. Os conflitos principiológicos, a ponderação de bens e interesses e a proporcionalidade 114
SINOPSE 120

VII – TEORIA DO PENSAMENTO JURÍDICO: JUSNATURALISMO 127

1. Jusnaturalismo: conceito e caracteres 127
2. Jusnaturalismo cosmológico 128
3. Jusnaturalismo teológico 135
4. Jusnaturalismo racionalista 138
5. Jusnaturalismo contemporâneo 142
6. Críticas ao jusnaturalismo 143
SINOPSE 145

VIII – TEORIA DO PENSAMENTO JURÍDICO: JUSPOSITIVISMO 149

1. Positivismo jurídico: conceito e caracteres 149
2. O positivismo legalista 150
3. Historicismo jurídico e sociologismo jurídico: a oposição ao positivismo legalista 152
4. O positivismo lógico – a teoria pura do direito 156
5. Críticas ao positivismo jurídico 161
SINOPSE 164

IX – TEORIA DO PENSAMENTO JURÍDICO: PÓS-POSITIVISMO 171

1. A crise da modernidade positivista e o direito 171
2. Caracteres do direito pós-moderno 186
3. O pós-positivismo jurídico como superação da modernidade 192
4. O culturalismo jurídico 195
5. O raciovitalismo jurídico 200
6. A tópica jurídica 203

7. A nova retórica jurídica.. 205
8. O direito alternativo.. 212
9. O neocontratualismo jurídico 214
10. O funcionalismo jurídico... 217
11. O substancialismo principiológico... 220
12. O procedimentalismo discursivo... 224
13. O neoconstitucionalismo.. 231
    SINOPSE.. 237

X – TEORIA DO NEOCONSTITUCIONALISMO BRASILEIRO: A DIGNIDADE DA PESSOA HUMANA E O DEVIDO PROCESSO LEGAL COMO MARCOS JUSFUNDAMENTAIS 245

1. Neoconstitucionalismo e o princípio da dignidade da pessoa humana 245
2. A dignidade da pessoa humana como valor-fonte da experiência axiológica do direito 247
3. O reconhecimento jurídico do princípio da dignidade da pessoa humana: da internacionalização dos direitos humanos ao fenômeno da positivação constitucional 250
4. O princípio da dignidade da pessoa humana no sistema constitucional brasileiro 253
5. A dignidade da pessoa humana: uma proposta de delimitação do significado ético-jurídico.. 256
6. As modalidades de eficácia do princípio constitucional da dignidade da pessoa humana.. 259
7. A dignidade da pessoa humana e a releitura da teoria jusfundamental 262
8. A cláusula principiológica do devido processo legal: significado e origem histórica 271
9. A cláusula principiológica do devido processo legal em sentido formal: garantias processuais... 273

10. A cláusula principiológica do devido processo legal em sentido substancial: a busca de um processo justo 282
11. O devido processo legal e a dignidade da pessoa humana: uma imbricação necessária 288
12. O devido processo legal e a indissociabilidade entre o direito material e o direito processual 293
    SINOPSE 297

XI – TEORIA DA INTERPRETAÇÃO DO DIREITO 307

1. Hermenêutica e interpretação 307
2. Matrizes filosóficas da hermenêutica jurídica 309
3. O problema da interpretação do direito 326
4. Caracteres da interpretação do direito 327
5. Interpretação do direito e a linguagem humana 330
6. Técnicas de interpretação do direito 336
7. A dicotomia vontade do legislador *vs.* vontade da lei 338
8. Interpretação do direito e as cláusulas gerais 341
9. Interpretação do direito e as máximas de experiência 344
10. Interpretação do direito e os conceitos jurídicos indeterminados 346
11. Interpretação do direito e jurisprudência 349
12. Interpretação do direito e o binômio segurança jurídica *vs.* justiça 354
    SINOPSE 356

XII – TEORIA DAS FUNÇÕES SOCIAIS DO DIREITO 363

1. Direito e controle social 363
2. Direito e mudança social 368
3. Direito e estratificação social 374
    SINOPSE 378

XIII – MARCOS LEGAIS PARA A APLICAÇÃO DA TEORIA GERAL DO DIREITO NO ORDENAMENTO JURÍDICO BRASILEIRO 381

1. A eficácia das normas legislativas no tempo e no espaço: exame da LINDB – Lei de Introdução às Normas do Direito Brasileiro 381
2. A técnica de nomogênese legislativa: exame da Lei Complementar n. 95/98 386
3. O Código de Processo Civil (CPC/2015): contributos para a Teoria Geral do Direito 391

SINOPSE 396

QUESTÕES DE TEORIA GERAL DO DIREITO – CONCURSOS PÚBLICOS, EXAMES NACIONAIS DE CURSO, EXAMES DE ORDEM (OAB) E AUTORIA PRÓPRIA 399

REFERÊNCIAS 527

TEORIA GERAL DA NORMA JURÍDICA

1. O DIREITO COMO FENÔMENO NORMATIVO

O termo "direito" comporta diversos sentidos: faculdade de realizar ou não realizar um dado comportamento na zona social do permitido (direito subjetivo); realização de uma ideia universal e absoluta de justiça (direito natural); conjunto de normas éticas que organizam as relações fundamentais do Estado e da sociedade civil (direito positivo); e forma de conhecimento do fenômeno jurídico (ciência do direito).

Como premissa para o labor teórico que será empreendido nesta obra, o vocábulo direito designará um tipo singular de experiência normativa no âmbito da sociedade humana, que se correlaciona com os fatos e valores partilhados por uma dada comunidade histórico-cultural.

Nesse sentido, merece ser rememorada a lição inolvidável de Norberto Bobbio (2003, p. 23), para quem, sem embargo de outras perspectivas teóricas, o melhor modo de aproximar-se do fenômeno jurídico e apreender seus traços característicos essenciais é considerar o direito, ontologicamente, como um conjunto de normas de conduta. Isso ocorre porque a vida social se desenvolve em um mundo de normas, porquanto os seres humanos encontram-se envoltos em uma rede muito espessa de regras de conduta que, desde o nascimento até a morte, dirigem nesta ou naquela direção as ações dos indivíduos. Desponta, assim, o fenômeno jurídico como uma verdadeira experiência normativa de orientação do comportamento humano em sociedade.

Decerto, as sociedades humanas, diferentemente das sociedades sub-humanas, não são regidas por um rígido determinismo biológico, porquanto o ser humano transcende o plano das vivências exclusivamente instintivas. Sendo assim, torna-se necessário organizar um sistema de controle social capaz de harmonizar a convivência das diversas esferas de liberdade individual e regular as interações da conduta humana.

Para tanto, como assinala Norberto Bobbio (2003, p. 26), cada grupo humano e indivíduo singular, enquanto almeja objetivos a atingir, estipula também os meios mais adequados, ou aqueles que julga mais adequados para atingi-los. A relação meio/fim dá, geralmente, origem a regras de conduta do tipo: "Se você quer atingir o objetivo A, *deve* praticar a ação B". Eis, portanto, a natureza imputativa da normatividade social: um conjunto de estruturas de dever-ser que orientam o comportamento humano.

Nesse compasso, são produzidas normas sociais que estabelecem as pautas de dever-ser comportamental, prescrevendo qual deve ser o comportamento socialmente aceito e qual deve ser a punição aplicada na hipótese de descumprimento dos preceitos normativos que são estabelecidos pela sociedade.

Do ângulo da normatividade social, a conduta humana pode figurar como objeto de duas considerações: ética e técnica. Nesse último prisma temático, teremos sempre que considerar qualquer ato no sentido oposto ao temporal, isto é: dos fins para os meios. Se, ao revés, a consideração da conduta seguir o sentido temporal – dos meios para os fins –, teremos uma consideração ética. Para o campo ético, a escolha do meio não tem por objeto sua maior eficácia, mas, em verdade, a sua maior adequação aos valores sociais.

As normas técnicas buscam disciplinar o comportamento humano de modo axiologicamente neutro, priorizando a realização de certos fins em detrimento dos meios que são empregados pelo agente social, tendo em vista a otimização dos resultados (*v.g.*, normas da ABNT para o enquadramento formal dos trabalhos científicos).

Por sua vez, as normas éticas regulam a conduta humana de modo a preservar o valor do justo, priorizando o uso de meios socialmente legítimos para a realização de um comportamento que materialize dada finalidade. As normas éticas integram uma categoria genérica que comporta ainda as normas de etiqueta, as normas morais e as normas jurídicas.

As normas de etiqueta são pautas comportamentais que disciplinam certos hábitos de polidez ou decoro no tratamento com as pessoas ou as coisas, regulando aspectos éticos de menor relevância para a vida social, visto que a sociedade sobrevive sem essas normas de trato social, como, por exemplo, as normas para uso de talheres no jantar.

O descumprimento de uma norma de etiqueta configura uma descortesia, gerando uma sanção social de índole difusa. Essa punição social é considerada difusa porque todo e qualquer ator social pode aplicá-la por meio de manifestações concretas de ostracismo (sorriso, olhar, silêncio, gesto), não havendo, portanto, monopólio ou exclusividade institucional na aplicação desse expediente sancionatório. Outra característica da chamada sanção difusa reside na sua natureza espontânea, porque brota do seio das relações humanas sem que seja possível prever, antecipadamente, o seu conteúdo e a sua intensidade como reação social à descortesia.

Por um lado, as normas morais são cânones de comportamento que disciplinam aspectos éticos mais relevantes para o convívio grupal. Os valores regulados pela moral já traduzem uma maior importância no sentido de assegurar o equilíbrio e a coesão da sociedade. A falta de cumprimento de uma norma moral configura uma imoralidade, forma mais grave de infração social, oportunizando também a aplicação de uma sanção de natureza difusa, geralmente mais contundente que aquela punição oriunda de uma mera descortesia. É o que sucede quando um grupo de amigos exclui do convívio grupal um indivíduo reconhecido como um mentiroso contumaz, em face de seu comportamento imoral.

Como se verifica do exposto, a sanção difusa apresenta diversos graus de gravidade. Parte-se da pura ou simples reprovação para chegar-se até a eliminação do grupo, que pode consistir em alguma forma de isolamento no interesse próprio do grupo ou em uma verdadeira expulsão. A forma mais grave dessa modalidade de sanção social é o linchamento, que é uma típica sanção grupal, expressão daquela forma primitiva, espontânea e irrefletida de vingança pelo grupo social.

Os defeitos da sanção difusa, aplicada nas situações de descortesia e de imoralidade, são representados pela incerteza do seu êxito, pela inconstância da sua aplicação e pela falta de medida na relação entre violação e resposta. Esses inconvenientes dependem do fato de que esse tipo de sanção não é institucionalizado, ou seja, não é regulado por normas fixas, precisas, cuja execução esteja confiada estavelmente a alguns membros do grupo, expressamente designados para isto.

Por outro lado, as normas jurídicas são normas sociais que correspondem ao chamado "mínimo ético", visto que, ao disciplinar a interação do comportamento humano em sociedade, estabelecem os padrões de conduta e os valores indispensáveis para a sobrevivência de dado grupo social. Isso ocorre porque o direito está situado na última fronteira do controle social, configurando o núcleo duro das instâncias de normatividade ética, atuando a sanção jurídica quando o espírito transgressor ingressa na zona mais restrita do juridicamente proibido, pois, sendo a vida humana a expressão de uma liberdade essencial, tudo que não está juridicamente proibido está juridicamente permitido.

Como bem ressalta Paulo Dourado de Gusmão (2003, p. 31), do tipo de agrupamento social depende a conformação de sua ordem jurídica, destinada a satisfazer as necessidades essenciais do indivíduo e da coletividade, dirimindo possíveis conflitos de interesses e assegurando a justa e equilibrada continuidade das relações sociais, pois onde houver uma sociedade humana, sempre haverá o fenômeno jurídico, tal como se pode depreender do tradicional e sábio brocardo latino: *ubi societas, ibi jus*.

Por sua vez, o descumprimento de uma norma jurídica gera uma ilicitude, a mais grave forma de infração social, quando comparada com a descortesia e com a imoralidade. A sanção oriunda de uma ilicitude apresenta natureza organizada, porque já está previamente determinada no sistema jurídico-normativo, ao contrário do que sucede com a mencionada sanção difusa. Ademais, o Estado (Poder Judiciário, Administração Pública ou Parlamento) detém o monopólio da aplicação da sanção jurídica (indenização por perdas e danos, multa, privação de liberdade, suspensão de direitos políticos), enquanto a sanção difusa pode ser aplicada por qualquer agente social, diante das manifestações de descortesia ou de imoralidade.

Saliente-se ainda a natureza histórico-cultural dos padrões de normatividade ética, porquanto as noções de cortesia, moralidade e licitude podem variar no tempo e no espaço. É o que sucede com a poligamia, aceita pelos parâmetros éticos de sociedades orientais islâmicas e, ao revés, condenada como imoralidade e ilicitude em muitas sociedades ocidentais de base judaico-cristã.

Ademais, as esferas comportamentais reguladas pelas normas de etiqueta, normas morais e normas jurídicas não estão isoladas, sendo possível, por exemplo, que uma mesma conduta humana seja reprovada tanto pela moral quanto pelo direito. Muitas proibições morais são também proibições jurídicas. É o que ocorre com a proibição de matar. Estabelecida comumente no âmbito dos Códigos Penais do ocidente, como um preceito normativo que, uma vez descumprido, configura o crime de homicídio, o ato de matar outrem é passível de punição organizada pelo Estado, sem prejuízo da aplicação de uma sanção difusa pelo conjunto da opinião pública, pois esse comportamento revela-se também imoral, por violar uma prescrição moral internalizada pela sociedade judaico--cristã a partir do reconhecimento da importância ético-valorativa do Decálogo Bíblico.

2. NORMAS MORAIS *VS.* NORMAS JURÍDICAS: CRITÉRIOS DISTINTIVOS

Os cultores da ciência do direito costumam dedicar atenção especial à diferenciação entre dois principais tipos de normatividade ética: as normas morais e as normas jurídicas.

Como bem assinala Paulo Nader (2003, p. 33), a análise comparativa entre a ordem moral e a jurídica é importante não apenas quando indica os pontos de distinção, mas também quando destaca os focos de convergência, pois a compreensão cabal do direito não pode prescindir do exame dos intricados problemas que essa matéria apresenta para o estudioso da ciência jurídica, mormente ao constatar-se que direito e moral não se excluem por completo, mas, ao revés, mutuamente se complementam e se influenciam no plano ético.

Embora existam muitos pontos de confluência das normas morais com as normas jurídicas, pode-se afirmar que a moral se manifesta, prevalentemente, como uma instância de normatividade ética de natureza autônoma, interior, unilateral e menos coercitiva do que o direito, tutelada por meio de um conjunto de sanções difusas aplicadas pela opinião pública, enquanto o direito figura como uma instância de normatividade ética de natureza heterônoma, exterior, bilateral e mais coercitiva do que os padrões de moralidade social, protegida por um complexo institucional de sanções organizadas, que são aplicadas pelo Estado.

Fincadas essas premissas, convém decompor analiticamente os elementos que justificam a distinção entre a moral e o direito, à luz dos seguintes binômios: autonomia *vs* heteronomia; interioridade *vs* exterioridade; unilateralidade *vs* bilateralidade; menor grau de coercitividade *vs* maior grau de coercitividade; sanção difusa *vs*. sanção organizada.

As normas morais se revelam como instâncias autônomas de normatização do agir humano, porque o sujeito moral ostenta a prerrogativa de orientar-se conforme a sua vontade. Nesse sentido, o sujeito moral adere ou não ao preceito da moralidade, não podendo ser obrigado por outrem para se comportar em conformidade com os padrões morais. As normas jurídicas são heterônomas, uma vez que são impostas por um ente distinto do indivíduo (como no caso de uma lei produzida pelo Estado), independentemente da vontade do sujeito de direito. Logo, a norma jurídica deve ser acatada sem a prévia concordância dos agentes sociais.

Por outro lado, as normas morais se dirigem para as dimensões interiores da existência humana, porque regulam a consciência individual. No plano das normas morais, a sanção é puramente interior. A única consequência desagradável da violação de uma norma moral seria o sentimento de culpa, um estado de incômodo, de perturbação ou de angústia. Daí a razão pela qual o mau pensamento pode ser uma imoralidade, cuja sanção deve manifestar-se como remorso ou arrependimento. A seu turno, as normas jurídicas necessitam de comportamentos exteriores para serem aplicadas. Esta é a razão pela qual os crimes para ser punidos exigem a materialização de certos comportamentos, não se podendo sancionar a mera cogitação de um delito na mente do criminoso. A sanção jurídica é, portanto, externa, produzindo efeitos no plano empírico dos fatos ou fenômenos sociais.

As normas morais são unilaterais, porque estão destinadas à disciplina do comportamento de um indivíduo isolado. Decerto, a conduta humana pode ser vislumbrada em interferência subjetiva (o fazer e o omitir de um mesmo sujeito) – ângulo da moral – ou visualizada em interferência intersubjetiva (correlação entre o fazer de um e o impedir de outro ou de outros seres humanos) – perspectiva do direito. Saliente-se que só a sanção jurídica é exigível, o que significa poder atualizar-se mediante a via judicial. O dever moral não pode ser, portanto, exigido compulsoriamente por outro agente social. Logo, não se pode obrigar alguém, por exemplo, a conceder esmolas, para seguir um preceito de moralidade cristã.

As normas jurídicas são bilaterais, porque regulam sempre uma relação intersubjetiva. O direito enfoca a conduta em sua interferência intersubjetiva (correlação entre o fazer de um e o impedir do outro). Daí que a norma jurídica mencione não apenas o dever que tem um sujeito, mas um dever perante o outro sujeito, que tem, portanto, o direito, a faculdade de exigir-lhe a prestação. Em toda relação jurídica, é possível identificar um sujeito ativo, titular da faculdade de exigir um dever jurídico, e um sujeito passivo, obrigado ao cumprimento desse mesmo dever jurídico. O dever jurídico pode ser exigido institucionalmente, por meio da instauração de um processo administrativo ou jurisdicional, quando se propõe uma ação, o que ocorre, por exemplo, quando o credor (sujeito ativo) promove a execução judicial de uma dívida assumida pelo devedor (sujeito passivo).

As normas morais são, geralmente, menos coercitivas do que as normas jurídicas, atuando no psiquismo do potencial infrator de modo menos contundente, já que o temor da aplicação de uma sanção moral é menor que a aflição gerada pela possibilidade de materialização de uma sanção jurídica.

As normas jurídicas são, geralmente, mais coercitivas do que as normas morais, atuando no psiquismo do potencial infrator de modo mais contundente, já que o temor da aplicação de uma sanção jurídica é maior que a aflição gerada pela possibilidade de materialização de uma sanção moral. Na maioria das vezes, é preferível praticar um pecado (imoralidade religiosa) a realizar uma ilicitude, que pode acarretar um maior constrangimento ao indivíduo, seja de natureza patrimonial (indenização por perdas e danos), seja de natureza pessoal (privação da liberdade).

Inicialmente, as sanções impostas pelas normas morais apresentam-se difusas, porque se originam do descumprimento da moralidade social e são aplicadas por todo e qualquer indivíduo, de forma espontânea e concreta, sem que se possa antecipar o seu conteúdo e a sua intensidade.

Por sua vez, as sanções impostas pelas normas jurídicas são organizadas, porque o Estado detém o monopólio de aplicação da sanção jurídica, prevista institucionalmente no sistema normativo do direito positivo, podendo ser conhecida de antemão o seu contéudo pelos agentes sociais. Tanto é assim que qualquer sujeito de direito pode antecipadamente saber qual deve ser a sanção jurídica a ser aplicada na hipótese de furto – o ato de subtrair, para si ou para outrem, coisa alheia móvel – visto que o art. 155 do Código Penal de 1940 estatui, abstratamente, a pena de reclusão, de um a quatro anos, e multa.

3. OS ATRIBUTOS DAS NORMAS JURÍDICAS

O tema dos atributos das normas jurídicas é bastante controverso no campo doutrinário, o que dificulta a estruturação de uma uniformidade conceitual e semântica pelos estudiosos do direito. Sem embargo de posições científicas contrárias, podem ser reconhecidos, majoritariamente, os seguintes atributos das normas jurídicas: validade; vigência; vigor; eficácia técnico-jurídica (aplicabilidade); eficácia social (efetividade); e, por derradeiro, legitimidade.

Posto isso, cumpre examinar, cuidadosamente, cada um dos referidos atributos das normas jurídicas, procurando diferenciá-los de alguns conceitos que, embora correlatos, expressam diferentes fenômenos no campo da teoria das normas jurídicas.

3.1 Validade

A validade normativa é verificada mediante a correspondência vertical de uma norma jurídica inferior com uma norma jurídica superior, seja porque o conteúdo é compatível (validade material), seja porque foi produzida por um órgão competente, dentro do procedimento previamente estabelecido pela normatividade jurídica superior (validade formal). Uma norma jurídica que representa o fundamento de validade de outra norma jurídica é figurativamente designada como norma superior, por confronto com uma norma que é, em relação a ela, a norma inferior.

Como assinala Machado Neto (1988, p. 335), o direito regula sua própria criação, ou melhor, a criação de novas normas jurídicas, porquanto, entre a norma geral e a conduta individual, há de mediar uma norma individual que possibilitará a aplicação da norma geral ao caso concreto. O sistema jurídico estabelecerá o *que* deve ser posto (conteúdo) na norma jurídica, assim como prescreverá *quem* deve criar (competência) e o *como* deve fazê-lo (procedimento).

Essa ideia de que o fenômeno jurídico engendra seu próprio sistema normativo está referida tanto no princípio estático-material quanto no princípio dinâmico-processual, os quais integram o arcabouço da Teoria Pura do Direito de Hans Kelsen, cuja instrumentalidade se revela essencial para a fundamentação lógica da ciência jurídica.

Descrevendo as relações de tais princípios com o conceito de validade normativa, pontifica Hans Kelsen (2006, p. 220) que o princípio estático-material e o princípio dinâmico-processual estão reunidos em uma e na mesma norma quando a norma fundamental pressuposta se limita, segundo o princípio dinâmico, a conferir poder a uma autoridade legisladora, e esta mesma autoridade ou outra por ela instituída não só estabelecem normas pelas quais delegam em outras autoridades legisladoras, mas também normas pelas quais se prescreve determinada conduta dos sujeitos subordinados às normas e das quais – como o particular do geral – podem ser deduzidas novas normas por meio de uma operação lógica.

Nesse sentido, a norma jurídica superior estabelece a matéria da norma jurídica inferior (o que deve ser prescrito), assim como prevê o órgão habilitado para produzi-la (quem deve prescrever) e o conjunto de ritos que devem ser seguidos para a criação da normatividade jurídica inferior (como deve ser prescrito).

A título exemplificativo, pode-se dizer que não seria válida uma legislação produzida pela Assembleia Legislativa do Estado de São Paulo que previsse a adoção da pena de morte no Brasil. Não haveria validade material, pois o conteúdo da norma jurídica inferior violaria o conteúdo da norma jurídica superior, visto que o art. 5º da Constituição Federal de 1988 veda a adoção da pena capital no sistema jurídico brasileiro, salvo em caso de guerra declarada. Por outro lado, esse diploma legal careceria de validade formal, porquanto, no federalismo brasileiro, somente o Congresso Nacional, órgão legislativo da União, tem competência para legislar sobre direito penal, por força do art. 22, I, da Constituição Federal de 1988, e não a Assembleia Legislativa do Estado de São Paulo, órgão legislativo de um Estado-membro da Federação brasileira.

3.2 Vigência

Entende-se por vigência o atributo normativo que expressa o tempo de validade da norma jurídica.

Não é outro o entendimento de Tercio Sampaio Ferraz Jr. (2007, p. 203), para quem a vigência se afigura como uma qualidade da norma jurídica que diz respeito ao período que vai do momento em que ela entra em vigor, passando a ter força vinculante, até o momento em que é revogada ou se esgota o prazo prescrito pelo sistema jurídico para a sua duração.

A vigência pode ser:

- determinada, quando o término da validade da norma jurídica é conhecido antecipadamente, como na hipótese das leis orçamentárias anuais, cuja vigência dura um ano de exercício fiscal, bem como no tocante às medidas provisórias, reguladas pelo art. 62 da Carta Magna de 1988, cuja atual sistemática contempla um prazo de vigência de 60 dias para sua conversão em lei, admitindo-se sua prorrogação uma única vez por igual período, totalizando, portanto, um período de 120 dias;

- indeterminada, quando não se pode precisar o término da validade normativa, permanecendo válidas as normas jurídicas até que sejam revogadas, total ou parcialmente, de forma tácita ou expressa, por outras normas jurídicas de igual ou superior hierarquia. Nesse sentido, pode-se afirmar que a Consolidação das Leis do Trabalho de 1943 apresenta vigência indeterminada, permanecendo ainda hoje vigentes muitos dos seus dispositivos normativos, visto que não previu, antecipadamente, a cessação do tempo de validade.

Embora sejam noções correlatas, não se pode confundir o conceito de vigência com a definição de incidência.

Entende-se por incidência o nexo entre publicação e início da vigência de uma norma jurídica. Pode-se falar tanto de normas jurídicas de incidência imediata, cujo início da vigência coincide com a data de sua publicação, quanto de normas jurídicas de incidência mediata, cujo início da vigência ocorre após a data de publicação, prevendo-se um lapso temporal de vacância normativa, que é conhecido, pela ciência jurídica, como *vacatio legis*.

Para que serve o prazo de *vacatio legis*?

Justifica-se esse lapso temporal de *vacatio legis* por um imperativo sociológico: a internalização pela sociedade das novas regras da convivência humana. Desse modo, o órgão que produz a norma jurídica confere à comunidade jurídica um período para que ocorra a efetiva assimilação dos novos preceitos normativos, mormente quando se trata de alteração normativa substancial dos padrões de comportamento em sociedade.

É o que sucedeu com o atual Código Civil brasileiro, que foi publicado em 2002 e iniciou sua vigência em 2003. No art. 2.044, o legislador civil estabeleceu que a referida codificação iniciaria sua vigência um ano após a sua publicação, prevendo-se, portanto, prazo de *vacatio legis* de um ano, a fim de que a sociedade pudesse incorporar em seu cotidiano as novas normas jurídicas concernentes a institutos fundamentais da coexistência humana, tais como a personalidade, a capacidade, a empresa, o contrato, a propriedade, o matrimônio e a sucessão hereditária.

Em matéria de *vacatio legis* no direito nacional, merecem ainda destaque dois importantes diplomas legislativos que disciplinam o tema.

Em primeiro lugar, deve ser invocada a Lei de Introdução às Normas do Direito Brasileiro (Decreto-Lei n. 4.657/42, com redação da ementa dada pela Lei n. 12.376/2010), que serve como uma verdadeira "Lei das Leis" (*Lex legum*), visto que estabelece critérios gerais para a produção, interpretação e aplicação das normas legislativas no Brasil.

Com efeito, preceitua seu art. 1º, *caput* e § 1º, que, salvo disposição contrária, a lei começa a vigorar em todo o país 45 dias depois de oficialmente publicada. Nos Estados estrangeiros, a obrigatoriedade da lei brasileira, quando admitida, se inicia três meses depois de oficialmente publicada.

Isso significa que, havendo silêncio do legislador sobre a fixação do prazo de vacância normativa, deve-se considerar o período de 45 dias no território brasileiro e o lapso temporal de três meses depois de oficialmente publicada para iniciar a sua vigência no exterior.

Em segundo lugar, cumpre mencionar a Lei Complementar n. 95/98, que dispõe sobre a elaboração, a redação, a alteração e a consolidação das leis, conforme determina o parágrafo único do art. 59 da Constituição Federal, e estabelece normas para a consolidação dos atos normativos que menciona.

Em seu art. 8º, estabelece a Lei Complementar n. 95/98 que a vigência de qualquer lei brasileira será indicada de forma expressa e de modo a contemplar prazo razoável para que dela se tenha amplo conhecimento, reservada a cláusula "entra em vigor na data de sua publicação" para as leis de pequena repercussão.

Sendo assim, com o advento da Lei Complementar n. 95/98, o legislador pátrio sinaliza sua atual preferência em favor de uma determinação explícita do marco temporal de início de vigência e, pois, do eventual período de *vacatio legis*, tornando meramente residual a regra do art. 1º, *caput* e § 1º, da Lei de Introdução às Normas do Direito Brasileiro, a ser usada somente se não houver menção expressa pela nova legislação. Ademais, inova o legislador brasileiro ao prever a necessidade de fixação de um prazo razoável de *vacatio legis*, para que a comunidade jurídica possa adaptar-se adequadamente a uma mudança legislativa de grande amplitude social.

Por derradeiro, saliente-se ainda que o estabelecimento do prazo de *vacatio legis* deflui da própria presunção segundo a qual nenhum sujeito do direito pode eximir-se de cumprir a lei e o ordenamento jurídico, alegando o desconhecimento dos preceitos normativos, postulado dogmático que é acatado e plenamente difundido no plano da ciência jurídica. Tanto é assim que, no âmbito do ordenamento jurídico brasileiro, o art. 3º da Lei de Introdução às Normas do Direito Brasileiro prescreve que ninguém se escusa de cumprir a lei, alegando que não a conhece.

3.3 Vigor

Vigor é o atributo das normas jurídicas que diz respeito a sua força vinculante, traduzindo, portanto, a impossibilidade de os sujeitos de direito subtraírem-se ao império dos seus efeitos jurídicos.

Com efeito, quando um diploma normativo está em vigor, a comunidade não pode afastar-se da imperatividade da norma jurídica, que, ao regular as situações ocorridas durante a sua vigência, atribui um plexo bilateral de direitos e deveres jurídicos correlatos.

Sendo assim, vigência e vigor não são verdadeiros sinônimos, embora haja ainda grande confusão terminológica na legislação, doutrina e jurisprudência. Uma norma jurídica pode estar vigente e em vigor, mas pode continuar ostentando vigor mesmo depois do término de sua vigência.

Nesse último caso, é o que sucede, por exemplo, com a hipótese normativa da ultratividade da legislação penal excepcional ou temporária, prevista no art. 3º do Código Penal brasileiro de 1940, ao preceituar que a lei excepcional ou temporária, embora decorrido o período de sua duração ou cessadas as circunstâncias que a determinaram, aplica-se ao fato praticado durante sua vigência.

3.4 Eficácia

A eficácia normativa é aquele atributo normativo que designa a possibilidade concreta de produção dos efeitos jurídicos. O problema da eficácia de uma norma é o problema de ser ou não seguida pelas pessoas a quem é dirigida (os chamados destinatários da norma jurídica) e, no caso de violação, ser imposta por meios coercitivos pela autoridade que a evocou.

Segundo Tercio Sampaio Ferraz Jr. (2007, p. 203), a eficácia figura como um atributo normativo que se relaciona com a produção concreta de efeitos, seja porque estão presentes as condições técnico-normativas exigíveis para sua aplicação, seja porque estão presentes as condições fáticas necessárias para sua observância, espontânea ou imposta, ou para a satisfação dos objetivos almejados.

Sendo assim, a eficácia de uma norma jurídica pode ser vislumbrada em duas acepções: a eficácia técnico-jurídica (aplicabilidade) e a eficácia social (efetividade).

Por um lado, a eficácia técnico-jurídica, também conhecida como aplicabilidade, verifica-se toda vez que uma norma jurídica dispõe das condições normativas necessárias para a produção dos seus efeitos no universo jurídico, não dependendo sua eficácia da elaboração de uma posterior norma jurídica.

Sendo assim, considera-se plenamente aplicável a norma depreendida do art. 13 da Constituição Federal de 1988, ao preceituar que a língua portuguesa é o idioma oficial da República Federativa do Brasil. Tal preceito normativo produz seus efeitos jurídicos independentemente da ulterior produção da normatividade infraconstitucional.

Por outro lado, resta comprometida a aplicabilidade da norma que se deduz do art. 153, VII, da Carta Magna pátria, ao estabelecer que compete à União instituir impostos sobre grandes fortunas, nos termos de lei complementar. Com efeito, a norma constitucional em comento só poderá produzir a amplitude dos seus efeitos jurídicos quando, enfim, for elaborada a referida lei complementar, que fixará os elementos da relação tributária decorrentes da instituição e da cobrança do imposto sobre grandes fortunas.

Noutro passo, a eficácia social, também denominada efetividade, é aquele atributo normativo que assinala a correspondência da norma jurídica com a realidade circundante, designando a compatibilidade dos modelos normativos com os fatos sociais. Quando a norma jurídica se apresenta efetiva, os dispositivos normativos são assimilados e cumpridos concretamente pelos sujeitos de direito.

Por exemplo, valendo-nos de uma argumentação *a contrario sensu*, pode-se afirmar que a Lei das Contravenções Penais (Decreto-Lei n. 688, de 1941) carece de efetividade, porquanto, no art. 58, tipifica o jogo do bicho como contravenção penal. Não obstante a existência de proibição legal expressa, o jogo do bicho é explorado e praticado livremente por parcelas significativas da sociedade brasileira, sem que os contraventores venham a sofrer, no plano fático, quaisquer sanções pelas autoridades constituídas. Nesse caso, a eficácia social ou efetividade do diploma legislativo resta seriamente comprometida.

3.5 Legitimidade

A legitimidade é o atributo normativo que designa a correlação da norma jurídica com o valor socialmente aceito de justiça. A norma jurídica é considerada legítima, quando a maioria da sociedade a considera justa, em dadas circunstâncias histórico-culturais.

O problema da legitimidade diz respeito à correspondência entre a norma e os valores supremos ou finais que inspiram determinado ordenamento jurídico. Estudar o problema da justiça de uma norma jurídica requer o exame da sua aptidão para realizar as estimativas axiológicas de uma sociedade, fazendo convergir o mundo ideal (plano do dever-ser) e o mundo real (plano do ser).

Para Norberto Bobbio (2003, p. 46), o problema se uma norma é justa ou não é um aspecto do contraste entre o mundo ideal e o mundo real, entre o que deve ser e o que é: norma justa é aquela que deve ser; norma injusta é aquela que não deveria ser. Pensar sobre o problema da justiça ou não de uma norma equivale a pensar sobre o problema da correspondência entre o que é real e o que é ideal.

Desde a antiguidade clássica até as discussões travadas no mundo contemporâneo, direito e justiça são termos que costumam estar profundamente associados. Isso porque, entre os diversos anseios fundamentais do ser humano, destaca-se a busca incessante pelo justo, seja na orientação das condutas individuais, seja na organização coletiva da vida em sociedade.

Como assinala Eduardo Bittar (2001, p. 429), a ideia de justiça, independentemente da tomada de posição, costuma remeter a uma complexidade de expectativas que tornam difícil sua conceituação. Conhecendo a pluralidade de perspectivas em que se desdobra a ideia de justiça, podem-se constatar, no curso da história do pensamento ocidental, inúmeras concepções sobre o justo e o injusto, que emergem do interminável debate travado em torno do tema.

O surgimento da problemática do justo, como objeto de especulação, foi o resultado de uma multimilenar evolução histórica. A partir do instante em que o ser humano buscou situar-se perante a divindade de modo autônomo, o supremo poder dos deuses passou a ser questionado. Antes desse momento de autoconsciência espiritual, o justo permanecia enclausurado no âmbito divino, apresentando-se como algo objetivo, independente da subjetividade humana. Doravante, a história da justiça passou a desenvolver-se por meio de uma dialética permanente entre o que há de subjetivo ou objetivo na experiência social.

Seguindo o magistério imorredouro de Orlando Gomes (1955, p. 41), a ideia de justiça não pode ser imobilizada nos quadros rígidos de um conceito inflexível. As oscilações que tem sofrido, na linha do tempo, indicam que ela se plasma em moldes forjados pelo ambiente histórico, político e social. O justo, não raro, se transforma em injusto, e vice-versa. A evolução jurídico-social dos povos conhece inúmeras mudanças dessa natureza.

Sendo assim, a justiça nunca se põe como um problema isolado, válido em si e por si, porque sempre se acha em essencial correlação com outros da mais diversa natureza, desde os filosóficos aos religiosos, dos sociais aos políticos, dos morais aos jurídicos, conforme o demonstra sua vivência ao longo da história, estando sempre inserida em distintos conjuntos de interesses e de ideias.

Por sua vez, o debate sobre a legitimidade do ordenamento jurídico remete à necessidade de fundamentar o direito em padrões valorativos ou estimativas sociais, perquirindo as possibilidades de materialização da justiça. O direito justo é, portanto, o sinônimo de direito legítimo, porque capaz de espelhar, em certo ambiente histórico-cultural, os valores tendentes à concretização do valor do justo em uma dada comunidade humana.

Seguindo a lição de Miguel Reale (1996, p. 700), pode-se dizer que o direito, enquanto experiência ética de harmonização dos comportamentos humanos, é concebido como uma atualização crescente de justiça, mediante a realização dos valores que, no plano histórico-cultural, possibilitem a afirmação de cada ser humano segundo as virtudes socialmente aceitas. Todo direito deve ser, portanto, uma tentativa de direito justo, o que evidencia a dimensão do valor e o sentido humanístico da vida jurídica.

O problema da justiça é o problema da correspondência ou não da norma jurídica aos valores últimos ou finais que inspiram um dado ordenamento jurídico. Examinar se uma norma jurídica é justa ou injusta equivale à verificação do contraste entre o mundo ideal e o mundo real, na dimensão axiológica do direito.

Como bem leciona Tercio Sampaio (1994, p. 351), a indissociabilidade entre direito e justiça se afigura tão evidente que nenhum homem pode sobreviver em uma situação em que a justiça, enquanto sentido unificador de seu universo moral, restar destruída, pois a carência de sentido do justo torna a vida insuportável.

No plano existencial, deve-se reconhecer que a justiça confere ao direito um significado que lhe confere a própria razão de existir, visto que se afirma, correntemente, que o direito deve ser justo ou, caso contrário, não teria sentido a obrigação de respeitar os seus preceitos ou comandos normativos.

Tratando da justiça como valor jurídico, assevera João Maurício Adeodato (2005, p. 158) que o direito positivo realiza a justiça na medida em que corresponde à intuição dos valores levada a efeito pela comunidade como um todo, processando-se tal correspondência por intermédio da institucionalização de bens jurídicos, isto é, de situações (hipóteses) e de alternativas de comportamento consideradas justas (prestações).

Nesse compasso, não basta somente ao jurista verificar se a norma jurídica apresenta validade, por ter sido produzida de acordo com a normatividade jurídica superior, conforme os parâmetros imputativos de validade material e de validade formal que regulam a sua criação, ao estabelecer o que deve ser prescrito (conteúdo), quem deve prescrever (competência) e como deve ser prescrito (procedimento) o comando normativo.

Ao tratar da aceitabilidade de uma norma jurídica, Aulis Aarnio (1991, p. 83) critica a exclusividade da concepção de validez formal, sustentando que diferentes tipos de critérios axiológicos desempenham um papel importante e decisivo na dogmática jurídica e na jurisprudência, pelo que, comumente, deixa de ser cumprida a norma jurídica que, embora formalmente válida, não responda ao sistema de valores geralmente aceito.

Nesse sentido, além do exame técnico da validez formal da normatividade jurídica, é indispensável que o jurista vislumbre a dimensão axiológica do direito, de modo a constatar se o fenômeno jurídico se revela justo, por apresentar algum grau de legitimidade.

Ao longo da evolução do pensamento jurisfilosófico, o problema da legitimidade de um direito justo e as variações sobre a justiça foram vislumbrados, basicamente, de duas formas. A primeira, como a busca de uma estrutura universal e racional que legitima o direito e o reconhece como ilegítimo. A segunda, como a constatação de que a consideração de um direito legítimo repousa em um sentimento subjetivo, irracional e, portanto, incognoscível.

A primeira vertente, entendida como a busca de uma estrutura universal e racional para o direito justo, encontra a sua expressão mais emblemática no jusnaturalismo, ao oferecer o direito natural como a fórmula perene e imutável de justiça, subordinando a validade à legitimidade da ordem jurídica.

A segunda corrente, que faz residir a procura por um direito justo em um sentimento subjetivo e arbitrário, costuma ser o caminho percorrido pelas variadas manifestações de positivismo jurídico, ao rejeitar o debate racional sobre a justiça, subordinando o problema da legitimidade à validade normativa.

Com o ressurgimento das teorizações sobre a justiça, na segunda metade do século XX, a filosofia do direito, por meio da consolidação de um paradigma pós-positivista, passou a formular novas propostas de compreensão do significado de um direito justo, buscando compatibilizar as exigências de validade e legitimidade da ordem jurídica, mediante o delineamento de variadas alternativas teóricas, conforme será visto doravante.

Como exemplo ilustrativo de tudo quanto foi exposto, pode-se dizer que a legislação tributária que regula a instituição e a cobrança do imposto de renda não é considerada legítima para a maioria da sociedade brasileira, por não realizar o valor da justiça fiscal, onerando excessivamente os contribuintes, mormente aqueles que integram o estrato da chamada classe média.

4. CLASSIFICAÇÃO DAS NORMAS JURÍDICAS

Um dos temas mais controvertidos no campo da ciência do direito é seguramente a classificação das normas jurídicas. A multiplicidade de propostas doutrinárias reflete a dificuldade comumente encontrada pelos juristas de diferentes matrizes teóricas no sentido de ordenar a multifacética experiência normativa do fenômeno jurídico. Malgrado esse obstáculo, o estudioso do direito necessita de um acervo de critérios classificatórios minimamente consistentes, a fim de melhor compreender, interpretar e aplicar os modelos normativos do sistema jurídico.

Mesmo reconhecendo a falta de um consenso doutrinário e a inexistência de parâmetros absolutos em matéria de classificação das normas jurídicas, devem ser elencadas aquelas categorias mais operacionais e, portanto, de maior utilidade para a atuação prática dos juristas nos mais diversos ramos do direito.

Nesse sentido, as normas jurídicas podem ser catalogadas em conformidade com os seguintes critérios de taxinomia: sistema jurídico; fonte de produção; âmbitos de validade; hierarquia; sanção; vontade dos sujeitos de direito; grau de sistematização legal; relação das normas entre si; e eficácia técnico-jurídica ou aplicabilidade.

Quanto ao sistema jurídico, podem ser diferenciadas as normas jurídicas nacionais, produzidas no âmbito interno de um dado sistema jurídico (por exemplo, tratando-se do sistema jurídico brasileiro, a Constituição Federal de 1988, o Código Penal de 1940 ou o Código Civil de 2002), das normas jurídicas estrangeiras, gestadas fora dos limites do ordenamento jurídico de um determinado Estado soberano, no âmbito da comunidade jurídica internacional (por exemplo, sob a perspectiva do sistema jurídico brasileiro, a Declaração Universal dos Direitos Humanos de 1948, promulgada pela Organização das Nações Unidas, a Constituição Portuguesa de 1976 ou as resoluções e diretivas que integram o Direito Comunitário da União Europeia).

Quanto à fonte de produção, as normas jurídicas podem ser agrupadas em variegadas categorias: normas legislativas, normas jurisprudenciais, normas doutrinárias, normas costumeiras, normas negociais e normas do pluralismo social.

As normas legislativas se apresentam como normas jurídicas gerais, abstratas e proclamadas obrigatórias pela vontade de uma autoridade competente, geralmente oriunda do Poder Legislativo ou do Poder Executivo, revestindo-se da forma do direito escrito (*jus scriptum*). No direito pátrio, integram o conceito amplo de legislação, em âmbito federal, as espécies normativas previstas no art. 59 da Carta Magna de 1988, tais como as normas constitucionais, as emendas constitucionais, as leis complementares, as leis ordinárias, as leis delegadas, as medidas provisórias, os decretos legislativos e as resoluções legislativas, afora as leis ou os atos normativos similares produzidos no âmbito dos Estados, do Distrito Federal e dos Municípios.

As normas jurisprudenciais são aquelas normas jurídicas escritas que defluem da repetição de decisões judiciais no mesmo sentido, tendente a constituir um padrão interpretativo que será capaz de inspirar a realização dos futuros julgamentos do Poder Judiciário sobre casos semelhantes. São geralmente sintetizadas na fórmula de súmulas, como sucede com a súmula vinculante, cuja forma de produção está prevista no art. 103-A da Carta Magna brasileira.

As normas doutrinárias são aquelas proposições normativas que resultam do conjunto de obras e pareceres produzidos pelos grandes jurisconsultos, exprimindo, assim, a vasta produção teórica da comunidade de cientistas do direito (*communis opinio doctorum*), que se revela apta para embasar e orientar a formação do livre convencimento judicial diante de um dado conflito de interesses. Um curso de direito civil, produzido por um jurista renomado, pode ser enquadrado como manifestação doutrinária e, portanto, capaz de oferecer argumentos de autoridade para a fundamentação das decisões judiciais.

As normas costumeiras são aquelas pautas normativas que decorrem do processo vivo, concreto e espontâneo de reiteração das práticas sociais, que se qualifica como manifestação do direito consuetudinário pela convicção de sua necessidade jurídica, revestindo-se da forma oral ou não escrita (*jus non scriptum*). Como exemplo de costume jurídico, pode ser referido o uso do cheque pré-datado no âmbito das operações realizadas no comércio brasileiro.

As normas negociais são aquelas normas individualizadas, expressas ou orais, decorrentes de acordos de vontades que são celebrados mormente por particulares, no exercício de suas esferas de autonomia privada. É o que ocorre, por exemplo, quando os sujeitos de direito, exercitando o poder negocial, celebram um contrato de locação de um imóvel ou um contrato de prestação de serviços.

As normas do pluralismo social resultam do exercício da prerrogativa conferida pelo sistema jurídico aos grupos sociais para a criação de seus respectivos ordenamentos jurídicos, submetidos, contudo, ao sistema normativo posto genericamente pelo Estado. Sob a égide desse pluralismo jurídico, podem ser vislumbrados exemplos de manifestação do poder normativo dos grupos sociais como fontes de normatividade jurídica, tais como os regulamentos elaborados dentro das empresas, os estatutos de associações esportivas e as convenções aprovadas pelos moradores de condomínios privados.

Quanto aos âmbitos de validade, as normas jurídicas podem ser agrupadas conforme o espaço (validade espacial), o tempo (validade temporal), o alcance do destinatário (validade pessoal) e o conteúdo (validade material).

No tocante à validade espacial, podem ser vistas as normas gerais e as normas especiais. As normas gerais são aquelas normas válidas na totalidade de um Estados soberano (por exemplo, as leis federais produzidas pelo Congresso Nacional brasileiro), enquanto as normas especiais são normas válidas em circunscrições político-administrativas determinadas (por exemplo, as leis estaduais produzidas pelas Assembleias Legislativas e as leis municipais geradas pelas Câmaras Municipais no Brasil).

No que se refere à validade temporal, convém examinar as distinções entre: normas de vigência determinada e normas de vigência indeterminada; normas de incidência imediata e normas de incidência mediata; normas irretroativas e normas retroativas.

As normas de vigência determinada são normas jurídicas cujo término de validade se define antecipadamente, como na hipótese das medidas provisórias, regulada pelo art. 62 da Carta Magna de 1988, cuja atual sistemática contempla um prazo de vigência de 60 dias para sua conversão em lei, admitindo-se sua prorrogação uma única vez por igual período, totalizando, portanto, o lapso temporal de 120 dias.

Por outro lado, as normas de vigência indeterminada são aquelas normas jurídicas cujo término da validade normativa não está previamente delimitado, permanecendo válidas até que sejam revogadas, total ou parcialmente, de forma tácita ou expressa, por outras normas jurídicas de igual ou superior hierarquia. Nesse sentido, é possível asseverar que o Código de Defesa do Consumidor de 1990 apresenta vigência indeterminada, permanecendo ainda hoje vigentes os seus dispositivos normativos.

Por sua vez, as normas de incidência imediata são aquelas cujo início da vigência coincide com a data de sua publicação, ao contrário das normas jurídicas de incidência mediata, cujo início da vigência ocorre em momento posterior à data de publicação, prevendo-se um lapso temporal de vacância normativa, que é conhecido, pela ciência jurídica, como *vacatio legis*. Nesse último caso, é o que sucedeu com o atual Código Civil brasileiro, que foi publicado em 2002 e iniciou sua vigência em 2003. No art. 2.044, o legislador civil estabeleceu que a referida codificação iniciaria sua vigência um ano após a sua publicação, prevendo-se, portanto, prazo de *vacatio legis* de um ano.

Por seu turno, as normas irretroativas são aquelas normas jurídicas que não se aplicam às situações sociais ocorridas em momento anterior a sua vigência. A irretroatividade resulta de dois importantes princípios do direito intertemporal, a saber: princípio do respeito à segurança jurídica e o princípio de que o tempo rege o ato (*tempus regit actum*). No sistema jurídico brasileiro, desponta a irretroatividade como a regra geral em matéria de direito intertemporal, preservados o ato jurídico perfeito, o direito adquirido e a coisa julgada. Mereceram registro o art. 5º, XXXVI, da Constituição Federal de 1988 e o art. 6º da Lei de Introdução às Normas do Direito Brasileiro (Decreto-Lei n. 4.657/42). Noutro passo, as normas retroativas são normas jurídicas que produzem efeitos pretéritos, alcançando situações sociais ocorridas em momento anterior a sua vigência. Admite-se, em situações excepcionais, a retroatividade de leis e atos normativos. No âmbito do direito pátrio, o exemplo mais importante de retroatividade de leis e atos normativos é a possibilidade de a legislação penal retroagir para beneficiar o réu, em nome do valor maior da liberdade humana, nos termos do art. 5º, XL, da Constituição Federal de 1988 e do art. 2º do Código Penal brasileiro.

No que concerne à validade pessoal, cumpre diferenciar as normas genéricas, que, pela abstração dos seus preceitos, dirigem-se a destinatários indefinidos, alcançando a comunidade jurídica globalmente considerada (por exemplo, a Constituição Federal de 1988) e as normas individualizadas, que, pela particularização do objeto regulado, dirigem-se a destinatários definidos e, portanto, a sujeitos de direito especificamente considerados (por exemplo, as normas de um contrato de compra e venda celebrado entre particulares).

No que tange à validade material, embora se trate de dicotomia que vem sofrendo profunda reformulação paradigmática, podem ser diferenciadas, ao menos para fins didáticos, as normas de direito público das normas de direito privado.

As normas de direito público são aquelas normas jurídicas que regulam a organização do Estado, disciplinando as atividades dos Poderes Públicos e as relações verticais mantidas entre os órgãos estatais e os particulares, tendo em vista a realização da supremacia do interesse da coletividade (por exemplo, as normas de direito constitucional, direito administrativo, direito tributário, direito penal ou direito processual).

Por sua vez, as normas de direito privado são aquelas normas jurídicas que disciplinam prevalentemente as relações horizontais entre os particulares, reconhecendo as respectivas esferas de liberdade individual e as manifestações da autonomia da vontade privada (por exemplo, as normas de direito civil ou de direito comercial).

Quanto à hierarquia, as normas jurídicas são situadas nos diversos patamares do sistema jurídico, tal como expresso na conhecida pirâmide normativa, podendo-se classificá-las, partindo-se do maior escalão para o menor escalão hierárquico, em normas constitucionais (originárias e derivadas); normas legislativas (leis complementares, leis ordinárias, leis delegadas, medidas provisórias, decretos legislativos, resoluções legislativas); decretos regulamentares (regulamentos para execução da lei); normas internas (estatutos e regimentos) e normas individualizadas (contratos, testamentos, decisões judiciais).

Quanto à sanção, as normas jurídicas podem ser agrupadas nas seguintes tipologias: normas perfeitas (*leges perfectae*), normas mais que perfeitas (*leges plus quam perfectae*), normas menos que perfeitas (*leges minus quam perfectae*) e normas imperfeitas (*leges imperfectae*).

As normas perfeitas são aquelas normas jurídicas que preveem um expediente sancionatório na exata proporção da ilicitude, impedindo que o ato ilícito produza quaisquer efeitos jurídicos, mediante a declaração de sua nulidade. Por exemplo, a norma que se depreende do art. 124 do Código Civil, ao preceituar que se consideram inexistentes as condições impossíveis, quando resolutivas, e as de não fazer coisa impossível.

As normas mais que perfeitas são aquelas normas jurídicas que preveem, como expedientes sancionatórios, a nulidade do ato ilícito e a imposição de uma punição ao agente transgressor. Por exemplo, a norma que deduz do art. 949 da Codificação Civilista, ao prescrever que, no caso de lesão ou outra ofensa à saúde, o ofensor indenizará o ofendido das despesas do tratamento e dos lucros cessantes até o fim da convalescença, além de algum outro prejuízo que o ofendido prove haver sofrido.

As normas menos que perfeitas se afiguram como normas jurídicas cuja violação do dever normativo implica somente o estabelecimento de uma punição ao agente transgressor, sem que se configure a nulidade do ato que ofendeu o preceito normativo. *Exempli gratia*, a norma que deflui do art. 1.523 do Código Civil, ao preceituar que não devem casar o viúvo ou a viúva que tiver filho do cônjuge falecido, enquanto não fizer inventário dos bens do casal e der partilha aos herdeiros. A violação desse dispositivo normativo não acarreta a nulidade do matrimônio.

As normas imperfeitas apresentam-se como normas jurídicas cuja violação de seus comandos não implica a imposição de qualquer consequência jurídica, seja a nulidade da conduta ilícita, seja a punição do infrator. *Verbi gratia*, a norma do art. 814 do Código Civil, que versa sobre a obrigação natural de pagamento de dívida de jogo, ao prescrever que as dívidas de jogo ou de aposta não obrigam a pagamento, não se podendo, todavia, recobrar a quantia, que voluntariamente se pagou, salvo se foi ganha por dolo, ou se o perdente é menor ou interdito.

Quanto à relação com a vontade dos sujeitos de direito, convém distinguir as normas jurídicas cogentes (*jus cogens*) das normas jurídicas dispositivas (*jus dispositivum*).

As normas jurídicas cogentes são aquelas normas de ordem pública que ordenam ou proíbem um dado comportamento, limitando a manifestação da vontade dos sujeitos de direito. As normas cogentes podem ser: imperativas, quando estabelecem diretamente obrigações (por exemplo, art. 118 do Código Civil, ao estatuir que o representante é obrigado a provar às pessoas, com quem tratar em nome do representado, a sua qualidade e a extensão de seus poderes, sob pena de, não o fazendo, responder pelos atos que a estes excederem); ou proibitivas, quando vedam a realização de uma dada conduta humana (por exemplo, o art. 426 da Codificação Civilista, o qual prescreve não poder ser objeto de contrato a herança de pessoa viva).

Por outro lado, as normas jurídicas dispositivas são aquelas normas dotadas de imperatividade relativa, que não ordenam nem proíbem dado comportamento humano, reconhecendo, ao contrário das normas cogentes, um espaço significativo para a manifestação de autonomia da vontade individual. Tais normas dispositivas podem ser: permissivas, quando facultam a realização de uma conduta pelos sujeitos de direito (por exemplo, o art. 1.639 do Código Civil, o qual dispõe ser lícito aos nubentes, antes de celebrado o casamento, estipular, quanto aos seus bens, o que lhes aprouver); ou supletivas, quando suprem a eventual ausência de manifestação da vontade das partes (por exemplo, o art. 1.640 do Código Civil, ao estabelecer que, não havendo convenção, ou sendo ela nula ou ineficaz, vigorará, quanto aos bens entre os cônjuges, o regime da comunhão parcial).

Quanto ao grau de sistematização legal, podem ser elencadas as normas legislativas codificadas, as normas legislativas esparsas e as normas legislativas consolidadas.

As normas legislativas codificadas são aquelas normas jurídicas que perfazem uma lei única que dispõe sistematicamente sobre dado ramo jurídico, fixando seus princípios e diretrizes gerais, como sucede com o Código Civil, o Código de Processo Civil, o Código Penal, o Código Comercial ou o Código de Processo Penal.

As normas esparsas são normas jurídicas que pertencem a diplomas legislativos isolados, que tratam fragmentariamente de ramos específicos do conhecimento jurídico, desdobrando os comandos genéricos estabelecidos em Codificações, a exemplo da Lei de União Estável, da Lei de Crimes Hediondos, do Estatuto do Idoso ou da Lei Maria da Penha.

As normas legislativas consolidadas são aquelas normas jurídicas que resultam da reunião ou justaposição de leis esparsas vigentes sobre um mesmo assunto, a exemplo da Consolidação das Leis do Trabalho e da Consolidação das Leis da Previdência Social.

Quanto à relação das normas jurídicas entre si, podem ser divididos os modelos normativos em normas primárias, as quais regulam diretamente as relações humanas, obrigando, proibindo ou permitindo a realização de dada conduta (por exemplo, o art. 5º, I, da Constituição Federal de 1988, ao prever que homens e mulheres são iguais em direitos e obrigações), e em normas secundárias, que são aquelas normas jurídicas que tratam diretamente de outras normas jurídicas e, por via oblíqua, do convívio humano, estabelecendo competências, procedimentos ou critérios de aplicação de outros diplomas normativos (por exemplo, o art. 69 da Lei Fundamental, ao preceituar que as leis complementares serão aprovadas pelo quórum procedimental de maioria absoluta).

No tocante à eficácia técnico-jurídica ou aplicabilidade, critério de enorme relevância para o direito público, podem ser elencadas as seguintes tipologias normativas: normas jurídicas de aplicabilidade absoluta; normas jurídicas de aplicabilidade plena; normas jurídicas de aplicabilidade contida; normas jurídicas de aplicabilidade limitada; normas jurídicas de aplicabilidade exaurida.

As normas jurídicas de aplicabilidade absoluta produzem os mais amplos efeitos jurídicos desde o momento de sua criação, não necessitando sua eficácia da posterior produção de outros diplomas normativos, bem como impedindo a elaboração tanto de reformas constitucionais quanto de legislação infraconstitucional que lhes sejam contrárias (intangibilidade absoluta e força paralisante total). No ordenamento jurídico brasileiro, correspondem às normas constitucionais que tratam dos limites materiais ao poder de reforma constitucional (cláusulas pétreas), que se encontram previstas no art. 60, § 4º, da Constituição Federal de 1988: I – a forma federativa de Estado; II – o voto direto, secreto, universal e periódico; III – a separação dos Poderes; IV – os direitos e garantias individuais. Sendo assim, apresenta aplicabilidade absoluta, por exemplo, a norma que se depreende do art. 2º da referida Carta Magna, que versa sobre a separação dos Poderes, ao estabelecer que são Poderes da União, independentes e harmônicos entre si, o Legislativo, o Executivo e o Judiciário.

As normas jurídicas de aplicabilidade plena projetam também, desde o momento de sua criação, amplos efeitos no universo jurídico, não necessitando sua eficácia da ulterior produção de outros diplomas normativos, paralisando ainda a elaboração de normas legislativas contrárias, embora sejam suscetíveis de modificação por meio de reforma constitucional. Exemplo ilustrativo é a norma que se deduz do art. 242, § 2º, da Carta Magna de 1988, ao preceituar que o Colégio Pedro II, localizado na cidade do Rio de Janeiro, será mantido na órbita federal.

As normas jurídicas de aplicabilidade contida produzem, no primeiro momento de sua vigência, amplos efeitos jurídicos, prevendo, todavia, a posterior produção de outro diploma normativo, que restringirá o sentido e o alcance da normatividade jurídica originária. No Direito pátrio, pode-se exemplificar essa tipologia normativa com a norma constitucional do art. 5º, XII, que prescreve ser inviolável o sigilo da correspondência e das comunicações telegráficas, de dados e das comunicações telefônicas, salvo, no último caso, por ordem judicial, nas hipóteses e na forma que a lei estabelecer para fins de investigação criminal ou instrução processual penal. Com efeito, a inviolabilidade do sigilo das comunicações telefônicas, outrora absoluta, tornou-se relativa, com o advento da Lei n. 9.296/96, que disciplina a hipótese de interceptação de comunicações telefônicas no Brasil.

As normas jurídicas de aplicabilidade limitada são aquelas normas jurídicas que não produzem amplos efeitos jurídicos desde o momento de sua criação, apresentando, portanto, uma eficácia mínima, por necessitar da ulterior produção de outras normas jurídicas. Na ordem jurídica brasileira, pode ser classificado como norma jurídica de aplicabilidade limitada, porque carecedor de legislação posterior, o comando normativo que deflui do art. 7º, XXVII, da Constituição Federal de 1988, ao estabelecer que são direitos dos trabalhadores urbanos e rurais, além de outros que visem à melhoria de sua condição social, a proteção em face da automação, na forma da lei.

As normas jurídicas de aplicabilidade exaurida são aquelas normas jurídicas que já esgotaram a produção dos seus efeitos jurídicos, seja pelo decurso do prazo de vigência, seja pela realização de circunstância prevista na hipótese normativa. No sistema jurídico pátrio, exemplo ilustrativo pode ser observado na norma que se deduz do art. 3º da Carta Magna de 1988, Ato das Disposições Constitucionais Transitórias (ADCT), ao preceituar que a revisão constitucional será realizada após cinco anos, contados da promulgação da Constituição, pelo voto da maioria absoluta dos membros do Congresso Nacional, em sessão unicameral.

SINOPSE

As sociedades humanas não são regidas pelo determinismo biológico, porquanto o ser humano transcende o plano das vivências exclusivamente instintivas, tornando-se necessário organizar um sistema de controle social capaz de harmonizar a convivência das diversas esferas de liberdade individual e regular as interações das condutas humanas.

As normas técnicas buscam disciplinar o comportamento humano de modo axiologicamente neutro, priorizando a realização de certos fins em detrimento dos meios que são empregados pelo agente social, tendo em vista a otimização dos resultados.

As normas éticas regulam a conduta humana de modo a preservar o valor do justo, priorizando o uso de meios socialmente legítimos para a realização de um comportamento que materialize dada finalidade. As normas éticas integram uma categoria genérica que comporta ainda as normas de etiqueta, as normas morais e as normas jurídicas.

As normas de etiqueta são pautas comportamentais que disciplinam certos hábitos de polidez ou decoro no tratamento com as pessoas ou as coisas, regulando aspectos éticos de menor relevância para a vida social, visto que a sociedade sobrevive sem essas normas de trato social. O descumprimento de uma norma de etiqueta configura uma descortesia, gerando uma sanção social de índole difusa.

As normas morais são cânones de comportamento que disciplinam aspectos éticos mais relevantes para o convívio grupal. Os valores regulados pela moral já traduzem uma maior importância no sentido de assegurar o equilíbrio e a coesão da sociedade. A falta de cumprimento de uma norma moral configura uma imoralidade, forma mais grave de infração social, oportunizando também a aplicação de uma sanção de natureza difusa, geralmente mais contundente que aquela punição oriunda de uma mera descortesia.

As normas jurídicas são normas sociais que correspondem ao chamado "mínimo ético", visto que, ao disciplinar a interação social do comportamento humano, estabelecem os padrões de conduta e os valores indispensáveis para a sobrevivência de um dado grupo social. O direito está situado, portanto, na última fronteira do controle social, configurando o núcleo duro das instâncias de normatividade ética, atuando a sanção jurídica quando o sujeito transgressor ingressa na zona mais restrita do juridicamente proibido.

O descumprimento de uma norma jurídica gera uma ilicitude, a mais grave forma de infração social, quando comparada com a descortesia e a imoralidade. A sanção oriunda de uma ilicitude apresenta natureza organizada, porque já está previamente determinada no sistema jurídico-normativo, ao contrário do que sucede com a mencionada sanção difusa. Ademais, o Estado detém o monopólio da aplicação da sanção jurídica, enquanto a sanção difusa pode ser aplicada por qualquer agente social, diante das manifestações de descortesia ou de imoralidade.

A moral manifesta-se, prevalentemente, como uma instância de normatividade ética de natureza autônoma, interior, unilateral e menos coercitiva do que o direito, tutelada por um conjunto de sanções difusas aplicadas pela opinião pública.

O direito figura como uma instância de normatividade ética de natureza heterônoma, exterior, bilateral e mais coercitiva do que os padrões de moralidade social, protegida por um complexo institucional de sanções organizadas e aplicadas pelo Estado.

A validade normativa é verificada pela correspondência vertical de uma norma jurídica inferior com uma norma jurídica superior, seja porque o conteúdo é compatível (validade material), seja porque foi produzida por um órgão competente, dentro da forma previamente estabelecida pela normatividade jurídica superior (validade formal).

A norma jurídica superior estabelece a matéria da norma jurídica inferior (o que deve ser prescrito), assim como prevê o órgão habilitado para produzi-la (quem deve prescrever) e o conjunto de ritos que devem ser seguidos para a criação da normatividade jurídica inferior (como deve ser prescrito).

A vigência é o atributo normativo que expressa o tempo de validade da norma jurídica, podendo ser determinada, quando o término da validade da norma jurídica é conhecido antecipadamente, ou indeterminada, quando não se pode precisar o término da validade normativa, permanecendo válidas as normas jurídicas até que sejam revogadas, total ou parcialmente, de forma tácita ou expressa, por outras normas jurídicas de igual ou superior hierarquia.

A incidência afigura-se como o nexo entre publicação e início da vigência de uma norma jurídica. Pode-se falar tanto de normas jurídicas de incidência imediata, cujo início da vigência coincide com a data de sua publicação, quanto de normas jurídicas de incidência mediata, cujo início da vigência ocorre após a data de publicação, prevendo-se um lapso temporal de vacância normativa, que é conhecido, pela ciência jurídica, como *vacatio legis*.

O vigor é o atributo normativo que se refere à força vinculante das normas jurídicas, traduzindo, portanto, a impossibilidade de os sujeitos de direito subtraírem-se ao império dos seus efeitos jurídicos. Quando um diploma normativo está em vigor, a comunidade não pode afastar-se da imperatividade da norma jurídica, que, ao regular as situações ocorridas durante a sua vigência, atribui um plexo bilateral de direitos e deveres jurídicos correlatos.

A eficácia é aquele atributo normativo que designa a possibilidade concreta de produção dos seus efeitos jurídicos, podendo ser vislumbrada em duas acepções: a eficácia técnico-jurídica (aplicabilidade) e a eficácia social (efetividade).

A eficácia técnico-jurídica, também conhecida como aplicabilidade, verifica-se toda vez que uma norma jurídica dispõe das condições normativas necessárias para a produção dos seus efeitos no universo jurídico, não dependendo sua eficácia da elaboração de uma posterior norma jurídica.

A eficácia social, também denominada efetividade, é aquele atributo normativo que assinala a correspondência da norma jurídica com a realidade circundante, designando a compatibilidade dos modelos normativos com os fatos sociais. Quando a norma jurídica se apresenta efetiva, os dispositivos normativos são assimilados e cumpridos concretamente pelos sujeitos de direito.

A legitimidade é o atributo normativo que designa a correlação da norma jurídica com o valor socialmente aceito de justiça. A norma jurídica é considerada legítima, quando a maioria da sociedade a considera justa, em dadas circunstâncias histórico-culturais.

As normas jurídicas podem ser catalogadas em conformidade com os seguintes critérios fundamentais de taxinomia: sistema jurídico; fonte de produção; âmbitos de validade; hierarquia; sanção; vontade dos sujeitos de direito; grau de sistematização legal; relação das normas entre si; eficácia técnico-jurídica ou aplicabilidade; e estrutura deôntica.

Quanto ao sistema jurídico, podem ser diferenciadas as normas jurídicas nacionais, produzidas no âmbito interno de um dado sistema jurídico, das normas jurídicas estrangeiras, gestadas fora dos limites do ordenamento jurídico de determinado Estado soberano, no âmbito da comunidade jurídica internacional.

Quanto à fonte de produção, as normas jurídicas podem ser agrupadas em variegadas categorias: normas legislativas, normas jurisprudenciais, normas doutrinárias, normas costumeiras, normas negociais e normas do pluralismo social.

Quanto aos âmbitos de validade, as normas jurídicas podem ser agrupadas conforme o espaço (validade espacial), o tempo (validade temporal), o alcance do destinatário (validade pessoal) e o conteúdo (validade material).

No tocante à validade espacial, podem ser vistas as normas gerais e as normas especiais. As normas gerais são aquelas normas válidas na totalidade de um Estado soberano, enquanto as normas especiais são normas válidas em circunscrições político-territoriais determinadas.

No que se refere à validade temporal, convém examinar as distinções entre: normas de vigência determinada e normas de vigência indeterminada; normas de incidência imediata e normas de incidência mediata; normas irretroativas e normas retroativas.

No que concerne à validade pessoal, cumpre diferenciar as normas genéricas que, pela abstração dos seus preceitos, dirigem-se a destinatários indefinidos, alcançando a comunidade jurídica globalmente considerada, das normas individualizadas, que, pela particularização do objeto regulado, dirigem-se a destinatários definidos e, portanto, a sujeitos de direito especificamente considerados.

No que tange à validade material, embora se trate de dicotomia que vem sofrendo profunda reformulação paradigmática, podem ser diferenciadas, ao menos para fins didáticos, as normas de direito público das normas de direito privado.

Quanto à hierarquia, as normas jurídicas são situadas nos diversos patamares do sistema jurídico, tal como expresso na conhecida pirâmide normativa, podendo-se classificá-las, partindo-se do maior escalão para o menor escalão hierárquico, em normas constitucionais (originárias e derivadas); normas legislativas (leis complementares, leis ordinárias, leis delegadas, medidas provisórias, decretos legislativos, resoluções legislativas), decretos regulamentares (regulamentos para execução da lei); normas internas (estatutos e regimentos) e normas individualizadas (contratos, testamentos, decisões judiciais).

Quanto à sanção, as normas jurídicas podem ser agrupadas nas seguintes tipologias: normas perfeitas (*leges perfectae*), normas mais que perfeitas (*leges plus quam perfectae*), normas menos que perfeitas (*leges minus quam perfectae*) e normas imperfeitas (*leges imperfectae*).

Quanto à relação com a vontade dos sujeitos de direito, convém distinguir as normas jurídicas cogentes (*jus cogens*) das normas jurídicas dispositivas (*jus dispositivum*).

Quanto ao grau de sistematização legal, podem ser elencadas as normas legislativas codificadas, as normas legislativas esparsas e as normas legislativas consolidadas.

Quanto à relação das normas jurídicas entre si, podem ser divididos os modelos normativos em normas primárias – que regulam diretamente as relações humanas, obrigando, proibindo ou permitindo a realização de uma dada conduta – e em normas secundárias, que são aquelas normas jurídicas que tratam diretamente de outras normas jurídicas e, por via oblíqua, do convívio humano, estabelecendo competências, procedimentos ou critérios de aplicação de outros diplomas normativos.

No tocante à eficácia técnico-jurídica ou aplicabilidade, podem ser elencadas as seguintes tipologias normativas: normas jurídicas de aplicabilidade absoluta; normas jurídicas de aplicabilidade plena; normas jurídicas de aplicabilidade contida; normas jurídicas de aplicabilidade limitada; normas jurídicas de aplicabilidade exaurida.

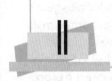# TEORIA DOS PRINCÍPIOS JURÍDICOS

No atual estágio evolutivo da ciência do direito ocidental, a distinção entre regras jurídicas e princípios jurídicos vem ocupando espaço de destaque na teorização sobre a estrutura e a funcionalidade das normas jurídicas.

Por um lado, o vocábulo princípio significa, em uma acepção vulgar, início, começo ou origem das coisas. Transpondo o vocábulo para o plano gnoseológico, os princípios figuram como os pressupostos necessários de um sistema particular de conhecimento e a condição de validade das demais asserções que integram um dado campo do saber humano.

A doutrina e a jurisprudência têm utilizado, cada vez mais com maior amplitude, os princípios jurídicos na resolução de problemas concretos, tornando absolutamente necessário ao intérprete do direito compreender e utilizar essas espécies normativas.

Tratando dessa transição cognitiva no plano da ciência jurídica, sustenta Ávila (2005, p. 15) que hoje importa construir o sentido e delimitar a função daquelas normas que, sobre prescreverem fins a serem atingidos, servem de fundamento para a aplicação do ordenamento constitucional – os princípios jurídicos. É até mesmo plausível afirmar que a doutrina vive, hoje, a euforia do que se convencionou chamar de Estado Principiológico, dada a aplicação frequente de princípios ético-jurídicos como a dignidade da pessoa humana, a liberdade, a igualdade, a solidariedade ou a proporcionalidade.

Com o advento do pós-positivismo, os princípios foram inseridos no campo da normatividade jurídica. O novo paradigma principiológico procura dar força cogente aos princípios jurídicos, independentemente das dificuldades geradas pela sua vagueza (denotação imprecisa) ou ambiguidade (conotação imprecisa), conferindo aos seus preceitos um alto grau de abstração e generalidade.

Nessa senda, Bobbio (1996, p. 159) insere os princípios gerais do direito na categoria de normas jurídicas, ao referir que os princípios gerais são normas fundamentais ou generalíssimas do sistema, as normas mais gerais. Para sustentar que os princípios gerais são normas jurídicas, os argumentos são dois, e ambos válidos: antes de mais nada, se são normas aquelas das quais os princípios gerais são extraídos, mediante um procedimento de generalização sucessiva, não se vê por que não devam ser normas também eles: se abstraio da espécie animal, obtenho sempre animais, e não flores ou estrelas. Em segundo lugar, a função para a qual são extraídos e empregados é a mesma cumprida por todas as normas, isto é, a função de regular um caso.

Como normas jurídicas de inegável densidade valorativa, os princípios jurídicos ganham relevo para o direito contemporâneo. A partir do momento em que são reconhecidos como normas jurídicas, todo esforço é canalizado para emprestar-lhes a máxima eficácia. Não é outra razão pela qual a doutrina tem apresentado um significativo empenho em compreender a morfologia e estrutura dos princípios jurídicos, na busca de seus elementos genuínos, diferenciando-os das regras jurídicas.

Sendo assim, as regras disciplinam uma situação jurídica determinada, para exigir, proibir ou facultar uma conduta em termos definitivos. Os princípios, por sua vez, expressam uma diretriz, sem regular situação jurídica específica, nem se reportar a um fato particular, prescrevendo o agir humano em conformidade com os valores jurídicos. Diante do maior grau de abstração, irradiam-se os princípios; irradiam-se pelos diferentes setores da ordem jurídica, embasando a compreensão unitária e harmônica do sistema normativo. Desse modo, a violação de um princípio jurídico é algo mais grave do que a transgressão de uma regra jurídica. A desatenção ao princípio implica ofensa não apenas a um específico mandamento obrigatório, mas a todo um plexo de comandos normativos.

Não é outro o entendimento de Guerra Filho (1997, p. 17) para quem as regras possuem a estrutura lógica que tradicionalmente se atribui às normas do direito, com a descrição (ou "tipificação") de um fato, ao que se acrescenta a sua qualificação prescritiva, amparada em uma sanção (ou na ausência dela, no caso da qualificação como "fato permitido"). Já os princípios fundamentais igualmente dotados de validade positiva, e de modo geral estabelecidos na Constituição, não se reportam a um fato específico, que se possa precisar com facilidade a ocorrência, extraindo a consequência prevista normativamente. Eles devem ser entendidos como indicadores de uma opção pelo favorecimento de determinado valor, a ser levada em conta na apreciação jurídica de uma infinidade de fatos e situações possíveis, juntamente com outras tantas opções dessas, outros princípios igualmente adotados, que em determinado caso concreto podem se conflitar uns com os outros, quando já não são mesmo, *in abstracto*, antinômicos entre si.

Saliente-se ainda que as regras e os princípios, em sua sinergia e complementariedade, são indispensáveis ao equilíbrio do direito, visto que a concepção isolada dessas espécies normativas poderia interferir no funcionamento do sistema jurídico.

Nesse sentido, doutrina Canotilho (1991, p. 175) que um modelo ou sistema constituído exclusivamente por regras conduzir-nos-ia a um sistema jurídico de limitada racionalidade prática. Exigiria uma disciplina legislativa exaustiva e completa – legalismo – do mundo da vida, fixando, em termos definitivos, as premissas e os resultados das regras jurídicas. Conseguir-se-ia um "sistema de segurança", mas não haveria qualquer espaço livre para a complementação e o desenvolvimento de um sistema, como o constitucional, que é necessariamente um sistema aberto. Por outro lado, um legalismo estrito de regras não permitiria a introdução dos conflitos, das concordâncias, do balanceamento de valores e interesses, de uma sociedade pluralista e aberta. Corresponderia a uma organização política monodimensional. O modelo ou sistema baseado exclusivamente em princípios levar-nos-ia a consequências também inaceitáveis. A indeterminação, a inexistência de regras precisas, a coexistência de princípios conflitantes, a dependência do "possível" fático e jurídico, só poderiam conduzir a um sistema falho de segurança jurídica e tendencialmente incapaz de reduzir a complexidade do próprio sistema.

Discorrendo ainda sobre a matéria, Claus Wilhelm Canaris (1989, p. 15) destaca a possibilidade de oposição e de contradição entre eles. Decerto, os princípios de direito diferem das regras jurídicas, pois, caso as regras sejam antagônicas, uma delas deverá ser excluída do sistema em questão. Já os princípios de direito não podem ser expurgados da ordem jurídica, porque podem e devem conviver no mesmo sistema, mesmo que entre eles, eventualmente, se configure uma antinomia. Na vida jurídica, principalmente no trato do caso concreto, observamos que, constantemente, princípios entram em choque frontal, surgindo antinomias valorativas de grande amplitude, as quais precisam ser dirimidas.

Outra característica importante diz respeito ao fato de que um princípio de direito não possui pretensão de exclusividade, ou seja, um mesmo caso concreto pode ser solucionado por um arsenal de princípios jurídicos. Aduz-se ainda a complementariedade, visto que os princípios de direito adquirem sentido mediante articulações recíprocas. Vários princípios jurídicos tenderão a corroborar uma tese e vários auxiliarão outro argumento; somente desse conflito permanente e dinâmico poderá resultar uma síntese valorativa que espelhe a melhor solução hermenêutica possível.

Ademais, não basta ao operador do direito conhecer as características dos princípios, sendo também imprescindível assimilar para que eles servem no plano do conhecimento jurídico. É necessário, pois, compreender qual a função dos princípios de direito para que possam ser aplicados com razoável correção.

Os princípios exercem dentro do sistema normativo um papel diferente daquele desempenhado pelas regras jurídicas. Estas, por descreverem fatos hipotéticos, possuem a nítida função de disciplinar as relações intersubjetivas que se enquadrem nas molduras típicas por elas descritas. O mesmo não se processa com os princípios, em face das peculiaridades já demonstradas. Os princípios jurídicos são, por seu turno, multifuncionais, podendo ser vislumbradas as funções supletiva, fundamentadora e hermenêutica.

Não é outro o pensamento de Valdés (1990, p. 78-9) quando define os princípios gerais do direito como

> las ideas fundamentales que la comunidad forma sobre su organización jurídica están llamadas a cumplir la triple función fundamentadora, interpretativa y supletoria. Supone esta nota característica que tales ideas básicas, por ser fundamento de la organización jurídica, asumen una misión directiva en el desarrollo legislativo necesario para la regulación de todas sus relaciones interindividuales

y colectivas. Como igualmente cumplen un papel crítico (axiológico) capaz, en último término, de invalidar o derogar toda norma positiva que irreductiblemente muestre tajante oposición a aquellos principios. Y tanto una como otra función la realizan en virtud del denominado, en nuestro Derecho positivo, carácter informador, que también justifica su misión interpretativa, en relación a las demás fuentes jurídicas. Y residualmente podrán ser utilizados como fuente autónoma, de directa aplicación, para resolver o regular concretas situaciones jurídicas, en defecto de ley o costumbre, asumiendo así el carácter de fuente supletoria e integradora del ordenamiento jurídico.

Na qualidade de fonte supletiva do direito, os princípios serviriam como elemento integrador, tendo em vista o preenchimento das lacunas do sistema jurídico, na hipótese de ausência da lei aplicável à espécie típica. Essa concepção revela-se, porém, anacrônica. Isso porque, ao se constatar a normatividade dos princípios jurídicos, estes perdem o caráter supletivo, passando a impor uma aplicação obrigatória. Assim sendo, os princípios devem ser utilizados como fonte primária e imediata de direito, podendo ser aplicados a todos os casos concretos.

Por outro lado, no desempenho de sua função fundamentadora, os princípios são as ideias básicas que servem de embasamento ao direito positivo, expressando os valores superiores que inspiram a criação do ordenamento jurídico. Configuram, assim, os alicerces ou as vigas mestras do sistema normativo.

Ademais, destaca-se, especialmente, a função hermenêutica dos princípios jurídicos. A ordem jurídica é sustentada em uma base principiológica. Em decorrência desse marco fundante, os princípios orientam a interpretação e a aplicação de todo o sistema normativo, inclusive, das regras jurídicas. Com efeito, é incorreta a interpretação da regra, quando dela derivar contradição, explícita ou velada, com os princípios. Quando a regra admitir logicamente mais de uma interpretação, prevalece a que melhor se afinar com os princípios. Ademais, quando a regra tiver sido redigida de modo tal que resulte mais extensa ou mais restrita que o princípio, justifica-se a interpretação extensiva ou restritiva, respectivamente, para calibrar o alcance da regra com o princípio.

No campo hermenêutico, serve também o princípio jurídico como limite de atuação do intérprete. Ao mesmo passo em que funciona como vetor de orientação interpretativa, o princípio tem como função limitar o subjetivismo do aplicador do direito. Sendo assim, os princípios estabelecem referências, dentro das quais o hermeneuta exercitará seu senso do razoável e sua capacidade de fazer a justiça diante de um caso concreto.

Decerto, pode-se dizer que os princípios jurídicos funcionam como padrão de legitimidade de uma opção interpretativa. É que os princípios despontam como imposições axiológicas capazes de conferir força de convencimento às decisões jurídicas. Quanto mais o operador do direito procura torná-los eficazes, no deslinde dos conflitos de interesses, mais legítima tenderá a ser a interpretação e a posterior decisão. Por outro lado, carecerá de legitimidade a decisão que desrespeitar os princípios jurídicos, enquanto repositório de valores socialmente aceitos.

No tocante à interpretação principiológica, diferentemente das regras – que possuem uma estrutura proposicional clássica (se A, então B), os princípios jurídicos não contêm elementos de previsão que possam funcionar como premissa maior de um silogismo subsuntivo. Logo, a sua aplicação exige um esforço axiológico para que sejam densificados e concretizados pelos operadores do direito.

Com efeito, densificar um princípio jurídico implica preencher e complementar o espaço normativo, especialmente carecido de concretização, a fim de tornar possível a solução, por esse preceito, dos problemas concretos. A densificação de um princípio é uma tarefa complexa, que se inicia com a leitura isolada da norma principiológica, passando por uma análise sistemática da ordem jurídica, para, a partir daí, delimitar o seu significado.

Por sua vez, concretizar o princípio jurídico é traduzi-lo em decisão, passando de normas generalíssimas abstratas (dos textos normativos) a normas decisórias (contextos jurídico-decisionais). As tarefas de concretização e de densificação de normas andam, pois, umbilicalmente ligadas: densifica-se um espaço normativo a fim de tornar possível a concretização e consequente aplicação de um princípio a uma situação jurídica.

Nesse sentido, doutrina Grau (2002, p. 170) que, enquanto as regras estabelecem o que é devido e o que não é devido em circunstâncias nelas próprias determinadas, os princípios estabelecem orientações gerais a serem seguidas em casos, não predeterminados no próprio princípio, que possam ocorrer. Por isso os princípios são dotados de uma capacidade expansiva maior do que a das regras, mas, ao contrário destas, necessitam de uma atividade ulterior de concretização que os relacione a casos específicos.

Em razão dessa peculiar estrutura normativo-material, que os distingue das regras jurídicas - cuja aplicação está subordinada à lógica do tudo ou nada -, os princípios apresentam-se como mandados de otimização, que não só facultam como até mesmo exigem uma aplicação diferenciada no caso concreto, para que se otimize a finalidade da ordem normativa dentro das circunstâncias possíveis.

Sendo assim, na aplicação dos princípios, o intérprete do direito não escolhe entre esta ou aquela norma principiológica, atribuindo, em verdade, mais peso a um do que a outro (dimensão de peso), em face dos caracteres do caso concreto. Exercita-se, assim, um juízo de ponderação que não desqualifica ou nega a validade ao princípio circunstancialmente preterido, o qual, por isso mesmo, em outra lide, poderá vir a merecer a preferência do jurista.

Dada a sua amplitude, os princípios jurídicos podem ser ainda subdivididos em:

- princípios fundamentais, quando consubstanciam as estruturas mais relevantes da organização de um Estado e da sociedade civil, a exemplo do art. 4º da Constituição Federal de 1988, que elenca os princípios que regem as relações internacionais da República Federativa do Brasil, tais como: I – independência nacional; II – prevalência dos direitos humanos; III – autodeterminação dos povos; IV – não intervenção; V – igualdade entre os Estados; VI – defesa da paz; VII – solução pacífica dos conflitos; VIII – repúdio ao terrorismo e ao racismo; IX – cooperação entre os povos para o progresso da humanidade; X – concessão de asilo político;

- princípios gerais, que encerram aquelas pautas axiológicas que embasam o exercício dos direitos humanos fundamentais pelos cidadãos, a exemplo do art. 5º, *caput*, da Carta Magna de 1988, ao preceituar que todos são iguais perante a lei, sem distinção de qualquer natureza, garantindo-se aos brasileiros e aos estrangeiros residentes no País a inviolabilidade do direito à vida, à liberdade, à igualdade, à segurança e à propriedade;

- princípios setoriais, os quais estabelecem os vetores axiológicos e teleológicos que orientam a compreensão e aplicação de ramos mais específicos ou particularizados do direito, a exemplo do art. 37, *caput*, da Lei Maior, que versa sobre os princípios norteadores do direito administrativo, ao enunciar que a Administração Pública direta e indireta de qualquer dos Poderes da União, dos Estados, do Distrito Federal e dos Municípios obedecerá aos princípios de legalidade, impessoalidade, moralidade, publicidade e eficiência.

Em face de tudo quanto foi exposto, pode-se afirmar que as regras jurídicas são aquelas normas que descrevem situações específicas, estabelecendo marcos de previsibilidade e segurança para o ordenamento jurídico. Impõem antecipadamente as consequências jurídicas decorrentes de dada conduta ou situação concreta, sem que haja um amplo espaço hermenêutico para a atuação do intérprete do direito. Daí a razão pela qual as regras podem ser aplicadas em termos lógico-dedutivos ou silogísticos, por meio de uma operação mental denominada subsunção, cuja natureza trifásica comporta a concatenação de uma premissa maior – enunciado genérico, de uma premissa menor – enunciado específico e de uma conclusão – resultado do raciocínio.

Nesse sentido, pode-se indicar como regra, a título exemplificativo, a norma que deflui do art. 82 da Carta Constitucional brasileira, ao estabelecer que o mandato do Presidente da República é de quatro anos e terá início em 1º de janeiro do ano seguinte ao da sua eleição. Logo, é possível estruturar o seguinte silogismo: premissa maior – o mandato presidencial da República é de quatro anos e terá início em 1º de janeiro do ano seguinte ao da sua eleição; premissa menor – dado candidato foi eleito presidente da República no pleito de 2010; e a conclusão – o candidato eleito iniciará o seu mandato em 1º de janeiro de 2011.

Por sua vez, os princípios se afiguram como aquelas normas jurídicas, expressas ou implícitas, dotadas de elevado grau de generalidade e de abertura semântica, que corporificam os mais altos valores e fins do sistema jurídico. São, portanto, normas de grande densidade axiológica e de evidente multifuncionalidade, servindo de fundamento para a criação, interpretação e aplicação de um direito potencialmente mais justo. Nesse sentido, pode-se indicar como princípio, a título exemplificativo, a norma que deflui do art. 1º, III, da Carta Constitucional brasileira, ao estabelecer a "dignidade da pessoa humana" como fundamento da República Federativa e do Estado Democrático brasileiro.

A aplicação de um princípio jurídico não é feita de modo subsuntivo, mas, ao revés, demanda uma postura criativa e construtiva do intérprete do direito, que deverá agregar necessariamente, no desenvolvimento da atividade hermenêutica, as dimensões de efetividade e legitimidade da normatividade jurídica. Os princípios jurídicos são aplicados por um processo hermenêutico de densificação/concretização, devendo as eventuais colisões entre as normas principiológicas ser solucionadas pelo uso da técnica da ponderação de bens e interesses.

SINOPSE

No atual estágio evolutivo da ciência do direito ocidental, a distinção entre regras jurídicas e princípios jurídicos vem ocupando espaço de destaque na teorização sobre a estrutura e a funcionalidade das normas jurídicas. A doutrina e a jurisprudência têm utilizado, cada vez mais com maior amplitude, os princípios jurídicos na resolução de problemas concretos, tornando absolutamente necessário ao intérprete do direito compreender e utilizar essas espécies normativas.

As regras jurídicas são aquelas normas que descrevem situações específicas, estabelecendo marcos de previsibilidade e segurança para o ordenamento jurídico. Impõem antecipadamente as consequências jurídicas decorrentes de dada conduta ou situação concreta, sem que haja um amplo espaço hermenêutico para a atuação do intérprete do direito. Daí a razão pela qual as regras podem ser aplicadas em termos lógico-dedutivos ou silogísticos, mediante uma operação mental denominada subsunção, cuja natureza trifásica comporta a concatenação de uma premissa maior – enunciado genérico, de uma premissa menor – enunciado específico, e de uma conclusão – resultado do raciocínio.

Os princípios afiguram-se como aquelas normas jurídicas, expressas ou implícitas, dotadas de elevado grau de generalidade e de abertura semântica, que corporificam os mais altos valores e fins do sistema jurídico. São, portanto, normas de grande densidade axiológica e de evidente multifuncionalidade, servindo de fundamento para a criação, interpretação e aplicação de um direito potencialmente mais justo.

Dada a sua amplitude, os princípios jurídicos podem ser ainda subdivididos em: fundamentais, quando consubstanciam as estruturas mais relevantes da organização de um Estado e da sociedade civil; gerais, que encerram aquelas pautas axiológicas que embasam o exercício dos direitos humanos fundamentais pelos cidadãos; e setoriais, os quais estabelecem os vetores axiológicos e teleológicos que orientam a compreensão e aplicação de ramos mais específicos ou particularizados do direito positivo.

Os princípios exercem dentro do sistema normativo um papel diferente daquele desempenhado pelas regras jurídicas. Estas, por descreverem fatos hipotéticos, possuem a nítida função de disciplinar as relações intersubjetivas que se enquadrem nas molduras típicas por elas descritas. O mesmo não se processa com os princípios, em face das peculiaridades já demonstradas. Os princípios jurídicos são, por seu turno, multifuncionais, podendo ser vislumbradas as funções supletiva, fundamentadora e hermenêutica.

Na qualidade de fonte supletiva do direito, os princípios serviriam como elemento integrador, tendo em vista o preenchimento das lacunas do sistema jurídico, na hipótese de ausência da lei aplicável à espécie típica. Essa concepção revela-se, porém, anacrônica. Isso porque, ao se constatar a normatividade dos princípios jurídicos, estes perdem o caráter supletivo, passando a impor uma aplicação obrigatória. Assim sendo, os princípios devem ser utilizados como fonte primária e imediata de direito, podendo ser aplicados a todos os casos concretos.

No campo hermenêutico, ao mesmo passo em que funciona como vetor de orientação interpretativa, o princípio tem como função limitar o subjetivismo do aplicador do direito. Sendo assim, os princípios estabelecem referências, dentro das quais o hermeneuta exercitará seu senso do razoável e sua capacidade de fazer a justiça diante de um caso concreto.

Decerto, pode-se dizer que os princípios jurídicos funcionam como padrão de legitimidade de uma opção interpretativa. É que os princípios despontam como imposições axiológicas capazes de conferir força de convencimento às decisões jurídicas. Quanto mais o operador do direito procura torná-los eficazes, no deslinde dos conflitos de interesses, mais legítima tenderá a ser a interpretação e a posterior decisão. Por outro lado, carecerá de legitimidade a decisão que desrespeitar os princípios jurídicos, enquanto repositório de valores socialmente aceitos.

A aplicação de um princípio jurídico não é feita de modo subsuntivo, mas, ao revés, demanda uma postura criativa e construtiva do intérprete do direito, que deverá agregar necessariamente, no desenvolvimento da atividade hermenêutica, as dimensões de efetividade e legitimidade da normatividade jurídica. Os princípios jurídicos são aplicados por meio de um processo hermenêutico de densificação/concretização, devendo as eventuais colisões entre as normas principiológicas ser solucionadas pelo uso da técnica da ponderação de bens e interesses.

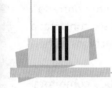

TEORIA DO DIREITO INTERTEMPORAL

Um dos campos mais relevantes da Teoria Geral do Direito é o chamado "Direito Intertemporal", que se apresenta como o campo do conhecimento jurídico que estuda o problema atinente à validade temporal do fenômeno jurídico e seus reflexos nos atributos da vigência e da eficácia da normatividade jurídica.

Entre os diversos aspectos do direito intertemporal, destacam-se os seguintes problemas: a) a cessação da vigência; b) a possibilidade de repristinação; e c) o binômio que polariza os fenômenos da irretroatividade e da retroatividade das leis e dos atos normativos.

Por dever didático, os referidos temas passarão a merecer uma análise mais rigorosa e minudente.

1. A CESSAÇÃO DA VIGÊNCIA

Tradicionalmente, a doutrina vislumbra três modalidades de término da vigência das normas jurídicas: revogação, caducidade e desuso.

1.1 Revogação

A revogação consiste na cessação da validade temporal daquelas normas jurídicas que apresentam vigência indeterminada. Para que haja a revogação de uma norma jurídica por outra norma jurídica é necessário que o novo diploma normativo, de igual ou superior hierarquia, regule diversamente as situações sociais que eram disciplinadas pelo diploma normativo anterior.

A revogação pode ser classificada em diversas tipologias.

Quanto ao modo de realização, a revogação pode ser expressa, quando o novo diploma normativo modifica textualmente o diploma normativo antecedente, ou tácita, quando o novo diploma normativo não altera explicitamente o diploma normativo prévio, utilizando-se não raro da fórmula genérica "revogam-se as disposições em contrário". Trata-se, pois, de uma contradição implícita que deverá ser constatada pelos intérpretes e aplicadores da norma jurídica pelos recursos da hermenêutica jurídica.

Quanto à extensão, a revogação pode ser qualificada como total (ab-rogação), quando o novo diploma normativo modifica globalmente o diploma normativo antecedente, ou parcial (derrogação), quando o novo diploma normativo altera apenas alguns dispositivos do diploma normativo anterior.

Exemplos ilustrativos das tipologias mencionadas podem ser fornecidos a partir da leitura da Lei n. 10.406/2002, o atual Código Civil brasileiro, que estabeleceu, em seu art. 2.045, que estariam revogadas a Lei n. 3.071/16 – Código Civil e a Parte Primeira do Código Comercial – Lei n. 556/1850. Pode-se depreender, portanto, que a Lei n. 10.406/2002 operou uma revogação expressa e total da Lei n. 3.071, de 1º de janeiro de 1916 – Código Civil, bem como promoveu a revogação expressa e parcial da Lei n. 556/1850, visto que conferiu novo tratamento normativo às sociedades comerciais.

Saliente-se ainda que, no sistema jurídico pátrio, a Lei de Introdução às Normas do Direito Brasileiro e a Lei Complementar n. 95/98 trazem importantes dispositivos sobre a revogação como modalidade de cessação da vigência das normas jurídicas.

Com efeito, a Lei de Introdução às Normas do Direito Brasileiro prescreve no *caput* do art. 2º que, não se destinando à vigência temporária, a lei terá vigor até que outra a modifique ou revogue. O § 1º do art. 2º desse diploma legislativo disciplina ainda as modalidades de revogação, ao estabelecer que a lei posterior revoga a anterior quando expressamente o declare (revogação expressa), quando seja com ela incompatível (revogação tácita) ou quando regule inteiramente a matéria de que tratava a lei anterior (revogação total ou parcial). O § 2º do art. 2º da Lei de Introdução às Normas do Direito Brasileiro (Decreto-Lei n. 4.657/42) prescreve também que a lei nova, que estabeleça disposições gerais ou especiais a par das já existentes, não revoga nem modifica a lei anterior, diante da inexistência, nesse caso, de uma incompatibilidade normativa.

Por sua vez, a Lei Complementar n. 95/98 estabelece nítida preferência pela revogação expressa, em detrimento da modalidade de revogação tácita. No art. 8º, o legislador pátrio reza que a vigência da lei será indicada de forma expressa e de modo a contemplar prazo razoável para que dela se tenha amplo conhecimento, reservada a cláusula "entra em vigor na data de sua publicação" para as leis de pequena repercussão. No art. 9º, o diploma legal preceitua ainda que a mencionada cláusula de revogação deverá enumerar, expressamente, as leis ou disposições legais revogadas.

1.2 Caducidade

Entende-se por caducidade a cessação da validade temporal daquelas normas jurídicas que apresentam vigência determinada. Sendo assim, a perda da vigência decorre automaticamente do término do tempo de validade de uma norma jurídica, sem que se possa falar da ocorrência do fenômeno da revogação.

A título ilustrativo, pode-se exemplificar a hipótese de caducidade caso uma medida provisória não fosse convertida em lei, preconizada pelo art. 62 da Carta Magna de 1988.

1.3 Desuso

Enquanto as duas primeiras hipóteses mencionadas de cessação da vigência são amplamente aceitas pela doutrina e pela jurisprudência, o exame do desuso já oportuniza maiores controvérsias, variando as respostas oferecidas em conformidade com o modelo teórico adotado pelo jurista.

O desuso consiste na perda da validade temporal da norma jurídica por conta dos influxos de um costume negativo que, gradativamente, compromete a efetividade do diploma normativo, deixando ele de ser observado e cumprido concretamente pelos agentes sociais.

O tema torna-se bastante controvertido quando se coloca o problema da revogação de uma lei pelo desuso gerado pelo costume negativo nos sistemas jurídicos de *civil law*, inspirados pela matriz romano-germânica, cuja principal fonte jurídica é o direito escrito e corporificado na lei.

Duas posições básicas podem ser assumidas no campo das escolas de pensamento jurídico: uma positivista ou uma realista.

Sob o ângulo positivista, vislumbra-se o sistema jurídico como um complexo essencialmente de normas, não sendo possível conceber a revogação de uma norma legislativa por conta dos fatos sociais. Nessa perspectiva, veda-se a aceitação do desuso, pois isso implicaria subordinar a validade de um diploma legislativo ao atributo da sua efetividade, isto é, o mundo do dever-ser (ideal) difere do mundo do ser (real), sob pena de projetar-se uma atmosfera de inaceitável segurança jurídica.

Sob o ângulo realista, defendido por correntes historicistas e sociologistas, concebe-se o sistema jurídico não como um sistema puro de normas, mas, ao revés, como o resultado vivo e concreto dos fatos sociais. Nessa perspectiva, aceita-se plenamente a hipótese do desuso, decorrendo a validade legal do atributo da efetividade, ou seja, o mundo do dever--ser (ideal) deve espelhar o mundo do ser (real), sob pena de a legislação divorciar-se por completo da realidade social.

A posição majoritária na comunidade jurídica brasileira ainda é francamente positivista, sustentando a impossibilidade do desuso, por força de interpretação literal da Lei de Introdução às Normas do Direito Brasileiro e da Lei Complementar n. 95/98, que nada dispõem sobre a cessação da vigência de uma lei pela influência de um costume negativo.

Salvo melhor juízo, entendemos, contudo, que, embora o direito seja uma experiência essencialmente normativa, não se admite o seu afastamento completo da realidade, exigindo-se o mínimo de efetividade para que se possa reconhecer a vigência ou validade temporal de um diploma legislativo. Nesse diapasão, o desuso ocorreria toda vez que o esclerosamento ou anacronismo da legislação fosse bastante evidente no plano social, em flagrante descompasso com os costumes dos sujeitos de direito.

Exemplo é a cessação, por desuso, da antiga norma do art. 240 do Código Penal brasileiro de 1940, que tipificava o crime de adultério, mesmo antes da revogação expressa pela Lei n. 11.106/2005, ante a progressiva liberalização dos costumes familiares e dos padrões de moralidade sexual na sociedade brasileira.

2. A POSSIBILIDADE DA REPRISTINAÇÃO

A repristinação consiste na restauração da vigência e dos efeitos jurídicos de uma norma jurídica que fora revogada, em face da posterior revogação da norma revogadora do diploma normativo originário.

Pela sua singularidade, a repristinação se afigura como um fenômeno normativo pouco comum dentro do direito intertemporal, sendo raramente utilizado nos sistemas jurídicos atuais, seja porque gera insegurança por permitir a vigência concomitante de diplomas legislativos de mesma índole, seja porque se revela contraproducente, quando um determinado conjunto de situações sociais pode ser regulado, de modo mais adequado e eficaz, por uma legislação mais recente.

No direito brasileiro, tratando-se de revogação de leis, somente se admite a modalidade de repristinação expressa, vedando-se, portanto, a ocorrência de repristinação tácita, ao contrário do que sucede com o fenômeno da revogação, que admite a forma não expressa ou implícita de cessação da vigência de um diploma legislativo. Nesse compasso, preceitua o art. 2º, § 3º, da Lei de Introdução às Normas do Direito Brasileiro que, salvo disposição em contrário, a lei revogada não se restaura por ter a lei revogadora perdido a vigência.

Não se pode confundir, todavia, a repristinação das leis com o efeito repristinatório automático que decorre da decisão prolatada pelo Supremo Tribunal Federal, em sede de controle concentrado-principal de constitucionalidade. Com efeito, uma vez declarada a inconstitucionalidade formal ou material de lei ou ato normativo em face da Constituição, a decisão do Pretório Excelso produzirá efeitos contra todos (*erga omnes*), vinculante e retroativo (*ex tunc*), ressalvada a possibilidade de modulação dos efeitos temporais.

Logo, a decisão tomada no âmbito da fiscalização abstrata de constitucionalidade retroagirá para reconhecer a nulidade da lei ou ato normativo, que será considerada um diploma normativo desprovido de validade e, pois, não pertencente ao sistema jurídico. Nessa hipótese, a lei ou o ato normativo, eventualmente revogado pelo diploma normativo inconstitucional, restaurará a sua vigência e eficácia jurídica.

3. O BINÔMIO IRRETROATIVIDADE VS. RETROATIVIDADE DAS NORMAS JURÍDICAS

No Estado Democrático de Direito, as leis e os atos normativos são, na maioria das vezes, caracterizados pela irretroatividade dos seus efeitos jurídicos, não se aplicando, *a priori*, aos comportamentos sociais ocorridos em momento anterior a sua vigência.

A irretroatividade das leis e atos normativos resulta de dois importantes princípios do direito intertemporal, gestados desde a época da civilização romana e consolidados com o advento das revoluções liberal-burguesas da modernidade, a saber: princípio do respeito à segurança jurídica, com a preservação das situações já consolidadas sob a vigência da normatividade jurídica anterior, e o princípio de que o tempo rege o ato (*tempus regit actum*).

No sistema jurídico brasileiro, desponta a irretroatividade como a regra geral em matéria de direito intertemporal. Tal entendimento deflui tanto do art. 5º, XXXVI, da Constituição Federal de 1988 – ao estabelecer que a lei não prejudicará o direito adquirido, o ato jurídico perfeito e a coisa julgada – quanto do art. 6º da Lei de Introdução às Normas do Direito Brasileiro, ao preceituar que a lei em vigor terá efeito imediato e geral, respeitados o ato jurídico perfeito, o direito adquirido e a coisa julgada.

Considera-se direito adquirido aquele direito que o seu titular, ou alguém por ele, possa exercer, como aqueles cujo começo do exercício tenha termo pré-fixo, ou condição preestabelecida inalterável, a arbítrio de outrem. O direito adquirido é, portanto, um direito que já se incorporou definitivamente ao patrimônio ou à própria personalidade do sujeito de direito. Por exemplo, diante de uma lei previdenciária que garantisse hipoteticamente a aposentadoria após 35 anos de serviço, já poderia aposentar-se um cidadão que houvesse trabalhado durante 36 anos, tendo direito adquirido mesmo perante um novo diploma legislativo que ampliasse o tempo de aposentadoria para 38 anos de serviço.

Não se confunde o direito adquirido com a mera expectativa de direito, que se afigura como a mera possibilidade de aquisição de um direito, porque dependente do implemento de circunstâncias ainda não consumadas. Por exemplo, diante de uma lei previdenciária que assegurasse a aposentadoria após 35 anos de serviço, um cidadão que houvesse trabalhado durante 34 anos não teria direito adquirido em face de um novo diploma legislativo que ampliasse o tempo de aposentadoria para 38 anos de serviço.

A seu turno, entende-se por ato jurídico perfeito aquele ato jurídico já consumado pelo exercício do direito pelo seu titular, estabelecido em conformidade com a lei ou ato normativo vigente ao tempo em que se efetuou. Por exemplo, aquele sujeito de direito que celebrou um contrato, elaborou um testamento ou contraiu um matrimônio não pode ter, *a priori*, a sua situação jurídica modificada pelo advento de um novo diploma legislativo que venha a estabelecer novas regras para a realização desses atos jurídicos.

Por sua vez, chama-se coisa julgada a qualidade atribuída pelo sistema jurídico aos efeitos da decisão judicial definitiva, considerada a de que já não caiba a interposição de recurso. Por exemplo, uma lei nova não tem, *a priori*, o condão de eliminar ou mitigar o direito de um determinado sujeito, reconhecido e garantido mediante o trânsito em julgado de decisão judicial definitiva.

Ressalte-se, contudo, que a imutabilidade da coisa julgada não é absoluta, admitindo-se a possibilidade de desconstituição da coisa julgada pela propositura da ação rescisória, conforme as hipóteses elencadas agora no art. 966 do novo Código de Processo Civil, quais sejam: I – se verificar que foi proferida por força de prevaricação, concussão ou corrupção do juiz; II – for proferida por juiz impedido ou por juízo absolutamente incompetente; III – resultar de dolo ou coação da parte vencedora em detrimento da parte vencida ou, ainda, de simulação ou colusão entre as partes, a fim de fraudar a lei; IV – ofender a coisa julgada; V – violar manifestamente norma jurídica; VI – for fundada em prova cuja falsidade tenha sido apurada em processo criminal ou venha a ser demonstrada na própria ação rescisória; VII – obtiver o autor, posteriormente ao trânsito em julgado, prova nova cuja existência ignorava ou de que não pôde fazer uso, capaz, por si só, de lhe assegurar pronunciamento favorável; VIII – for fundada em erro de fato verificável do exame dos autos.

Embora a irretroatividade seja a regra geral em matéria de direito intertemporal, admite-se, em situações excepcionais, a retroatividade de leis e atos normativos, que passam a produzir efeitos jurídicos para as condutas e situações sociais ocorridas antes da sua vigência, flexibilizando, em favor de outros valores jurídicos considerados relevantes, os princípios da segurança jurídica e de que o tempo rege o ato (*tempus regit actum*).

No âmbito do direito pátrio, o exemplo mais importante de retroatividade de leis e atos normativos é a possibilidade de a legislação penal retroagir para beneficiar o réu, em nome do valor maior da liberdade humana. Tanto é assim que o art. 5º, XL, da Constituição Federal de 1988 prescreve que a lei penal não retroagirá, salvo para beneficiar o réu, bem como o Código Penal brasileiro, no art. 2º, preceitua que ninguém pode ser punido por fato que lei posterior deixa de considerar crime, cessando em virtude dela a execução e os efeitos penais da sentença condenatória. Ademais, a lei penal posterior, que de qualquer modo favorecer o infrator, aplica-se aos fatos anteriores, ainda que decididos por sentença condenatória transitada em julgado. Sendo assim, admite-se, por exemplo, a retroatividade de lei penal que promova a *abolitio criminis*, reduza o rigor da sanção penal, conceda benefícios ou flexibilize o regime de execução da pena.

SINOPSE

Um dos campos mais relevantes da Teoria Geral do Direito é o chamado direito intertemporal, que se apresenta como o campo do conhecimento jurídico que estuda o problema atinente à validade temporal do fenômeno jurídico e seus reflexos nos atributos da vigência e da eficácia da normatividade jurídica.

Entre os diversos aspectos do direito intertemporal, destacam-se os seguintes problemas: a) a cessação da vigência; b) a possibilidade de repristinação; e c) o binômio que polariza os fenômenos da irretroatividade e da retroatividade das leis e dos atos normativos.

A doutrina vislumbra as seguintes modalidades de término da vigência das normas jurídicas: revogação, caducidade e desuso.

A revogação consiste na cessação da validade temporal daquelas normas jurídicas que apresentam vigência indeterminada. Para que haja a revogação de uma norma jurídica por outra norma jurídica, é necessário que o novo diploma normativo, de igual ou superior hierarquia, regule diversamente as situações sociais que eram disciplinadas pelo diploma normativo anterior.

Quanto ao modo de realização, a revogação pode ser expressa, quando o novo diploma normativo modifica textualmente o diploma normativo antecedente, ou tácita, quando o novo diploma normativo não altera explicitamente o diploma normativo prévio, utilizando-se não raro da fórmula genérica "revogam-se as disposições em contrário". Trata-se, pois, de uma contradição implícita que deverá ser constatada pelos intérpretes e aplicadores da norma jurídica por meio dos recursos da hermenêutica jurídica.

Quanto à extensão, a revogação pode ser qualificada como total (ab-rogação), quando o novo diploma normativo modifica globalmente o diploma normativo antecedente, ou parcial (derrogação), quando o novo diploma normativo altera apenas alguns dispositivos do diploma normativo anterior.

A caducidade afigura-se como a cessação da validade temporal daquelas normas jurídicas que apresentam vigência determinada. Sendo assim, a perda da vigência decorre automaticamente do término do tempo de validade de uma norma jurídica, sem que se possa falar da ocorrência do fenômeno da revogação.

O desuso consiste na perda da validade temporal da norma jurídica por conta dos influxos de um costume negativo que, gradativamente, compromete a efetividade do diploma normativo, deixando ele de ser observado e cumprido concretamente pelos agentes sociais.

Sob o ângulo positivista, veda-se a aceitação do desuso, pois isso implicaria subordinar a validade de um diploma legislativo ao atributo da sua efetividade, isto é, o mundo do dever-ser (ideal) difere do mundo do ser (real), sob pena de projetar-se uma atmosfera de inaceitável segurança jurídica.

Sob o ângulo realista, aceita-se plenamente a hipótese do desuso, decorrendo a validade normativa do atributo da efetividade, ou seja, o mundo do dever-ser (ideal) deve espelhar o mundo do ser (real), sob pena de a legislação divorciar-se por completo da realidade social.

A repristinação consiste na restauração da vigência e dos efeitos jurídicos de uma norma jurídica que fora revogada, em face da posterior revogação da norma revogadora do diploma normativo originário.

Por sua singularidade, a repristinação se afigura como um fenômeno normativo pouco comum dentro do direito intertemporal, sendo raramente utilizado nos sistemas jurídicos atuais, seja porque gera insegurança por permitir a vigência concomitante de diplomas legislativos de mesma índole, seja porque se revela contraproducente, quando um determinado conjunto de situações sociais pode ser regulado, de modo mais adequado e eficaz, por uma legislação mais recente.

No direito brasileiro, tratando-se de revogação de leis, somente se admite a modalidade de repristinação expressa, vedando-se, portanto, a ocorrência de repristinação tácita, ao contrário do que sucede com o fenômeno da revogação, que admite a forma não expressa ou implícita de cessação da vigência de um diploma legislativo.

Não se pode confundir, todavia, a repristinação das leis com o efeito repristinatório automático que decorre da decisão prolatada pelo Supremo Tribunal Federal, em sede de controle concentrado-principal de constitucionalidade, a qual retroagirá para reconhecer a nulidade da lei ou ato normativo, que será considerada um diploma normativo desprovido de validade e, pois, não pertencente ao sistema jurídico.

No Estado Democrático de Direito, as leis e atos normativos são, na maioria das vezes, caracterizados pela irretroatividade dos seus efeitos jurídicos, não se aplicando, *a priori*, aos comportamentos sociais ocorridos em momento anterior a sua vigência. Resulta de dois importantes princípios do direito intertemporal, gestados desde a época da civilização romana e consolidados com o advento das revoluções liberal-burguesas da modernidade, a saber: princípio do respeito à segurança jurídica, com a preservação das situações já consolidadas sob a vigência da normatividade jurídica anterior, e o princípio de que o tempo rege o ato (*tempus regit actum*).

O direito adquirido é aquele direito que o seu titular, ou alguém por ele, possa exercer, como aqueles cujo começo do exercício tenha termo pré-fixo, ou condição preestabelecida inalterável, a arbítrio de outrem. O direito adquirido é, portanto, um direito que já se incorporou definitivamente ao patrimônio ou à própria personalidade do sujeito de direito. Não se confunde o direito adquirido com a mera expectativa de direito, que se afigura como a mera possibilidade de aquisição de um direito, porque dependente do implemento de circunstâncias ainda não consumadas.

O ato jurídico perfeito é aquele ato jurídico já consumado pelo exercício do direito pelo seu titular, estabelecido em conformidade com a lei ou ato normativo vigente ao tempo em que se efetuou. Por exemplo, aquele sujeito de direito que celebrou um contrato, elaborou um testamento ou contraiu um matrimônio não pode ter, *a priori*, a sua situação jurídica modificada pelo advento de um novo diploma legislativo que venha a estabelecer novas regras para a realização desses atos jurídicos.

A coisa julgada afigura-se como a qualidade atribuída pelo sistema jurídico aos efeitos da decisão judicial definitiva, considerada a de que já não caiba a interposição de recurso. Por exemplo, uma lei nova não tem, *a priori*, o condão de eliminar ou mitigar o direito de determinado sujeito, reconhecido e garantido mediante o trânsito em julgado de decisão judicial definitiva.

Embora a irretroatividade seja a regra geral em matéria de direito intertemporal, admite-se, em situações excepcionais, a retroatividade de leis e atos normativos, que passam a produzir efeitos jurídicos para as condutas e situações sociais ocorridas antes da sua vigência, flexibilizando, em favor de outros valores jurídicos considerados relevantes, os princípios da segurança jurídica e de que o tempo rege o ato (*tempus regit actum*).

# TEORIA DAS FONTES DO DIREITO

1. FONTES DO DIREITO: CONCEITO E ACEPÇÕES

O estudo das espécies de normas jurídicas está estreitamente vinculado ao problema das fontes do direito, existindo, por isso mesmo, a necessidade de investigar-se a origem ou nascedouro do fenômeno jurídico. Isso decorre da própria etimologia do vocábulo fonte, oriundo do latim *fons*, que designa o lugar do surgimento da água ou nascente.

Segundo Angel Latorre (2002, p. 67), uma das tarefas fundamentais do jurista é determinar o que é o direito em cada caso concreto, quais as normas que são jurídicas e quais não são. Para isso, basta-lhe aplicar os critérios que cada sistema jurídico estabelece para fixar como se produzem as normas jurídicas e como podem ser conhecidas. Essas maneiras de as normas jurídicas se manifestarem são chamadas fontes do direito.

A expressão "fontes do direito" revela-se polissêmica, pois comporta diversos significados, podendo ser utilizada pelos cultores da ciência jurídica tanto em uma acepção material quanto em um sentido formal.

Por um lado, as fontes materiais do direito são os elementos econômicos, políticos e ideológicos que perfazem dada realidade social, interferindo na produção, interpretação e aplicação da normatividade jurídica, visto que tais elementos sociais oferecem a matéria-prima para a confecção normativa do sistema jurídico.

Não é outro o pensamento de Maria Helena Diniz (2005, p. 285), para quem as fontes materiais do direito não são, portanto, o direito positivo, mas tão somente o conjunto de valores e de circunstâncias sociais que, constituindo o antecedente natural do direito, contribuem para a formação do conteúdo das normas jurídicas que, por isso, têm sempre a configuração determinada por esses fatores, os quais encerram as soluções que devem ser adotadas na aplicação da normatividade jurídica.

Por sua vez, as fontes formais do direito correspondem aos modos de surgimento e de manifestação da normatividade jurídica propriamente dita, mediante os quais o jurista conhece e descreve o fenômeno jurídico, por meio da positivação institucional dos elementos econômicos, políticos e ideológicos que compõem a estrutura geral de uma sociedade e influenciam o sistema jurídico. Essas fontes jurídicas são consideradas formais porquanto conferem forma ao direito, formulando as normas jurídicas válidas.

Ao tratar das fontes formais do direito, salienta Miguel Reale (1996, p. 141) que as referidas fontes jurídicas designam os processos ou meios em virtude dos quais as normas jurídicas se positivam com força obrigatória, implicando a existência de uma estrutura de poder, pois a gênese de qualquer espécie de normatividade jurídica só ocorre em virtude da interferência de um centro estatal ou social de poder, o qual, diante de um complexo de fatos e valores, opta por uma dada solução normativa com características de objetividade.

Dentro da pluralidade das fontes formais do direito, podem ser vislumbradas tanto fontes jurídicas estatais, produzidas por órgãos do Estado, tais como a legislação ou a jurisprudência, como também fontes jurídicas não estatais, gestadas pelo conjunto dos agentes sociais, a exemplo da doutrina, do costume jurídico, do negócio jurídico e do poder normativo dos grupos sociais.

2. LEGISLAÇÃO

O termo "lei" origina-se do latim *lex*, que deriva do verbo *lego*, que expressa as ações de "ligar" ou "falar". Trata-se de um ato normativo que comporta as seguintes características: apresenta a forma escrita, porque corporificado em um texto; é primário, porquanto tem fundamento direto na Constituição – Lei de Organização Fundamental do Estado; revela o atributo da generalidade, porque se destina a toda comunidade jurídica, regulando o amplo conjunto das relações sociais; é abstrato, por não disciplinar uma situação jurídica concreta; e afigura-se complexo, visto que exige a fusão das vontades do Poder Legislativo e do Poder Executivo para se aperfeiçoar e produzir seus efeitos jurídicos.

Nas sociedades contemporâneas, a lei figura como a mais importante das espécies normativas que integram o catálogo das fontes formais do direito, nomeadamente nos ordenamentos jurídicos de tradição romano-germânica (*civil law*), como sucede com o sistema jurídico brasileiro.

Como bem ressalta Sílvio Venosa (2006, p. 122), no âmbito do sistema romanista, a lei prepondera como o centro gravitador do direito ocidental, seguindo uma tradição inaugurada após a revolução liberal-individualista burguesa ocorrida na França durante o século XVIII, quando a legislação passou a ser considerada a única expressão do direito nacional, subordinando, de forma mais ou menos acentuada, as demais fontes jurídicas.

A lei pode ser definida como um conjunto de normas de direito gerais, proclamado obrigatório pela vontade de uma autoridade competente e expresso mediante uma fórmula escrita (*jus scriptum*).

As normas legislativas apresentam a nota da generalidade em face da abstração de conteúdo (previsão abstrata de hipóteses normativas) e da sua impessoalidade, por alcançarem toda a comunidade jurídica (indefinição dos destinatários). Podem ser elaboradas por um Parlamento ou mesmo pelo Chefe do Poder Executivo para disciplinar os direitos e deveres jurídicos dos agentes sociais.

Para que sejam produzidas as normas legislativas, torna-se necessário observar o chamado processo legislativo, que se afigura como o conjunto de dispositivos normativos que disciplinam o procedimento a ser observado pelos órgãos competentes na elaboração dos diplomas legislativos.

As normas fundamentais do processo legislativo federal estão previstas nos arts. 59 a 69 da Constituição de 1988. Aplicam-se tais dispositivos normativos também ao processo legislativo estadual, distrital e municipal no que couber, sendo muitas vezes reproduzidos nas Constituições dos Estados-membros, bem como nas Leis Orgânicas do Distrito Federal e dos Municípios, por força do princípio da simetria que rege a estrutura do Estado Federal brasileiro.

O processo legislativo federal comporta: o procedimento legislativo ordinário ou comum, que se destina à criação da lei ordinária; o procedimento sumário, que se diferencia do procedimento ordinário apenas pelo fato de existir prazo para o Congresso Nacional deliberar sobre determinado assunto; o procedimento especial, que se destina à elaboração das leis complementares, leis delegadas, medidas provisórias, decretos-legislativos, resoluções e leis financeiras.

No que se refere ao procedimento legislativo ordinário, podem ser vislumbradas as seguintes etapas: a fase introdutória, que diz respeito à iniciativa para propositura do projeto de lei; a fase constitutiva, que trata da deliberação parlamentar e da deliberação executiva; e a fase complementar, que compreende a promulgação e a publicação da lei.

A fase introdutória vincula-se ao exercício da iniciativa legislativa, que se afigura com a faculdade conferida a alguém ou a algum órgão para apresentar um projeto de lei, inaugurando, assim, o processo legislativo.

A iniciativa geral está prevista no art. 61 da Constituição Federal de 1988. A iniciativa de leis ordinárias e complementares cabe a qualquer membro da Câmara dos Deputados ou do Senado Federal; Comissão da Câmara dos Deputados, do Senado Federal ou do Congresso Nacional; Presidente da República; Supremo Tribunal Federal; Tribunais Superiores (STJ, TSE, STM e TST); Procurador-Geral da República e aos cidadãos.

A iniciativa pode ser parlamentar, quando a apresentação do projeto de lei cabe aos membros do Congresso Nacional (senadores e deputados federais) ou extraparlamentar, quando a apresentação do projeto de lei cabe ao Presidente da República, ao Supremo Tribunal Federal, aos Tribunais Superiores, ao Ministério Público e aos cidadãos.

São leis de iniciativa do Presidente da República: as que fixem ou modifiquem os efetivos das Forças Armadas (art. 61, § 1º, I, *a*); as que disponham sobre criação de cargos, funções ou empregos públicos na administração direta e autárquica ou aumento de sua remuneração (art. 61, § 1º, II, *a*, da CF); as que disponham sobre a organização administrativa e judiciária, matéria tributária e orçamentária, servidores públicos e pessoal da administração dos territórios (art. 61, § 1º, II, *b*); disponham sobre servidores públicos da União e territórios, seu regime jurídico, provimento de cargos, estabilidade e aposentadoria (Estatuto dos Funcionários Públicos Civis da União, art. 61, § 1º, II, *c*); disponham sobre organização do Ministério Público e da Defensoria Pública da União, bem como normas gerais para a organização do Ministério Público e da Defensoria Pública dos Estados, do Distrito Federal e dos territórios (art. 61, § 1º, II, d); disponham sobre criação e extinção de Ministérios e órgãos da administração pública, observado o disposto no art. 84, VI (art. 61, § 1º, II, e); e as que disponham sobre militares das forças armadas, seu regime jurídico, provimento de cargos, promoções, estabilidade, remuneração, reforma e transferência para a reserva (art. 61, § 1º, II, f, da CF).

São leis de iniciativa do Poder Executivo: o plano plurianual (art. 165, I, da CF); as diretrizes orçamentárias (art. 165, II, da CF); e os orçamentos anuais (art. 165, III, da CF).

Atribui-se iniciativa ao Supremo Tribunal Federal (STF) para proposítura do Estatuto da Magistratura (art. 93), assim como verifica-se a iniciativa do STF, Tribunais Superiores e Tribunais de Justiça para propor ao Poder Legislativo respectivo, observado o art. 169: a alteração do número de membros dos tribunais inferiores (art. 96, II, a); a criação e a extinção de cargos e remuneração dos seus serviços auxiliares e dos juízos que lhes forem vinculados, bem como a fixação do subsídio de seus membros e dos juízes, inclusive dos tribunais inferiores, onde houver (art. 96, II, b); a criação ou extinção dos Tribunais inferiores (art. 96, II, c); e a alteração da organização e da divisão judiciárias (art. 96, II, d, da CF).

A iniciativa do Ministério Público reside em propor ao Poder Legislativo, observado o art. 169 da Constituição, a criação e extinção de seus cargos e serviços auxiliares, promovendo-os por concurso público de provas ou provas e títulos; a política remuneratória e os planos de carreira (art. 127, § 2º), além da iniciativa concorrente do Ministério Público (Procurador-Geral da República) e do Presidente da República quanto ao projeto de lei sobre a organização do Ministério Público da União, pois leis complementares da União e dos Estados, cuja iniciativa é facultada aos respectivos Procuradores-Gerais, estabelecerão a organização, as atribuições e o estatuto de cada Ministério Público (art. 128, § 5º).

A Carta Magna de 1988 contempla ainda a iniciativa popular dos cidadãos, que deve ser exercida pela apresentação à Câmara dos Deputados de projeto de lei subscrito por, no mínimo, 1% do eleitorado nacional, distribuído por pelo menos cinco Estados, com não menos de 0,3% dos eleitores em cada um deles (art. 61, § 2º).

Saliente-se que parte da doutrina sustenta que não existe possibilidade de iniciativa popular para emenda constitucional, pois se fosse intenção do legislador, deveria ter inserido um parágrafo no art. 60 da Constituição Federal de 1988. Para outra parcela da doutrina, que nos parece mais acertada, a iniciativa popular é uma forma de exercício de poder político, porquanto a soberania popular será exercida pelo sufrágio universal e pelo voto direto e secreto, com valor igual para todos, e, nos termos da lei, mediante: plebiscito, referendo, iniciativa popular, como prescreve o art. 14 da Lei Maior. Logo, é possível o seu exercício para a reforma constitucional, entendimento que deflui de uma interpretação sistemática e teleológica da Carta Magna.

Admite-se lei de iniciativa popular nos Estados e nos Municípios, pois a Constituição Federal de 1988 estatui que "a lei disporá sobre a iniciativa popular no processo legislativo estadual" (art. 27, § 4º), bem como prevê "a iniciativa popular de projetos de lei de interesse específico do Município, da cidade ou de bairros, através de manifestação de, pelo menos, 5% do eleitorado" (art. 29, XII).

Por sua vez, a fase constitutiva do procedimento legislativo ordinário é composta pela deliberação parlamentar e pela deliberação executiva.

Quando se trata da deliberação parlamentar, o projeto de lei é apreciado nas duas casas do Congresso Nacional (Casa Iniciadora e Casa Revisora), separadamente, e em um turno de discussão e votação no plenário. Requer-se a maioria absoluta para instalar a sessão legislativa validamente e a maioria simples para votação de um projeto de lei (art. 47 da CF/88). A Câmara dos Deputados é geralmente a Casa iniciadora, como a porta de entrada da iniciativa extraparlamentar (art. 64 da CF). Aprovado o projeto de lei na Casa Iniciadora, seguirá para a Casa Revisora. A primeira deliberação é chamada deliberação principal e a segunda é denominada deliberação revisional. Na Casa Revisora, o projeto de lei terá o mesmo curso da Casa Iniciadora, isto é, passando inicialmente pelas Comissões e depois vai ao plenário para um turno de discussão e votação. A Casa Revisora poderá aprovar, rejeitar ou emendar o projeto de lei (art. 65 da CF/88).

Quando se trata da deliberação executiva, o Presidente da República recebe o projeto de lei aprovado no Congresso Nacional com ou sem emendas, para que sancione ou vete. A sanção é a manifestação concordante do Chefe do Poder Executivo, que transforma o projeto de lei em lei. Pode ser a sanção expressa ou tácita, mas sempre motivada.

O veto é a manifestação discordante do Chefe do Poder Executivo que impede, ao menos transitoriamente, a transformação do projeto de lei em lei. O veto deve ser irretratável, expresso, motivado, formalizado, supressivo, total ou parcial, como prescreve o art. 66 da Carta Magna de 1988.

O veto não se afigura absoluto, sendo superável pela votação no Congresso Nacional em sessão conjunta (art. 57, IV, da CF).

O veto será apreciado em sessão conjunta, dentro de 30 dias a contar de seu recebimento, só podendo ser rejeitado pelo voto da maioria absoluta dos Deputados e Senadores (art. 66, § 4º, da CF).

Se escoar o prazo de 30 dias sem deliberação: o veto será colocado na ordem do dia da sessão imediata, sobrestadas as demais proposições, até sua votação final. A pauta será obstruída (art. 66, § 6º, da CF). Se o veto for mantido, o projeto de lei estará arquivado, e se o veto não for mantido, será o projeto de lei enviado, para promulgação, ao Presidente da República (art. 66, § 5º, da CF).

Por seu turno, a fase complementar do procedimento legislativo ordinário é dividida entre a promulgação e a publicação. Promulgação é um atestado da existência válida da lei e de sua executoriedade. Em regra, é o Presidente da República que verifica se a lei foi regularmente elaborada e depois atesta que a ordem jurídica está sendo inovada, estando a lei apta a produzir efeitos no mundo jurídico. Publicação é o ato mediante o qual se dá conhecimento à coletividade da existência da lei, com a inserção do texto promulgado na Imprensa Oficial como condição de vigência e eficácia da lei; encerra, assim, o processo legislativo.

No que se refere ao procedimento sumário ou abreviado, ele tem cabimento para os projetos de iniciativa do Presidente da República, não precisando, contudo, ser de iniciativa reservada (art. 64, § 1º). Por exemplo, atos de outorga ou renovação de concessão, permissão ou autorização para serviços de radiodifusão sonora e de sons e imagens, são projetos que tramitam sob regime de urgência (art. 223, § 1º, da CF/88).

Durante o procedimento sumário, o projeto de lei ingressa pela Câmara dos Deputados: a Câmara tem o prazo de 45 dias para aprová-lo ou rejeitá-lo. Aprovado na Câmara, o projeto vai ao Senado, que também terá 45 dias para aprovar, rejeitar ou apresentar emendas. Os prazos não correm no período de recesso nem se aplicam às matérias de Código (art. 64, § 4º, da CF).

Por fim, convém diferenciar as espécies normativas que integram, no plano federal, o conceito de legislação, a saber: emendas à Constituição (art. 59, I, da CF/88); leis complementares (art. 59, II); leis ordinárias (art. 59, III); leis delegadas (art. 59, IV); medidas provisórias (art. 59, V), decretos legislativos (art. 59, VI) e resoluções (art. 59, VII).

Emendas constitucionais são normas produzidas pelo poder de reforma constitucional que modificam parcialmente a Constituição – a lei de organização do Estado e de previsão dos direitos fundamentais dos cidadãos. O procedimento e os limites materiais, formais e circunstanciais de elaboração das emendas constitucionais estão previstos no art. 60 da Constituição Federal de 1988.

Leis complementares são espécies legislativas utilizadas nas matérias expressamente previstas na Constituição Federal. As hipóteses de regulamentação da Constituição por meio de lei complementar foram taxativamente previstas na Carta Magna, por exemplo, quando estabelece que lei complementar disporá sobre a elaboração, redação, alteração e consolidação das leis (art. 59, parágrafo único, da CF/88). As leis complementares serão aprovadas por maioria absoluta de seus membros (art. 69 da CF/88).

Leis ordinárias são espécies legislativas utilizadas nas matérias em que não cabe lei complementar, decreto legislativo e resolução. Assim, o campo material das leis ordinárias se afigura residual. O texto constitucional refere-se à lei ordinária apenas como lei, sem a utilização do adjetivo "ordinária", e quando quer diferenciá-la de outra espécie normativa, normalmente traz a expressão "lei ordinária", como no art. 61 da CF/88. Pode ainda utilizar a expressão "lei especial", por exemplo, no art. 85, parágrafo único, da CF/88. As leis ordinárias serão aprovadas por maioria simples (relativa) de seus membros.

Leis delegadas são espécies legislativas usadas nas hipóteses de transferência da competência do Poder Legislativo para o Poder Executivo. Trata-se de uma exceção ao princípio da indelegabilidade das atribuições. A iniciativa solicitadora cabe ao Presidente da República, que solicita a delegação ao Congresso Nacional, delimitando o assunto sobre o qual pretende legislar. Se o Congresso Nacional aprovar a solicitação, delegará por meio de resolução (art. 68, § 2º, da CF). A delegação apresenta prazo certo, nada impedindo, todavia, que, antes de encerrado o prazo fixado na resolução, o Poder Legislativo anule a delegação. O Congresso Nacional pode examinar a mesma matéria objeto de delegação, pois quem delega não abdica, reserva poderes para si. Como a lei ordinária e a lei delegada têm o mesmo nível hierárquico, prevalecerá a que for promulgada por último, revogando o diploma legislativo anterior.

São matérias vedadas à delegação (art. 68, § 1º): atos de competência exclusiva do Congresso Nacional; atos de competência privativa da Câmara dos Deputados; atos de competência privativa do Senado Federal; matéria reservada à lei complementar; e legislação sobre: organização do Poder Judiciário e do Ministério Público, a carreira e a garantia de seus membros (art. 68, § 1º, I, da CF), nacionalidade, cidadania, direitos individuais, políticos e eleitorais (art. 68, § 1º, II, da CF), planos plurianuais, diretrizes orçamentárias e orçamentos (art. 68, § 1º, III, da CF).

Se o Presidente da República exorbitar os limites da delegação legislativa, o Congresso Nacional poderá sustar o ato normativo por meio de decreto legislativo. Trata-se de um controle repressivo de constitucionalidade operado pelo Poder Legislativo (art. 49, V, da CF/88).

Medidas provisórias são atos normativos com força de lei que têm como pressupostos de admissibilidade a relevância e a urgência. Em caso de relevância e urgência, o Presidente da República poderá adotar medidas provisórias, com força de lei, devendo submetê-las de imediato ao Congresso Nacional (art. 62 da CF/88). Em regra, os requisitos de relevância e urgência devem ser analisados primeiro pelo Presidente da República e posteriormente pelo Congresso Nacional. O Poder Judiciário poderá também fazer um controle de constitucionalidade dos pressupostos, quando houver desvio de finalidade ou abuso do poder de legislar, à luz do princípio da razoabilidade.

A medida provisória vigorará por um prazo de 60 dias contados da publicação. Se a medida provisória não for apreciada em 60 dias, haverá uma prorrogação automática do prazo, totalizando prazo máximo de 120 dias. Se após esse prazo não for convertida em lei, perderá a eficácia desde a sua edição. Se a medida provisória não for apreciada em até 45 dias da sua publicação, entrará em regime de urgência, fazendo com que todas as demais deliberações da casa legislativa fiquem sobrestadas, até que seja concluída a votação da medida provisória. Ela bloqueia a pauta diária da casa em que esteja (art. 62, § 6º, da CF).

Publicada a medida provisória no *Diário Oficial da União*, deve ser, imediatamente, encaminhada ao Congresso Nacional, onde será direcionada a uma Comissão Mista de Deputados e Senadores, que avaliarão os pressupostos constitucionais de admissibilidade e o mérito, e emitirão parecer (art. 62, § 9º, da CF). Após o parecer da Comissão Mista, a medida provisória será apreciada em plenário nas duas casas separadamente (art. 62, § 5º, da CF). A votação será em sessão separada, tendo início na Câmara dos Deputados e, depois, seguindo ao Senado Federal. Aprovada a medida provisória, será ela convertida em lei com o número subsequente da Casa Legislativa, pois se implementou a condição futura, não havendo a necessidade de sanção. A lei será então promulgada pelo Presidente da Mesa do Congresso Nacional e publicada pelo Presidente da República.

Se a Comissão Mista apresentar parecer pela aprovação de medida provisória com emendas, deverá, também, apresentar projeto de lei de conversão, bem como projeto de decreto legislativo para regulamentação das relações jurídicas decorrentes da vigência dos textos suprimidos ou alterados. A medida provisória com emendas se transforma em projeto de lei de conversão, devendo ser remetido ao Presidente da República para que sancione ou vete. Se sancionar, irá promulgá-la e determinará sua publicação. Os efeitos decorrentes da matéria alterada devem ser regulamentados por decreto legislativo, perdendo a medida provisória a eficácia desde a sua edição (art. 62, § 3º, da CF/88). A medida provisória rejeitada não pode ser objeto de reedição na mesma sessão legislativa (art. 62, § 10, da CF). A sua reedição implica a realização de crime de responsabilidade (art. 85, II, da CF).

A edição da medida provisória suspende temporariamente a eficácia das normas que com ela sejam incompatíveis. Se a medida provisória for transformada em lei, revogará aquela lei, mas se for rejeitada, serão restaurados os efeitos daquela lei. Como aquela lei nunca perdeu a vigência, só tendo a eficácia paralisada, com a rejeição da medida provisória, volta ela a ter eficácia, não se manifestando, assim, o fenômeno da repristinação.

São limites materiais à edição de medidas provisórias: matéria relativa a nacionalidade, cidadania, direitos políticos, partidos políticos e direito eleitoral (art. 62, § 1º, I, *a*, da CF); direito penal, processual penal e processual civil (art. 62, § 1º, I, *b*, da CF); organização do Poder Judiciário e do Ministério Público, a carreira e a garantia de seus membros (art. 62, § 1º, I, c, da CF); planos plurianuais, diretrizes orçamentárias, orçamento e créditos adicionais e suplementares, ressalvado o previsto no art. 167, § 3º (art. 62, § 1º, I, d, da CF); matéria que vise a detenção ou sequestro de bens, de poupança ou qualquer outro ativo financeiro (art. 62, § 1º, II, da CF); matéria reservada a lei complementar (art. 62, § 1º, III, da CF); e matéria já disciplinada em projeto de lei aprovado pelo Congresso Nacional e pendente de sanção ou veto do Presidente da República (art. 62, § 1º, IV, da CF).

A medida provisória que implicar instituição (criação) ou majoração (aumento) de impostos, salvo imposto sobre importação, imposto sobre exportação, impostos sobre produtos industrializados, imposto sobre operações financeiras e imposto extraordinário, só entrará em vigor (produzirá efeitos) no exercício financeiro seguinte se tiver sido convertida em lei até o último dia daquele exercício em que foi editada (art. 62, § 2º, da CF/88).

A seu turno, o decreto legislativo é uma espécie normativa utilizada nas hipóteses de competência exclusiva do Congresso Nacional (art. 49). As regras sobre seu procedimento estão previstas no regimento interno do Poder Legislativo.

Por derradeiro, a resolução é uma espécie normativa utilizada nas hipóteses de competência privativa da Câmara, do Senado ou do Congresso Nacional (arts. 51 e 52). As regras sobre seu procedimento estão previstas no regimento interno do Poder Legislativo.

Além dessas espécies legislativas federais, devem ser ainda incluídos, como integrantes do conceito mais amplo de legislação no sistema jurídico brasileiro, as leis estaduais, distritais e municipais, bem como outros atos normativos produzidos pelos entes federativos, que sejam similares aos previstos no art. 59 da Carta Magna de 1988, por força do princípio da simetria que rege o federalismo brasileiro.

3. JURISPRUDÊNCIA

Entende-se por jurisprudência aquela fonte formal e estatal do direito que expressa o conjunto das decisões reiteradas de juízes e tribunais, as quais formam um padrão interpretativo capaz de inspirar a realização de futuros julgamentos sobre casos similares. A jurisprudência pode ser considerada um verdadeiro costume produzido pelo Poder Judiciário (*usus fori*).

Ao lado dos costumes, a jurisprudência é considerada a principal fonte do direito nos sistemas jurídicos anglo-saxônicos (*common law*), embora seja também largamente utilizada nos sistemas jurídicos romano--germânicos da atualidade (*civil law*).

Decerto, nas sociedades contemporâneas, o magistrado não pode ser reduzido à condição subalterna de um mero aplicador mecânico e neutro das regras emanadas pelo legislador, como propugnava a doutrina positivista, mas, em verdade, deve ser reconhecido como um verdadeiro criador de um direito vivo e atual, ao explicitar o sentido e o alcance da normatividade jurídica perante os conflitos de interesses.

Como bem assevera Miguel Reale (1996, p. 169), criando ou não direito novo, com base nas normas vigentes, o certo é que a jurisdição é uma das forças determinantes da experiência jurídica. Se os precedentes jurisprudenciais não exercem, nos países de tradição romanística, o papel por eles desempenhado na experiência do *common law*, nem por isso é secundária sua importância. O seu alcance aumenta dia a dia, como resultado da pletora legislativa e pela necessidade de ajustar as normas legais às peculiaridades das relações sociais.

Nos países que adotam o sistema jurídico desvinculado da fonte legal (*common law*), como sucede nos Estados Unidos, o direito é revelado pela utilização sucessiva dos precedentes pelo Poder Judiciário, enquanto repositório de normas singulares que consubstanciam as decisões judiciais tomadas no passado sobre situações concretas semelhantes. Observa-se, assim, que o precedente judicial desempenha relevante papel nos regimes anglo-americanos de *common law*, equiparando-se, em larga medida, à função assumida pela legislação nos sistemas romano--germânicos de *civil law*.

Com efeito, o direito norte-americano adotou a doutrina do *stare decisis*, que atribui eficácia geral e vinculante às decisões da Suprema Corte. *Stare decisis* origina-se da expressão latina *stare decisis et non quieta movere*, que significa: "ficar com o que foi decidido e não movimentar aquilo que estiver em repouso". A decisão da Suprema Corte americana gera, portanto, um precedente, com força vinculante, de modo a assegurar que, no futuro, um caso similar venha a ser decidido da mesma forma.

A teoria dos precedentes possibilita que casos idênticos sejam julgados da mesma forma pelo Poder Judiciário, evitando a tomada de decisões contraditórias e a projeção de uma insegurança jurídica. Logo, uma decisão judicial do passado, cujos motivos foram expostos, deve ser aplicada em casos similares e futuros onde caiba a mesma fundamentação, e somente novas e persuasivas razões poderão admitir uma decisão que não seja similar às decisões antecedentes.

No ordenamento jurídico americano, em que pese a declaração de inconstitucionalidade no modelo incidente operar *inter partes*, aplica-se diretamente sobre essas decisões a teoria dos precedentes (*stare decisis*), assegurando a eficácia obrigatória e geral das decisões da Suprema Corte americana, como imperativo de segurança jurídica e estabilidade social.

No âmbito do atual sistema jurídico brasileiro, não há como negar que a jurisprudência desponta como genuína fonte jurídica, suplementando e aperfeiçoando a própria legislação, o que se constata mediante a aplicação frequente, nos mais diversos ramos jurídicos, de instrumentos chamados súmulas.

Entende-se por súmulas aqueles meios de uniformização da jurisprudência que corporificam as proposições sobre a interpretação e a aplicação do direito que decorrem da jurisprudência assentada dos diversos tribunais sobre assuntos polêmicos ou controvertidos.

O Código de Processo Civil anterior, no Título IX (Do processo nos Tribunais), Capítulo I (Da uniformização da jurisprudência), estabelecia regras para a produção de súmulas pelo Poder Judiciário no sistema jurídico pátrio.

Conforme prescrevia o art. 476, competia a qualquer juiz, ao dar o voto na turma, câmara, ou grupo de câmaras, solicitar o pronunciamento prévio do tribunal acerca da interpretação do direito quando: I – verificasse que, a seu respeito, ocorresse divergência; e II – no julgamento recorrido a interpretação fosse diversa da que lhe havia dado outra turma, câmara, grupo de câmaras ou câmaras cíveis reunidas.

Segundo o art. 477, reconhecida a divergência, seria lavrado o acórdão, indo os autos ao presidente do tribunal para designar a sessão de julgamento, bem como a secretaria distribuiria a todos os juízes cópia do acórdão.

De acordo com o art. 478, o tribunal, reconhecendo a divergência, daria a interpretação a ser observada, cabendo a cada juiz emitir o seu voto em exposição fundamentada. Em qualquer caso, seria ouvido o chefe do Ministério Público que funcionasse perante o tribunal.

Por sua vez, o art. 479 preceituava que o julgamento, tomado pelo voto da maioria absoluta dos membros que integrassem o tribunal, seria objeto de súmula e constituiria precedente na uniformização da jurisprudência, cabendo aos regimentos internos dispor sobre a publicação no órgão oficial das súmulas de jurisprudência predominante.

Por sua vez, o Novo Código de Processo Civil – a Lei n. 13.105, de 16 de março de 2015, valoriza ainda mais a construção jurisprudencial do Direito, trazendo novas normas sobre aplicação dos precedentes jurisprudenciais e o uso das súmulas.

Com efeito, em seu art. 926, este diploma legislativo estabelece que os tribunais devem uniformizar sua jurisprudência e mantê-la estável, íntegra e coerente.

Sendo assim, na forma estabelecida e segundo os pressupostos fixados no regimento interno, os tribunais editarão enunciados de súmula correspondentes a sua jurisprudência dominante, devendo ater-se às circunstâncias fáticas dos precedentes que motivaram sua criação

Ademais, conforme preceitua o art. 927 do Novo Código de Processo Civil, os juízes e os tribunais observarão: as decisões do Supremo Tribunal Federal em controle concentrado de constitucionalidade; os enunciados de súmula vinculante; os acórdãos em incidente de assunção de competência ou de resolução de demandas repetitivas e em julgamento de recursos extraordinário e especial repetitivos; os enunciados das súmulas do Supremo Tribunal Federal em matéria constitucional e do Superior Tribunal de Justiça em matéria infraconstitucional; e a orientação do plenário ou do órgão especial aos quais estiverem vinculados.

Ainda segundo o mesmo dispositivo da Lei n. 13.105, de 16 de março de 2015, podem ser elencadas as seguintes inovações:

- a alteração de tese jurídica adotada em enunciado de súmula ou em julgamento de casos repetitivos poderá ser precedida de audiências públicas e da participação de pessoas, órgãos ou entidades que possam contribuir para a rediscussão da tese;

- a hipótese de alteração de jurisprudência dominante do Supremo Tribunal Federal e dos tribunais superiores ou daquela oriunda de julgamento de casos repetitivos implica a possibilidade de modulação dos efeitos da alteração no interesse social e no da segurança jurídica;
- a modificação de enunciado de súmula, de jurisprudência pacificada ou de tese adotada em julgamento de casos repetitivos observará a necessidade de fundamentação adequada e específica, considerando os princípios da segurança jurídica, da proteção da confiança e da isonomia;
- os tribunais darão publicidade a seus precedentes, organizando-os por questão jurídica decidida e divulgando-os, preferencialmente, na rede mundial de computadores.

Tal tendência de fortalecimento da fonte jurisprudencial na ordem jurídica pátria se consolidou especialmente após a adoção do instituto da súmula vinculante no sistema jurídico brasileiro, com a Emenda Constitucional n. 45/2004, que veio juntar-se às súmulas persuasivas ou não vinculantes, conferindo ao Supremo Tribunal Federal a prerrogativa de estabelecer uma jurisprudência obrigatória para ser acatada por toda a estrutura do Poder Judiciário e da Administração Pública.

Com efeito, o art. 103-A da Carta Magna de 1988, introduzido pela Emenda Constitucional n. 45/2004, estabelece que o Supremo Tribunal Federal poderá, de ofício ou por provocação, mediante decisão de dois terços dos seus membros, após reiteradas decisões sobre matéria constitucional, aprovar súmula que, a partir de sua publicação na imprensa oficial, terá efeito vinculante em relação aos demais órgãos do Poder Judiciário e à Administração Pública direta e indireta, nas esferas federal, estadual e municipal, bem como proceder a sua revisão ou cancelamento, na forma estabelecida em lei.

Coube à Lei n. 11.417/2006 regular o art. 103-A da Constituição Federal de 1988 e alterar a Lei n. 9.784/99, disciplinando a edição, a revisão e o cancelamento de enunciado de súmula vinculante pelo Supremo Tribunal Federal, além de dar outras providências.

A súmula vinculante terá por objetivo a validade, a interpretação e a eficácia de normas determinadas, acerca das quais haja controvérsia atual entre órgãos judiciários ou entre esses e a Administração Pública que acarrete grave insegurança jurídica e relevante multiplicação de processos sobre questão idêntica.

São legitimados a propor a edição, a revisão ou o cancelamento de enunciado de súmula vinculante: I – o Presidente da República; II – a Mesa do Senado Federal; III – a Mesa da Câmara dos Deputados; IV – o Procurador-Geral da República; V – o Conselho Federal da Ordem dos Advogados do Brasil; VI – o Defensor Público-Geral da União; VII – partido político com representação no Congresso Nacional; VIII – confederação sindical ou entidade de classe de âmbito nacional; IX – a Mesa de Assembleia Legislativa ou da Câmara Legislativa do Distrito Federal; X – o Governador de Estado ou do Distrito Federal; XI – os Tribunais Superiores, os Tribunais de Justiça de Estados ou do Distrito Federal e Territórios, os Tribunais Regionais Federais, os Tribunais Regionais do Trabalho, os Tribunais Regionais Eleitorais e os Tribunais Militares.

Ademais, o Município poderá propor, incidentalmente ao curso de processo em que seja parte, a edição, a revisão ou o cancelamento de enunciado de súmula vinculante, o que não autoriza a suspensão do processo e, no procedimento de edição, revisão ou cancelamento de enunciado da súmula vinculante, o relator poderá admitir, por decisão irrecorrível, a manifestação de terceiros na questão, nos termos do Regimento Interno do Supremo Tribunal Federal.

A edição, a revisão e o cancelamento de enunciado de súmula com efeito vinculante dependerão de decisão tomada por 2/3 dos membros do Supremo Tribunal Federal, em sessão plenária. No prazo de 10 dias após a sessão em que editar, rever ou cancelar enunciado de súmula com efeito vinculante, o Supremo Tribunal Federal fará publicar, em seção especial do *Diário da Justiça* e do *Diário Oficial da União*, o enunciado respectivo.

A súmula com efeito vinculante tem eficácia imediata, mas o Supremo Tribunal Federal, por decisão de 2/3 dos seus membros, poderá restringir os efeitos vinculantes ou decidir que só tenha eficácia a partir de outro momento, tendo em vista razões de segurança jurídica ou de excepcional interesse público.

Revogada ou modificada a lei em que se fundou a edição de enunciado de súmula vinculante, o Supremo Tribunal Federal, de ofício ou por provocação, procederá a sua revisão ou cancelamento, conforme o caso, sendo que a proposta de edição, revisão ou cancelamento de enunciado de súmula vinculante não autoriza a suspensão dos processos em que se discuta a mesma questão.

Da decisão judicial ou do ato administrativo que contrariar enunciado de súmula vinculante, negar-lhe vigência ou aplicá-lo indevidamente caberá reclamação ao Supremo Tribunal Federal, sem prejuízo dos recursos ou outros meios admissíveis de impugnação. Ao julgar procedente a reclamação, o Supremo Tribunal Federal anulará o ato administrativo ou cassará a decisão judicial impugnada, determinando que outra seja proferida com ou sem aplicação da súmula, conforme o caso.

Por fim, fazendo-se um balanço crítico acerca da súmula vinculante, podem ser elencados argumentos favoráveis e desfavoráveis. Em favor da súmula vinculante, argumenta-se que ela favoreceria os princípios da celeridade processual, da efetividade do processo, da segurança jurídica, da isonomia dos julgamentos e da coerência decisória. Em sentido contrário, argumenta-se que ela violaria os princípios do devido processo legal, do duplo grau de jurisdição, do contraditório, da ampla defesa, do livre convencimento judicial, da separação dos poderes. Refere-se ainda o eventual risco da hipertrofia do Supremo Tribunal Federal dentro do arcabouço institucional do Estado Democrático de Direito, nos termos de uma verdadeira "Supremocracia", bem como o receio de que o Pretório Excelso venha a engessar a ordem jurídica com interpretações conservadoras do ponto de vista político-ideológico, além de desprovidas de legitimidade social.

4. DOUTRINA

Etimologicamente, o vocábulo doutrina deriva do latim *doctrina*, que, por sua vez, decorre do verbo *docere* – lecionar ou ensinar. No plano jurídico, a doutrina figura como aquela fonte formal e não estatal do direito que se forma pelo conjunto de obras (livros, artigos científicos, comentários da legislação e da jurisprudência) e pareceres (opiniões fundamentadas sobre questões controvertidas) que são produzidos por conceituados juristas, exprimindo, assim, a vasta produção teórica da ciência jurídica.

Conforme assinala Maria Helena Diniz (2005, p. 336), a doutrina deflui da atividade científico-jurídica, vale dizer, dos estudos realizados pelos juristas, na análise e sistematização das normas jurídicas, na elaboração das definições dos conceitos jurídicos, na interpretação das leis, facilitando e orientando a tarefa de aplicar o direito, e na apreciação da legitimidade da ordem normativa, adequando-as aos fins que o direito deve perseguir, emitindo juízos de valor sobre o conteúdo do direito positivo, apontando as necessidades e oportunidades de reformas jurídicas.

Por sua própria natureza teórica, a doutrina vem a ser, historicamente, a última fonte jurídica a surgir no quadro geral das fontes do direito. Ao longo dos séculos, podem ser vislumbrados momentos nos quais os sistemas jurídicos adotaram a doutrina como principal fonte formal do direito. Em Roma, o Imperador Adriano chegou a atribuir força obrigatória à opinião de certos jurisconsultos, quando, ao elaborarem pareceres fundamentados (*responsa*), fossem concordantes durante certo tempo (*communis opinio doctorum*). Outrossim, o renascimento do direito romano na Idade Média acarretou a criação da figura do Doutor em Direito (*Doctor Iuris*), cujo prestígio intelectual o habilitava a ensinar nas Universidades e a emitir pareceres, influenciando a produção de normas jurídicas. Além disso, algumas legislações modernas, a exemplo das Ordenações Afonsinas em Portugal, admitiram expressamente a doutrina como fonte subsidiária da legislação.

Embora alguns autores não considerem a doutrina como fonte do direito, por carecer de força vinculante e obrigatória na disciplina do comportamento humano, a doutrina cada vez mais contribui para a evolução dos sistemas jurídicos contemporâneos. Decerto, tanto o legislador quanto o magistrado encontram, nas obras dos grandes jurisconsultos, os elementos teóricos indispensáveis para a feitura e o aperfeiçoamento da legislação e da jurisprudência. Isso sucede porque a doutrina oferece o chamado argumento de autoridade (*argumentum ab auctoritate*) que justifica, retoricamente, dada opção hermenêutica no campo da interpretação e da aplicação do direito.

Decerto, além de possibilitar a sistematização lógica do ordenamento jurídico, a doutrina contribui, no plano prático da experiência jurídica, para facilitar a tarefa de criação, interpretação e aplicação do direito, exercendo também uma relevante função crítica, ao propor a reforma das instituições jurídicas, como sucedeu, por exemplo, com a formulação da teoria da imprevisão contratual, a teoria do abuso de direito ou a teoria da função social da propriedade, que reformularam o modo de compreensão do direito liberal-individualista-burguês do ocidente.

5. COSTUME JURÍDICO

Do ponto de vista etimológico, a palavra "costume" origina-se do termo latino *consuetudo*, a indicar uma regra de comportamento que nasce de certos hábitos sociais. No plano jurídico, entende-se por costume o conjunto de práticas sociais reiteradas, acrescido da convicção de sua necessidade jurídica, que serve para a disciplina bilateral das relações humanas.

Os costumes jurídicos, diferentemente da legislação, não apresentam forma escrita (*jus non scriptum*). Geralmente, as normas costumeiras nascem espontaneamente no campo da moralidade social, adquirindo, gradativamente, uma natureza jurídica, ao reconhecer, por um lado, os direitos subjetivos e, por outro lado, ao exigir o cumprimento obrigatório de deveres jurídicos correlatos pelos membros da comunidade jurídica.

Decerto, afirmar que um costume se torna válido em razão de sua eficácia equivaleria sustentar que um comportamento se faz jurídico pelo simples fato de ser constantemente reiterado pelos agentes sociais. Nota-se, em vez disso, que não basta que um comportamento seja efetivamente seguido pelo grupo social para se tornar um costume jurídico. É imperioso que o que se chama "validade", ou seja, aquele comportamento constante que constitui o *conteúdo* do costume, receba uma *forma* jurídica, ou venha a ser acolhido em um determinado sistema jurídico como comportamento obrigatório, isto é, cuja violação implica uma sanção.

De acordo com Sílvio Venosa (2006, p. 122), para que um costume se converta em fonte do direito, dois requisitos são essenciais: um de ordem objetiva ou material (*corpus*), que expressa o uso continuado, a exterioridade, a percepção tangível de uma conduta humana; outro de ordem subjetiva ou imaterial (*animus*), que traduz a consciência coletiva da obrigatoriedade jurídica da prática social (*opinio iuris vel necessitatis*), o que diferencia o costume jurídico de outras práticas reiteradas, como as religiosas ou as morais.

Decerto, o costume é a mais antiga fonte de direito, tendo surgido desde os povos primitivos ágrafos. Originariamente, a instância de poder social responsável por dizer o direito tomou a forma espontânea e difusa do costume. Após essa fase de descentralização legislativa e jurisdicional, seguiu-se um momento de centralização jurisdicional, passando a função de magistrado a ser exercida pelos mais idosos. Com a centralização legislativa, ao lado de quem expressará o costume imemorial, surge quem ditará o direito novo, o legislador, que ratificará ou revogará essa prática consuetudinária, pelo que a lei passará à condição de fonte do direito mais relevante.

Durante a Idade Média, como decorrência da descentralização do poder, propiciada pela queda do Império Romano e pelas invasões bárbaras, o costume territorial dos feudos e reinos europeus tornou-se altamente relevante para a configuração do fenômeno jurídico. Com a redescoberta do direito romano e a formação da Escola de glosadores em Bolonha no século XII, inicia-se a derrocada do direito consuetudinário medieval. A formação das monarquias nacionais, o avanço econômico do capitalismo e a ascensão do racionalismo moderno marcam, no campo das fontes jurídicas, a gradativa proeminência da lei em detrimento dos costumes.

O contraste entre o direito costumeiro e o direito estatal foi expresso pelo advento das codificações dos séculos XVIII e XIX, por meio das quais o chamado direito comum foi absorvido pelo direito estatal. Inobstante a quase inteira assimilação do direito costumeiro pelo direito positivado estatal, manteve-se, contudo, a tradição dos povos anglo-saxões, especialmente na Inglaterra e nos Estados Unidos, mediante a qual o direito revela-se muito mais pelos costumes e pela jurisprudência do que pela produção legislativa dos Parlamentos.

No tocante às relações com as fontes legislativas, os costumes podem ser: *secundum legem*, quando oferecem suporte para a criação ou interpretação de uma lei; *praeter legem*, quando convivem pacificamente com a legislação, tendo por finalidade preencher as lacunas do texto legal;

e, por fim, *contra legem*, quando se revelam frontalmente contrários aos preceitos legais, como normas consuetudinárias ab-rogatórias que promovem o desuso da lei na sociedade.

Em que pese a menor relevância do costume como fonte formal do direito contemporâneo, mormente nos sistemas jurídicos que orbitam ao derredor da lei escrita, essa espécie normativa ainda revela influência em determinados ramos jurídicos, tais como o direito internacional público e o direito comercial, despontando, nesse último campo, o uso do cheque pré-datado como um exemplo inconteste de uso da norma consuetudinária no sistema jurídico brasileiro.

6. NEGÓCIO JURÍDICO

Entende-se por negócio jurídico aquela fonte formal e não estatal do direito, que traduz um conjunto de normas particulares e individualizadas decorrentes de certas manifestações de vontade, capaz de estabelecer direitos e deveres jurídicos para os agentes sociais envolvidos em uma dada relação jurídica.

Sendo assim, o negócio jurídico expressa uma autorregulamentação volitiva dos interesses particulares, que se origina do reconhecimento pelo sistema jurídico da autonomia privada dos sujeitos de direito, como sucede, por exemplo, na celebração das diversas modalidades de contratos no direito civil, consumerista ou comercial, bem como na elaboração das convenções coletivas pelos sindicatos no direito do trabalho.

Como bem destaca Miguel Reale (1996, p. 179), homens e grupos exercitam um poder negocial, dando nascimento a formas ou modelos jurídicos de ação, que os vinculam à prática dos direitos e deveres acordados. Tais avenças geralmente se ajustam a modelos legislativos, nada impedindo, contudo, que as partes constituam estruturas negociais atípicas, não correspondendo aos tipos normativos elaborados pelo legislador.

Nas sociedades capitalistas atuais, dinamizadas pelo assombroso ritmo das transformações econômicas, adquire enorme relevo o chamado poder negocial, como força geradora de normas jurídicas individualizadas e particulares que vinculam os agentes privados da relação jurídica, potencializando o desenvolvimento das operações e atividades do mercado capitalista.

7. PODER NORMATIVO DOS GRUPOS SOCIAIS

O poder normativo dos grupos sociais é aquela fonte formal e não estatal do direito que se refere à prerrogativa conferida pelo sistema jurídico aos grupos sociais para elaborar seus próprios ordenamentos jurídicos, submetidos, contudo, ao sistema jurídico geral posto pelo Estado.

Segundo Maria Helena Diniz (2005, p. 334), não é apenas o poder estatal que produz normas de direito, mas também as normas jurídicas são gestadas por associações de pessoas que se situam dentro das fronteiras de um Estado, cabendo à sociedade política reconhecer a validade da disciplina normativa das instituições menores. Uma norma jurídica só apresentará juridicidade se estiver apoiada na ordenação da sociedade política, ensejando, por um lado, o pluralismo de ordenações jurídicas e, por outro lado, a unidade da ordem normativa.

Para tanto, deve-se reconhecer que não somente os órgãos estatais produzem direito, mas todo o conjunto de agrupamentos humanos que perfaz o conjunto global da sociedade. Recusa-se, assim, a estrita visão monista de uma produção normativa unicamente estatal do direito, em favor do reconhecimento de um novo paradigma de criação pluralista do fenômeno jurídico.

Sob a égide desse pluralismo jurídico, podem ser vislumbrados exemplos de manifestação do poder normativo dos grupos sociais como fontes jurídicas, tais como os regulamentos elaborados nas empresas, os estatutos de associações esportivas ou religiosas e as convenções criadas pelos moradores nos condomínios privados.

SINOPSE

O estudo das espécies de normas jurídicas está estreitamente vinculado ao problema das fontes do direito, existindo, por isso mesmo, a necessidade de investigar-se a origem ou o nascedouro do fenômeno jurídico.

A expressão "fontes do direito" revela-se polissêmica, pois comporta diversos significados, podendo ser utilizada pelos cultores da ciência jurídica tanto em uma acepção material quanto em um sentido formal.

As fontes materiais do direito são os elementos econômicos, políticos e ideológicos que perfazem uma dada realidade social, interferindo na produção, na interpretação e na aplicação da normatividade jurídica, visto que tais elementos sociais oferecem a matéria-prima para a confecção normativa do sistema jurídico.

As fontes formais do direito correspondem aos modos de surgimento e de manifestação da normatividade jurídica propriamente dita, mediante os quais o jurista conhece e descreve o fenômeno jurídico por meio da positivação institucional dos elementos econômicos, políticos e ideológicos que compõem a estrutura geral de uma sociedade e influenciam o sistema jurídico. Essas fontes jurídicas são consideradas formais porquanto conferem forma ao direito, formulando as normas jurídicas válidas.

As fontes formais do direito compreendem tanto fontes jurídicas estatais, produzidas por órgãos do Estado, tais como a legislação ou a jurisprudência, como também fontes jurídicas não estatais, gestadas pelo conjunto dos agentes sociais, a exemplo da doutrina, do costume jurídico, do negócio jurídico e do poder normativo dos grupos sociais.

A legislação compreende os atos normativos de natureza escrita, primária, genérica, abstrata e complexa, que emanam do Poder Legislativo ou mesmo do Poder Executivo a fim de disciplinar o conjunto das relações sociais.

Nas sociedades contemporâneas, a lei figura como a mais importante das espécies normativas que integram o catálogo das fontes formais do direito, nomeadamente nos ordenamentos jurídicos de tradição romano-germânica (*civil law*), como sucede com o sistema jurídico brasileiro.

A jurisprudência é aquela fonte formal e estatal do direito que expressa o conjunto das decisões reiteradas de juízes e tribunais, as quais formam um padrão interpretativo capaz de inspirar a realização de futuros julgamentos sobre casos similares. A jurisprudência pode ser considerada um verdadeiro costume produzido pelo Poder Judiciário (*usus fori*).

Ao lado dos costumes, a jurisprudência é considerada a principal fonte do direito nos sistemas jurídicos anglo-saxônicos (*common law*), embora seja também largamente utilizada nos sistemas jurídicos romano-germânicos da atualidade (*civil law*).

As súmulas são aqueles meios de uniformização da jurisprudência, meramente persuasivos ou vinculantes, que corporificam as proposições sobre a interpretação e a aplicação do direito, decorrendo da jurisprudência assentada dos diversos tribunais sobre assuntos polêmicos ou controvertidos.

A doutrina figura como aquela fonte formal e não estatal do direito que se forma pelo conjunto de obras (livros, artigos científicos, comentários da legislação e da jurisprudência) e pareceres (opiniões fundamentadas sobre questões controvertidas), o qual é produzido por conceituados juristas, exprimindo, assim, a vasta produção teórica da ciência jurídica.

O costume jurídico é o conjunto de práticas sociais reiteradas, acrescido da convicção de sua necessidade jurídica, que serve para a disciplina bilateral das relações humanas. Os costumes jurídicos, diferentemente da legislação, não apresentam forma escrita (*jus non scriptum*).

Geralmente, as normas costumeiras nascem espontaneamente no campo da moralidade social, adquirindo, gradativamente, uma natureza jurídica, ao reconhecer, por um lado, os direitos subjetivos e, por outro lado, ao exigir o cumprimento obrigatório de deveres jurídicos correlatos pelos membros da comunidade jurídica.

O negócio jurídico é aquela fonte formal e não estatal do direito que traduz um conjunto de normas particulares e individualizadas decorrentes de certos acordos de vontades, capaz de estabelecer direitos e deveres jurídicos para os agentes sociais envolvidos em uma dada relação jurídica.

O poder normativo dos grupos sociais é aquela fonte formal e não estatal do direito que se refere à prerrogativa conferida pelo sistema jurídico aos grupos sociais para elaborar seus próprios ordenamentos jurídicos, submetidos, contudo, ao sistema jurídico geral positivado pelo Estado.

TEORIA DA RELAÇÃO JURÍDICA

1. RELAÇÃO JURÍDICA: CONCEITO E ELEMENTOS CONSTITUTIVOS

Historicamente, o conceito de relação jurídica foi oferecido à ciência do direito pela lavra dos juristas que integravam a Escola Pandectista Alemã, no século XIX, sucedânea do Historicismo Jurídico. Com efeito, a Escola Histórica do Direito, gestada a partir do embate entre Thibaut – favorável a codificação germânica – e Savigny – defensor da manifestação jurídico-consuetudinária (*Volkesgeist*) –, acabou convertendo-se em uma verdadeira jurisprudência de conceitos, sendo famosa a proposta de Puchta – discípulo de Savigny – em favor da construção lógico-sistemática de uma "pirâmide conceitual", a fim de cunhar os conceitos operacionais da ciência jurídica. Partindo da apropriação lógica dos institutos do direito romano, acreditavam os pandectistas ser possível ordenar os costumes, com base em generalizações conceituais. No particular, em vez de adotar a concepção lógico-dedutiva de sistema jurídico (geral ao particular), ao sabor do jusnaturalismo racionalista, postularam a configuração de um sistema jurídico indutivo (particular ao geral), por meio do qual seria autorizado captar os conceitos jurídicos das práticas sociais reiteradas. Foi assim que a Escola Pandectista Alemã extraiu as primeiras noções acerca da relação jurídica.

O uso dogmático do conceito de relação jurídica pressupõe, no entanto, uma prévia problematização zetética, visto que sua definição demanda o questionamento da natureza de uma sociedade humana, a partir do qual será possível situar, de forma mais satisfatória, o problema.

Em primeiro lugar, podemos vislumbrar uma corrente de pensamento que sustenta ser a sociedade um conjunto de indivíduos unidos pelo liame da *afecctio societatis*. Com base nessa premissa, as relações jurídicas seriam relações sociais entre indivíduos, independentemente de uma qualificação normativa. Os fatores dessa posição, arrimados no brocardo latino segundo o qual *ex facto, oritur jus*, identificam relação jurídica e relação social, entendendo ser possível, a partir da regularidade empírica do comportamento (plano do ser), extrair as pautas normativas capazes de jurisdicizar a conduta (plano do dever-ser). Em sociologia, encampa a concepção de Gabriel Tarde (prevalência do individual sobre o coletivo), diversa da compreensão de Durkheim (prevalência do coletivo sobre o individual), para, no estudo do direito, formular a concepção de relação jurídica como toda e qualquer relação social, o que se verifica, à sociedade, no Sociologismo Jurídico.

Por sua vez, há quem entenda ser a sociedade uma rede de ações, significativamente valoradas pela sociedade. Essa visão teórica exclui os indivíduos concretos do tecido social, que se transforma no palco de interações comportamentais. Não interessa, por exemplo, que o indivíduo entenda, subjetivamente, ser correto o seu comportamento, visto que a aceitabilidade (sentido) da conduta é conferida no bojo da intersubjetividade humana. Essa concepção sociológica, radicada na obra de Max Weber, costuma ser ainda complementada com noções do funcionalismo sistêmico de Niklas Luhmann, para quem a rede de comunicação social é estruturada/estabilizada por um conjunto de atividades cognitivas e atitudes normativas. Enquanto as primeiras expectativas sociais de comportamento descrevem a normalidade social, as segundas prescrevem a normalidade social, ambas reduzindo a complexidade societária e imunizando os riscos de desapontamentos. Especialmente as atitudes normativas – institucionalizadas no direito – garantem a generalização das expectativas comportamentais. Na doutrina jurídica, diante dessa fundamentação sistêmico-autopoética, as relações jurídicas podem ser entendidas como a confluência de diferentes papéis sociais, daí advindo laços de coordenação e de subordinação entre os sujeitos de direito.

Por outro lado, podem ser encontrados os defensores da concepção da sociedade como uma rede de normas. Em sociologia, autores como Parsons, expoente do funcionalismo, e Cicourel, cultor da chamada etnometodologia, adotam essa postura. O segundo, em particular, concebe que a estrutura social é constituída por "basic norms" – normas postadas pelos indivíduos – diferentes das chamadas "surface norms", impostas verticalmente por um núcleo de poder. Em uma dimensão mais filosófica, depreendemos do raciovitalismo de Ortega y Gasset (vida humana como projeto – ser que deve ser) e do existencialismo o de Martin Heidegger (conceito de *Dasein* – ser-no-mundo) indicações inequívocas de que a sociedade deve ser compreendida normativamente. Nesse sentido, utilizaremos, ao longo da presente exposição, muitos contributos do egologismo existencial, preconizado por Carlos Cossio e por seu discípulo Machado Neto, propondo o exame da relação jurídica a partir de uma compreensão unitária entre o pensar e o existir, entre a norma e a conduta humana intersubjetiva. Isso porque a norma jurídica integra a conduta humana como pensamento de si própria. Logo, os elementos da relação jurídica serão buscados da estrutura lógica do juízo disjuntivo da norma jurídica – "Dado um fato temporal deve ser prestação pelo sujeito obrigado em face do sujeito pretensor" ou "Dada a não prestação deve ser uma sanção pelo funcionário obrigado em face da comunidade pretensora". Dentro dessa concepção egológica do direito, pois, a conduta humana intersubjetiva e a norma jurídica integram a experiência jurídica como uma unidade existencial – juízo para o pensamento, figurando também a norma jurídica como conceito capaz de abarcar a riqueza policromática da vida humana, enquanto liberdade fenomenizada.

O estudo do sentido e dos elementos constitutivos de uma relação jurídica implica ainda o reconhecimento de que o direito, ao contrário da moral, figura como um fenômeno ético de regulação bilateral do comportamento humano em sociedade.

Diante do exposto, pode-se entender por relação jurídica o vínculo intersubjetivo, surgido com a exteriorização do fato jurídico, polarizando, no campo da licitude, direito subjetivo e dever jurídico e, no campo da ilicitude, a não prestação do dever jurídico e a respectiva sanção de direito. São, portanto, elementos integrantes de uma relação jurídica: o fato jurídico, os sujeitos de direito, o direito subjetivo, o dever jurídico, o ilícito e a sanção.

Convém, agora, examinar cada um desses elementos constitutivos, de modo mais minudente, a fim de melhor compreender o significado de uma relação jurídica.

2. FATO JURÍDICO

As relações jurídicas decorrem de certos acontecimentos que o direito considera importantes e que, por isso, lhes confere eficácia jurídica. Esses acontecimentos que repercutem no universo do direito são chamados fatos jurídicos. Entende-se por fato jurídico o acontecimento natural (involuntário) ou humano (voluntário) capaz de realizar o suposto normativo ou *fattispecie* (hipótese abstratamente prevista na norma), produzindo as consequências de direito. Logo, fato jurídico desponta como todo evento natural ou comportamento humano que cria, modifica ou extingue relações jurídicas.

É, portanto, com a ocorrência do fato jurídico que são produzidos os efeitos normativos, atualizando o direito subjetivo, titularizado pelo sujeito ativo, e o dever jurídico, a cujo cumprimento se obriga o sujeito passivo, perfazendo a bilateralidade essencial do fenômeno jurídico. Deveras, todo fato jurídico, além de exterior, deve ser bilateral, o que diferencia o direito da moral, esta última uma instância ética prevalentemente interior e unilateral, porque estribada na correlação entre o fazer/omitir de um mesmo sujeito.

Segundo Machado Neto (1988, p. 165), se a norma jurídica constitui uma representação abstrata do comportamento humano, deve haver um momento no tempo a partir do qual a conduta de determinada pessoa estará compreendida por determinada norma, vale dizer, um fato exterior temporal que sirva de ponto de referência para marcar a incidência normativa sobre o comportamento de alguém. Chama-se fato jurídico qualquer acontecimento temporal, natural ou voluntário a que a norma jurídica enlace as consequências de direito.

Somente pela realização do suposto jurídico – hipótese ou representação lógica e ideal do acontecimento – é que a relação jurídica se desenvolve, permitindo o aparecimento do direito subjetivo e do dever jurídico correlato.

São características dos fatos jurídicos: a) serem naturais ou humanos; b) afetarem duas ou mais pessoas (bilateralidade); c) serem exteriores (intersubjetividade).

No tocante à eficácia, os fatos jurídicos podem determinar a aquisição (*v.g.*, compra), a conservação (*e.g.*, legítima defesa), a transferência (*v.g.*, herança), a modificação (*e.g.*, transformação da obrigação de fazer em indenização) ou mesmo a extinção de direitos subjetivos (*e.g.*, perecimento da coisa).

Nem sempre a eficácia é imediata, podendo ser diferida, porque referida a algum acontecimento posterior – termo, condição ou encargo. O termo é o acontecimento futuro e certo do qual depende a eficácia de um fato jurídico (*v.g.*, vendas ou empréstimos a prazo). A condição é o acontecimento futuro e incerto do qual depende a eficácia de um fato jurídico (*e.g.*, venda a contento). O encargo é uma determinação acessória que restringe uma vantagem criada por ato jurídico (*v.g.*, doação com encargo).

Em sentido amplo, fato jurídico *lato sensu* abrange tanto os acontecimentos naturais e, pois, independentes da vontade humana (fatos jurídicos *stricto sensu*), como os acontecimentos decorrentes da vontade humana (atos jurídicos).

Por sua vez, os fatos jurídicos *stricto sensu* podem ser ordinários (*v.g.*, nascimento, morte, decurso do tempo) ou extraordinários (*e.g.*, enchente – caso fortuito ou força maior).

Os atos jurídicos podem ser lícitos – atos jurídicos *stricto sensu* (*v.g.*, manifestações de vontade) ou negócios jurídicos (*e.g.*, declarações de vontade) – ou ilícitos (*v.g.*, crimes).

O ato jurídico *stricto sensu* é o ato praticado pelo homem, cujos efeitos não são determinados pela vontade do agente, mas decorrem diretamente da lei, *v.g.*, invenção de um tesouro.

O negócio jurídico é o ato praticado pelo homem com a intenção negocial, que estabelece normas para autorregular, nos limites da lei, seus próprios interesses privados, *v.g.*, contrato.

O ato ilícito é o ato humano que ocasiona efeitos contrários à lei, causando dano a outrem, *e.g.*, a prática de um crime como o homicídio, que viola o direito à vida de outrem.

3. SUJEITOS DE DIREITO

Assentado o pressuposto da bilateralidade do fenômeno jurídico, em toda relação de direito haverá um sujeito ativo, titular do direito subjetivo, e um sujeito passivo, obrigado ao cumprimento de um dever jurídico. A bilateralidade essencial do direito implica que toda relação humana se passe entre dois sujeitos, um dos quais estará obrigado à prestação (sujeito passivo) e outro facultado a exigir a prestação, porque titular de um direito subjetivo (sujeito ativo).

Desde já, saliente-se, sob um prisma ontológico, a impossibilidade de uma relação entre sujeito e coisa, como no campo do direito de propriedade. Isso porque se verifica, em verdade, no caso vertente, o exercício de um direito subjetivo absoluto, oponível *erga omnes* contra um sujeito passivo indeterminado – a totalidade da comunidade jurídica. Embora haja relações jurídicas em que o sujeito passivo é indeterminado – porque figura um direito subjetivo absoluto –, o certo é que não se pode conceber, sob pena de comprometer a bilateralidade e a humanidade do fenômeno jurídico, uma relação sujeito-coisa.

Outrossim, ainda com base nessa perspectiva jurisfilosófica, embasada em termos humanísticos, não se admite a escravidão absoluta, como se observava na *polis* grega e na *civitas* romana, ao vincular o *status libertatis* ao *status civitatis*. Do ponto de vista ontológico, não se sustenta a tese do positivismo normativista de o ser humano não figurar como sujeito de direito (escravo), ante a existência do direito de inordinação (direito de cumprir o próprio dever jurídico) e da licitude da conduta subjetiva, embora a moral possa condená-la no plano psicológico, *v.g.*, na hipótese do mau pensamento.

Em direito, diz-se que o sujeito é pessoa jurídica. A palavra pessoa provém do vocábulo *persona*, a máscara utilizada pelos atores no antigo teatro grego. O termo quer designar, assim, que o sujeito adquire, em face da ordem jurídica, aptidão genérica para exercer direitos e contrair obrigações. Para os fins do direito, quem exerce um papel em dada relação jurídica como sujeito ativo ou sujeito passivo é considerado uma pessoa. São pessoas todos os entes suscetíveis de adquirir direitos e contrair obrigações, incluindo seres e associações humanas.

A dogmática jurídica costuma diferenciar, portanto, duas modalidades de personalidade: a pessoa física ou natural (indivíduo) e a pessoa moral ou jurídica *stricto sensu* (associação humana). Distinguem-se, assim, as pessoas naturais ou físicas – indivíduo humano atuando na esfera jurídica – das pessoas jurídicas – geralmente entidades coletivas que titularizam direitos e cumprem deveres jurídicos.

Por outro lado, a personalidade natural pode sofrer, ainda, algumas limitações normativamente estipuladas nos casos de incapacidade, visto que alguns seres humanos não podem exercer pessoalmente certos atos da vida jurídica. A capacidade é, pois, a medida da personalidade, apresentando-se como um dos atributos da personalidade natural como o nome, o estado e o domicílio. Todo ser humano é pessoa, mas nem todos são capazes de exercer, pessoalmente, os atos da vida jurídica, v.g., crianças e doentes mentais, conforme os critérios de cada direito positivo.

No tocante à natureza da pessoa jurídica, apresenta Machado Neto (1988, p. 173-4) uma síntese didática das várias correntes de pensamento sobre a matéria:

- as teorias negadoras, que concluem pela inexistência das pessoas jurídicas, seja porque quem atua são os indivíduos humanos – teoria da mera aparência (Jhering), seja porque figura como uma propriedade coletiva (Planiol), seja porque não existe direito subjetivo e, pois, qualquer personalidade de direito, mas situações jurídicas subjetivas, nos moldes de uma teoria realista (Duguit);
- as teorias da realidade, que abarcam fundamentações organicistas – pessoa jurídica como organismo similar aos seres humanos (Gierke) –, volitivas – pessoa jurídica como expressão de uma vontade coletiva (Zitelman) – e objetivistas – pessoa jurídica como criação do direito objetivo (Ferrara);
- a teoria da ficção (Windscheid), a qual considera os entes coletivos como pessoas por ficção legal, visto que não possuiriam vontade ao menos no mesmo sentido psíquico dos seres humanos;
- a teoria lógico-formal (Kelsen), que concebe os sujeitos de direito como centros de imputação. Figura, assim, a personalidade jurídica como um feixe de normas, ocorrendo uma imputação imediata, tratando-se da pessoa natural, e uma imputação mediata, tratando-se daquilo que é chamado, em sentido estrito, pessoa jurídica, visto que a imputação do comportamento individual, no interior de cada pessoa jurídica, é presidida pelo conjunto interno das normas constitucionais/organizatórias desses entes coletivos,

v.g., contrato social ou estatuto. Com efeito, essa segunda imputação se processará em conformidade com as normas internas que atribuem responsabilidade subjetiva ou objetiva pela prática de uma dada conduta. Logo, o normativismo kelseniano implica a redução das relações jurídicas às relações estritamente normativas, cada pessoa figurando como um pequeno ordenamento jurídico que se integra ao sistema jurídico nacional e internacional, dentro de uma visão monista do direito.

No tocante à classificação da personalidade jurídica, pode-se afirmar ainda a existência de pessoas de direito interno (*v.g.*, entes federativos) e externo (*e.g.*, Estados e organismos internacionais), bem assim pessoas de direito privado (*v.g.*, associações civis, fundações particulares e sociedades comerciais) e pessoas de direito público (*v.g.*, União, Estados, Distrito Federal, Municípios, Autarquias, Fundações estatais).

4. DIREITO SUBJETIVO

Tradicionalmente, a noção do direito subjetivo é contraposta à de direito objetivo. Decerto, o binômio *facultas agendi* (direito subjetivo) *vs norma agendi* (direito objetivo) é histórico-condicionado, podendo ser apontado o desenvolvimento da noção de liberdade como a razão dessa dicotomia.

Durante a Idade Antiga, a noção de liberdade estava desvinculada do sujeito individualmente considerado, porquanto o já citado *status libertatis* decorria de um *munus* público, conferido pela *polis* grega ou pela *civitas* romana.

Na Idade Média, sob o influxo do cristianismo, ganhou relevo a concepção intimista do livre-arbítrio dos homens, que implicava o não impedimento, por fatores exteriores, da fé individual do cristão. Essa noção de liberdade-negativa é apropriada com o advento da Modernidade, para permitir a delimitação de um reduto individual, imune às interferências do Estado. Essa liberdade-negativa oferecia a matriz ideológica, política e econômica para o surgimento do Estado de Direito liberal-burguês e a consolidação do sistema capitalista.

Sob o influxo ainda dessa modernidade jurídica, especialmente pela afirmação do jusnaturalismo racionalista, a liberdade-negativa será complementada com a noção de liberdade-positiva, concebida como autonomia, capacidade de criar, por meio da razão, as próprias regras éticas de convivência, noção exteriorizada no movimento contratualista, que promoveu o florescimento do constitucionalismo moderno. Ora, as liberdades modernas, positiva e negativa, serviram como núcleo para o reconhecimento de direitos subjetivos, tidos como direitos naturais, as quais não poderiam ser elididas pelo Estado. Estava, assim, polarizada a dialética entre o direito subjetivo e o direito objetivo, expresso pelo regramento estatal de um direito positivo.

Como salienta Tercio Sampaio Ferraz Jr. (2007, p. 146), durante a Era Moderna, a distinção entre direito subjetivo e direito objetivo ganha os contornos atuais. Para tanto, contribuiu uma nova noção de liberdade. Na visão dos antigos, a liberdade era um *status* (*status libertatis*), qualificação pública do agir político, e não uma qualidade interna da vontade individual. O cristianismo trouxe outra noção: a noção interna de livre-arbítrio. Foi o lado público do livre-arbítrio que permitiu, assim, a compreensão da liberdade como não impedimento. É o conceito negativo de liberdade – o homem é livre na medida em que pode expandir o que quer. Essa noção se torna crucial para a liberdade de mercado do capitalismo nascente. Nessa trajetória histórica, a burguesia cunhará ainda o conceito positivo de liberdade. Trata-se da liberdade como autonomia, a capacidade de darem-se as normas de seu comportamento, base do contrato social. Assim sendo, a liberdade moderna é intimista e pública, funcionando como um limite à atividade legiferante do Estado. Configurou-se, assim, a oposição entre direito subjetivo e direito objetivo.

O termo direito subjetivo é plurívoco, abarcando diversos significados: faculdade de exigir uma prestação pelo sujeito obrigado; movimento espontâneo dentro do não proibido pelo ordenamento jurídico (liberdade jurídica); faculdade de criar normas individuais (testamentos ou contratos); ou o direito de cumprir o próprio dever (direito de inordinação). Há, contudo, uma unidade conceitual que deflui da variedade dessas acepções: a oponibilidade de um dever jurídico correlato.

No tocante à delimitação da natureza do direito subjetivo, as variegadas vertentes teóricas oscilam entre teorias substancialistas, as quais tratam o direito subjetivo como um conceito e uma realidade substantes que se opõem à norma jurídica como direito objetivo, e as teorias de progênie normativista, que derivam a incidência da norma jurídica sobre a conduta humana intersubjetiva das noções correlatas de direito subjetivo e dever jurídico.

Nesse diapasão, valendo-se dos aportes doutrinários de Miguel Reale (1996, p. 247-8) e de Machado Neto (1988, p. 157-8), podem ser elencadas as seguintes correntes de pensamento:

- a teoria da vontade (Windscheid), que considera o direito subjetivo como um poder oriundo da vontade humana, reconhecido pela ordem jurídica. Essa concepção de fundo psicológico não explica satisfatoriamente a incapacidade dos loucos de todo gênero, a indisponibilidade de certos direitos, como o direito ao salário mínimo no plano laboral, e as formalidades exigidas para que seja válido o conteúdo da vontade, como na elaboração de um testamento e na alienação de um imóvel;
- a teoria do interesse (Jhering), a qual vislumbra o direito subjetivo como um interesse juridicamente protegido. Essa concepção não logra explicar o direito de inordinação e certas liberalidades, por exemplo, o empréstimo de uma quantia por um sujeito de direito abastado a um amigo pobre;
- a teoria eclética (Jellinek), que concebe o direito subjetivo como o interesse tutelado pela ordem jurídica mediante o reconhecimento da vontade individual. Essa concepção é passível das mesmas críticas, visto que pressupõe um direito subjetivo subsistente na volição, não explicando os direitos subjetivos exercidos por aqueles sujeitos desprovidos de vontade própria, como os doentes mentais;
- a teoria da garantia (Thon), que defende que o direito subjetivo seria a possibilidade de fazer a garantia judicial da ordem jurídica tornar efetiva a proteção do direito, o que implica certa dessubstancialização da ideia de direito subjetivo e sua subordinação ao direito processual de ação;
- a teoria pura do direito (Hans Kelsen), que promove a redução formalista do dever jurídico e, concomitantemente, do direito subjetivo à norma jurídica. Se o dever jurídico é a conduta humana que evita a imputação do ato coativo da sanção, o direito

subjetivo manifesta-se toda vez que a aplicação da sanção pelo Estado depende da iniciativa do particular. Identifica-se a noção de direito subjetivo com o direito objetivo. Embora não previsto expressamente na formulação kelseniana do duplo juízo hipotético da norma jurídica ("Dada a não prestação deve ser sanção" – preceito primário – e "Dado um fato temporal deve ser prestação" – preceito secundário), manifestar-se-ia toda vez que a aplicação da sanção demandasse a iniciativa do sujeito de direito. Essa unificação conceitual se justifica pela preocupação normativista de depurar do estudo do direito quaisquer elementos metajurídicos, porque fáticos ou valorativos, tais como as ideias de vontade ou de interesse;

- a teoria egológica do direito (Carlos Cossio), que confere novo tratamento à noção de direito subjetivo. Do ponto de vista ontológico, o direito subjetivo se identifica com a liberdade humana, expressando o movimento espontâneo da vida humana – liberdade fenomenizada – no campo do não proibido, visto que "tudo que não está juridicamente proibido, está juridicamente permitido", figurando a existência do ser humano "como um contínuo de licitudes e um descontínuo de ilicitudes". Depois da menção normativa, se o comportamento humano recai sobre o contínuo de licitudes, será faculdade, e quando ingressa no descontínuo de ilicitudes, será ilícito. Para o egologismo, deve-se recusar inclusive a dicotomia direito subjetivo *vs* direito objetivo, porquanto, se por direito entende-se a conduta compartida, ela será necessariamente conduta impedida ou proibida para o sujeito passivo – o dever jurídico – e conduta permitida ou faculdade de impedir conduta alheia para o sujeito ativo – o direito subjetivo.

Frise-se, ainda, por oportuno, a existência de teorias que negam a existência de direitos subjetivos, tais como: a teoria realista de Léon Duguit, que, embasada na valorização do fenômeno da solidariedade, substituiu a noção ativa de direito subjetivo pela noção um tanto passiva de situação subjetiva, enfatizando a sociedade em detrimento do indivíduo; e a teoria transpersonalista de Karl Larenz, que substitui a noção de direito subjetivo pela noção de deveres comunitários, em franca oposição ideológica ao individualismo liberal.

Por derradeiro, em face da constante utilização pela dogmática jurídica, cumpre referir à tradicional classificação que contrapõe os direitos subjetivos absolutos e direitos subjetivos relativos. Os primeiros são aqueles direitos subjetivos exercidos pelo sujeito ativo contra um sujeito passivo indeterminado, produzindo eficácia *erga omnes*; podem ser privados, como no exercício dos direitos pessoais (*v.g.*, nome, imagem), intelectuais (*e.g.*, marca, patente) e reais (*v.g.*, propriedade), ou públicos, quando presente o Estado em um dos polos da relação jurídica. Por sua vez, os segundos são aqueles direitos subjetivos exercidos pelo sujeito ativo contra um sujeito passivo determinado, produzindo eficácia *erga singulum*; podem ser privados, como no exercício do direito potestativo (*e.g.*, pátrio poder) ou obrigacional (*e.g.*, crédito), ou públicos, quando figurar o Estado como sujeito passivo (*v.g.*, direito de ação) ou ativo (*v.g.*, cobrança de tributos perante os contribuintes).

5. DEVER JURÍDICO

Admitida a natureza intersubjetiva do fenômeno jurídico e, pois, a impossibilidade da relação entre seres humanos e coisas, o objeto do direito não poderá resumir-se a uma fração da realidade natural, mas abrangerá uma especial conduta do sujeito obrigado – prestação ou dever jurídico.

Como bem salienta Maria Helena Diniz (2005, p. 529), não se pode confundir objeto de direito – prestação – com a noção de bem – a matéria que serve para o cumprimento do dever jurídico. Pode-se, no entanto, atendendo a fins didáticos, conceber tanto a existência de um objeto imediato – a prestação – quanto de um objeto mediato do direito – o bem.

O objeto imediato pode consistir em uma prestação de dar (*v.g.*, a entrega ou restituição de coisa), fazer (*e.g.*, realização de um serviço) ou de não fazer (*v.g.*, abstenção de uma conduta humana).

Sendo bilateral o fenômeno jurídico, a conduta do sujeito obrigado – prestação – figura como o conteúdo do direito subjetivo, titularizado pelo sujeito ativo. O sujeito passivo está, assim, obrigado a não impedir o correlato exercício das faculdades jurídicas do sujeito pretensor.

No tocante à classificação dos deveres jurídicos, é possível diferenciar, resumidamente, o dever positivo (comissão – *v.g.*, débito) do dever negativo (omissão – *v.g.*, não matar ou furtar); o dever público (*e.g.*, recolhimento de tributo) do dever privado (*e.g.*, pagamento de aluguel); o dever permanente (*v.g.*, respeitar a vida) do dever temporário (*v.g.*, pagamento de uma dívida).

6. ILICITUDE

A ilicitude é aquele elemento da relação jurídica que designa a conduta humana do sujeito passivo contrária ao dever jurídico, o qual está previsto abstratamente na norma jurídica e é exigido bilateralmente pelo sujeito ativo que titulariza um dado direito subjetivo.

Como bem refere Norberto Bobbio (2003, p. 152), uma norma jurídica prescreve o que deve ser, mas aquilo que deve ser não corresponde sempre ao que é no plano das interações comportamentais da sociedade. Se a ação humana real não corresponde à ação prescrita no modelo normativo, afirma-se que a norma jurídica foi violada pelo infrator. À violação desse preceito da normatividade jurídica dá-se o nome de ilícito.

Durante muito tempo, a ciência jurídica enxergou o ilícito como a manifestação do antijurídico, afastando a ilicitude do campo próprio das especulações do jurista. Partia-se da concepção da norma jurídica como comando ou imperativo, desde que o positivismo legalista do século XIX utilizou a nota da coatividade para caracterizar a ordem jurídica. No século XX, coube a Hans Kelsen, autor da teoria pura do direito, objetar a tese do imperativismo normativo, com a formulação da norma jurídica não mais como um imperativo, mas sim como duplo juízo hipotético: "Dada a não prestação deve ser sanção" – o preceito primário que enuncia a ilicitude – e "Dado um fato temporal deve ser prestação" – o preceito secundário que expressa a licitude.

Foi com base nisso que o egologismo existencial logrou situar o ilícito como resultado da não prestação ou do inadimplemento do dever jurídico, abrindo margem para a sua consequência – a sanção. Enquanto Hans Kelsen exacerbou a importância da ilicitude no direito, elemento constante do raciocínio jurídico fundamental – o preceito primário ("Dada a não prestação deve ser sanção"), Carlos Cossio incluiu o ilícito como uma das possibilidades de manifestação da liberdade humana, ao lado da licitude, a saber: "Dado um fato temporal deve ser prestação pelo sujeito obrigado em face do sujeito pretensor" (licitude) ou "Dada a não prestação deve ser sanção pelo funcionário obrigado em face da comunidade pretensora" (ilicitude).

Eis a razão pela qual Machado Neto (1988, p. 184) sustenta que, com a negação kelseniana ao imperativismo normativo, foi possível a colocação intrassistemática do ilícito como elemento do raciocínio que pensa a relação jurídica, vale dizer, como condição imputativamente enlaçada à sanção, ressalvando-se, contudo, o exagero da teoria pura do direito de considerar a ilicitude como a *ratio essendi* do próprio fenômeno jurídico.

No tocante ao tema, a dogmática jurídica procura oferecer critérios distintivos entre a ilicitude penal e a ilicitude civil. Sucede que não há critérios universais, sendo preferível entender o caráter histórico-condicionado dessa dicotomia, afigurando-se a utilidade da visão de Durkheim sobre o tema. Sustenta o grande Mestre da Escola Objetiva Francesa que a transição da ilicitude penal para a ilicitude civil pode ser compreendida com base no aumento da divisão social do trabalho e da especialização funcional nas sociedades ocidentais.

Decerto, nas sociedades primitivas, regidas pela solidariedade mecânica, a consciência coletiva prevaleceria sobre o indivíduo, assumindo o direito uma feição prevalentemente repressiva. O ilícito seria uma nódoa a ser apagada do tecido social, sendo utilizadas sanções penais de exclusão social, *v.g.*, banimento e pena de morte. Com o crescimento demográfico e o incremento da divisão social do trabalho, as sociedades mais avançadas não poderiam mais prescindir da individualização dos atores sociais, adquirindo o direito uma fisionomia mais restitutiva, porque voltada para a restauração do *statu quo ante*, sendo aplicadas, em sua maioria, sanções civis, *e.g.*, indenização de perdas e danos.

7. SANÇÃO JURÍDICA

Por *sanção* entende-se sempre uma consequência desagradável da ofensa a um dever ético, cujo fim é prevenir a violação ou, no caso em que a violação seja verificada, eliminar as consequências nocivas do ato infrator. O fim da sanção é a eficácia da normatividade social, ou, em outras palavras, a sanção é um expediente para conseguir que as normas sejam menos violadas ou que as consequências da violação sejam menos graves.

No campo da ciência do direito, a sanção figura como um dos elementos integrantes da relação jurídica, designando a consequência atribuída pelo sistema jurídico à prática da ilicitude pelo sujeito passivo, seja pela imposição de um constrangimento pessoal ao praticante do ilícito, seja pela aplicação de um constrangimento patrimonial ao infrator.

Quando a ação humana real não corresponde à ação prescrita, afirma-se que a norma jurídica foi violada, despontando a sanção jurídica como a resposta à violação desse preceito normativo, que configura a ilicitude. Todo sistema normativo do direito admite, assim, a possibilidade dessa violação e um conjunto de expedientes sancionatórios para fazer frente a essa modalidade de infração social.

Nesse sentido, salienta Norberto Bobbio (2003, p. 159) que, com o objetivo de evitar os inconvenientes da sanção moral interna, isto é, sua escassa eficácia, e os da sanção externa difusa, sobretudo a falta de proporção entre violação e resposta, o grupo social institucionaliza a sanção, ou seja, além de regular os comportamentos dos cidadãos, regula também a reação aos comportamentos contrários. Essa sanção se distingue da moral por ser externa, isto é, por ser uma resposta de grupo, e da social por ser institucionalizada, isto é, por ser regulada, em geral, com as mesmas formas e pelas mesmas fontes de produção das regras primárias.

Trata-se, ainda, de um tema que comporta diversas perspectivas de abordagem.

Do ponto de vista filosófico, indaga-se sobre a resposta a ser dada em face das infrações sociais, sendo comumente ressaltada a ideia de proporcionalidade ao mal cometido a outrem pelo infrator.

Do ângulo sociojurídico, é possível conceber o direito como instrumento de controle social e de modelagem dos comportamentos humanos. Além da socialização – processo de internalização subjetiva de valores, crenças ou padrões de conduta –, dispõe a sociedade – e as respectivas agências de controles sociais – de sanções para reprimir a conduta desviante, visto que a socialização integral não é possível (liberdade ontológica da vida humana). As sanções aplicadas pela agência de controle (família, igreja, escola, empresa, Estado) decorrem da infração às regras de convivência social (normas de etiqueta, normas morais e jurídicas). Enquanto a descortesia e a imoralidade são sancionadas difusamente de modo espontâneo, a ilicitude é sancionada de forma organizada. Isso porque, desde que a humanidade se afastou dos expedientes da vingança privada, da ordália e do talião, o Estado moderno ocidental dispõe de um aparato judicante autorizado a aplicar e impor inexoravelmente as sanções jurídicas.

Sob a perspectiva lógico-jurídica, a sanção aparecerá como a consequência jurídica vinculada à não prestação do dever jurídico, como a conduta do agente público que a impõe ao infrator. A comunidade jurídica aparece, assim, como o sujeito pretensor do direito de sancionar, ainda que a provocação da ordem jurídica – por meio da ação judicial – demande a eventual iniciativa do particular ofendido. É possível, pois, vislumbrar a sanção como uma manifestação da vida do sujeito obrigado, algo que lhe ocorre como consequência perinormativa do proibido, e também um dever endonormativo para o funcionário obrigado (o magistrado), podendo ser exigido pela totalidade do grupo social (comunidade jurídica), titular do direito de exigir a aplicação da sanção jurídica.

Ao tratar do tema, sustenta Hans Kelsen (2006, p. 48) que o sentido de uma cominação é que um mal será aplicado sob determinados pressupostos; o sentido da ordem jurídica é que certos males devem, sob certos pressupostos, ser aplicados, que – em uma fórmula mais genérica – determinados atos de coação devem, sob determinadas condições, ser executados. Os atos de coação estatuídos pela ordem jurídica são chamados sanções, pois o direito figura como uma ordem coativa, não no sentido de que ele – ou, mais rigorosamente, a sua representação – produz coerção psíquica, mas no sentido de que estatui atos coativos, designadamente a privação coercitiva da vida, da liberdade, de bens econômicos e outros, como consequência dos pressupostos por ele estabelecidos.

A noção de sanção jurídica está associada com o significado de coerção (elemento psicossocial de antecipação dos elementos aflitivos da sanção) e com o sentido de coação (atualização do expediente sancionatório pelo emprego da força). Decerto, o direito positivo congrega coerção e coação, notando-se, na evolução jurídica, a ênfase à coercitividade. Isso porque, ao nível da coerção, o tensionamento da liberdade permite a atuação preventiva do controle social, dispensando o emprego da violência legítima do Estado. Durkheim já afirmava que o direito figura como o fato social mais coercitivo. Hoje, reconhece-se o valor da coerção como modalidade de violência simbólica, na condição de elemento mais eficaz de adequação comportamental, o que se observa na adoção ampla, pelas sociedades contemporâneas, do modelo do *panopticum* (*e.g.*, monitoramento eletrônico do comportamento humano), imaginado pelo utilitarismo de Bentham e estudado mais recentemente na vasta obra de Michel Foucault.

No tocante à classificação das sanções jurídicas, a ciência do direito costuma promover a diferenciação entre as sanções não coativas, que dispensam o uso da força (*v.g.*, direito de retenção, exceção do contrato não cumprido ou as chamadas sanções premiais, que figuram como certos estímulos oferecidos pelo direito para prevenir e inibir as infrações sociais, a exemplo do livramento condicional e da isenção tributária), e as coativas, que reclamam a utilização da força, podendo ser difusa, quando a força for aplicada pelos particulares (*e.g.*, legítima defesa), ou organizada, quando a força for aplicada institucionalmente pelo Estado (*e.g.*, aplicação de uma pena privativa de liberdade), desde que a civilização humana superou a fase primitiva da autodefesa e da vingança privada.

Considerando esta derradeira modalidade de sanção, conforme magistério de Machado Neto (1988, p. 193), pode-se afirmar que, se há coincidência entre o dever da sanção e o dever primário de cuja não prestação resultou a sanção, teremos a execução forçosa (*v.g.*, penhora do patrimônio pelo credor em face do inadimplemento de uma dívida). Caso não haja coincidência entre o dever da sanção e o dever primário de cuja não prestação resultou a sanção, teremos a indenização (*e.g.*, inadimplemento de uma obrigação de fazer) e o castigo (*v.g.*, aplicação de uma pena de cerceamento da liberdade diante do delito de homicídio), sempre que houver a impossibilidade objetiva de restaurar a situação jurídica ao estado anterior a não prestação do dever jurídico pelo sujeito passivo.

Por fim, ressalte-se, ainda, a persistência do debate doutrinário acerca da possibilidade de existência de normas jurídicas sem sanções. Por um lado, existem juristas que, seguindo a tradição do direito romano, admitem a existência de normas jurídicas sem sanções. Com efeito, além das normas perfeitas (sanção-nulidade), menos que perfeitas (sanção--castigo) e mais que perfeitas (sanção-nulidade + sanção-castigo), existiriam ainda as normas imperfeitas, desprovidas de sanção jurídica, como aquelas que disciplinam as obrigações naturais, *e.g.*, dívida de jogo. Ao revés, há quem venha a negar essa possibilidade, considerando que a norma jurídica, enquanto ente lógico, não poderia prescindir de um de seus elementos constitutivos: a sanção.

SINOPSE

A relação jurídica é o vínculo intersubjetivo, surgido com a exteriorização do fato jurídico, polarizando, no campo da licitude, direito subjetivo e dever jurídico e, no campo da ilicitude, a não prestação do dever jurídico e a respectiva sanção de direito. São, portanto, elementos integrantes de uma relação jurídica: o fato jurídico, os sujeitos de direito, o direito subjetivo, o dever jurídico, o ilícito e a sanção.

O fato jurídico é o acontecimento exterior, natural (involuntário) ou humano (voluntário), capaz de realizar o suposto normativo ou *fattispecie* (hipótese abstratamente prevista na norma), produzindo as consequências de direito. Logo, o fato jurídico desponta como todo evento natural ou comportamento humano que cria, modifica ou extingue relações jurídicas.

O fato jurídico *lato sensu* abrange tanto os acontecimentos naturais e, pois, independentes da vontade humana (fatos jurídicos *stricto sensu*), quanto os acontecimentos decorrentes da vontade humana (atos jurídicos).

Os sujeitos de direito são entes reconhecidos pela ordem jurídica como aptos para titularizar direitos subjetivos e cumprir deveres jurídicos. A bilateralidade essencial do direito implica que toda relação humana se passe entre dois sujeitos, um dos quais estará obrigado à prestação do dever jurídico (sujeito passivo) e outro facultado a exigir a prestação do dever jurídico, porque titular de um direito subjetivo (sujeito ativo).

A dogmática jurídica costuma diferenciar, portanto, duas modalidades de personalidade: a pessoa física ou natural (indivíduo) e a pessoa moral ou jurídica *stricto sensu* (associação humana). Distinguem-se, assim, as pessoas naturais ou físicas – indivíduo humano atuando na esfera jurídica – das pessoas jurídicas – geralmente entidades coletivas que titularizam direitos e cumprem deveres jurídicos.

Por outro lado, a personalidade natural pode sofrer, ainda, algumas limitações normativamente estipuladas nos casos de incapacidade, visto que alguns seres humanos não podem exercer pessoalmente certos atos da vida jurídica. A capacidade é, pois, a medida da personalidade, apresentando-se como um dos atributos da personalidade natural como o nome, o estado e o domicílio. Todo ser humano é pessoa, mas nem todos são capazes de exercer, pessoalmente, os atos da vida jurídica, v.g., crianças e doentes mentais, conforme os critérios de cada direito positivo.

As teorias negadoras concluem pela inexistência das pessoas jurídicas, seja porque quem atua são os indivíduos humanos – teoria da mera aparência, seja porque figura como uma propriedade coletiva, seja porque não existe direito subjetivo e, pois, qualquer personalidade de direito, mas situações jurídicas subjetivas, nos moldes de uma teoria realista.

As teorias da realidade abarcam fundamentações organicistas – pessoa jurídica como organismo similar aos seres humanos –, volitivas – pessoa jurídica como expressão de uma vontade coletiva – e objetivistas – pessoa jurídica como criação do direito objetivo.

A teoria da ficção considera os entes coletivos como pessoas por ficção legal, visto que não possuiriam vontade ao menos no mesmo sentido psíquico dos seres humanos.

A teoria lógico-formal concebe os sujeitos de direito como centros de imputação, figurando, assim, a personalidade jurídica como um feixe de normas. Ocorre uma imputação imediata, tratando-se da pessoa natural, e uma imputação mediata, tratando-se daquilo que é chamado, em sentido estrito, pessoa jurídica.

O direito subjetivo é o conjunto de faculdades conferidas pela ordem jurídica ao sujeito ativo de uma relação jurídica, possibilitando a oponibilidade de um dever jurídico correlato. Tradicionalmente, a noção do direito subjetivo (*facultas agendi*) é contraposta à de direito objetivo (*norma agendi*).

A teoria da vontade considera o direito subjetivo como um poder oriundo da vontade humana, reconhecido pela ordem jurídica.

A teoria do interesse vislumbra o direito subjetivo como um interesse juridicamente protegido.

A teoria eclética concebe o direito subjetivo como o interesse tutelado pela ordem jurídica mediante o reconhecimento da vontade individual.

A teoria da garantia defende que o direito subjetivo seria a possibilidade de fazer a garantia judicial da ordem jurídica tornar efetiva a proteção do direito, o que implica certa dessubstancialização da ideia de direito subjetivo e sua subordinação ao direito processual de ação.

A teoria pura do direito promove a redução formalista do dever jurídico e, concomitantemente, do direito subjetivo à norma jurídica. Se o dever jurídico é a conduta humana que evita a imputação do ato coativo da sanção, o direito subjetivo se manifesta toda vez que a aplicação da sanção pelo Estado depende da iniciativa do particular. Identifica-se, portanto, a noção de direito subjetivo com o direito objetivo.

A teoria egológica do direito confere um novo tratamento à noção de direito subjetivo, pois o direito subjetivo se identifica com a liberdade humana, expressando o movimento espontâneo da vida humana – liberdade fenomenizada – no campo do não proibido, visto que "tudo que não está juridicamente proibido, está juridicamente permitido", figurando a existência do ser humano "como um contínuo de licitudes e um descontínuo de ilicitudes".

Existem também teorias que negam a existência de direitos subjetivos, tais como: a teoria realista de Léon Duguit, que, embasada na valorização do fenômeno da solidariedade, substituiu a noção ativa de direito subjetivo pela noção um tanto passiva de situação subjetiva, enfatizando a sociedade em detrimento do indivíduo; e a teoria transpersonalista de Karl Larenz, que substitui a noção de direito subjetivo pela noção de deveres comunitários, em franca oposição ideológica ao individualismo liberal.

O dever jurídico se apresenta como o conjunto de prestações ou obrigações assumido pelo sujeito passivo para a realização do direito subjetivo correlato e exercitado pelo sujeito ativo.

Concebe-se tanto a existência de um objeto mediato do direito subjetivo – o bem – quanto o objeto imediato – a prestação. O objeto imediato pode consistir em uma prestação de dar (*v.g.*, a entrega ou restituição de coisa), fazer (*e.g.*, realização de um serviço) ou de não fazer (*v.g.*, abstenção de uma conduta humana).

A ilicitude é aquele elemento da relação jurídica que designa a conduta humana do sujeito passivo contrária ao dever jurídico, que está previsto abstratamente na norma jurídica e é exigido bilateralmente pelo sujeito ativo que titulariza um dado direito subjetivo.

A sanção jurídica figura como um dos elementos integrantes da relação jurídica, designando a consequência atribuída pelo sistema jurídico à prática da ilicitude pelo sujeito passivo, seja pela imposição de um constrangimento pessoal ao praticante do ilícito, seja pela aplicação de um constrangimento patrimonial ao infrator.

A noção de sanção jurídica está associada com o significado de coerção (elemento psicossocial de antecipação dos elementos aflitivos da sanção) e com o sentido de coação (atualização do expediente sancionatário pelo emprego da força).

A sanção jurídica se reveste de uma forma organizada, porque, desde que a humanidade se afastou dos expedientes da vingança privada, o Estado moderno ocidental dispõe de um aparato judicante autorizado a aplicar e impor inexoravelmente as sanções jurídicas.

VI TEORIA DO ORDENAMENTO JURÍDICO

1. ORDENAMENTO JURÍDICO: A NOÇÃO DE SISTEMA

No âmbito da Teoria Geral do Direito, ocupa a teoria do ordenamento jurídico lugar de destaque, ao oferecer uma proposta racional de compreensão da totalidade do direito como um sistema ordenado dos elementos que compõem o direito.

Como bem refere Rizzatto Nunes (2003, p. 246), o sistema, enquanto categoria de conhecimento, não é um dado concreto passível de ser encontrado na realidade empírica, mas, em verdade, revela-se como uma construção científica integrada por um conjunto de elementos que se relaciona estruturalmente, tendo como função explicar racionalmente uma dada realidade natural ou social a ser investigada pelo sujeito cognoscente.

A partir dessa definição, pode-se entender por sistema toda ordenação racional de elementos naturais ou sociais, a qual pode ser decomposta analiticamente em duas dimensões: o repertório e a estrutura. O repertório é o conjunto de elementos que integra o sistema. A estrutura se afigura como o padrão de organização dos referidos elementos sistêmicos.

Na visão de Tercio Sampaio Ferraz Jr. (2007, p. 178), o ordenamento é um conceito operacional que permite a integração das normas em um conjunto, dentro do qual é possível identificá-las como normas jurídicas válidas. A dogmática jurídica tende a vislumbrar o direito como um conjunto sistemático, pois aquele que fala em ordenamento pensa necessariamente em noção de sistema.

Historicamente, a concepção do ordenamento como sistema é consentânea com o aparecimento do Estado moderno e o desenvolvimento do modo capitalista de produção. Com o advento da dominação legal-burocrática, forma de dominação baseada na crença da legalidade, consolidam-se tanto a organização racional de competências com base na lei quanto a sistematização centralizada das normas de exercício do poder de gestão. O direito passa a ser concebido, portanto, como um sistema voltado para a ordenação dos comportamentos sociais.

No plano do pensamento jurídico, as abordagens zetéticas do ordenamento ora estreitam o repertório, admitindo somente elementos normativos (por exemplo, o positivismo legalista), ora reconhecem nele normas, fatos e valores (por exemplo, o culturalismo). No tocante à estrutura, há quem lhe atribua um caráter lógico-formal (a exemplo da teoria pura do direito) ou vislumbre na estrutura uma dinâmica de relações dialéticas (a exemplo do direito alternativo).

Entre as diversas propostas de compreensão do ordenamento jurídico, merece especial registro a contribuição do jurista Hans Kelsen, autor da chamada teoria pura do direito, cujos didatismo e operacionalidade oferecem, ainda hoje, a visão hegemônica para a estruturação lógica e a aplicação da normatividade jurídica.

Como bem refere Hans Kelsen (2006, p. 221-2), o repertório do sistema jurídico seria composto somente por normas jurídicas, que formariam uma estrutura hierarquizada ou escalonada, passível de ser representada pela seguinte pirâmide normativa:

O pensamento kelseniano parte da premissa segundo a qual as diversas normas jurídicas não se encontram soltas, mas, em verdade, mutuamente entrelaçadas. O modo desse enlace imputativo, regido pela lógica do dever-ser, é uma forma tipicamente normativa chamada fundamentação/derivação. Uma norma jurídica é considerada válida quando se fundamenta em outra norma jurídica que lhe é superior. Em outros termos, pode-se afirmar que a norma jurídica inferior deriva dos preceitos estabelecidos pela norma jurídica superior.

Com efeito, fundamentação e derivação são, portanto, as duas faces do modo de enlace normativo em um sistema jurídico, criando uma hierarquia entre as normas jurídicas, na qual os modelos normativos mais gerais se situam em patamares superiores, e os modelos normativos mais particulares ou individualizados se colocam em escalões inferiores.

Quanto maior for a generalidade da norma jurídica, por sua abstração e pela larga abrangência de seus destinatários, maior será o escalão hierárquico, por exemplo, as normas constitucionais; por sua vez, as normas jurídicas mais individualizadas, por regular uma situação concreta e alcançar destinatários específicos, estão situadas na base da pirâmide normativa do sistema jurídico, a exemplo das normas contratuais acordadas por agentes privados.

Sendo assim, o ordenamento jurídico dinamiza-se por laços de fundamentação e derivação entre as normas de direito: a norma jurídica inferior se fundamenta na norma jurídica superior ou, vice-versa, a norma jurídica inferior deriva da norma jurídica superior. Esses laços de fundamentação e derivação são, ao mesmo tempo, materiais e formais.

Enquanto a ordem moral apresenta, exclusivamente, fundamentações e derivações materiais (*v.g.*, preceito bíblico – amai-vos uns aos outros e o dever de dar esmolas), no ordenamento jurídico, a fundamentação/derivação ostenta um duplo aspecto: formal e material. Sendo assim, *e.g.*, não basta observar se a decisão judicial é derivada da lei porque constitui uma aplicação de seu conteúdo normativo ao litígio concreto, mas é necessário também indagar se a decisão judicial foi produzida segundo a forma estabelecida pela norma superior.

O ordenamento jurídico rege-se por um princípio estático-material, que reflete a coerência material (*o que se prescreve*), e por um princípio dinâmico-formal, relativo à coerência formal entre as normas (*quem prescreve* – competência – e *como se prescreve* – procedimento). Com base no princípio dinâmico-formal, pode-se afirmar inclusive que o direito regula sua própria criação e aplicação.

Sendo assim, uma norma jurídica não vale somente porque tem determinado conteúdo, quer dizer, porque seu conteúdo pode ser deduzido materialmente pela via de um raciocínio lógico de um preceito normativo superior, mas porque é criada de uma forma determinada pela normatividade jurídica superior.

O aspecto material significa que o conteúdo da norma jurídica inferior deve ser compatível com o conteúdo de uma norma jurídica superior.

Por exemplo, uma lei – federal, estadual, distrital ou municipal – não pode estatuir, em regra, tratamento desigual para as pessoas em decorrência do sexo, porquanto o art. 5º, I, da Carta Magna de 1988 prevê que homens e mulheres são iguais em direitos e obrigações, nos termos da Constituição.

O aspecto formal implica que a norma jurídica inferior é produzida pelo órgão competente e pelo procedimento previstos na normatividade jurídica superior.

No tocante à competência, a título exemplificativo, pode-se afirmar que somente o Congresso Nacional – órgão legislativo da União – tem competência para legislar sobre direito civil, conforme o art. 22, I, da Constituição Federal de 1988, não estando habilitada a legiferar uma Assembleia Legislativa de um Estado-membro, a Câmara Legislativa do Distrito federal ou mesmo a Câmara Legislativa de um Município, por conta da repartição de competências entre os entes federativos realizada pela Carta Magna.

Do ponto de vista procedimental, essa hipotética lei que versa sobre direito civil deverá ser produzida de acordo com os ritos e requisitos do processo legislativo federal, previsto nos arts. 59 a 69 da Constituição brasileira de 1988, que disciplina o fluxo procedimental de criação das normas legislativas (iniciativa, discussão, votação, sanção, promulgação e publicação).

2. O PROBLEMA DA INTEGRAÇÃO DAS LACUNAS JURÍDICAS

Entende-se por integração do direito a atividade correlata à interpretação jurídica, que implica a colmatação das chamadas lacunas jurídicas, que se apresentam como imperfeições que comprometem a ideia de uma plenitude racional do sistema jurídico.

Segundo Miguel Reale (1996, p. 291), interpretação, integração e aplicação são conceitos correlatos, pois a aplicação do direito requer a interpretação e a integração da norma jurídica, a qual figura como um processo de preenchimento dos vazios do sistema jurídico, a fim de que o jurista possa dar sempre uma resposta jurídica aos problemas oriundos da coexistência humana em sociedade.

A integração do direito é um tema cuja compreensão exige a análise do problema da completude do sistema jurídico. Decerto, para integrar o direito, torna-se indispensável perquirir se o sistema jurídico é completo ou incompleto, vale dizer, se ele pode alcançar todos os campos das interações sociais ou se existem condutas humanas não alcançadas pela ordem jurídica.

A teoria jurídica depara-se com o problema das lacunas, seja no sentido restrito do ordenamento legal, seja no sentido mais amplo do direito como um todo. Nesse plano de maior amplitude, coloca-se o problema lógico da completude do sistema de normas, para saber se o direito tem a propriedade peculiar de não deixar nenhum comportamento sem qualificação jurídica. Se o direito não proíbe nem obriga, o comportamento estaria permitido. A questão da lacuna deve ser abordada, também, com base em um segundo ângulo, como um problema de ordem processual, pois surge somente no momento da aplicação normativa a determinado caso, para o qual, aparentemente ou realmente, não há norma específica.

Não é outro o entendimento de Tercio Sampaio Ferraz Jr. (2007, p. 218), para quem a concepção do ordenamento jurídico como sistema envolve o problema de saber se este tem a propriedade peculiar de qualificar normativamente todos os comportamentos possíveis, ou se, eventualmente, podem ocorrer condutas para as quais a ordem jurídica não oferece a devida qualificação. Trata-se, assim, da questão da completude ou incompletude dos sistemas normativos, também conhecida como o problema das lacunas do sistema jurídico.

No tocante ao problema da completude do sistema jurídico, podem ser, portanto, visualizadas duas grandes correntes teóricas: por um lado, aqueles que defendem um sistema jurídico fechado (completo) e, pois, desprovido de lacunas jurídicas; de outro, aqueles que visualizam um sistema jurídico aberto (incompleto) e, consequentemente, lacunoso.

O principal argumento em favor da completude do sistema jurídico consiste na utilização sistêmica do axioma lógico, segundo o qual "tudo o que não está juridicamente proibido, está juridicamente permitido", pelo que não haveria conduta humana que não estivesse disciplinada direta ou indiretamente pela normatividade jurídica.

Há doutrinadores que, por sua vez, situam o problema das lacunas jurídicas no campo da jurisdição, considerando a atuação do julgador ante a proibição do *non liquet*. Os doutrinadores negam, assim, a existência de lacunas, visto que o magistrado nunca poderia eximir-se de julgar alegando a falta ou a obscuridade da lei. Ao decidir um caso concreto, o juiz já estaria criando uma norma individualizada para o conflito de interesses e, portanto, oferecendo a resposta normativa capaz de preencher uma lacuna provisória e garantir a completude do sistema jurídico.

Salvo melhor juízo, parece melhor aceitar a ideia de que o sistema jurídico figura como uma ordem aberta, porque o legislador não pode prever, tal como se fosse um oráculo divino, a dinâmica das relações sociais. Decerto, o direito é um fenômeno histórico-cultural e submetido, portanto, às transformações que ocorrem no campo mutável e dinâmico dos valores e dos fatos que compõem a realidade social.

Nesse sentido, Maria Helena Diniz (2005, p. 503) recusa a plenitude hermética do ordenamento jurídico, ao sustentar que o direito espelha uma realidade dinâmica, que abrange normas, fatos e valores. Logo, o sistema jurídico revela-se aberto, porque composto de subsistemas normativo, fático e valorativo, apresentando lacunas quando ocorre a quebra de isomorfia entre os referidos elementos que compõem o fenômeno jurídico.

Considerando aberto ou incompleto o sistema jurídico, pode-se verificar, assim, a existência de diferentes espécies de lacunas jurídicas, a saber, as lacunas normativas, as lacunas fáticas e as lacunas valorativas.

A lacuna normativa configura-se toda vez que inexiste um conjunto normativo regulando expressamente um dado campo da interação do comportamento humano em sociedade, como sucede com a punição de crimes virtuais e a realização do comércio eletrônico no Brasil, campos ainda carentes de uma regulação normativa expressa e minudente.

A lacuna fática ocorre quando as normas jurídicas deixam de ser cumpridas pelos agentes da realidade social, evidenciando o fenômeno da revolta dos fatos contra o sistema jurídico, como ocorre com a proibição do jogo do bicho pela Lei das Contravenções Penais.

A lacuna valorativa verifica-se quando a norma jurídica vigente não é valorada como justa pela maioria dos integrantes de uma sociedade humana, não estando em conformidade com os valores socialmente aceitos, como sucede com a norma que estabelece a obrigatoriedade do voto, prevista no art. 14 da Constituição Federal de 1988, a qual se afigura injusta para muitos brasileiros, por revelar-se axiologicamente incongruente com o valor da liberdade cívica, pilar para a consolidação de qualquer regime político democrático.

Saliente-se que a constatação e o preenchimento de lacunas jurídicas são questões correlatas e independentes. Correlatas, porque o preenchimento pressupõe a constatação, que, por sua vez, reclama o uso de instrumentos integradores. Independentes, porque pode haver constatação sem preenchimento possível, assim como preenchimento acompanhado de novas constatações, como uma espécie de criação contínua do direito pelo hermeneuta.

Nesse sentido, pode-se afirmar que o sistema jurídico é lacunoso, mas ele próprio oferece mecanismos para preencher as referidas lacunas. Trata-se dos chamados instrumentos de integração do direito, a saber: a analogia; os costumes; os princípios jurídicos; e a equidade.

No sistema jurídico brasileiro, esses instrumentos de integração jurídica são previstos expressamente, havendo referências à utilização da analogia, dos costumes, dos princípios jurídicos e da equidade em diversos dispositivos normativos.

Com efeito, o art. 4º da Lei de Introdução às Normas do Direito Brasileiro estabelece que, quando a lei for omissa, o juiz decidirá o caso de acordo com a analogia, os costumes e os princípios gerais de direito.

Por seu turno, o art. 126 do Código de Processo Civil anterior preceituava que "o juiz não se exime de sentenciar ou despachar alegando lacuna ou obscuridade da lei. No julgamento da lide, caber-lhe-á aplicar as normas legais; não as havendo, recorrerá à analogia, aos costumes e aos princípios gerais de direito".

Por sua vez, o Novo Código de Processo Civil estabelece, em seu art. 140, que o juiz não se exime de decidir sob a alegação de lacuna ou obscuridade do ordenamento jurídico, bem como que o magistrado só decidirá por equidade nos casos previstos em lei.

Afora os demais instrumentos de integração jurídica, a menção explícita à equidade pode ser verificada também no art. 8º da Consolidação das Leis do Trabalho, quando prescreve que as autoridades administrativas e a justiça do trabalho, na falta de disposições legais ou contratuais, decidirão, conforme o caso, pela jurisprudência, por analogia, por equidade e outros princípios e normas gerais de direito, principalmente do direito de trabalho, e, ainda, de acordo com os usos e costumes, o direito comparado, mas sempre de maneira que nenhum interesse de classe ou particular prevaleça sobre o interesse público.

Outrossim, merece registro a Lei n. 9.307, de 23 de setembro de 1996, que trata da arbitragem, uma alternativa ao sistema jurisdicional de solução dos conflitos. Reza a citada lei, em seu art. 2º, que as partes contratantes, ao optar pela arbitragem, podem escolher ainda se ela será de direito ou de equidade. Prevê ainda o referido preceito, em seus dois parágrafos, que as partes podem convencionar sobre as regras de direito que serão aplicadas na solução arbitral, bem como ainda estabelecer que o julgamento arbitral seja feito com base nos princípios gerais de direito, nos usos e costumes e nas regras internacionais de comércio.

Fincadas tais premissas, convém examinar o significado dos instrumentos de integração do direito: a analogia; os costumes; os princípios jurídicos; e a equidade.

A analogia é a aplicação de uma norma jurídica que regula um determinado caso concreto a outra situação fática semelhante. Para integrar a lacuna, o intérprete recorre, preliminarmente, à analogia, que consiste em aplicar, a um caso não contemplado de modo direto ou específico por uma norma jurídica, uma norma prevista para uma hipótese distinta, mas semelhante ao caso não contemplado. Trata-se de um procedimento que envolve a constatação empírica de que existe uma semelhança entre fatos e um juízo de valor que justifica a relevância das semelhanças. É o que ocorre quando se aplicam as disposições do Código Civil que regulam os contratos celebrados na realidade concreta para as avenças firmadas no universo virtual da rede mundial de computadores.

Os costumes, além de figurar como fonte do direito, podem também apresentar-se como elemento de integração da lei, especialmente quando a norma legal expressamente autorize a utilização da norma consuetudinária para o preenchimento da lacuna legislativa. É o que ocorre com a menção normativa à função hermenêutica dos usos consuetudinários, feita pelo art. 113 do atual Código Civil brasileiro, ao preceituar que os negócios jurídicos devem ser interpretados conforme a boa-fé e os usos do lugar de sua celebração.

Afora sua reconhecida força normativa direta e vinculante, os princípios jurídicos despontam como cânones éticos, implícitos ou expressos no direito, que apontam para a realização dos valores e das finalidades maiores da ordem jurídica, potencializando a tomada de decisões mais justas, mormente nas hipóteses de lacunas valorativas. É o que sucede com a aplicação do princípio implícito da insignificância nos crimes de bagatela no direito penal ou com a utilização dos princípios da função social do contrato ou da boa-fé objetiva, outrora implícitos e, hoje, expressos nos arts. 421 e 422 do Código Civil.

Por derradeiro, a equidade consiste no ideal do justo empiricamente concretizado, implicando a aplicação prudente pelo julgador de seu sentimento de justiça, ao observar as singularidades de um dado caso concreto. Enseja, assim, a preferência por uma interpretação mais humana e benigna da norma jurídica, com a calibração teleológica das possibilidades hermenêuticas. É o que ocorre, por exemplo, com o art. 2º da já referida lei brasileira de arbitragem, que autoriza expressamente o uso do juízo equitativo na resolução extrajudicial de certos conflitos de interesses.

Desse modo, o conceito de lacuna pode ser considerado, em larga medida, um recurso argumentativo da ciência jurídica, cuja finalidade é permitir a busca de uma decisão possível e mais favorável, superando o conflito entre a dura literalidade da lei (*dura lex, sed lex*) e as exigências peculiares de justiça, conferindo ao intérprete a possibilidade de se valer de fatores extrapositivos como se fossem positivos, mediante o uso valorativo dos instrumentos integradores. Nesse espaço da integração jurídica, a ciência do direito revela seu sentido não somente descritivo, mas, sobretudo, inventivo, reclamando do jurista uma verdadeira avaliação do sentido global do direito na sociedade e das exigências de uma decisão mais justa.

3. O PROBLEMA DA SOLUÇÃO DAS ANTINOMIAS JURÍDICAS

A teoria das antinomias jurídicas está umbilicalmente ligada ao problema da coerência do sistema jurídico. Decerto, para que o direito seja considerado coerente ou consistente, é necessário que seus elementos não entrem em contradição entre si.

De acordo com Tercio Sampaio Ferraz Jr. (2007, p. 206), quando se fala da revogação por incompatibilidade, toca-se em um dos temas centrais da teoria do ordenamento jurídico: sua consistência. Por consistência deve ser entendida a inocorrência ou a extirpação de antinomias, isto é, da presença simultânea de normas válidas que se excluem mutuamente. Daí a razão pela qual a análise das antinomias normativas se afigura como um tema importante para a concepção do ordenamento jurídico.

No direito, os elementos que compõem um sistema jurídico podem entrar em conflito, surgindo, assim, as chamadas antinomias jurídicas. Geralmente, isso ocorre quando diferentes normas do mesmo ordenamento jurídico, válidas e aplicáveis ao mesmo tempo e no mesmo caso, permitem e proíbem um mesmo comportamento, o que suscita uma situação de indecidibilidade que requer uma pronta solução do aplicador do direito.

Conforme salienta Dimitri Dimoulis (2003, p. 226), os casos de contradição entre normas jurídicas que são qualificados como antinomias jurídicas apresentam-se em diversas situações concretas, mormente quando o legislador cria uma norma contrária à lei anterior, não prevendo explicitamente sua revogação, ou quando uma determinada autoridade estatal toma uma decisão que contraria normas jurídicas que apresentam uma hierarquia superior.

Com efeito, trata-se de uma oposição que sucede entre, ao menos, duas normas jurídicas contraditórias total ou parcialmente, emanadas de autoridades competentes, no mesmo âmbito normativo de um sistema jurídico, colocando os sujeitos de direito em posição insustentável, ante a ausência de alternativas consistentes para possibilitar uma saída nos quadros de um dado ordenamento jurídico.

No que se refere à classificação das antinomias jurídicas, Maria Helena Diniz (2005, p. 507-8) colaciona diversos critérios científicos, diferenciando as seguintes tipologias: a) as antinomias aparentes, quando existem critérios de solução expressos no ordenamento jurídico, das antinomias reais, que se caracterizam pela ausência de critérios de solução expressos no ordenamento jurídico, requerendo a edição de nova norma jurídica; b) as antinomias de direito interno das antinomias de direito internacional, a depender do âmbito nacional ou estrangeiro de ocorrência dos conflitos normativos; c) as antinomias total-total das antinomias total--parcial e das antinomias parcial-parcial, quanto à plena ou parcial superposição dos campos de aplicação normativa; d) as antinomias próprias das antinomias impróprias, quanto à natureza do conflito normativo.

É esse último critério de diferenciação entre as antinomias próprias e as antinomias impróprias que merece atenção especial dos estudiosos do direito.

As antinomias próprias verificam-se toda vez que, enquanto uma norma jurídica proíbe uma dada conduta humana, outra norma jurídica faculta o mesmo comportamento humano, como quando um soldado recebe a ordem de um oficial para fuzilar um prisioneiro, sendo crime tanto descumprir a ordem do superior hierárquico quanto praticar o delito de homicídio.

As antinomias impróprias são aquelas contradições mais sutis entre as normas jurídicas, envolvendo o conflito entre os valores, as finalidades, os sentidos e as terminologias das normas que compõem o sistema jurídico, subdividindo-se em antinomias teleológica, valorativa, principiológica e semântica.

A antinomia imprópria teleológica ocorre quando uma norma jurídica estabelece os meios para a aplicabilidade de outra norma jurídica, mas os meios oferecidos se revelam incompatíveis com o fim previsto na norma originária, como sucede com a lei que fixa o valor atual do salário mínimo, não atendendo as necessidades vitais básicas do trabalhador urbano e rural, aludidas na norma constitucional do art. 7º, IV, da Constituição de 1988.

A antinomia imprópria valorativa sucede toda vez que ocorre uma discrepância entre os valores cristalizados por duas ou mais normas jurídicas, quando a ordem jurídica pune mais severamente uma infração social branda e mais levemente uma infração social mais grave, como ocorre com a punição mais severa dos crimes de furto e roubo, quando comparada com a punição dos crimes contra a Administração Pública, no Código Penal brasileiro.

A antinomia imprópria principiológica verifica-se toda vez que os princípios jurídicos entram em colisão, sinalizando soluções diversas para o intérprete/aplicador do direito, como sucede com o conflito entre os princípios constitucionais da liberdade de informação e da vida privada das autoridades públicas.

A antinomia imprópria semântica surge toda vez que uma mesma palavra comporta diferentes sentidos, a depender do ramo jurídico, como sucede com a palavra "posse", utilizada diferentemente no direito civil e no direito administrativo.

Diante da ocorrência dessas antinomias jurídicas, próprias ou impróprias, deverão ser utilizados os critérios de solução hierárquico, cronológico e da especialidade. De todos esses critérios, o mais importante é o hierárquico, prevalecendo, inclusive, sobre os demais, quando houver um conflito entre eles, nas chamadas antinomias jurídicas de segundo grau.

Pelo critério hierárquico (*lex superior derrogat inferiori*), havendo antinomia entre uma norma jurídica superior e uma norma jurídica inferior, prevalece a norma jurídica superior, dentro da concepção piramidal e hierarquizada do sistema jurídico. Por exemplo, havendo conflito entre a Constituição e uma lei ordinária, prevalece a Constituição, por ser um diploma normativo de hierarquia superior.

Por seu turno, pelo critério cronológico (*lex posterior derrogat priori*), havendo antinomia entre a norma jurídica anterior e a norma jurídica posterior que verse sobre a mesma matéria, ambas de mesma hierarquia, prevalece a norma jurídica posterior. Por exemplo, o conflito entre o antigo Código Civil de 1916/17 e o Código de Defesa do Consumidor de 1990 resolvia-se em favor da legislação consumerista, tendo em vista, inclusive, o critério da cronologia das normas jurídicas.

Por sua vez, pelo critério da especialidade (*lex specialis derrogat generalis*), havendo contradição entre uma norma jurídica que regule um tema genericamente e uma norma que regule o mesmo tema de modo específico, sendo ambas de mesma hierarquia, prevalece a norma jurídica especial. Por exemplo, o conflito entre o Código de Defesa do Consumidor e o Estatuto do Idoso resolve-se em favor do segundo diploma legal, que se revela mais específico na tutela das relações dos consumidores de terceira idade, considerando o critério da especialidade.

4. OS CONFLITOS PRINCIPIOLÓGICOS, A PONDERAÇÃO DE BENS E INTERESSES E A PROPORCIONALIDADE

Diante da ocorrência de conflitos entre os princípios jurídicos, o intérprete do direito deverá realizar uma ponderação de bens e interesses, como nova técnica hermenêutica capaz de orientar o hermeneuta perante as chamadas antinomias principiológicas.

Com efeito, durante muito tempo, sob a égide de uma visão positivista do direito, a subsunção afigurou-se como a fórmula típica de aplicação normativa, caracterizada por uma operação meramente formal e lógico-dedutiva: identificação da premissa maior (a norma jurídica); a delimitação da premissa menor (os fatos); e a posterior elaboração de um juízo conclusivo (adequação da norma jurídica ao caso concreto). Se essa espécie de raciocínio ainda serve para a aplicação de algumas regras de direito (*v.g.*, art. 40 da CF/88 – aposentadoria compulsória do servidor público que completa 70 anos –, ou art. 18 da CF/88 – Brasília é a capital federal), revela-se, no entanto, insuficiente para lidar com o uso hermenêutico dos princípios jurídicos, como fundamentos para a decidibilidade de conflitos.

Decerto, as normas principiológicas consubstanciam valores e fins não raro distintos, apontando para perspectivas contraditórias de um mesmo problema. Logo, com a colisão de princípios jurídicos, pode incidir mais de uma norma sobre o mesmo conjunto de fatos, como o que várias premissas maiores disputam a primazia de aplicabilidade a uma premissa menor. A interpretação jurídica contemporânea, na esteira do pós-positivismo, deparou-se, então, com a necessidade de desenvolver técnicas capazes de lidar com a natureza essencialmente dialética da ordem jurídica, ao tutelar interesses potencialmente conflitantes, exigindo um novo instrumental metodológico para aplicação de um direito justo e capaz de materializar a dignidade da pessoa humana. Trata-se do uso da ponderação de bens e/ou interesses.

A estrutura cognitiva da ponderação pode ser decomposta nas seguintes fases: identificação das normas, seleção dos fatos e mensuração de pesos. Na primeira etapa, cabe ao intérprete perquirir no sistema as normas relevantes para a solução do caso concreto. Por sua vez, na segunda etapa, cabe ao hermeneuta examinar os fatos e as circunstâncias fáticas do caso concreto e sua interação com os elementos normativos. Enfim, na terceira etapa, os diferentes grupos de normas e a repercussão dos fatos do caso concreto estarão sendo avaliados de forma conjunta, de modo a mensurar os pesos e determinar qual o conjunto normativo deve preponderar no caso concreto.

Ao vislumbrar-se a ordem jurídica brasileira, não faltam exemplos de aplicabilidade do raciocínio ponderativo na harmonização das dimensões da dignidade da pessoa humana: a) o debate acerca da relativização da coisa julgada, no qual se contrapõem o princípio da segurança jurídica e o princípio da realização da justiça; b) a discussão sobre a eficácia horizontal dos direitos fundamentais, em que se contrapõem princípios como a autonomia da vontade e a dignidade da pessoa humana; c) o debate sobre os princípios da liberdade de expressão vs. proteção aos valores éticos e sociais da pessoa ou da família; d) a polêmica concernente aos princípios da liberdade de expressão e informação vs. políticas públicas de proteção da saúde; e) o conflito entre os princípios da liberdade religiosa e proteção à vida, em situações que envolvam, por exemplo, a transfusão de sangue para as testemunhas de Jeová.

Nessas hipóteses, caberá ao intérprete do direito estabelecer uma relação de prioridade concreta entre os princípios jurídicos em disputa, com base nos elementos fáticos presentes, guiando-se pelo princípio mais geral da proporcionalidade.

Etimologicamente, o vocábulo proporcionalidade traduz uma noção de proporção, adequação, medida justa, prudente e apropriada à necessidade exigida pelo caso presente. Proporção, no entanto, é um conceito relacional, isto é, diz-se que algo é proporcional quando guarda uma adequada relação com alguma coisa a qual está ligado. A ideia de proporcionalidade reclama o apelo à prudência na determinação da adequada relação entre as coisas.

A ideia de proporcionalidade revela-se não só como um importante princípio jurídico fundamental, mas também consubstancia um verdadeiro referencial argumentativo, ao exprimir um raciocínio aceito como justo e razoável, de modo geral, de comprovada utilidade no equacionamento de questões práticas, não só do direito em seus diversos ramos, como também em outras disciplinas, sempre que se tratar da descoberta do meio mais adequado para atingir determinada finalidade.

Para Willis Guerra Filho (2003, p. 245), o princípio da proporcionalidade pode ser entendido como um mandamento de otimização do respeito máximo a todo direito fundamental em situação de conflito com outro(s), na medida do jurídico e faticamente possível, traduzindo um conteúdo que se reparte em três princípios parciais: a adequação, a exigibilidade e a proporcionalidade em sentido estrito.

A origem e o desenvolvimento do princípio da proporcionalidade, em sua conformação moderna, encontram-se intrinsecamente ligados à evolução dos direitos e das garantias individuais da pessoa humana, verificados a partir do surgimento do Estado de Direito burguês na Europa. Dessa forma, sua origem remonta aos séculos XVII e XVIII, quando, na Inglaterra, surgiram as teorias jusnaturalistas propugnando ter o homem direitos imanentes a sua natureza e anteriores ao aparecimento do Estado e, por conseguinte, conclamando ter o soberano o dever de respeitá-los.

Posteriormente, a ideia de proporcionalidade é utilizada na França como técnica voltada para o controle do poder de polícia da Administração Pública. A proporcionalidade só adquire, contudo, foro constitucional e reconhecimento como princípio em meados do século XX, na Alemanha, sendo, então, aplicada ao campo dos direitos fundamentais, vinculando, assim, a totalidade dos Poderes Públicos.

No sistema jurídico brasileiro, o princípio da proporcionalidade é um princípio constitucional implícito porque, apesar de derivar da Constituição, nela não consta expressamente. Por esse motivo, o fundamento normativo do princípio da proporcionalidade vem sofrendo inúmeras considerações quanto à ausência de enunciado normativo explícito. Constata-se que a maioria das Constituições de Estado Democráticos de Direito não contém referência expressa ao princípio, o que põe em evidência o problema de sua fundamentação normativo-constitucional.

Segundo Paulo Bonavides (2001, p. 356), o princípio da proporcionalidade está naquela classe de princípios que são mais facilmente compreendidos do que definidos. Sucede que, embora não esteja expresso no texto constitucional, sua presença é inequívoca na Carta Magna. Isso porque a circunstância do princípio da proporcionalidade decorrer implicitamente da Constituição não impede que seja reconhecida sua vigência, por força, inclusive, do quanto disposto no § 2º do art. 5º, segundo o qual "os direitos e garantias expressos nesta Constituição não excluem outros decorrentes do regime e dos princípios por ela adotados".

Inúmeros têm sido os caminhos para fundamentar ou justificar normativamente o princípio da proporcionalidade, ora utilizando-se do cânon da dignidade da pessoa humana (art. 1º, III, da CF/88), ora recorrendo-se à ideia de devido processo legal substantivo (art. 5º, LIV, da CF/88) ou mesmo da noção de um Estado Democrático de Direito (art. 1º, *caput*, da CF/88).

Parece-nos, todavia, que todos esses *standards* são vetores axiológicos e teleológicos que reforçam o mandamento constitucional de tutela da dignidade da pessoa humana, permitindo depreender o princípio da proporcionalidade como proposta de harmonização da pluralidade dos direitos fundamentais que possibilitam uma vida digna, de molde a sintetizar as exigências de legalidade e legitimidade do ordenamento jurídico.

Conforme magistério de Humberto Ávila (2005, p. 116), o princípio constitucional da proporcionalidade é aplicado somente em situações em que há uma relação de causalidade entre dois elementos empiricamente discerníveis, um meio e um fim, de tal modo que o intérprete do direito possa proceder ao exame de três parâmetros fundamentais e complementares: a adequação, a necessidade e a proporcionalidade em sentido estrito.

A adequação exige uma relação empírica entre o meio e o fim: o meio deve levar à realização da finalidade normativa. Logo, a Administração, o legislador, o julgador e o particular têm o dever de escolher um meio processual que simplesmente promova os fins maiores da ordem jurídica, como a realização de uma vida digna. O processo decisório, tanto na esfera pública quanto na esfera privada, será adequado somente se o fim for efetivamente realizado no caso concreto; será adequado se o fim for realizado na maioria dos casos com sua adoção; e será adequado se o intérprete avaliou e projetou bem a promoção da finalidade no momento da tomada da decisão.

A necessidade envolve duas etapas de investigação: o exame da igualdade de adequação dos meios, para verificação se os diversos meios promovem igualmente o fim; e o exame do meio menos restritivo, para examinar se os meios alternativos restringem em menor medida os direitos fundamentais colateralmente afetados. A ponderação entre o grau de restrição e o grau de promoção dos direitos fundamentais, em prol de uma vida digna, torna-se, portanto, inafastável para a interpretação e a tomada de uma decisão jurídica.

A proporcionalidade em sentido estrito é examinada diante da comparação entre a importância da realização do fim e a intensidade da restrição aos direitos fundamentais. O julgamento daquilo que será considerado como vantagem e daquilo que será considerado como desvantagem depende do exame teleológico e axiológico do hermeneuta, em face das circunstâncias da lide e da apuração do binômio utilitário do custo-benefício, sempre com vistas para a salvaguarda da dignidade da pessoa humana.

De acordo com Luís Barroso (2002, p. 216), o princípio da proporcionalidade funciona como um parâmetro hermenêutico que orienta como uma norma jurídica deve ser interpretada e aplicada no caso concreto, mormente na hipótese de incidência dos direitos fundamentais que consubstanciam uma vida digna, para melhor realização dos valores e fins do sistema constitucional. Permite-se, assim, ao Poder Judiciário invalidar atos legislativos, administrativos, jurisdicionais ou privados nas hipóteses em que não haja adequação entre o fim perseguido e o instrumento empregado pela norma jurídica (adequação); a medida normativa não seja exigível ou necessária, havendo meio alternativo menos gravoso para chegar ao mesmo resultado (necessidade ou vedação do excesso); e não se manifeste o binômio custo-benefício, pois o que se perde com a medida normativa é de maior relevo do que aquilo que se ganha (proporcionalidade *stricto sensu*).

Como se deduz, o princípio da proporcionalidade funciona como importante parâmetro para orientar a atividade de sopesamento de valores do intérprete do direito, iluminando a ponderação de princípios jurídicos e, pois, de dimensões da dignidade humana eventualmente conflitantes. Descortina-se, portanto, como alternativa hermenêutica para a colisão entre os direitos fundamentais dos cidadãos, vetores que norteiam uma vida digna, modulando a interpretação e a posterior tomada de uma decisão, diante de casos difíceis. Nos chamados *hard cases*, muito frequentes na prática processual, a subsunção se afigura insuficiente, especialmente quando a situação concreta rende ensejo à aplicação de normas principiológicas, que sinalizam soluções axiológicas e teleológicas muitas vezes diferenciadas.

Desse modo, o princípio da proporcionalidade, como *standard* juridicamente vinculante, informando a ideia de justiça ínsita a todo ordenamento, atua por meio de um mandado de otimização, no sentido de que os imperativos de adequação, necessidade e proporcionalidade em sentido estrito sejam atendidos no âmbito da realização de uma vida digna. A proporcionalidade representa, pois, uma garantia aos cidadãos, exigindo um contrabalanceamento entre a tutela a determinados bens jurídicos e as restrições aos direitos fundamentais. Para tanto, pressupõe a estruturação de uma relação meio-fim, na qual o fim é o objeto perseguido pela limitação, e o meio é a própria decisão (administrativa, legislativa ou judicial) que pretende tornar possível o alcance do fim almejado, no âmbito de uma relação processual.

Sendo assim o referido princípio ordena que a relação entre o fim que se pretende alcançar e o meio utilizado deve ser adequada, necessária e proporcional, visto que os direitos fundamentais, como expressão da dignidade dos cidadãos, só podem ser limitados pelo Poder Público e pelos particulares quando for imprescindível para a proteção dos interesses e valores mais relevantes a uma dada coletividade humana, tendo em vista a interpretação e a aplicação de um direito potencialmente mais justo e, portanto, socialmente legítimo.

SINOPSE

No âmbito da Teoria Geral do Direito, ocupa a teoria do ordenamento jurídico lugar de destaque, ao oferecer uma proposta racional de compreensão da totalidade do direito como um sistema ordenado dos elementos que compõem o direito.

Entende-se por sistema toda ordenação racional de elementos naturais ou sociais, a qual pode ser decomposta analiticamente em duas dimensões: o repertório e a estrutura. O repertório é o conjunto de elementos que integra o sistema. A estrutura se afigura como o padrão de organização dos referidos elementos sistêmicos.

Historicamente, a concepção do ordenamento como sistema é consentânea com o aparecimento do Estado moderno e o desenvolvimento do modo capitalista de produção. Com o advento da dominação legal-burocrática, forma de dominação baseada na crença da legalidade, consolidam-se tanto a organização racional de competências com base na lei quanto a sistematização centralizada das normas de exercício do poder de gestão. O direito passa a ser concebido, portanto, como um sistema voltado para a ordenação dos comportamentos sociais.

Entre as diversas propostas de compreensão do ordenamento jurídico, merece especial registro a contribuição do jurista Hans Kelsen, autor da chamada teoria pura do direito, cujo didatismo e operacionalidade oferecem, ainda hoje, a visão hegemônica para a estruturação lógica e a aplicação da normatividade jurídica. Segundo ele, o repertório do sistema jurídico seria composto somente por normas jurídicas, que formariam uma estrutura hierarquizada ou escalonada, passível de ser representada por uma pirâmide normativa.

O pensamento kelseniano parte da premissa segundo a qual as diversas normas jurídicas não se encontram soltas, mas, em verdade, mutuamente entrelaçadas. O modo desse enlace imputativo, regido pela lógica do dever-ser, é uma forma tipicamente normativa chamada fundamentação/derivação. Uma norma jurídica é considerada válida quando se fundamenta em outra norma jurídica que lhe é superior. Em outros termos, pode-se afirmar que a norma jurídica inferior deriva dos preceitos estabelecidos pela norma jurídica superior.

Sendo assim, o ordenamento jurídico se dinamiza por laços de fundamentação e derivação entre as normas de direito: a norma jurídica inferior se fundamenta na norma jurídica superior ou, vice-versa, a norma jurídica inferior deriva da norma jurídica superior. Esses laços de fundamentação e derivação são, ao mesmo tempo, materiais e formais.

O ordenamento jurídico rege-se por um princípio estático-material, que reflete a coerência material (*o que se prescreve*), e por um princípio dinâmico-formal, relativo à coerência formal entre as normas (*quem prescreve* – competência – e *como se prescreve* – procedimento).

Entende-se por integração do direito a atividade correlata à interpretação jurídica, que implica a colmatação das chamadas lacunas jurídicas, que se apresentam como imperfeições que comprometem a ideia de uma plenitude racional do sistema jurídico.

A integração do direito é um tema cuja compreensão exige a análise do problema da completude do sistema jurídico, porquanto, para integrar o direito, torna-se indispensável perquirir se o sistema jurídico é completo ou incompleto, vale dizer, se ele pode alcançar todos os campos das interações sociais ou se existem condutas humanas não alcançadas pela ordem jurídica.

No tocante ao problema da completude do sistema jurídico, podem ser, portanto, visualizadas duas grandes correntes teóricas: por um lado, aqueles que defendem um sistema jurídico fechado (completo) e, pois, desprovido de lacunas jurídicas; de outro, aqueles que visualizam um sistema jurídico aberto (incompleto) e, consequentemente, lacunoso.

O principal argumento em favor da completude do sistema jurídico consiste na utilização sistêmica do axioma lógico, segundo o qual "tudo o que não está juridicamente proibido, está juridicamente permitido", pelo que não haveria conduta humana que não estivesse disciplinada direta ou indiretamente pela normatividade jurídica.

Há doutrinadores que, por sua vez, situam o problema das lacunas jurídicas no campo da jurisdição, considerando a atuação do julgador ante a proibição do *non liquet*. Os doutrinadores negam, assim, a existência de lacunas, visto que o magistrado nunca poderia eximir-se de julgar alegando a falta ou a obscuridade da lei.

Sustenta-se que o sistema jurídico figura como uma ordem aberta, porque o legislador não pode prever, tal como se fosse um oráculo divino, a dinâmica das relações sociais. Decerto, o direito é um fenômeno histórico-cultural e submetido, portanto, às transformações que ocorrem no campo mutável e dinâmico dos valores e dos fatos que compõem a realidade social.

Considerando aberto ou incompleto o sistema jurídico, pode-se verificar, assim, a existência de diferentes espécies de lacunas jurídicas, a saber, as lacunas normativas, as lacunas fáticas e as lacunas valorativas.

A lacuna normativa configura-se toda vez que inexiste um conjunto normativo regulando expressamente um dado campo da interação do comportamento humano em sociedade.

A lacuna fática ocorre quando as normas jurídicas deixam de ser cumpridas pelos agentes da realidade social, evidenciando o fenômeno da revolta dos fatos contra o sistema jurídico, com a consequente perda da efetividade normativa.

A lacuna valorativa verifica-se quando a norma jurídica vigente não é valorada como justa pela maioria dos integrantes de uma sociedade humana, não estando em conformidade com os valores aceitos conforme os padrões de legitimidade social.

O próprio sistema jurídico oferece mecanismos para preencher as referidas lacunas, por meio dos instrumentos de integração do direito, a saber: a analogia; os costumes; os princípios jurídicos; e a equidade.

No sistema jurídico brasileiro, esses instrumentos de integração jurídica são previstos expressamente, havendo referências à utilização da analogia, dos costumes, dos princípios jurídicos e da equidade em diversos dispositivos normativos.

A analogia é a aplicação de uma norma jurídica que regula um determinado caso concreto a outra situação fática semelhante. Trata-se de um procedimento intelectual que envolve a constatação empírica de que existe uma semelhança entre fatos e um juízo de valor que justifica a relevância das similitudes.

Os costumes, além de figurar como fonte do direito, podem também apresentar-se como elemento de integração da lei, especialmente quando a norma legal expressamente autorize a utilização da norma consuetudinária para o preenchimento da lacuna legislativa.

Afora sua reconhecida força normativa direta e vinculante, os princípios jurídicos despontam como cânones éticos, implícitos ou expressos no direito, que apontam para a realização dos valores e das finalidades maiores da ordem jurídica, potencializando a tomada de decisões mais justas, mormente nas hipóteses de lacunas valorativas.

A equidade consiste no ideal do justo empiricamente concretizado, implicando a aplicação prudente pelo julgador de seu sentimento de justiça, ao observar as singularidades de um dado caso concreto. Enseja, assim, a preferência por uma interpretação mais humana e benigna da norma jurídica, com a calibração teleológica das possibilidades hermenêuticas.

A teoria das antinomias jurídicas está umbilicalmente ligada ao problema da coerência do sistema jurídico. Decerto, para que o direito seja considerado coerente ou consistente, é necessário que seus elementos não entrem em contradição entre si.

No direito, os elementos que compõem um sistema jurídico podem entrar em conflito, surgindo, assim, as chamadas antinomias jurídicas. Geralmente, isso ocorre quando diferentes normas do mesmo ordenamento jurídico, válidas e aplicáveis ao mesmo tempo e no mesmo caso, permitem e proíbem um mesmo comportamento, o que suscita uma situação de indecidibilidade que requer uma pronta solução do aplicador do direito.

No que se refere à classificação das antinomias jurídicas, podem ser vislumbradas as seguintes tipologias: a) as antinomias aparentes, quando existem critérios de solução expressos no ordenamento jurídico, das antinomias reais, que se caracterizam pela ausência de critérios de solução expressos no ordenamento jurídico, requerendo a edição de nova norma jurídica; b) as antinomias de direito interno das antinomias de direito internacional, a depender do âmbito nacional ou estrangeiro de ocorrência dos conflitos normativos; c) as antinomias total-total das antinomias total-parcial e das antinomias parcial-parcial, quanto à plena ou parcial superposição dos campos de aplicação normativa; d) as antinomias próprias das antinomias impróprias, quanto à natureza do conflito normativo.

Diante da ocorrência dessas antinomias jurídicas, deverão ser utilizados os critérios de solução hierárquico, cronológico e da especialidade.

Pelo critério hierárquico (*lex superior derogat inferiori*), havendo antinomia entre uma norma jurídica superior e uma norma jurídica inferior, prevalece a norma jurídica superior, dentro da concepção piramidal e hierarquizada do sistema jurídico.

Por seu turno, pelo critério cronológico (*lex posterior derogat priori*), havendo antinomia entre a norma jurídica anterior e a norma jurídica posterior que verse sobre a mesma matéria, ambas de mesma hierarquia, prevalece a norma jurídica posterior.

Por sua vez, pelo critério da especialidade (*lex specialis derogat generalis*), havendo contradição entre uma norma jurídica que regule um tema genericamente e uma norma que regule o mesmo tema do modo específico, sendo ambas de mesma hierarquia, prevalece a norma jurídica especial.

Diante da ocorrência de conflitos entre os princípios jurídicos, o intérprete do direito deverá realizar uma ponderação de bens e interesses, como nova técnica hermenêutica capaz de orientar o hermeneuta perante as chamadas antinomias principiológicas. Nessas hipóteses, caberá ao intérprete do direito estabelecer uma relação de prioridade concreta entre os princípios jurídicos em disputa, guiando-se pelo princípio mais geral da proporcionalidade.

O princípio da proporcionalidade pode ser entendido como um mandamento de otimização do respeito máximo a todo direito fundamental em situação de conflito com outro(s), na medida do jurídico e faticamente possível, traduzindo um conteúdo que se reparte em três princípios parciais: a adequação, a necessidade e a proporcionalidade em sentido estrito.

A adequação exige uma relação empírica entre o meio e o fim: o meio deve levar à realização da finalidade normativa. Logo, a Administração, o legislador, o julgador e o particular têm o dever de escolher um meio processual que simplesmente promova os fins maiores da ordem jurídica.

A necessidade envolve duas etapas de investigação: o exame da igualdade de adequação dos meios, para verificação se os diversos meios promovem igualmente o fim; e o exame do meio menos restritivo, para examinar se os meios alternativos restringem em menor medida os direitos fundamentais colateralmente afetados.

A proporcionalidade em sentido estrito é examinada diante da comparação entre a importância da realização do fim e a intensidade da restrição aos direitos fundamentais. O julgamento daquilo que será considerado como vantagem e daquilo que será considerado como desvantagem depende do exame teleológico e axiológico do hermeneuta, em face das circunstâncias da lide e da apuração do binômio utilitário do custo-benefício.

O princípio da proporcionalidade funciona como importante parâmetro para orientar a atividade de sopesamento de valores do intérprete do direito, iluminando a ponderação de princípios jurídicos, como alternativa hermenêutica para solucionar a colisão entre os demais princípios enunciadores dos direitos fundamentais dos cidadãos.

TEORIA DO PENSAMENTO JURÍDICO: JUSNATURALISMO

1. JUSNATURALISMO: CONCEITO E CARACTERES

O jusnaturalismo afigura-se como uma corrente jurisfilosófica de fundamentação do direito justo que remonta às representações primitivas da ordem legal de origem divina, passando pelos sofistas, estoicos, padres da igreja, escolásticos, racionalistas dos séculos XVII e XVIII, até a filosofia do direito natural do século XX.

Com base no magistério de Norberto Bobbio (1999, p. 22), podem ser vislumbradas duas teses básicas do movimento jusnaturalista. A primeira tese é a pressuposição de duas instâncias jurídicas: o direito positivo e o direito natural. O direito positivo corresponderia ao fenômeno jurídico concreto, apreendido pelos órgãos sensoriais, sendo, desse modo, o fenômeno jurídico empiricamente verificável, tal como ele se expressa por meio das fontes de direito, especialmente aquelas de origem estatal. Por sua vez, o direito natural corresponderia a uma exigência perene, eterna ou imutável de um direito justo, representada por um valor transcendental ou metafísico de justiça. A segunda tese do jusnaturalismo é a superioridade do direito natural em face do direito positivo. Nesse sentido, o direito positivo deveria, conforme a doutrina jusnaturalista, adequar-se aos parâmetros imutáveis e eternos de justiça. O direito natural enquanto representativo da justiça serviria como referencial valorativo (o direito positivo deve ser justo) e ontológico (o direito positivo injusto deixar de apresentar juridicidade), sob pena de a ordem jurídica identificar-se com a força ou o mero arbítrio. O direito vale caso seja justo e, pois, legítimo, daí resultando a subordinação da validade à legitimidade da ordem jurídica.

Embora se oriente pela busca de uma justiça eterna e imutável, a doutrina do direito natural ofereceu, paradoxalmente, diversos fundamentos para a compreensão de um direito justo ao longo da história do ocidente. Diante disso, o jusnaturalismo pode ser agrupado nas seguintes categorias: a) o jusnaturalismo cosmológico, vigente na Antiguidade clássica; b) o jusnaturalismo teológico, surgido na Idade Média, tendo por fundamento jurídico a ideia da divindade como um ser onipotente, onisciente e onipresente; c) o jusnaturalismo racionalista, surgido no seio das revoluções liberal-burguesas dos séculos XVII e XVIII, tendo como fundamento a razão humana universal; d) o jusnaturalismo contemporâneo, gestado no século XX, que enraíza a justiça no plano histórico e social, atentando para as diversas acepções culturais acerca do direito justo.

Convém, portanto, analisar cada uma dessas modalidades de jusnaturalismo de forma mais minudente, de modo a investigar o sentido do direito justo como direito natural.

2. JUSNATURALISMO COSMOLÓGICO

O jusnaturalismo cosmológico foi a doutrina do direito natural que caracterizou a Antiguidade greco-latina. Funda-se na ideia de que os direitos naturais corresponderiam à dinâmica do próprio universo, refletindo as leis eternas e imutáveis que regem o funcionamento do cosmos.

De acordo com Danilo Marcondes (1997, p. 26), antes mesmo do surgimento da filosofia, nos moldes conhecidos pelo ocidente, já se firmavam vagas ideias e diversas concepções sobre o significado do justo. Desde a Grécia anterior ao século VI a.C., durante o denominado período cosmológico, já se admitia uma justiça natural, emanada da ordem cósmica, marcando a indissociabilidade entre natureza, justiça e direito. Nesse momento, inúmeros pensadores se propuseram a formular os princípios mais remotos de justiça, com base em diversos fundamentos, tais como: a necessidade humana (Homero); o valor supremo da comunidade e protetora do trabalho humano (Hesíodo); a igualdade (Sólon); a segurança (Píndaro); a ideia de retribuição (Ésquilo); o valor perene da lei natural (Sófocles); a eficácia da norma (Heródoto); e a identificação com a legalidade (Eurípedes).

Com o advento da filosofia, os primeiros filósofos, conhecidos como pré-socráticos, priorizavam a busca da origem do universo e o exame das causas das transformações da natureza, revelando uma inequívoca preocupação cosmológica, que norteou os estudos de suas diferentes vertentes de pensamento.

No contexto da escola jônica, merece registro Tales de Mileto, para quem a cosmologia estava baseada na água como *physis*, ou seja, como elemento primordial do eterno. Para Tales de Mileto, todas as coisas encerrariam a divindade, que regula o mundo, por meio de normas da ordem moral, jurídica e social. Por outro lado, destaca-se também Heráclito de Éfeso, cultor da ideia da mobilidade universal, ao sustentar uma dependência entre a lei divina e as leis humanas, reconhecendo a justiça como uma projeção da *physis* nas relações humanas.

Já no âmbito da escola itálica, cumpre mencionar a obra de Pitágoras de Samos, que vislumbra a justiça como uma relação aritmética, nos termos de uma equação ou igualdade. Para Pitágoras, o número é o princípio universal que origina todas as coisas e, pois, o fundamento da ideia de uma justiça igualitária.

Na escola eleática, emergiu o pensamento de Parmênides de Eléia, que, coerente com sua concepção perene e imóvel do ser, propugna que a justiça, como a expressão da natureza, afigura-se como a eterna identidade do direito consigo mesmo.

Na escola atomística, convém referir à incisiva contribuição de Demócrito, que, em sua filosofia atomista, propõe que a justiça consiste em atender aos interesses dos cidadãos, despontando, portanto, como a maior das virtudes cívicas.

Em seguida, com o desenvolvimento assistemático da ciência e da política, as conclusões obtidas revelaram uma grande diversidade e um patente antagonismo, suscitando sérias dúvidas em relação à existência da verdade. É nesse contexto que se desenvolve, na Grécia antiga, o pensamento sofístico, que reúne expoentes como Protágoras, Górgias, Hípias, Trasímaco, Pródico, Evêmero, Licofron, Polo, Crítias, Tucídides, Alcidamas, Cármides, Antifronte e Cálicles.

Conforme o magistério de Machado Neto (1957, p. 14), os sofistas dedicavam-se ao conhecimento da retórica, o qual passou a ser mercantilizado, especialmente para as famílias nobres e abastadas. Como professores itinerantes, cobravam os sofistas pelo ensino ministrado, o que lhes rendeu críticas contundentes, desferidas por Sócrates e Platão. Os temas abordados pelos sofistas estavam intimamente ligados à política e à democracia grega, envolvendo o debate sobre o direito, a justiça, a equidade e a moral. Para os sofistas, não importava a verdade intrínseca da tese propugnada, mas, ao revés, o próprio processo de convencimento, ainda que a proposição fosse errônea. A verdade figurava como um dado relativo, dependendo, portanto, da capacidade de persuasão do orador.

Nesse sentido, os sofistas se apresentavam como a maior expressão do relativismo filosófico, porque não acreditavam na capacidade humana de conhecer as coisas, ao duvidar da potencialidade cognitiva do ser humano e sustentar que ele não estava apto a alcançar a verdade. Essa crise da razão humana descambou para a crise social, pois, se o ser humano não poderia alcançar a verdade, as instituições político-jurídicas da pólis grega não poderiam alcançar a verdade e, portanto, a justiça plena, lançando-se as sementes do jusnaturalismo. Sendo assim, ao valorizar o poder do discurso, a retórica sofística desemboca na relativização da justiça, situando-a no plano do provável, do possível ou do convencional.

Com os sofistas, descortinaram-se duas grandes tendências antagônicas do jusnaturalismo cosmológico. Para a primeira corrente, o direito natural, que deveria inspirar o direito positivo, corresponderia à noção da igualdade (concepção democrática). Sendo assim, o universo apresentaria essa ideia de igualdade, devendo, portanto, o direito positivo refleti-la com a maior plenitude possível. A seu turno, para a segunda corrente, o direito natural estaria identificado com a ideia da supremacia do mais forte sobre o mais fraco (concepção aristocrática), devendo contemplar a ideia da desigualdade.

Posteriormente, como leciona Machado Neto (1987, p. 339), o desenvolvimento do pensamento jusnaturalista se processa ao lume das decisivas contribuições do humanismo socrático, do idealismo platônico e do realismo aristotélico, os quais correspondem ao período ático da filosófica grega, considerado como a idade de ouro da cultura humana.

O estudo do pensamento socrático é realizado, sobretudo, em face de sua oposição ao movimento dos sofistas. Enquanto Sócrates sustentava a obediência às leis e praticava seus ensinamentos de forma gratuita, os sofistas, por outro lado, ensinavam o desprezo às leis e cobravam por suas exposições. Sendo assim, Sócrates entendia que o ceticismo sofista era temerário, visto que não permitia a correta orientação acerca do sentido da ética e do bem.

A expressão "conhece-te a ti mesmo", gravada na fronte do templo do Oráculo de Delfos, desponta como palavra-chave para a compreensão do humanismo socrático; para tanto, servia-se da maiêutica como método de questionamento. Ao mesmo tempo que convida o interlocutor a tomar consciência de seu próprio pensamento, Sócrates fá-lo compreender que, na verdade, ignora o que acreditava saber. Tal é a ironia que significa a arte de interrogar. Sócrates faz perguntas e sempre dá a impressão de buscar uma lição no interlocutor. As indagações formuladas por Sócrates levam o interlocutor a descobrir as contradições de seus pensamentos e a profundidade de sua ignorância. Nesse sentido, Sócrates não acreditava ser possível ao indivíduo conhecer a realidade objetiva se desconhecesse a si mesmo, pelo que a formação ética demandaria a busca pelo conhecimento e pela felicidade.

Enquanto os sofistas sustentaram a efemeridade e a contingência das leis variáveis no tempo e no espaço, Sócrates empenhou-se em restabelecer para a cidade o império do ideal cívico, liame indissociável entre indivíduo e sociedade. Sendo assim, onde estivesse a virtude, estaria a justiça e, pois, a felicidade, independentemente dos julgamentos humanos. Possui tal confiança no saber e na verdade que está firmemente convencido de que os injustos e os maus não passam de ignorantes. Se conhecessem verdadeiramente a justiça, eles a praticariam, pois ninguém é, voluntariamente, mau, divisando o saber como o caminho da elevação espiritual.

Na evolução do pensamento filosófico, adquire relevo o idealismo platônico. Platão foi o mais fervoroso discípulo de Sócrates e responsável pela criação da doutrina ou teoria das ideias. Segundo o idealismo platônico, o mundo sensível não passaria de um conjunto de meras sombras das verdades perfeitas e imutáveis, presentes no mundo metafísico e transcendental das ideias.

Para ele, a justiça ideal expressa a hierarquia harmônica das três partes da alma – a sensibilidade, a vontade e o espírito. Ela também se encontra em cada uma das virtudes particulares: a temperança nada mais é que uma sensibilidade regulamentada segundo a justiça; a coragem é a justiça da vontade; e a sabedoria é a justiça do espírito. Por outro lado, a justiça política revela uma harmonia semelhante à justiça do indivíduo. A política de Platão divisa a seguinte estratificação social: os artesãos, dos quais a justiça exige a temperança; os militares, dos quais a justiça reclama a coragem; os chefes, dos quais a justiça demanda sabedoria. Sendo assim, desponta a justiça como a imperativa adequação da conduta humana à ordem ideal do cosmos, constituindo ela a lei suprema da sociedade organizada como Estado.

A grande tríade filosófica grega se completa com o pensamento aristotélico. A subordinação da ideia de justiça a uma prévia visão do universo e da vida pode ser também encontrada nos ensinamentos de Aristóteles, a quem coube estabelecer parâmetros ainda hoje utilizados para a compreensão do problema da justiça.

Embora fosse discípulo de Platão, o mundo platônico do conhecimento sensível e das ideias puras foi rejeitado por Aristóteles, visto que, segundo ele, as ideias seriam imanentes às coisas, como essências conformadoras da matéria, pelo que somente por abstração a matéria existiria desprovida de forma. Dentro de sua perspectiva realista, os objetos somente poderiam ser conhecidos por meio da unidade estabelecida entre a forma e a matéria.

Para ele, a justiça é inseparável da pólis e, portanto, da vida em comunidade. Sendo o homem um animal político, defluiria sua necessidade natural de convivência e de promoção do bem comum. A pólis grega figura, pois, como uma necessidade humana, cuidando da existência humana, assim como o organismo precisa cuidar de suas partes vitais. Na visão aristotélica, essas premissas fundamentam a necessidade de regulação da vida social pela lei, respeitando os critérios da justiça. Apresenta-se a justiça como uma virtude, adquirida pelo hábito, com a reiteração de ações em um determinado sentido. Trata-se da busca pelo justo meio, contraposto ao vício da injustiça, por excesso ou por defeito.

A classificação aristotélica segue o princípio lógico de estabelecer as características ou propriedades do geral, para depois analisar os casos particulares. Distingue, inicialmente, dois tipos de justo político: o justo natural e o justo legal. O justo natural expressa uma justiça objetiva imutável e que não sofre a interferência humana. Já o justo legal é a lei positiva que tem sua origem na vontade do legislador e que sofre a variação espaço-temporal. Existem, ainda, a justiça geral e a justiça particular. Por um lado, a justiça geral figura como a virtude da observância da lei, o respeito à legislação ou às normas convencionais instituídas pela pólis. Tem como objetivo o bem comum, a felicidade individual e coletiva. A justiça geral corresponde ao que se entende por justiça legal. Por outro lado, a justiça particular tem por objetivo realizar a igualdade entre o sujeito que age e o sujeito que sofre a ação. Refere-se ao outro singularmente, no tratamento entre as partes.

Por seu turno, a justiça particular divide-se em justiça distributiva e justiça corretiva. A justiça distributiva consiste na distribuição ou repartição de bens, cargos, deveres, responsabilidades e honrarias, segundo os méritos de cada um, configurando uma igualdade geométrica ou proporcional. Por sua vez, a justiça corretiva visa ao restabelecimento do equilíbrio rompido entre os indivíduos, que podem ocorrer de modo voluntário, a exemplo dos acordos e contratos, ou de modo involuntário, como nos delitos em geral. Busca-se uma igualdade aritmética. Nessa forma de justiça, surge a necessidade de intervenção de uma terceira pessoa, que deve decidir sobre as relações mútuas e o eventual descumprimento de acordos ou de cláusulas contratuais. O juiz, segundo Aristóteles, passa a personificar a noção do justo.

Ademais, Aristóteles divide a justiça corretiva em duas categorias: a justiça comutativa, que significa a reciprocidade das trocas dentro da malha social, como os contratos, adquirindo natureza essencialmente preventiva, já que a justiça prévia iguala as prestações recíprocas; e a justiça reparativa, que implica o retorno ao *status quo ante*, buscando reprimir a injustiça, reparar os danos e aplicar punições.

Acrescente-se ainda a importante função desempenhada pela equidade no estudo da filosofia de Aristóteles. Na visão aristotélica, cabe à equidade adequar a lei ao caso particular e concreto. Para ele, a justiça e a equidade são a mesma coisa, embora a equidade seja a melhor resposta para uma situação específica. O que cria o problema é o fato de o equitativo ser justo, não o justo segundo a lei, mas um corretivo da justiça legal. A razão é que toda lei é de ordem geral, mas não é possível fazer uma afirmação universal que seja correta a certos aspectos particulares.

No período pós-socrático, a filosofia grega passa a ser dominada pela preocupação humanística centralizada no problema da moral. As magnas questões metafísicas são agora ultrapassadas pela preocupação com a felicidade do homem. Despontam, assim, as correntes do epicurismo e do estoicismo.

Para o epicurismo, o critério único da verdade do conhecimento radicaria na sensação ou na percepção imediata evidente. Nesse sentido, o critério supremo da ética seria a evidência do prazer e o da moralidade, o sentimento. Assim, a moral tem por objeto a felicidade humana, a qual não se confunde com o gozo grosseiro dos sentidos. O prazer epicurista é a ausência de dor. No contexto da moral epicurista, a virtude não é um fim, mas o meio de atingi-lo, pois o fim é o prazer tranquilo.

A justiça, enquanto virtude, participa desse mesmo caráter. Assim, ela é o instrumento, e não a medida do que deve caber a cada um; é o meio de evitar a dor, jamais prejudicando quem quer que seja. A justiça consiste em conservar-se longe da possibilidade de causar dano a outrem ou fazer sofrer. O meio técnico de tornar efetiva essa moral do prazer tranquilo consiste no direito justo, cujo escopo é prescrever as ações que propiciem a felicidade ao maior número de pessoas, e vedar, em contrapartida, as ações prejudiciais.

Por sua vez, segundo o estoicismo, o único bem do homem é a virtude, concebida como fim e não como meio, sendo o vício o único mal. Ambos são absolutos, isto é, não admitem graduações intermediárias. A posse de uma virtude implica a de todos e constitui a sabedoria; e a prática de um vício torna seu autor réu de todos. O homem deve dominar as paixões, sobrepondo a elas a razão e, assim, alcançar a impassibilidade absoluta, a apatia. A concepção jusnaturalista que se construiu na doutrina estoica retoma a noção de *logos*. A razão universal que rege todas as coisas está presente em cada homem, sem distinções; enquanto parte da natureza cósmica, o homem é racional, de onde se infere a existência de um direito natural universalmente válido e baseado na razão, o qual não se confunde com o direito posto pelo Estado.

Desse modo, o fundamento da ética e de todo o conceito de justiça reside na ordenação cósmico-natural. A ética estoica caminha no sentido de postular a independência do homem com relação a tudo que o cerca (*ataraxia*), mas ao mesmo tempo, no sentido de afirmar seu profundo atrelamento com causas e regularidades universais. Daí advém o direito natural, fundado na reta razão, que ordena a conduta humana. Observando-se a natureza das coisas, o ser humano haverá de atingir um grau de afinidade e harmonia com as leis divinas que regem o todo.

Como bem observa Miguel Reale (1994, p. 627), do ponto de vista da filosofia do direito, o pensamento pós-socrático acaba por fundamentar uma concepção mais cosmopolita do homem, adaptada à nova realidade do Estado-Império, cristalizando a ideia do direito natural que irá impregnar a Roma antiga. A jurisprudência romana se desenvolve, então, sob a égide da doutrina do direito natural, na esteira das concepções herdadas do pensamento clássico. Em Roma, as ideias mais ou menos difusas na moral estoica, de que os postulados da razão teriam força e alcance universais, encontraram ambiência favorável a sua aplicação prática. O direito natural passa a ser, então, concebido como a própria natureza baseada na razão, traduzida em princípios de valor universal.

Decerto, os grandes jurisconsultos romanos, especialmente Cícero, eram orientados pelo estoicismo, pelo que o humanismo estoico passou a conceber o dever e a determinar a escolha da atitude racionalmente mais aceitável para a edificação de uma ordem justa. Para Cícero, existiria uma verdadeira lei: a reta razão conforme a natureza, difusa em todos e sempre eterna. Nessa definição, o jurisconsulto identifica a razão com a lei natural, centralizando as tendências estoicas à fundamentação racional de uma visão cosmopolita do direito e da justiça, inaugurando um direito natural racionalista, oposto à fundamentação metafísica da antiga tradição pré-socrática. Essa lei, consubstanciada na razão, fundamentava não só o *jus naturale*, como também o *jus civile* e o *jus gentium*, não havendo, portanto, oposição entre as três expressões do direito, pois cada uma delas corresponderia a determinações graduais do mesmo princípio da *reta ratio*.

Sendo assim, no mundo romano, o direito se desenvolve em consonância com o pensamento estoico, conferindo ênfase à natureza, que devia ser obedecida necessariamente. O que os romanos, notadamente com Cícero, nos dão de novo é a ideia de *ratio naturalis*, isto é, a conexão íntima entre a natureza e a razão.

3. JUSNATURALISMO TEOLÓGICO

O jusnaturalismo teológico se consolida enquanto doutrina jusfilosófica na Idade Média, sob a decisiva influência do cristianismo. A doutrina cristã veio introduzir novas dimensões ao problema da justiça.

Segundo Paulo Nader (2000, p. 117), tratando-se de uma concepção religiosa de justiça, deve-se dizer que a justiça humana é identificada como uma justiça transitória e sujeita ao poder temporal. Para o cristianismo, não é nela que reside necessariamente a verdade, mas na lei de Deus, que age de modo absoluto, eterno e imutável.

Com o advento do cristianismo, ocorreu uma verdadeira revolução da subjetividade, prevalecendo a atitude ou a disposição de ser justo sobre a aspiração de ter uma ideia precisa de justiça. Continua esta, porém, a ser vista em um quadro superior de ideias, já agora subordinado a uma visão teológica, a partir do princípio de um Deus criador, do qual emana a harmonia do universo.

Na Idade Média, o jusnaturalismo apresentava um conteúdo teológico, pois os fundamentos do direito natural eram a inteligência e a vontade divina, pela vigência do credo religioso e o predomínio da fé. Os princípios imutáveis e universais do direito natural podiam ser sintetizados na fórmula segundo a qual o bem deve ser feito, daí advindo os deveres dos homens para consigo mesmos, para com os outros homens e para com Deus. As demais normas, construídas pelos legisladores, seriam aplicações desses princípios às contingências da vida, *v.g.*, do princípio jusnatural de que o homem não deve lesar o próximo, decorreria a norma positivada que veda os atos ilícitos. Segundo o jusnaturalismo teológico, o fundamento dos direitos naturais seria a vontade de Deus: o direito positivo deveria estar em consonância com as exigências perenes e imutáveis da divindade.

Podem ser identificados dois grandes movimentos partidários do jusnaturalismo teológico: a patrística e a escolástica.

A patrística é o nome que se utiliza para designar o pensamento filosófico desenvolvido pelos Padres da Igreja Católica ou Santos Padres entre os séculos II e VI. Por meio de suas especulações filosóficas, procuraram explicar os dogmas da religião católica. Percebe-se, na patrística, que a filosofia apresenta-se como alicerce da teologia. Entre os Santos Padres, destacam-se Tertuliano, Latâncio, Santo Ambrósio, São João Crisóstomo e, principalmente, Santo Agostinho.

Santo Agostinho, indubitavelmente, é o maior expoente da patrística e um dos mais célebres pensadores de todas as épocas. As contribuições e formulações filosóficas agostinianas são vastas e relevantes. Inicialmente, trata de dois conceitos de Estado: o conceito helênico pagão que corresponde à *civitas* terrena, e o conceito cristão que corresponde à *civitas caelestis*. A primeira povoada por homens vivendo no mundo (Estado Pagão), a segunda composta por almas libertas do pecado e próximas de Deus. O homem deve procurar o estabelecimento da cidade celeste (submissão do Estado à Igreja).

A respeito da doutrina geral da lei, difere a *lex aeterna* da *lex naturalis*. Deus é o autor da lei eterna, enquanto a lei natural é a manifestação daquela no coração do homem. Portanto, a lei natural é a lei eterna transcrita na alma do homem, em razão de seu coração, também chamada lei íntima. A lei humana deve derivar da lei natural, do contrário não será autêntica. Preceito humano injusto não é a lei. O legislador deve procurar não só restringir tudo o que perturbe a ordem das coisas como também ordenar o que favoreça essa ordem. A lei humana tem por fim o governo dos homens, manter a paz entre eles, enquanto a lei eterna e a natural referem-se ao campo da moralidade. No que se refere à justiça, Santo Agostinho compartilha da definição de Cícero, segundo a qual a justiça é a tendência da alma de dar a cada um o que é seu.

Por sua vez, a escolástica tem seu início marcado pela anexação de Grécia e Roma por Carlos Magno ao Império Franco. Nessa época, a característica denunciante da genialidade dos homens transparecia pelo equilíbrio entre a razão e a fé, o qual fora alcançado por Santo Tomás de Aquino ao demonstrar que fé e razão são diferentes caminhos que levam ao verdadeiro conhecimento. Por seus grandes trabalhos intelectuais, o Doutor Angélico foi considerado o maior pensador da doutrina escolástica.

Na *Suma Teológica*, ao tratar da justiça, Tomás de Aquino afirma que ela pode ser vista como uma virtude geral, uma vez que, tendo por objeto o bem comum, ordena a este os atos das outras virtudes. Como cabe à lei ordenar ao bem comum, tal justiça é chamada justiça legal. Por meio dela, o homem harmoniza-se com a lei que ordena os atos de todas as virtudes para o bem comum. Assim a justiça legal é, na verdade, uma virtude particular cujo objeto próprio é o bem comum. Todavia, comanda todas as outras virtudes, sendo denominada também justiça geral.

Santo Tomás de Aquino admite uma diversidade de leis: a lei divina revelada ao homem, a lei humana, a lei eterna e a lei natural; contudo, não as considera como compartimentos estanques. A lei eterna é a razão oriunda do divino que coordena todo o universo, incluindo o homem. A natural, o reflexo da lei divina existente no homem. Afirma ele a necessidade da complementação desta pelas leis divina e humana, a fim de se conseguir a certeza jurídica e a paz social, bem como facilitar a interpretação dos juízes. Para Santo Tomás de Aquino, por ser a lei natural proveniente da eterna disposição divina, ela é soberana, participando, assim, do absoluto poder divino, não cabendo ao homem modificá-la, anulá-la nem desconhecê-la.

Na visão tomista, divide-se ainda o direito natural em duas categorias. A primeira seria o direito natural estritamente dito, relacionado às exigências da natureza dos animais. A outra categoria pertenceria o direito das gentes, formado pelas normas de ação derivadas dos princípios da lei natural, conhecidos por todos os homens. Para ele, a ordem jurídica não deve restringir-se apenas a um conjunto de normas, visto que está fundado na virtude da justiça. Idealizava que um governo justo seria aquele no qual o soberano almeja o bem da comunidade.

4. JUSNATURALISMO RACIONALISTA

Quando o homem do renascimento produziu uma inversão antropocêntrica na compreensão do mundo, vendo-o a partir de si mesmo, e não mais a partir de Deus, o tratamento do problema da justiça sofreu uma marcante inflexão. A concepção do jusnaturalismo teológico foi, gradativamente, substituída, a partir do século XVII, em face do processo de secularização da vida social, por uma doutrina jusnaturalista subjetiva e racional, buscando seus fundamentos na identidade de uma razão humana universal.

O jusnaturalismo racionalista consolida-se, então, no século XVIII, como o advento da ilustração, despontando a razão humana como um código de ética universal e pressupondo um ser humano único em todo o tempo e em todo o espaço. Os iluministas acreditavam, assim, que a racionalidade humana, diferentemente da providência divina, poderia ordenar a natureza e a vida social. Esse movimento jusnaturalista, de base antropocêntrica, utilizou a ideia de uma razão humana universal para afirmar direitos naturais ou inatos, titularizados por todo e qualquer indivíduo, cuja observância obrigatória poderia ser imposta até mesmo ao Estado, sob pena de o direito positivo corporificar a injustiça.

Do ponto de vista histórico, o jusnaturalismo racionalista serviu de alavanca teórica para as revoluções liberal-burguesas que caracterizaram a modernidade jurídica (Revolução Inglesa, Independência norte-americana, Revolução Francesa), orientando o questionamento aos valores positivados na ordem jurídica do antigo regime. Nessa época, os direitos de liberdade, igualdade e fraternidade passam a ser difundidos e contrapostos ao poder absoluto da monarquia.

Refere Maria Helena Diniz (2005, p. 38-43) que, no âmbito da presente concepção jusnaturalista, a natureza do ser humano foi concebida de diversas formas: genuinamente social; originariamente individualista; ou decorrente de uma racionalidade prática e inata. Na visão de pensadores como Grotius, Pufendorf e Locke, a natureza humana seria genuinamente social. Sob a perspectiva de pensadores como Hobbes e Rousseau, a natureza humana é vislumbrada como originariamente associal ou individualista.

No jusnaturalismo dos séculos XVII e XVIII, desponta a obra de Grotius, considerado o pai do direito internacional, ao formular a distinção entre *jus naturale* e *jus voluntarium*. O direito natural seria o ditame da justa razão destinado a moralidades dos atos, segundo a natureza racional do homem. O direito voluntário seria posto pela família (direito familiar), pelo Estado (direito civil ou positivo) e pela comunidade internacional, para regular as relações entre povos e Estados (direito internacional ou *jus inter gentes*). Para Grotius, o direito natural figuraria como o ditame da razão, indicando a necessidade ou repugnância moral, inerente a um ato, por causa de sua conveniência ou inconveniência à natureza racional e social do homem. Libertando a ciência de fundamentos teológicos, intuiu que o senso social, peculiar à inteligência humana, é fonte do direito positivo e preside a criação do estado civil. Os preceitos do justo e do injusto continuariam válidos, porque racionais, mesmo diante da suposta inexistência de Deus.

Para Pufendorf, a *lex naturalis* não seria a voz interior da natureza humana, como pretendia Grotius, mas resultava de forças exteriores, ligando os homens em sociedade. As prescrições do direito natural pressupunham a natureza decaída do homem, por isso, todo o direito teria uma função imperativa, estabelecendo proibições em prol da dignidade da pessoa humana. Da *imbecillitas* – o desamparo da solidão – decorreria a *socialitas* – a necessidade natural de o homem viver em sociedade.

Por sua vez, Locke afirma que a lei natural é mais inteligível e clara do que o direito positivo. Só o pacto social sanaria as deficiências do estado de natureza, instaurando o governo do estado civil ou político, com três poderes (executivo, legislativo e federativo). Caberia ao Estado liberal-democrático garantir os direitos naturais, mormente o direito intangível e irrestrito à posse e ao uso de bens adquiridos pelo trabalho. Nota peculiar é a ideia de que o pacto social é condicional ou rescindível, conforme a decisão dos contraentes.

Na visão de Hobbes, no estado de natureza, o direito poderia tudo fazer e ter, não havendo distinção entre o bem e o mal, o meu e o seu, o justo e o injusto. Para ele, as leis naturais são normas morais que incutem no ser humano o desejo de assegurar sua autoconservação e defesa por uma ordem político-social, garantida por um poder coercitivo absoluto – o Estado-Leviatã. Para Hobbes, cujo realismo o leva a ver o homem como lobo de outro homem, a convenção somente pode ter por fim a preservação da ordem e da paz graças ao fortalecimento sobrepessoal do poder estatal. Por tais motivos, a justiça é concebida como constante fidelidade ao Estado-Leviatã, cujo poder desmesurado resultou da abdicação voluntária de parcelas da liberdade individual.

Segundo Rousseau, o contrato social espelharia uma ordem justa, correspondente ao estado de natureza e submetida à vontade geral, que jamais falha e está sempre retamente constituída. Para Rousseau, otimista quanto à bondade natural dos homens, o contrato social figura como a base de uma comunidade democrática, buscando assegurar o livre exercício de direitos iguais a quantos decidam viver em sociedade. Nesse sentido, a vontade geral é uma vontade de pactuar e de formar uma sociedade que saiba preservar direitos, como a liberdade e a igualdade, inatos ao homem, anteriores ao pacto, imanentes, inalienáveis e insuprimíveis.

É, entretanto, com a obra de Kant que a proposta de racionalização do jusnaturalismo atinge maior grau de profundidade e sofisticação intelectual. O criticismo transcendental de Emmanuel Kant procura conciliar o empirismo e o idealismo, redundando em um racionalismo que reorienta os rumos da filosofia moderna e contemporânea. Para ele, o conhecimento só é possível a partir da interação entre a experiência e as condições formais da razão. Promove uma verdadeira revolução copernicana na teoria do conhecimento, ao valorizar a figura do sujeito cognoscente, o que nos ajuda a compreender sua discussão ética.

Kant preocupa-se em fundamentar a prática moral não na pura experiência, mas em uma lei inerente à racionalidade universal humana, o chamado imperativo categórico – age só, segundo uma máxima tal, que possas querer, ao mesmo tempo, que se torne uma máxima universal. Aqui, a razão prática é legisladora de si, definindo os limites da ação e da conduta humana. O imperativo categórico é único, absoluto e não deriva da experiência. A ética é, portanto, o compromisso de seguir o próprio preceito ético fundamental e pelo fato de segui-lo em si e por si. O homem que age moralmente deverá fazê-lo, não por visar à realização de qualquer outro algo, mas pelo simples fato de colocar-se de acordo com a máxima do imperativo categórico. O agir livre é o agir moral. O agir moral é o agir de acordo com o dever. O agir de acordo com o dever é fazer de sua lei subjetiva um princípio de legislação universal, a ser inscrita em toda a natureza.

A obediência do homem ao imperativo categórico, por sua vontade livre e autônoma, constitui a essência da moral e do direito natural. As normas jurídicas, para tal concepção, serão de direito natural, se sua obrigatoriedade for cognoscível pela razão, independentemente de lei externa, e serão de direito positivo, se sua obrigatoriedade resultar de lei externa. Mas, nessa hipótese, deve-se pressupor uma lei natural que justifique a autoridade do legislador. Trata-se da lei de liberdade, ideal da razão e da ética, que autoriza ao legislador coagir quem impede ou prejudica a liberdade.

Kant, portanto, pode ser considerado um jusnaturalista, por admitir leis jurídicas anteriores ao direito positivo e atreladas à ideia de liberdade. São leis naturais que obrigam *a priori*, antes de qualquer imposição de autoridade humana, fundadas que estão na metafísica dos costumes e na racionalidade prática. O direito natural kantiano aparece, pois, como uma filosofia social da liberdade.

Desse modo, revela-se a preocupação kantiana de superar o plano empírico no qual se defrontavam tais contrastes, a fim de atingir uma regra de justiça de validade universal. Algo de novo surgia, com Kant, na dramaturgia da justiça, sendo alçado ao plano transcendental, no qual a justiça impõe-se como um imperativo da razão, segundo duas regras que se complementam: age de modo a tratar a humanidade, na sua como na pessoa de outrem, sempre como fim, jamais como simples meio, bem como age segundo uma máxima que possa valer ao mesmo tempo como lei de sentido universal. Somente assim, a seu ver, poderá haver um acordo universal de liberdade, base de uma comunidade universal. Não cuida Kant de definir a justiça, ao contrário do que faz com o direito, preferindo inseri-la no sistema de sua visão transcendental da vida ética, o que vem, mais uma vez, confirmar a tese de que a justiça somente pode ser compreendida em uma visão abrangente de valor universal.

Dessa forma, com o jusnaturalismo racionalista moderno, o conhecimento jurídico passa a ser um construído sistemático da razão, conforme o rigor lógico da dedução, e um instrumento de crítica da realidade, ao permitir a avaliação crítica do direito posto em nome de padrões éticos contidos em princípios reconhecidos pela razão humana.

5. JUSNATURALISMO CONTEMPORÂNEO

O século XX é dominado pelo positivismo científico, ao priorizar um tratamento empírico dos fenômenos estudados, não havendo espaço para as especulações abstratas e metafísicas do direito natural. Se a ciência positivista é convertida na única via válida para a obtenção da verdade, o debate acerca do sentido de um direito justo se torna acessório e irrelevante.

Além disso, foi ainda no século XIX que surgiram as ciências sociais como a sociologia, a antropologia e a etnologia, que passaram a apontar a diversidade cultural das sociedades humanas. Diante disso, essas ciências sociais passaram a evidenciar que a concepção de justiça seria variável no tempo e no espaço, ao contrário do conceito eterno e perene da justiça difundido pelos jusnaturalistas.

Refere Paulo Dourado de Gusmão (1985, p. 30) que, se o jusnaturalismo sofreu um refluxo no século XIX, seu retorno ocorreu durante o século XX, sob o influxo das contribuições do historicismo e do sociologismo jurídico, antigos antagonistas do próprio jusnaturalismo. Acrescente-se a esse impulso a renovação do debate sobre a justiça, após a

Segunda Guerra Mundial, com destaque para as obras de Rudolf Stammler e Giorgio Del Vecchio.

Por um lado, Rudolf Stammler propõe um jusnaturalismo de conteúdo variável, rejeitando o direito natural material baseado na natureza humana. Enaltece, em verdade, o método formal para sistematizar uma dada matéria social, em cada momento histórico, no sentido de um direito justo. O direito natural não é um sistema de preceitos absolutos, mas um critério diretor ou formal de valoração, que permite plasmar as figuras jurídicas, de acordo com as condições espaço-temporais. Há uma só ideia regulativa de justiça – respeito mútuo e participação (noção formal de comunidade pura) – e inúmeros direitos justos, conforme as circunstâncias sociais, culturais e históricas. O direito positivo é a tentativa do direito justo.

Por outro lado, Giorgio Del Vecchio confere ao jusnaturalismo uma nova base idealista depurada, procurando tornar compatíveis os vários materiais histórico-condicionados com a pureza formal do ideal do justo, permanente e imutável. Partindo de uma concepção teleológica de natureza humana, afirma que o direito natural representa o reconhecimento das propriedades e exigências essenciais da pessoa humana, devendo o direito positivo adequar-se a esse princípio ético universal.

Nesse sentido, o jusnaturalismo contemporâneo incorpora as críticas feitas a ele no século XIX, ao reconhecer a relatividade do conceito de justiça e sustentar que cada cultura valora a justiça de uma determinada forma. Sendo assim, repele-se a ideia de uma justiça perene e imutável, apresentando, em contrapartida, uma visão relativista quanto às possibilidades de configuração de um direito justo. Trata-se da constatação de que, em qualquer sociedade humana, haverá uma forma de vivenciar o direito justo, visto que a justiça se revela um anseio fundamental da espécie humana. O conteúdo do que seja o direito justo variará, contudo, no tempo e no espaço, ao sabor das exigências valorativas de cada cultura humana.

6. CRÍTICAS AO JUSNATURALISMO

Do ponto de vista jurisfilosófico, a doutrina jusnaturalista desempenhou a função relevante de sinalizar a necessidade de um tratamento axiológico para o direito. Isso porque o jusnaturalismo permite uma tematização dos valores jurídicos, abrindo espaço para a discussão sobre a justiça e sobre os critérios de edificação de um direito justo.

Em face da necessidade de delimitar o que seja o direito justo, a doutrina jusnaturalista não oferece, entretanto, uma proposta satisfatória de compreensão dos liames mantidos entre direito, legitimidade e justiça.

Nesse sentido, salienta Auto de Castro (1954, p. 28) que, ao encerrar o jusnaturalismo todos os postulados metafísicos, resta demonstrado que a epistemologia jurídica, em consonância com os resultados da teoria do conhecimento, não reconhece os títulos de legitimidade da doutrina do direito natural, ante a sua abstração e sua imprecisão na tentativa de fundamentar e legitimar um direito justo.

Inicialmente, o jusnaturalismo confunde os planos do ser e do dever--ser. Isso porque, para a grande maioria dos jusnaturalistas, o direito injusto seria descaracterizado como fenômeno jurídico. Para que um fenômeno ético merecesse a nomenclatura direito, deveria estar em consonância com a justiça, sob pena de configurar a imposição do arbítrio ou da força por um poder constituído.

Ademais, os jusnaturalistas não visualizam a bipolaridade axiológica: todo valor é correlato a um desvalor. Os valores humanos estão estruturados em binômios, tais como: justo *vs* injusto, útil *vs* inútil, sagrado *vs* profano ou belo *vs* feio. Isso, portanto, não autoriza a assertiva de que o direito injusto não é direito, pois os juízos de fato e de valor se situam em planos distintos de apreensão cognitiva.

É o que constata Norberto Bobbio (2003, p. 55), ao afirmar que, quando colocamos o problema do que é o direito em uma dada situação histórica, questionamo-nos sobre o que é de fato direito, e não sobre o que queríamos que ele fosse ou o que deveria ser. Mas, se nos perguntarmos o que de fato é o direito, não poderemos deixar de responder, ao menos, que, na realidade, vale como direito também o direito injusto e que não existe nenhum ordenamento perfeitamente justo. Logo, a redução da validade à justiça leva apenas a uma só e grave consequência: a destruição de um dos valores fundamentais sobre o qual se apoia o direito positivo (entendido como direito válido), o valor da certeza.

Por outro lado, a compreensão da justiça como uma estimativa a--histórica, atemporal e aespacial, em que pese a crítica do jusnaturalismo contemporâneo, merece sérias objeções. O justo não pode ser concebido como um valor ideal e absoluto, envolto em nuvens metafísicas, visto que a axiologia jurídica contemporânea já demonstrou como o direito é um objeto cultural e como a justiça figura como um valor histórico-social, enraizado no valor da cultura humana. O conceito de justiça é, pois, sempre relativo, condicionado ao tempo e ao espaço.

Por derradeiro, o jusnaturalismo acaba por identificar os atributos normativos da validade e da legitimidade, ao afirmar que a norma jurídica vale se for justa, o que compromete as exigências de ordem e de segurança jurídica, que se traduzem no respeito à legalidade dos Estados Democráticos de Direito.

SINOPSE

O jusnaturalismo afigura-se como uma corrente jurisfilosófica de fundamentação do direito justo que remonta às representações primitivas da ordem legal de origem divina, passando pelos sofistas, estoicos, padres da igreja, escolásticos, racionalistas dos séculos XVII e XVIII, até a filosofia do direito natural do século XX.

Embora se oriente pela busca de uma justiça eterna e imutável, a doutrina do direito natural ofereceu, paradoxalmente, diversos fundamentos para a compreensão de um direito justo ao longo da história do ocidente. Diante disso, o jusnaturalismo pode ser agrupado nas seguintes categorias: a) o jusnaturalismo cosmológico, vigente na Antiguidade clássica; b) o jusnaturalismo teológico, surgido na Idade Média, tendo como fundamento jurídico a ideia da divindade como um ser onipotente, onisciente e onipresente; c) o jusnaturalismo racionalista, surgido no seio das revoluções liberal-burguesas dos séculos XVII e XVIII, tendo como fundamento a razão humana universal; d) o jusnaturalismo contemporâneo, gestado no século XX, que enraíza a justiça no plano histórico e social, atentando para as diversas acepções culturais acerca do direito justo.

O jusnaturalismo cosmológico foi a doutrina do direito natural que caracterizou a Antiguidade greco-latina. Funda-se na ideia de que os direitos naturais corresponderiam à dinâmica do próprio universo, refletindo as leis eternas e imutáveis que regem o funcionamento do cosmos.

O jusnaturalismo teológico se consolida enquanto doutrina jusfilosófica na Idade Média, sob a decisiva influência do cristianismo, porquanto a doutrina cristã veio introduzir novas dimensões ao problema da justiça. Os fundamentos do direito natural eram a inteligência e a vontade divina, pela vigência do credo religioso e o predomínio da fé.

A concepção do jusnaturalismo teológico foi, gradativamente, substituída, a partir do século XVII, em face do processo de secularização da vida social, por uma doutrina jusnaturalista subjetiva e racional, buscando seus fundamentos na identidade de uma razão humana universal.

O jusnaturalismo racionalista consolida-se, então, no século XVIII, com o advento da ilustração, despontando a razão humana como um código de ética universal e pressupondo um ser humano único em todo o tempo e em todo o espaço. Os iluministas acreditavam, assim, que a racionalidade humana, diferentemente da providência divina, poderia ordenar a natureza e a vida social.

Esse movimento jusnaturalista, de base antropocêntrica, utilizou a ideia de uma razão humana universal para afirmar direitos naturais ou inatos, titularizados por todo e qualquer indivíduo, cuja observância obrigatória poderia ser imposta até mesmo ao Estado, sob pena de o direito positivo corporificar a injustiça.

Do ponto de vista histórico, o jusnaturalismo racionalista serviu de alavanca teórica para as revoluções liberal-burguesas que caracterizaram a modernidade jurídica (Revolução Inglesa, Independência norte-americana, Revolução Francesa), orientando o questionamento aos valores positivados na ordem jurídica do antigo regime. Nessa época, os direitos de liberdade, igualdade e fraternidade passam a ser difundidos e contrapostos ao poder absoluto da monarquia.

Com o jusnaturalismo racionalista moderno, o conhecimento jurídico passa a ser um construído sistemático da razão, conforme o rigor lógico da dedução, e um instrumento de crítica da realidade, ao permitir a avaliação crítica do direito posto em nome de padrões éticos contidos em princípios reconhecidos pela razão humana.

O jusnaturalismo contemporâneo incorpora as críticas feitas a ele no século XIX, ao reconhecer a relatividade do conceito de justiça e sustentar que cada cultura valora a justiça de uma determinada forma. Sendo assim, repele-se a ideia de uma justiça perene e imutável, apresentando, em contrapartida, uma visão relativista quanto às possibilidades de configuração de um direito justo.

Do ponto de vista jurisfilosófico, a doutrina jusnaturalista desempenhou a função relevante de sinalizar a necessidade de um tratamento axiológico para o direito, ao permitir uma tematização dos valores jurídicos, abrindo espaço para a discussão sobre a justiça e sobre os critérios de edificação de um direito justo.

Em face da necessidade de delimitar o que seja o direito justo, a doutrina jusnaturalista não oferece, entretanto, uma proposta satisfatória de compreensão dos liames mantidos entre direito, legitimidade e justiça.

O jusnaturalismo confunde os planos do ser e do dever-ser. Isso porque, para a grande maioria dos jusnaturalistas, o direito injusto seria descaracterizado como fenômeno jurídico. Para que um fenômeno ético merecesse a nomenclatura direito, deveria estar em consonância com a justiça, sob pena de configurar a imposição do arbítrio ou da força por um poder constituído.

Ademais, os jusnaturalistas não visualizam a bipolaridade axiológica: todo valor é correlato a um desvalor. Os valores humanos estão estruturados em binômios, tais como: justo *vs* injusto, útil *vs* inútil, sagrado *vs* profano ou belo *vs* feio. Isso, portanto, não autoriza a assertiva de que o direito injusto não é direito, pois os juízos de fato e de valor se situam em planos distintos de apreensão cognitiva.

O justo não pode ser concebido como um valor ideal e absoluto, envolto em nuvens metafísicas, visto que a axiologia jurídica contemporânea já demonstrou como o direito é um objeto cultural e como a justiça figura como um valor histórico-social, enraizado no valor da cultura humana. O conceito de justiça é, pois, sempre relativo, condicionado ao tempo e ao espaço.

O jusnaturalismo acaba por identificar os atributos normativos da validade e da legitimidade, ao afirmar que a norma jurídica vale se for justa, o que compromete as exigências de ordem e de segurança jurídica, que se traduzem no respeito à legalidade dos Estados Democráticos de Direito.

# TEORIA DO PENSAMENTO JURÍDICO: JUSPOSITIVISMO

1. POSITIVISMO JURÍDICO: CONCEITO E CARACTERES

O termo positivismo jurídico não deriva do positivismo filosófico, embora no século XIX tenha havido uma associação. Tanto é verdade que o primeiro surge na Alemanha e o segundo na França. A expressão positivismo jurídico deriva da locução direito positivo contraposta à expressão direito natural.

A concepção do positivismo jurídico nasce quando o direito positivo passa a ser considerado direito no sentido próprio. Ocorre a redução de todo o direito ao direito positivo, e o direito natural é excluído da categoria de juridicidade. O acréscimo do adjetivo positivo passa a ser um pleonasmo. O positivismo jurídico é aquela doutrina segundo a qual não existe outro direito senão o positivo.

A passagem da concepção jusnaturalista à positivista está ligada à formação do Estado moderno que surge com a dissolução da sociedade medieval. Ocorre, assim, o processo de monopolização da produção jurídica pelo Estado, rompendo com o pluralismo jurídico medieval (criação do direito pelos diversos agrupamentos sociais), em favor de um monismo jurídico, em que o ente estatal prescreve o direito, seja pela lei, seja indiretamente pelo reconhecimento e o controle das normas de formação consuetudinária.

Antes, o julgador podia obter a norma tanto de regras preexistentes na sociedade quanto de princípios equitativos e de razão. Com a formação do Estado moderno, o juiz, de livre órgão da sociedade, torna-se órgão do Estado, titular de um dos poderes estatais, o judiciário, subordinado ao legislativo. O direito positivo – direito posto e aprovado pelo Estado – é, pois, considerado como o único e verdadeiro direito.

2. O POSITIVISMO LEGALISTA

Segundo leciona Norberto Bobbio (1999, p. 131), o positivismo legalista apresenta-se sob três aspectos: a) como um certo modo de abordagem do direito; b) como uma certa teoria do direito; c) como uma certa ideologia do direito.

O primeiro problema diz respeito ao modo de abordar o direito. Para o positivismo jurídico, o direito é um fato e não um valor. O jurista deve estudar o direito, do mesmo modo que o cientista estuda a realidade natural, vale dizer, abstendo-se de formular juízos de valor. Desse comportamento deriva uma teoria formalista da validade do direito. Com efeito, a validade do direito funda-se em critérios que concernem unicamente a sua estrutura formal, prescindindo de seu conteúdo ético. Nesse sentido, o debate sobre a justiça sofre um profundo esvaziamento ético, visto que a formalização do atributo da validez normativa afasta o exame da legitimidade da ordem jurídica.

No segundo aspecto, encontramos algumas teorizações do fenômeno jurídico. O positivismo jurídico, enquanto teoria, está baseado em seis concepções fundamentais: a) teoria coativa do direito, em que o direito é definido em função do elemento da coação, pelo que as normas valem por meio da força; b) teoria legislativa do direito, em que a lei figura como a fonte primacial do direito; c) teoria imperativa do direito, em que a norma é considerada um comando ou imperativo; d) teoria da coerência do ordenamento jurídico, que considera o conjunto das normas jurídicas, excluindo a possibilidade de coexistência simultânea de duas normas antinômicas; e) teoria da completitude do ordenamento jurídico, que resulta na afirmação de que o juiz pode sempre extrair das normas explícitas ou implícitas uma regra para resolver qualquer caso concreto, excluindo a existência de lacunas no direito; f) teoria da interpretação mecanicista do direito, que diz respeito ao método da ciência jurídica, pela qual a atividade do jurista faz prevalecer o elemento declarativo sobre o produtivo ou criativo do direito.

No terceiro aspecto, trata-se de uma ideologia do direito que impõe a obediência à lei, nos moldes de um positivismo ético. O positivismo como ideologia apresentaria uma versão extremista e uma moderada. A versão extremista caracteriza-se por afirmar o dever absoluto de obediência à lei enquanto tal. Tal afirmação não se situa no plano teórico, mas no plano ideológico, pois não se insere na problemática cognoscitiva referente à definição do direito, mas em uma dimensão valorativa, relativa à determinação do dever das pessoas. Assim como o jusnaturalismo, o positivismo extremista identifica ambas as noções de validade e de justiça da lei. Enquanto o primeiro deduz a validade de uma lei de sua justiça, o segundo deduz a justiça de uma lei de sua validade. O direito justo se torna uma mera decorrência lógica do direito válido. Por outro lado, a versão moderada afirma que o direito tem um valor enquanto tal, que é independente de seu conteúdo, e não porque, como sustenta a versão extremista, seja sempre por si mesmo justo, pelo simples fato de ser válido, mas porque é o meio necessário para realizar um certo valor, o da ordem. Logo, a lei é a forma mais perfeita de manifestação da normatividade jurídica, visto que se afigura como a fonte do direito que melhor realiza a ordem.

Para o positivismo ético, o direito, portanto, tem sempre um valor, mas, enquanto para sua versão extremista trata-se de um valor final – a estimativa suprema de justiça –, para a moderada trata-se de um valor instrumental, ao priorizar a ordem como condição axiológica para a realização dos demais valores jurídicos.

Entre as diversas manifestações do positivismo legalista no ocidente, afora o Pandectismo Alemão e a Escola Analítica Inglesa, merece especial destaque a chamada Escola de Exegese, surgida na França, no início do século XIX, reunindo eminentes juristas (Proudhon, Blondeau, Bugnet, Laurent, Marcadè, Demolombe, Pothier, Duranton), os quais se ocupavam de comentar a codificação napoleônica, por meio de interpretações meramente literais da nova legislação.

Historicamente, a defesa da legalidade pela Escola de Exegese, no momento posterior à Revolução Francesa, representava uma reação clara ao antigo regime absolutista e semifeudal, marcando, assim, o triunfo do racionalismo iluminista, a valorização do liberalismo individualista-burguês e o apogeu do modo de produção capitalista.

Em apertada síntese, pode-se afirmar que a Escola de Exegese sustentou as seguintes teses: culto ao texto da lei (legalismo ou estrito); apologia da codificação das leis como racionalização perfeita da ordem jurídica e realização concreta dos ideais perenes do direito natural; identificação do direito positivo com o direito legal (a lei como fonte jurídica exclusiva); defesa do monismo jurídico (o direito como produto único do Estado-legislador); crença na perfeição racional do legislador; afirmação da completude (ausência de lacunas) e da coerência (ausência de antinomias) do sistema legal; modelo subjetivista da interpretação jurídica (ênfase na vontade do legislador como referencial hermenêutico); predominância do método gramatical para o desenvolvimento de uma interpretação meramente literal da lei; concepção mecanicista da atuação do magistrado (juiz neutro aos valores e escravo da lei); neutralização política do Poder Judiciário; e redução da aplicação do direito a um mero silogismo lógico-dedutivo.

Apesar do inegável avanço dogmático propiciado pela Escola de Exegese, mormente no campo do direito privado, com a formulação de conceitos, teorias e classificações de inegável utilidade prática, essa corrente positivista acabou valorizando demasiadamente a lei, desprezando as demais fontes estatais e não estatais do direito, além de reduzir o magistrado à condição de mero autômato, no momento tão crucial da interpretação e da aplicação da norma jurídica, quando se requer também o exame das dimensões de legitimidade e de efetividade do fenômeno jurídico.

3. HISTORICISMO JURÍDICO E SOCIOLOGISMO JURÍDICO: A OPOSIÇÃO AO POSITIVISMO LEGALISTA

Como movimentos de contestação ao positivismo legalista, podem ser mencionadas duas importantes escolas do pensamento jurídico: o historicismo e o sociologismo.

O historicismo jurídico surge ao final do século XIX como movimento de oposição ao positivismo legalista. Tem como antecedentes histórico-culturais a libertação aos Estados germânicos do jugo napoleônico e a exacerbação ao nacionalismo romântico na Alemanha. Embora o jusfilósofo Gustav Hugo já tivesse apontado a instrumentalidade do método histórico na ciência jurídica, o verdadeiro marco de fundação da Escola Histórica foi a polêmica doutrinária estabelecida entre dois grandes juristas da época: Thibaut e Savigny.

Por um lado, Thibaut era favorável à codificação para facilitar a integração alemã, nos moldes do que ocorrera na França, por ocasião do surgimento do Código Napoleônico. Por sua vez, Savigny era contrário ao legalismo produzido com base no modelo codicista francês, propugnando, ao revés, a formação histórica do direito como decorrência da evolução espontânea dos costumes, produto do chamado espírito do povo (*Volksgeist*). Foi assim que Savigny inaugurou e consolidou a Escola Histórica do Direito, também conhecida como historicismo jurídico.

Entre os diversos caracteres do historicismo jurídico, podem ser elencados os seguintes:

- negação da doutrina do direito natural, ao asseverar como único critério de justiça a consciência ético-jurídica de cada povo no plano histórico;
- afirmação do direito como produto histórico-social, em estrita relação com as condições culturais e as particularidades de cada povo;
- defesa de um romantismo jurídico, ao sustentar que o direito emana do espírito do povo, mediante obscuros processos inconscientes e intuitivos;
- crença em uma mítica concepção da alma do povo como entidade real e fundamento último do direito;
- defesa do pluralismo jurídico, ao negar que o direito não é fruto exclusivo do Estado, mas, em verdade, do conjunto de todas as forças da sociedade;
- reconhecimento do empirismo e do relativismo na teoria do conhecimento jurídico, visto que o direito se revela condicionado pelos fatos concretos de cada comunidade jurídica;
- ênfase ao valor dos costumes como fonte jurídica, na qualidade de expressão espontânea do espírito popular, como sucede com a formação da língua, relegando a lei a um papel meramente secundário;

- apego ao direito romano, com a valorização do "direito dos professores", recorrendo-se à doutrina dos juristas como algo semelhante ao legislador, para a ordenação normativa dos costumes sociais, pois os conceitos extraídos do direito romano deveriam organizar e refletir o conhecimento espontâneo do povo.

Fazendo um exame das teses preconizadas pelo historicismo jurídico, pode-se afirmar que seu grande mérito foi situar o direito corretamente na zona ôntica dos objetos reais e, particularmente, culturais, afastando-se da influência metafísica do positivismo legalista, que colocava o direito no campo dos objetos ideais.

Não obstante isso, muitos estudiosos criticam a Escola Histórica do Direito pelas seguintes razões: os costumes jurídicos não trariam a segurança e a objetividade necessárias ao funcionamento do sistema jurídico; o espírito do povo (*Volksgeist*) seria um conceito vago, porque suscetível de múltiplas apropriações político-ideológicas (autocráticas ou democráticas), e artificialmente consensual, porque ocultaria, sob a aparência de uma unidade social, os conflitos entre grupos e interesses no seio de uma sociedade; e, por derradeiro, a conceitualização lógico-artificial do direito romano, com a valorização da doutrina como fonte científica do direito, seria incongruente com a defesa da espontaneidade dos costumes jurídicos gestados pelo povo alemão.

Por seu turno, o sociologismo surge também ao final do século XIX, no contexto histórico da Revolução Industrial, como uma proposta de fundamentação da ciência jurídica conforme o modelo empírico e causal preconizado por Augusto Comte, o pai de uma nova ciência: a sociologia.

A ciência do direito é entendida como um mero departamento da sociologia, ciência enciclopédica dos fatos sociais, que se incumbiria de estudar o direito no plano do ser (mundo real), e não mais na dimensão do dever-ser normativo (mundo ideal), valorizando, assim, as conexões diretas das normas jurídicas com os fatores econômicos, políticos e ideológicos que constituem a realidade social.

O sociologismo jurídico se espraiou por todo o mundo ocidental, projetando-se em diversas correntes de pensamento, tais como: o utilitarismo de Jeremy Bentham (Inglaterra); o teleologismo de Rudolf Ihering, o sociologismo de Eugen Ehrlich e a jurisprudência de interesses de Philipp Heck (Alemanha); o realismo pragmático de Oliver Holmes e a jurisprudência sociológica de Roscoe Pound e de Benjamin Cardoso (Estados Unidos); a livre investigação científica de François Gény (França) e Escola de Upsala, formada por Axel Hägerström, Karl Olivecrona e Alf Ross (Escandinávia).

Entre os diversos caracteres do sociologismo jurídico, podem ser elencados os seguintes elementos teóricos comuns:

- oposição ao formalismo e ao abstracionismo conceitual do positivismo legalista;
- tratamento do direito como fato social observável no mundo concreto, segundo as leis de casualidade empírica (lógica do ser);
- conversão da ciência do direito em uma verdadeira sociologia jurídica, ocupada com o estudo das relações biunívocas entre normas e fatos sociais;
- negação do direito natural e de qualquer proposta de fundamentação metafísica da ordem jurídica;
- afirmação de que as regularidades comportamentais permitem induzir a norma social regente (o "ser" desemboca em "dever-ser");
- ênfase depositada na dimensão de efetividade ou eficácia social da normatividade jurídica;
- defesa do pluralismo jurídico, na medida em que se vislumbra o direito como um produto da sociedade, e não como uma ordem normativa produzida e imposta somente pelo Estado;
- investigação das necessidades e interesses subjacentes às relações jurídicas, porquanto o direito é visto como produto dialético que resulta dos conflitos sociais, e não como reflexo espontâneo e consensual de costumes populares;
- negação da completude, da coerência e da perfeição racional do sistema legislativo;
- reconhecimento da possibilidade do fenômeno da "revolta dos fatos contra os códigos", com o comprometimento da validade jurídica pela influência do costume *contra legem*;
- valorização da jurisprudência, mormente nas correntes anglo-americanas, como fonte capaz de expressar, diferentemente da lei, um direito mais vivo, concreto e atual;

- valorização do modelo hermenêutico objetivista e do método sociológico de interpretação do direito;
- denúncia, no plano hermenêutico, das deficiências semânticas da linguagem jurídica, tais como a vagueza, a ambiguidade e a textura aberta dos modelos normativos.

Fazendo um balanço das teses preconizadas pelo sociologismo jurídico, pode-se afirmar que o movimento sociologista merece aplausos por demonstrar a íntima relação do direito com o mundo dos fatos sociais, afastando o conhecimento jurídico, a exemplo do que sucedera com o historicismo, da tendência idealista do positivismo legalista.

Inobstante o quanto exposto, muitas críticas podem ser levantadas ao sociologismo jurídico, em face das seguintes razões: a valorização da dimensão fática do direito não ofereceria a segurança e a objetividade necessárias ao funcionamento do Estado Democrático do Direito; a relativização da legalidade potencializaria a fragmentação da sociedade; a subordinação ao modelo teórico da sociologia comprometeria a autonomia científica do conhecimento jurídico; o modelo sociologista abriria espaço para a instrumentalização político-ideológica do direito; e a perspectiva sociologista confundiria a causalidade com a imputação, bem como a efetividade com a validade das normas jurídicas.

4. O POSITIVISMO LÓGICO – A TEORIA PURA DO DIREITO

Com o advento da teoria pura do direito de Hans Kelsen, na primeira metade do século XX, o positivismo jurídico se converte em uma variante de normativismo lógico, aprofundando o distanciamento da ciência do direito em face das dimensões valorativa e fática do fenômeno jurídico. A exigência da "pureza do método" seria a condição da cientificidade da dogmática jurídica. Daí a defesa da ciência jurídica como uma ciência exclusivamente normativa, cujo objeto seria a normatividade jurídica.

A teoria pura do direito consiste em uma reação ao sincretismo epistemológico no conhecimento jurídico, afirmando a autonomia e a especificidade metódica da ciência do direito, comprometidas seja pela tentativa metafísica do jusnaturalismo de convertê-la em uma filosofia da justiça (subordinação da validade à legitimidade), seja pela tentativa empirista do historicismo e do sociologismo jurídico de subordiná-la a outras ciências que cuidam dos fatos sociais, tais como a história e a sociologia (subordinação da validade à efetividade).

Esse é o entendimento de Hans Kelsen (2006, p. 1), para quem a teoria pura do direito é uma teoria do direito positivo – do direito positivo em geral, e não de uma ordem jurídica especial. É teoria geral do direito, e não interpretação de particulares normas jurídicas, nacionais ou internacionais. Quando a si própria se designa como "pura" teoria do direito, ela propõe-se a garantir um conhecimento apenas dirigido ao direito e excluir desse conhecimento tudo quanto não pertença a seu objeto, tudo quanto não se possa, rigorosamente, determinar como direito.

Partindo da distinção entre a causalidade (lógica do ser – dado A, é B), categoria do conhecimento da natureza, e a imputação (lógica do dever-ser – dado A, deve ser B), categoria do conhecimento normativo, salienta Hans Kelsen que a imputação é o ângulo metodológico do jurista. Daí a ciência jurídica se afigurar como uma ciência puramente de normas (negação da ciência jurídica como deontologia ou como ciência de fatos).

Como bem assevera Orlando Gomes (2003, p. 57), a teoria pura só se ocupa do direito tal como é, até porque é uma teoria do direito positivo, pelo que o valor justiça e a preocupação com os fatos lhe são indiferentes. Toda valoração, todo o juízo sobre o direito positivo deve ser afastado. O fim da ciência jurídica não é julgar o direito positivo, mas tão só conhecê-lo em sua essência e compreendê-lo mediante a análise de sua estrutura lógico-imputativa.

A teoria pura do direito desenvolve, basicamente, duas vertentes de estudo: a nomaestática (teoria da norma jurídica) e a nomadinâmica (teoria do ordenamento jurídico).

No primeiro âmbito teórico, a norma jurídica é estudada como sentido objetivo de um ato criador de direito dotado de validez. A natureza da norma jurídica, na visão kelseniana, é a de um juízo hipotético de caráter imputativo, que pode ser decomposto em: preceito primário (dada a não prestação, deve ser sanção), realçando a visão da ordem jurídica como uma ordem coativa posta pelo Estado para reprimir a ilicitude; e preceito secundário (dado um fato jurídico, deve ser prestação), que enunciaria a licitude humana.

Segundo o pensamento kelseniano, as normas jurídicas são estabelecidas pelas autoridades competentes e são imperativas, pois têm função de prescrever determinadas condutas, sendo, portanto, fontes jurídicas, por impor obrigações e conferir direitos, diferentemente das chamadas preposições jurídicas. A ciência jurídica descreveria o sistema normativo do direito positivo mediante proposições.

Enquanto as normas jurídicas são estabelecidas por atos volitivos das autoridades, as proposições são formuladas pelos cientistas do direito (doutrinadores) mediante atos de conhecimento. Por sua vez, as proposições jurídicas são atos de conhecimento que contêm um enunciado sobre as referidas normas jurídicas. Não prescrevem condutas, mas descrevem as normas com base em seu conhecimento. A função da ciência do direito é, pois, meramente cognoscitiva e descritiva.

No segundo âmbito teórico, o ordenamento jurídico é vislumbrado como um sistema de normas, disposto hierarquicamente como uma pirâmide. As relações entre as normas se processam com liames de fundamentação e derivação. A realidade de uma norma inferior depende de uma norma superior, que estabelece os critérios formais e materiais para sua criação/produção.

Sendo assim, privilegia-se tão somente a validade da norma jurídica, verificada pelo exame imputativo da compatibilidade vertical da norma jurídica com os parâmetros de fundamentação/derivação material e, sobretudo, formal, que são estabelecidos pela normatividade jurídica superior. Sendo assim, norma jurídica válida é aquela produzida de acordo com o conteúdo (o que deve ser prescrito), a competência (quem deve prescrever) e o procedimento (como deve ser prescrito) definidos pela norma jurídica superior, dentro da totalidade sistêmica hierarquizada e escalonada a que corresponde a pirâmide normativa. O sistema jurídico estaria, em última análise, fundamentado em uma norma hipotética fundamental (*grundnorm*), como pressuposto lógico-transcendental do conhecimento jurídico, cuja função seria impor o cumprimento obrigatório do direito positivo, independentemente de sua eficácia e de sua legitimidade enquanto direito justo.

No plano da teoria do ordenamento jurídico, defende Hans Kelsen a primazia de três dogmas: o dogma da unidade, figurando a norma hipotético-fundamental como o ponto de convergência lógico-transcendental da totalidade do sistema jurídico; o dogma da completude, negando a existência de lacunas jurídicas, por conta do axioma "tudo que não está juridicamente proibido, está juridicamente permitido"; e o dogma da coerência, rejeitando a existência de antinomias jurídicas, dada a possibilidade de uso dos critérios hierárquico, cronológico e da especialidade para a superação das contradições normativas.

Outrossim, ao promover uma redução normativista do conhecimento jurídico, o referido jurista dissolve aparentes dicotomias, transformando-as em monismos conceituais, a saber: identifica o Estado com o direito, definindo o Estado como a personificação da própria ordem jurídica; identifica o direito nacional com o direito internacional, situando o direito nacional como um patamar de uma única pirâmide jurídica global, composta ainda de tratados e costumes internacionais; supera a distinção entre direito objetivo (*norma agendi*) e direito subjetivo (*facultas agendi*), ao afirmar que, sob o ângulo jurídico-normativo, só existiria o direito objetivo; nega a diferenciação entre direito natural e direito positivo, porquanto somente haveria o direito positivo, rejeitando, assim, a proposta de uma fundamentação metafísica do justo; e unifica os conceitos de pessoa jurídica e pessoa física, substituindo-os pela noção de centros de imputação normativa, pelo que só haveria sentido falar de pessoas jurídicas no plano da ciência do direito.

Por outro lado, Hans Kelsen (2003, p. 16) dedica-se a debater o problema da justiça no plano exclusivamente ético, fora, portanto, dos limites científicos de sua teoria pura do direito, porquanto a ciência do direito não tem de decidir o que é justo, para prescrever como devem ser tratados os agentes sociais, mas, ao revés, tem de descrever aquilo que, de fato, é valorado como justo pela ordem jurídico-normativa.

Para ilustrar sua tese de que a fé não garante certeza científica e que a justiça é um dado variável, desenvolve um estudo das sagradas escrituras, fonte divina que deveria oferecer um conceito absoluto do justo. Demonstra algumas supostas incongruências entre o Antigo e o Novo Testamento, por exemplo, a franca oposição entre o princípio da retaliação ensinado por Javé e a lei do amor e do perdão ensinada por Jesus Cristo, bem como a diferença entre a lei mosaica, a doutrina crística e as exortações de São Paulo. Kelsen critica ainda o idealismo platônico, pela falta de solidez de seu conceito de justiça, transformado em um valor transcendente; o pensamento aristotélico, por buscar uma matematização da justiça; e as teses preconizadas pelo jusnaturalismo, pela fluidez do conceito de natureza como fundamento para a justiça.

O relativismo axiológico da teoria pura do direito se projeta para a filosofia kelseniana da justiça, para a qual não existe, nas questões valorativas, qualquer objetividade possível, recusando qualquer alternativa de racionalidade em matéria de valores. Sustenta, assim, que, partindo de um ponto de vista racional-científico, seria possível reconhecer muitos ideais de justiça contraditórios entre si, nenhum dos quais exclui a possibilidade de outra ideia do justo.

Nega-se, assim, o tratamento racional da justiça, pois, na visão kelseniana, racionalizar a qualificação de um comportamento humano como devido, sob a perspectiva de seu valor intrínseco, implicaria eliminar a diferença entre a lei físico-matemática e a lei moral, bem como a irredutibilidade do dualismo ser e dever-ser.

Ao tentar definir o que seja justiça, Kelsen (2001, p. 25) assinala que não pode dizer o que seja a justiça absoluta, satisfazendo-se com uma justiça relativa para ele próprio. Uma vez que a ciência é sua profissão, propõe uma justiça sob cuja proteção a ciência pode prosperar e, ao lado dela, a verdade e a sinceridade, exprimindo o justo as exigências deontológicas da liberdade, da paz, da democracia e da tolerância.

A teoria pura do direito, no entanto, não exclui totalmente os valores como integrantes da experiência jurídica e reconhece sua presença na prática profissional dos juristas. Pode-se constatar isso quando Kelsen critica os métodos habitualmente empregados na interpretação jurídica. Para ele, o direito a aplicar é uma moldura dentro da qual existem várias possibilidades axiológicas de aplicação jurídica. Somente a interpretação autêntica seria criadora de direito. A interpretação não autêntica se afiguraria como mera descrição/cognição do conteúdo normativo.

Nesse sentido, salienta Hans Kelsen (2006, p. 81) que a ciência jurídica tem por missão conhecer – de fora, por assim dizer – o direito e descrevê-lo com base em seu conhecimento. Os órgãos jurídicos têm – como autoridade jurídica –, antes de tudo, por missão produzir o direito mediante atos volitivos, para que ele possa então ser conhecido e descrito pela própria ciência jurídica.

Diferentemente do que sucede com a interpretação doutrinária, que se desenvolve no plano científico das proposições jurídicas como ato cognitivo que busca descrever as alternativas hermenêuticas abertas pela indeterminação semântica do sistema normativo, a interpretação autêntica, veiculada pelo órgão competente, é gestada como ato de vontade vinculante, pelo que o hermeneuta opera escolha valorativa, refletindo critérios axiológicos que ultrapassam o campo estritamente normativo da ciência pura do direito.

5. CRÍTICAS AO POSITIVISMO JURÍDICO

Em face do problema da fundamentação do direito justo, o positivismo jurídico, em suas mais diversas manifestações, revela propostas limitadas e insatisfatórias. Isso porque a identificação entre direito positivo e direito justo e a excessiva formalização da validez normativa não propiciam uma compreensão mais adequada das íntimas relações entre direito, legitimidade e justiça.

Ao constatar os mencionados limites do positivismo jurídico, Karl Engisch (1960, p. 74) critica a redução normativista operada pela doutrina do direito positivo, afirmando que a ordem jurídica deve ser entendida como um conjunto de valores, por meio do qual os juristas elaboram juízos axiológicos sobre a justiça dos acontecimentos e das condutas humanas.

Decerto, o positivismo legalista desemboca em uma ideologia conservadora que ora identifica a legalidade com o valor-fim da justiça, em face da crença na divindade do legislador, ora concebe a ordem positivada pelo sistema normativo como valor-meio suficiente para a realização de um direito justo.

Por sua vez, o positivismo lógico da teoria pura do direito abdica o tratamento racional do problema da justiça, ao afastar quaisquer considerações fáticas e, sobretudo, valorativas do plano da ciência jurídica, de molde a assegurar os votos de castidade axiológica do jurista. A busca do direito justo passa a depender das inclinações político-ideológicas de cada indivíduo, relegando ao campo do ceticismo e do relativismo a compreensão do direito justo.

Ademais, o dogma da segurança jurídica, um dos pilares da doutrina positivista, admite questionamentos bastante incisivos.

Para a doutrina positivista, a segurança afigura-se como um dos valores mais importantes do plexo axiológico da experiência jurídica, sinalizando a importância da estabilidade e da previsibilidade nas relações sociais como meios para a concretização do direito justo.

Não se trata, contudo, de um valor absoluto, supostamente capaz de esgotar a ideia de justiça. Decerto, em nome do valor da segurança, o positivismo jurídico erigiu a primazia do direito positivo em face do direito natural, reduzindo o direito justo ao direito estampado no sistema normativo da ordem jurídica, independentemente de sua legitimidade e efetividade. Isso propiciou, ao longo da história do ocidente, experiências sociais muitas vezes trágicas, a exemplo dos arbítrios cometidos pelos regimes totalitários do século XX, sob o manto da legalidade.

Embora se revele limitada essa proposta de fundamentação positivista de direito justo, não há como negar que a segurança jurídica integra, ao lado dos demais valores jurídicos, a fórmula da realização da justiça no direito.

Segundo Carlos Aurélio Mota de Souza (1996, p. 269), segurança e justiça não se contrapõem, mas enquanto esta é, muitas vezes, um poder ético, desarmado, sua garantia de efetivação no direito repousa na materialidade objetiva da segurança jurídica.

Decerto, a segurança jurídica permite também a realização do direito justo, porque a ideia de justiça liga-se intimamente à ideia de ordem. No próprio conceito de justiça, é inerente uma ordem, que não pode deixar de ser reconhecida como valor mais urgente, o que está na raiz da escala axiológica, mas é degrau indispensável a qualquer aperfeiçoamento ético.

Para que esse valor possa ser realizado na órbita das relações jurídicas, a estimativa da segurança jurídica costuma ser corporificada em princípios constitucionais, enunciados em diversas Cartas Magnas do ocidente, como também sucede com a Constituição Federal de 1988. Com efeito, da leitura atenta do art. 5º da CF/88, extraem-se, entre outros, diversos exemplos de sua concretização: irretroatividade da lei; autoridade da coisa julgada; respeito ao direito adquirido e ao ato jurídico perfeito; outorga de ampla defesa e do contraditório aos acusados em geral; prévia lei para a configuração de crimes e cominação de penas; e o devido processo legal. Sendo assim, nos Estados Democráticos de Direito, o valor da segurança jurídica pode ser considerado um princípio basilar da ordem jurídico-constitucional, como forma de garantir a tutela dos direitos fundamentais do cidadão.

Por sua vez, a noção de certeza do direito está umbilicalmente ligada ao entendimento do que seja a segurança jurídica.

Segundo Carlos Aurélio Mota de Souza (1996, p. 25-6), a segurança se traduz objetivamente como um elemento anterior, por meio das normas e instituições positivadas no sistema jurídico, enquanto a certeza do direito se forma intelectivamente nos destinatários dessas normas e instituições, como um elemento de convicção posterior. Dessa forma, a segurança objetiva das leis confere ao cidadão a certeza subjetiva das ações justas, segundo o direito positivo.

Por outro lado, os juristas procuram reforçar a certeza do direito no imaginário de cada cidadão, mediante o desenvolvimento das seguintes atividades: aplicação do princípio da legalidade; preenchimento das lacunas jurídicas; correção das antinomias jurídicas; simplificação da linguagem do legislador; aplicação da analogia a casos semelhantes; adequação à jurisprudência dominante, entre outros exemplos.

A segurança e a certeza do direito são necessárias para que haja justiça e, pois, direito justo, visto que a desordem institucional e a desconfiança subjetiva inviabilizam o reconhecimento de direitos e o correlato cumprimento das obrigações jurídicas.

Deve-se, entretanto, ressaltar que não mais se aceita o argumento formalista, típico do positivismo jurídico, de que a segurança jurídica e a certeza bastariam para a materialização do direito justo. O sistema normativo, como expressão da cultura humana, está em permanente mudança, exigindo a apropriação de novos valores e fatos na experiência jurídica. Sendo assim, a segurança jurídica e a certeza do direito não são dados absolutos nem tampouco a justificativa para que uma norma jurídica possa permanecer em vigor, mesmo que sua aplicação, em um dado caso concreto, esteja desprovida de efetividade e, sobretudo, legitimidade, por comprometer a ideia de justiça.

Exemplo ilustrativo é o debate atual sobre a possibilidade de relativização da coisa julgada, no panorama doutrinário e jurisprudencial brasileiro, visto que muitos estudiosos entendem que a consolidação das situações jurídicas pela coisa julgada deve quedar diante da constatação, em face de novos elementos probatórios, de eventuais injustiças cometidas contra uma das partes.

Desse modo, o valor da segurança jurídica e a convicção da certeza do direito, embora relevantes para a realização abstrata de justiça, comportam a relativização em determinadas circunstâncias, a fim de que se realize, em um dado caso concreto, a melhor interpretação e aplicação de um direito justo.

Como se apreende do exposto, as referidas variações do positivismo jurídico não abordam, com profundidade, o problema da justiça, priorizando as preocupações com os valores da ordem e da segurança, além de subordinar o exame da legitimidade do direito à especial observância dos critérios de validez formal que fundamentam a produção das normas jurídicas.

SINOPSE

A concepção do positivismo jurídico nasce quando o direito positivo passa a ser considerado direito em sentido próprio. Ocorre a redução de todo o direito ao direito positivo, e o direito natural é excluído da categoria de juridicidade. O acréscimo do adjetivo positivo passa a ser um pleonasmo. O positivismo jurídico é aquela doutrina segundo a qual não existe outro direito senão o positivo.

A passagem da concepção jusnaturalista à positivista está ligada à formação do Estado moderno que surge com a dissolução da sociedade medieval. Ocorre, assim, o processo de monopolização da produção jurídica pelo Estado, rompendo com o pluralismo jurídico medieval (criação do direito pelos diversos agrupamentos sociais), em favor de um monismo jurídico, em que o ente estatal prescreve o direito, seja pela lei, seja indiretamente pelo reconhecimento e controle das normas de formação consuetudinária.

Entre as diversas manifestações do positivismo legalista no ocidente, afora o Pandectismo Alemão e a Escola Analítica Inglesa, merece especial destaque a chamada Escola de Exegese, surgida na França no início do século XIX. Historicamente, a defesa da legalidade pela Escola de Exegese, no momento posterior à Revolução Francesa, representava uma reação clara ao antigo regime absolutista e semifeudal, marcando, assim, o triunfo do racionalismo iluminista, a valorização do liberalismo individualista-burguês e o apogeu do modo de produção capitalista.

A Escola de Exegese sustentou as seguintes teses: culto ao texto da lei (legalismo ou estrito); apologia da codificação das leis como racionalização perfeita da ordem jurídica e realização concreta dos ideais perenes do direito natural; identificação do direito positivo com o direito legal (a lei como fonte jurídica exclusiva); defesa do monismo jurídico (o direito como produto único do Estado-legislador); crença na perfeição racional do legislador; afirmação da completude (ausência de lacunas) e da coerência (ausência de antinomias) do sistema legal; modelo subjetivista da interpretação jurídica (ênfase na vontade do legislador como referencial hermenêutico); predominância do método gramatical para o desenvolvimento de uma interpretação meramente literal da lei; concepção mecanicista da atuação do magistrado (juiz neutro aos valores e escravo da lei); neutralização política do Poder Judiciário; e redução da aplicação do direito a um mero silogismo lógico-dedutivo.

O historicismo jurídico surge ao final do século XIX como movimento de oposição ao positivismo legalista. Tem como antecedentes histórico-culturais a libertação aos Estados germânicos do jugo napoleônico e a exacerbação ao nacionalismo romântico na Alemanha.

Entre os diversos caracteres do historicismo jurídico, podem ser elencados os seguintes: negação da doutrina do direito natural; defesa de um romantismo jurídico; crença em uma mítica concepção da alma do povo como entidade real e fundamento último do direito; defesa do pluralismo jurídico; reconhecimento do empirismo e do relativismo na teoria do conhecimento jurídico; ênfase ao valor dos costumes como fonte jurídica, na qualidade de expressão espontânea do espírito popular; apego ao direito romano, com a valorização do "direito dos professores", recorrendo-se à doutrina dos juristas como algo semelhante ao legislador, para a ordenação normativa dos costumes sociais.

O grande mérito do historicismo jurídico foi situar o direito corretamente na zona ôntica dos objetos reais e, particularmente, culturais, afastando-se da influência metafísica do positivismo legalista, que colocava o direito no campo dos objetos ideais. Não obstante isso, muitos estudiosos criticam a Escola Histórica do Direito pelas seguintes razões: os costumes jurídicos não trariam a segurança e a objetividade necessárias ao funcionamento do sistema jurídico; o espírito do povo (*Volksgeist*) seria um conceito vago, porque suscetível de múltiplas apropriações político-ideológicas e artificialmente consensual; e, por derradeiro, a conceitualização lógico-artificial do direito romano, com a valorização da doutrina como fonte científica do direito, seria incongruente com a defesa da espontaneidade dos costumes jurídicos gestados pelo povo alemão.

O sociologismo surge também ao final do século XIX, no contexto histórico da Revolução Industrial, como uma proposta de fundamentação da ciência jurídica conforme o modelo empírico e causal preconizado por Augusto Comte, o pai de uma nova ciência: a sociologia. A ciência do direito é entendida como um mero departamento da sociologia, ciência enciclopédica dos fatos sociais, que se incumbiria de estudar o direito no plano do ser (mundo real) e não mais na dimensão do dever-ser normativo (mundo ideal), valorizando assim as conexões diretas das normas jurídicas com os fatores econômicos, políticos e ideológicos que constituem a realidade social.

Entre os diversos caracteres do sociologismo jurídico, podem ser elencados os seguintes elementos teóricos comuns: oposição ao formalismo e ao abstracionismo conceitual do positivismo legalista; tratamento do direito como fato social observável no mundo concreto segundo as leis de casualidade empírica (lógica do ser); conversão da ciência do direito em uma verdadeira sociologia jurídica; negação do direito natural; afirmação de que as regularidades comportamentais permitem induzir a norma social regente (o "ser" desemboca em "dever-ser"); ênfase depositada na dimensão de efetividade da normatividade jurídica; defesa do pluralismo jurídico; investigação das necessidades e interesses subjacentes às relações jurídicas; negação da completude, da coerência e da perfeição racional do sistema legislativo; reconhecimento da possibilidade do fenômeno da "revolta dos fatos contra os códigos"; valorização da jurisprudência, mormente nas correntes anglo-americanas, como fonte capaz de expressar, diferentemente da lei, um direito mais vivo, concreto e atual; valorização do modelo hermenêutico objetivista e do método sociológico de interpretação do direito; denúncia, no plano hermenêutico, das deficiências semânticas da linguagem jurídica.

Pode-se afirmar que o movimento sociologista merece aplausos por demonstrar a íntima relação do direito com o mundo dos fatos sociais, afastando o conhecimento jurídico, a exemplo do que sucedera com o historicismo, da tendência idealista do positivismo legalista. Muitas críticas podem ser, contudo, levantadas contra o sociologismo jurídico, em face das seguintes razões: a valorização da dimensão fática do direito não ofereceria a segurança e a objetividade necessárias ao funcionamento do Estado Democrático do Direito; a relativização da legalidade potencializaria a fragmentação da sociedade; a subordinação ao modelo teórico da sociologia comprometeria a autonomia científica do conhecimento jurídico; o modelo sociologista abriria espaço para a instrumentalização político-ideológica do direito; e a perspectiva sociologista confundiria a causalidade com a imputação, bem como a efetividade com a validade das normas jurídicas.

Com o advento da teoria pura do direito de Hans Kelsen, na primeira metade do século XX, o positivismo jurídico converte-se em uma variante de normativismo lógico, aprofundando o distanciamento da ciência do direito em face das dimensões valorativa e fática do fenômeno jurídico. A exigência da "pureza do método" seria a condição da cientificidade da dogmática jurídica. Daí a defesa da ciência jurídica como uma ciência exclusivamente normativa, cujo objeto seria a normatividade jurídica.

A teoria pura do direito consiste em uma reação ao sincretismo epistemológico no conhecimento jurídico, afirmando a autonomia e a especificidade metódica da ciência do direito, comprometidas seja pela tentativa metafísica do jusnaturalismo de convertê-la em uma filosofia da justiça (subordinação da validade à legitimidade), seja pela tentativa empirista do historicismo e do sociologismo jurídico de subordiná-la a outras ciências que cuidam dos fatos sociais, tais como a história e a sociologia (subordinação da validade à efetividade).

Partindo da distinção entre a causalidade (lógica do ser – dado A, é B), categoria do conhecimento da natureza, e a imputação (lógica do dever-ser – dado A, deve ser B), categoria do conhecimento normativo, salienta Hans Kelsen que a imputação é o ângulo metodológico do jurista. Daí a ciência jurídica se afigurar como uma ciência puramente de normas (negação da ciência jurídica como deontologia ou como ciência de fatos).

A norma jurídica é estudada como sentido objetivo de um ato criador de direito dotado de validez. A natureza da norma jurídica, na visão kelseniana, é a de um juízo hipotético de caráter imputativo, que pode ser decomposto em: preceito primário (dada a não prestação, deve ser sanção), realçando a visão da ordem jurídica como uma ordem coativa posta pelo Estado para reprimir a ilicitude; e preceito secundário (dado um fato jurídico, deve ser prestação), que enunciaria a licitude humana.

Enquanto as normas jurídicas são estabelecidas por atos volitivos das autoridades, as proposições são formuladas pelos cientistas do direito (doutrinadores) mediante atos de conhecimento. Por sua vez, as proposições jurídicas são atos de conhecimento que contêm um enunciado sobre as referidas normas jurídicas. Não prescrevem condutas, mas descrevem as normas com base em seu conhecimento. A função da ciência do direito é, pois, meramente cognoscitiva e descritiva.

O ordenamento jurídico é vislumbrado como um sistema de normas, disposto hierarquicamente como uma pirâmide. As relações entre as normas se processam com liames de fundamentação e derivação. A realidade de uma norma inferior depende de uma norma superior, que estabelece os critérios formais e materiais para sua criação.

Sendo assim, privilegia-se tão somente a validade da norma jurídica, verificada pelo exame imputativo da compatibilidade vertical da norma jurídica com os parâmetros de fundamentação/derivação material e, sobretudo, formal, que são estabelecidos pela normatividade jurídica superior. Sendo assim, norma jurídica válida é aquela produzida de acordo com o conteúdo (o que deve ser prescrito), a competência (quem deve prescrever) e o procedimento (como deve ser prescrito) definidos pela norma jurídica superior, dentro da totalidade sistêmica hierarquizada e escalonada a que corresponde a pirâmide normativa. O sistema jurídico estaria, em última análise, fundamentado em uma norma hipotética fundamental (*grundnorm*), como pressuposto lógico-transcendental do conhecimento jurídico, cuja função seria impor o cumprimento obrigatório do direito positivo, independentemente de sua eficácia e de sua legitimidade enquanto direito justo.

No plano da teoria do ordenamento jurídico, defende Hans Kelsen a primazia de três dogmas: o dogma da unidade, figurando a norma hipotético-fundamental como o ponto de convergência lógico-transcendental da totalidade do sistema jurídico; o dogma da completude, negando a existência de lacunas jurídicas, por conta do axioma "tudo que não está juridicamente proibido, está juridicamente permitido"; e o dogma da coerência, rejeitando a existência de antinomias jurídicas, dada a possibilidade de uso dos critérios hierárquico, cronológico e da especialidade para a superação das contradições normativas.

Outrossim, ao promover uma redução normativista do conhecimento jurídico, o referido jurista dissolve aparentes dicotomias, transformando-as em monismos conceituais, a saber: identifica o Estado com o direito, definindo o Estado como a personificação da própria ordem jurídica; identifica o direito nacional com o direito internacional, situando o direito nacional como um patamar de uma única pirâmide jurídica global, composta ainda de tratados e costumes internacionais; supera a distinção entre direito objetivo (*norma agendi*) e direito subjetivo (*facultas agendi*), ao afirmar que, sob o ângulo jurídico-normativo, só existiria o direito objetivo; nega a diferenciação entre direito natural e direito positivo, porquanto somente haveria o direito positivo, rejeitando, assim, a proposta de uma fundamentação metafísica do justo; e unifica os conceitos de pessoa jurídica e pessoa física, substituindo-os pela noção de centros de imputação normativa, pelo que só haveria sentido falar de pessoas jurídicas no plano da ciência do direito.

O relativismo axiológico da teoria pura do direito se projeta para a filosofia kelseniana da justiça, para a qual não existe, nas questões valorativas, qualquer objetividade possível, recusando qualquer alternativa de racionalidade em matéria de valores. Sustenta, assim, que, partindo de um ponto de vista racional-científico, seria possível reconhecer muitos ideais de justiça contraditórios entre si, nenhum dos quais exclui a possibilidade de outra ideia do justo. Nega-se, assim, o tratamento racional da justiça, pois, na visão kelseniana, racionalizar a qualificação de um comportamento humano como devido, sob a perspectiva de seu valor intrínseco, implicaria eliminar a diferença entre a lei físico-matemática e a lei moral, bem como a irredutibilidade do dualismo ser e dever-ser.

Para a teoria pura do direito, a interpretação doutrinária é desenvolvida no plano científico das proposições jurídicas, como ato cognitivo que busca descrever as alternativas hermenêuticas abertas pela indeterminação semântica do sistema normativo. Por sua vez, a interpretação autêntica, veiculada pelo órgão competente, é gestada como ato de vontade vinculante, no qual o hermeneuta opera escolha valorativa, refletindo critérios axiológicos que ultrapassam o campo estritamente jurídico.

O positivismo jurídico, em suas mais diversas manifestações, revela propostas limitadas e insatisfatórias. Isso porque a identificação entre direito positivo e direito justo e a excessiva formalização da validez normativa não propiciam uma compreensão mais adequada das íntimas relações entre direito, legitimidade e justiça.

O positivismo legalista desemboca em uma ideologia conservadora que ora identifica a legalidade com o valor-fim da justiça, em face da crença na divindade do legislador, ora concebe a ordem positivada pelo sistema normativo como valor-meio suficiente para a realização de um direito justo.

O positivismo lógico da teoria pura do direito abdica o tratamento racional do problema da justiça, ao afastar quaisquer considerações fáticas e, sobretudo, valorativas do plano da ciência jurídica, de molde a assegurar os votos de castidade axiológica do jurista. A busca do direito justo passa a depender das inclinações político-ideológicas de cada indivíduo, relegando ao campo do ceticismo e do relativismo a compreensão do direito justo.

Ademais, o valor da segurança jurídica e a convicção da certeza do direito, embora relevantes para a realização abstrata de justiça, comportam a relativização em determinadas circunstâncias, a fim de que se realize, em um dado caso concreto, a melhor interpretação e aplicação de um direito justo.

As variações do positivismo jurídico não abordam, com profundidade, o problema da justiça, priorizando as preocupações com os valores da ordem e da segurança, além de subordinar o exame da legitimidade do direito à especial observância dos critérios de validez formal que presidem a produção das normas jurídicas.

IX TEORIA DO PENSAMENTO JURÍDICO: PÓS-POSITIVISMO

1. A CRISE DA MODERNIDADE POSITIVISTA E O DIREITO

Desde a época do Renascimento, a humanidade já havia sido guindada ao patamar de centro do universo. Típica da nova perspectiva era a visão de Francis Bacon, segundo a qual os homens poderiam desvendar os segredos da realidade, para, então, dominar a natureza. Posteriormente, René Descartes lançou as bases filosóficas do edifício moderno, definindo a essência humana como uma substância pensante (*cogito, ergo sum*) e o ser humano como um sujeito racional autônomo. Na mesma senda, Isaac Newton conferiu à modernidade seu arcabouço científico ao descrever o mundo físico como uma máquina, cujas leis imutáveis de funcionamento poderiam ser apreendidas pela mente humana. Na seara político-social, despontou o pensamento de John Locke, vislumbrando a relação contratual entre governantes e governados, em detrimento do Absolutismo, e a supremacia dos direitos naturais diante dos governos tirânicos.

Abeberando-se nesse rico manancial de ideias, coube ao movimento iluminista, no século XVIII, consolidar o multifacético projeto da modernidade; Diderot, Voltaire, Rousseau e Montesquieu inaugurariam, de modo triunfal, a idade da razão. Sob a influência do iluminismo, Emmanuel Kant complementaria o ideário moderno, ao enfatizar o papel ativo da mente no processo de conhecimento. Para Kant, o intelecto sistematizaria os dados brutos oferecidos pelos órgãos sensoriais por meio de categorias inatas, como as noções de espaço e tempo. Nessa perspectiva, o "eu pensante", ao desencadear suas potencialidades cognitivas, afigurava-se como o criador do próprio mundo a ser conhecido. A pretensão transcendental de Kant supunha, assim, que a cultura e a ética refletiriam padrões universalmente racionais e humanos, submetendo os deveres ao princípio supremo da razão prática – o imperativo categórico. Ao conferir posição privilegiada ao sujeito do conhecimento, Kant elevou o respeito à pessoa humana como um valor ético absoluto. O sujeito kantiano tornava-se capaz de sair da menoridade e ser protagonista da história.

Com efeito, Kant (2005, p. 121) preocupa-se em fundamentar a prática moral não na pura experiência, mas em uma lei inerente à racionalidade universal humana, o chamado imperativo categórico – age só, segundo uma máxima tal, que possa querer, ao mesmo tempo, que se torne uma máxima universal. A ética é, portanto, o compromisso de seguir o próprio preceito ético fundamental e pelo fato de segui-lo em si e por si. O homem que age moralmente deverá fazê-lo não porque visa à realização de qualquer outro algo, mas pelo simples fato de colocar-se de acordo com a máxima do imperativo categórico. O agir livre é o agir moral. O agir moral é o agir de acordo com o dever. O agir de acordo com o dever é fazer de sua lei subjetiva um princípio de legislação universal a ser inscrita em toda a natureza humana.

Sendo assim, o programa moderno estava embasado no desenvolvimento implacável das ciências objetivas, das bases universalistas da ética e de uma arte autônoma. Seriam, então, libertadas as forças cognitivas acumuladas, tendo em vista a organização racional das condições de vida em sociedade. Os proponentes da modernidade cultivavam ainda a expectativa de que as artes e as ciências não somente aperfeiçoariam o controle das forças da natureza, mas também a compreensão do ser e do mundo, o progresso moral, a justiça nas instituições sociais e até mesmo a felicidade humana.

Não é outro o entendimento de Alain Touraine (1994, p. 9), para quem a ideia de modernidade, em sua forma mais ambiciosa, foi a afirmação de que o homem é o que ele faz, e que, portanto, deve existir uma correspondência cada vez mais estreita entre a produção, tornada mais eficaz pela ciência, pela tecnologia ou pela administração, a organização da sociedade, regulada pela lei, e a vida pessoal, animada não só pelo interesse, mas também pela vontade de se liberar de todas as opressões. Sobre o que repousa essa correspondência de uma cultura científica, de uma sociedade ordenada e de indivíduos livres, senão sobre o triunfo da razão? Somente ela estabelece uma correspondência entre a ação humana e a ordem do mundo, o que já buscavam pensadores religiosos, mas que foram paralisados pelo finalismo próprio das religiões monoteístas baseadas em uma revelação. É a razão que anima a ciência e suas aplicações; é ela também que comanda a adaptação da vida social às necessidades individuais ou coletivas; é ela, finalmente, que substitui a arbitrariedade e a violência pelo Estado de Direito e pelo mercado. A humanidade, agindo segundo suas leis, avança simultaneamente em direção à abundância, à liberdade e à felicidade.

Sendo assim, em suas conotações mais positivas, o conceito de modernidade indica uma formação social que multiplicava sua capacidade produtiva, por meio do aproveitamento mais eficaz dos recursos humanos e materiais, graças ao desenvolvimento técnico e científico, de modo que as necessidades sociais pudessem ser respondidas com o uso mais rigoroso e sistemático da razão. A modernidade caracterizava-se também pela forma participativa das tomadas de decisões na vida social, valorizando o método democrático e as liberdades individuais. O objetivo da sociedade moderna era oferecer uma vida digna, na qual cada um possa realizar sua personalidade, abandonando as constrições de autoridades externas e ingressando na plenitude expressiva da própria subjetividade.

A realização dos objetivos do projeto da modernidade seria garantida, no plano histórico, pelo equilíbrio entre os vetores societários de regulação e emancipação: por um lado, as forças regulatórias englobariam as instâncias de controle e heteronomia; de outro, as forças emancipatórias expressariam as alternativas de expansão da personalidade humana, oportunizando rupturas, descontinuidades e transformações.

Nesse sentido, salienta Boaventura Santos (1995, p. 77) que o projeto sociocultural da modernidade é muito rico, capaz de infinitas possibilidades e, como tal, muito complexo e sujeito a desenvolvimentos contraditórios. Assenta em dois pilares fundamentais: o pilar da regulação e o da emancipação. Esses pilares são, por si só, complexos, cada um constituído por três princípios. O pilar da regulação é constituído pelo princípio do Estado, cuja articulação deve-se principalmente a Hobbes; pelo princípio do mercado, dominante sobretudo na obra de Locke; e pelo princípio da comunidade, cuja formulação domina toda a filosofia política de Rousseau. Por sua vez, o pilar da emancipação é constituído por três lógicas de racionalidade: a racionalidade estético-expressiva da arte e da literatura; a racionalidade moral-prática da ética e do direito; e a racionalidade cognitivo-instrumental da ciência e da técnica.

Sendo assim, o programa da modernidade fundar-se-ia na estabilidade dos referidos pilares, assegurada pela correlação existente entre os princípios regulatórios e as lógicas emancipatórias. Dessa forma, a racionalidade ético-prática, que rege o direito, estaria relacionada com o princípio do Estado, uma vez que o Estado moderno era concebido como o detentor do monopólio de produção e aplicação das normas jurídicas. A racionalidade cognitivo-instrumental, por seu turno, estaria alinhada ao princípio do mercado, porquanto a ciência e a técnica afiguravam-se como as molas mestras da expansão do sistema capitalista.

Com efeito, no plano gnoseológico, o projeto da modernidade trouxe a suposição de que o conhecimento seria preciso, objetivo e bom. Preciso, pois, sob o escrutínio da razão, tornava-se possível compreender a ordem imanente do universo; objetivo, porquanto o modernista colocava-se como observador imparcial do mundo, situado fora do fluxo da história; bom, pois o otimismo moderno conduzia à crença de que o progresso seria inevitável e de que a ciência capacitaria o ser humano a libertar-se de sua vulnerabilidade à natureza e a todo condicionamento social.

O cerne do programa moderno residia, indubitavelmente, na confiança na capacidade racional do ser humano. Os modernos atribuíam à razão papel central no processo cognitivo. A razão moderna compreende mais que simplesmente uma faculdade humana. O conceito moderno de razão remetia à assertiva de que uma ordem e uma estrutura fundamentais são inerentes ao conjunto da realidade. O programa moderno se alicerçava na premissa de que a correspondência entre a tessitura da realidade e a estrutura da mente habilitaria esta última a discernir a ordem imanente do mundo exterior.

A ideia de uma modernidade denotava, assim, o triunfo de uma razão redentora, que se projetaria nos diversos setores da atividade humana. Essa razão deflagraria a secularização do conhecimento, conforme os arquétipos da física, geometria e matemática. Viabilizaria a racionalidade cognitivo-instrumental da ciência, concebida como a única forma válida de saber. Potencializaria, por meio do desenvolvimento científico, o controle das forças adversas da natureza, retirando o ser humano do reino das necessidades. Permitiria ao homem construir seu destino, livre do jugo da tradição, da tirania, da autoridade e da sanção religiosa.

Nesse compasso, refere João Petrini (2003, p. 27) que o projeto da modernidade nasceu para desenvolver a ciência objetiva, a moralidade e a lei universais e a arte, com total autonomia de qualquer instância superior, construindo-se nos termos da vida própria lógica interna delas. O desenvolvimento das ciências deveria permitir o domínio da natureza, respondendo progressivamente às necessidades dos homens e ampliando, portanto, a esfera da liberdade. A racionalidade desenvolvida nas ciências exatas e nas ciências naturais seria aplicada também à elaboração de formas racionais de organização da sociedade, proporcionando a emancipação, a libertação da escassez e das calamidades naturais. Esse processo de domínio, por parte da razão cartesiana, de todas as esferas da realidade humana e social era considerado irreversível e levaria à libertação da irracionalidade dos mitos, das superstições e das religiões.

O programa moderno abria margem para a emergência do paradigma liberal-burguês na esfera jurídica. O conceito de Estado constitucional de Direito é, ainda hoje, a pedra angular para o entendimento da modernidade jurídica. Surgido na dinâmica das revoluções burguesas (Revolução Gloriosa, Independência norte-americana, Revolução Francesa), o Estado constitucional de Direito sintetiza um duplo e convergente processo de estatização do direito e de juridicização do Estado. Essa nova forma de organização estatal inaugura um padrão histórico específico de relacionamento entre o sistema político e a sociedade civil. Essa relação é intermediada por um ordenamento jurídico que delimita os espaços político e social. A ordem jurídica acaba por separar a esfera pública do setor privado, os atos de império dos atos de gestão, o interesse coletivo das aspirações individuais.

Para J. J. Gomes Canotilho (1998, p. 87), o conceito de Estado constitucional se apresenta mais como um ponto de partida do que um ponto de chegada, sendo o produto do desenvolvimento histórico de certas fórmulas político-jurídicas. O termo constituição significa constituição da sociedade, dentro da visão oitocentista, aspirando a ser um corpo jurídico de regras aplicáveis ao corpo social. Nos principais teóricos do constitucionalismo (Montesquieu, Rousseau, Locke), encontra-se a ideia de que a Constituição refere-se não apenas ao Estado, mas à própria comunidade política, ou seja, à *res publica*.

A partir do início do século XIX, a Constituição passa a ter como referente o Estado, e não a sociedade, em face de diversas razões. Em primeiro lugar, merece registro a evolução semântica do conceito, que passou a orientar-se pela noção de Estado-nação. A segunda razão político-sociológica relaciona-se com a progressiva estruturação do Estado-liberal cada vez mais assentado na separação Estado-sociedade civil. Em terceiro lugar, aponta-se uma justificativa filosófico-política, pois, sob a influência da filosofia hegeliana e do juspublicismo germânico, a Constituição passa a designar a ordem do Estado, reduzindo-se à condição de simples lei do Estado e de seu poder. Nesse sentido, desponta a Constituição como a lei proeminente que conforma o Estado.

Por outro lado, o conceito moderno de Estado afigura-se como uma forma histórica de organização jurídica do poder dotada de qualidades que a distinguem de outros poderes e organizações de poder. Entre esses atributos, destaca-se a qualidade de poder soberano, que se traduz em um poder supremo no plano interno e em um poder independente no plano internacional, daí decorrendo os elementos constitutivos do Estado: poder político de comando, povo e território.

Salienta ainda o autor que, embora a ideia de unidade política soberana do Estado esteja em crise como resultado da globalização/internacionalização/integração interestatal, continua a ser um modelo operacional como uma comunidade juridicamente organizada. Apresenta-se, assim, o Estado tanto como um esquema aceitável de racionalização institucional das sociedades modernas quanto uma tecnologia de equilíbrio político-social, mediante a qual se combatem a autocracia absolutista e os privilégios das corporações medievais.

Ainda segundo J. J. Gomes Canotilho (1998, p. 92), o Estado constitucional de Direito, gestado durante a modernidade jurídica, deve ser entendido como um Estado de Direito democrático. A concretização do Estado constitucional de Direito gera a necessidade de procurar o pluralismo de estilos culturais e a diversidade de circunstâncias, de condições históricas e de códigos de observação próprios dos ordenamentos jurídicos concretos, na tentativa de alicerçar a noção de juridicidade estatal, sendo ilustrativas as noções de *rule of law*, *always under law*, *l'état legal* e *rechtsstaat*.

Com efeito, a fórmula britânica do *rule of law* comporta quatro dimensões básicas: a observância de um processo justo regulado, quando se tiver de julgar e punir os cidadãos, privando-os da liberdade e da propriedade; a proeminência das leis e dos costumes do país perante a discricionariedade do poder real; a sujeição de todos os atos do Executivo à soberania do Parlamento; e a igualdade de acesso aos tribunais por parte dos cidadãos, segundo os princípios do direito comum (*common law*).

Por sua vez, a noção de Estado constitucional nos Estados Unidos deve ser referida à ideia de *always under law*, daí advindo três importantes desdobramentos. Em primeiro lugar, decorre o direito do povo de fazer uma lei superior, em que se estabeleçam os esquemas essenciais do governo e os respectivos limites, com a tutela das liberdades dos cidadãos. Em segundo lugar, o Estado constitucional associa a juridicidade do poder à justificação do governo, visto que as razões de governo devem ser razões públicas, tornando patente o consentimento do povo em ser governado em determinadas condições. O governo tem a obrigação jurídico-constitucional de governar segundo leis dotadas de unidade, publicidade, durabilidade e antecedência. Em terceiro lugar, merece registro a ideia de que os tribunais exercem a justiça em nome do povo, que neles deposita a confiança de preservação dos princípios de justiça e dos direitos condensados na lei superior, o que justifica, inclusive, o instituto do *judicial review of legislation*.

Por seu turno, a ideia do Estado de Direito no constitucionalismo francês foi assentada na construção de um *l'état legal* concebido como uma ordem jurídica hierárquica (Declaração de 1789, Constituição, legislação e atos do Executivo de aplicação das leis), embora o Estado constitucional tenha se transmutado em simples Estado legal, neutralizando a concepção de uma supremacia da Constituição. Daí por que se afirma que o constitucionalismo francês pode ser considerado um "constitucionalismo sem Constituição".

De outro giro, *rechtsstaat* expressa uma dimensão da via especial do constitucionalismo alemão, que defendeu um modelo de Estado de Direito como Estado liberal, porque limitado à tutela da ordem e da segurança públicas, remetendo-se os domínios econômicos e sociais para os mecanismos da liberdade individual e da liberdade de concorrência. Daí defluiriam os seguintes postulados: afirmação de direitos fundamentais fundados no respeito à esfera de liberdade individual; submissão do soberano ao império da lei; princípio da legalidade da administração; princípio da proibição do excesso; e a exigência do controle judicial da atividade da administração.

Sendo assim, o Estado constitucional moderno não é nem deve ser apenas entendido como um Estado de Direito, pois ele tem de estruturar--se como Estado de Direito democrático, isto é, como uma ordem de domínio legitimada pelo povo, tal como sintetizado no princípio da soberania popular. Decerto, Estado de Direito e democracia correspondem a dois modos de ver a liberdade, concebida, na primeira hipótese, como liberdade negativa, e, na segunda hipótese, como liberdade positiva.

O Estado constitucional moderno corresponde a mais que o Estado de Direito, visto que o elemento democrático serve não só para limitar o Estado, mas também para legitimar o exercício do poder político. Logo, é o princípio da soberania popular, segundo o qual todo o poder vem do povo, o qual, concretizado segundo procedimentos juridicamente regulados, permite harmonizar os pilares do Estado de Direito e do Estado democrático, potencializando a compreensão da fórmula moderna do Estado de Direito democrático.

Nesse sentido, o Estado constitucional de Direito apresenta, como traços marcantes de sua conformação histórica, os princípios da soberania nacional, da independência dos poderes e da supremacia constitucional. O princípio da separação dos poderes, técnica destinada a conter o Absolutismo, atribui a titularidade da função legislativa a Parlamentos compostos pelos representantes da nação, restringe o campo de atuação do Poder Executivo aos limites estritos das normas legais e confere ao Poder Judiciário a competência para julgar e dirimir conflitos, neutralizando-os politicamente. O Estado submete-se ao primado da legalidade. A lei é concebida como uma norma abstrata e genérica emanada do Parlamento, segundo um processo previsto pela Constituição. A Carta Magna, na acepção liberal, apresenta-se como uma ordenação sistemática da comunidade política, plasmada, em regra, em um documento escrito, mediante o qual se estrutura o poder político e se asseguram os direitos fundamentais dos cidadãos.

Como se depreende dos elementos integrantes da noção de Estado constitucional de Direito, a ideia moderna de que os homens encontravam-se aptos a delinear um projeto racional informa as definições clássicas de lei e Constituição. As normas legais afiguram-se como instrumentos de uma razão planificante, capaz de engendrar a codificação do ordenamento jurídico e a regulamentação pormenorizada dos problemas sociais. A Constituição, produto de uma razão imanente e universal que organiza o mundo, cristaliza, em última análise, o pacto fundador de toda a sociedade civil.

O fenômeno da positivação é, pois, expressão palmar da modernidade jurídica, permitindo a compreensão do direito como um conjunto de normas postas. Ocorrido, em larga medida, a partir do século XIX, corresponde à legitimidade legal-burocrática preconizada por Max Weber, porquanto fundada em ritos e mecanismos de natureza formal. A positivação desponta como um conjunto de procedimentos capaz de moldar valores e padrões de conduta.

Para Tercio Sampaio Ferraz Jr. (1980, p. 40), o fenômeno da positivação concebe o direito positivo como o que vale em virtude de uma decisão e somente por força de uma nova decisão pode ser revogado, concepção presente no legalismo que reduziu o direito à lei. A positivação e a decisão são termos correlatos, visto que o fenômeno da positivação do direito é aquele por meio do qual todas as valorações, as normas e as expectativas de comportamento na sociedade têm de ser filtradas mediante processos decisórios antes de poder adquirir a validade. Logo, o fenômeno da positivação estabelece o campo em que se move a ciência do direito moderna, não fazendo do direito positivo seu objeto único, mas envolvendo o ser humano de tal modo que toda reflexão sobre o direito tem de tomar posição sobre ela.

Sendo assim, a lei, resultado de um conjunto de atos e procedimentos formais (iniciativa, discussão, quórum, deliberação), torna-se, destarte, a manifestação cristalina do direito. Daí advém a identificação moderna entre direito e lei, restringindo o âmbito da experiência jurídica. A análise global da conjuntura da época possibilita o entendimento do sentido dessa idolatria à lei.

Em primeiro lugar, o apego excessivo à norma legal refletia a postura conservadora de uma classe que ascendera no plano social, na esteira do movimento jusnaturalista. Decerto, o jusnaturalismo racionalista consolida-se com o advento da ilustração, despontando a racionalidade humana como um código de ética universal e pressupondo um ser humano único em todo o tempo e em todo o espaço. Os iluministas acreditavam, assim, que a racionalidade humana, diferentemente da providência divina, poderia ordenar a natureza e a vida social. Esse movimento jusnaturalista, de base antropocêntrica, utilizou a ideia de uma razão humana universal para afirmar direitos naturais ou inatos, titularizados por todo e qualquer indivíduo, cuja observância obrigatória poderia ser imposta até mesmo ao Estado, sob pena de o direito positivo corporificar a injustiça.

Historicamente, o jusnaturalismo racionalista serviu de alavanca teórica para as revoluções liberal-burguesas que caracterizaram a moderna idade jurídica (Revolução Inglesa, Independência norte-americana, Revolução Francesa), orientando o questionamento aos valores positivados na ordem jurídica do antigo regime. Nessa época, os direitos naturais de liberdade, igualdade e fraternidade passam a ser difundidos e contrapostos ao poder absoluto da monarquia.

Para Tercio Sampaio (1980, p. 30), o direito, no âmbito do movimento jusnaturalista, se por um lado quebra o elo entre jurisprudência e procedimento dogmático fundado na autoridade, de outro, procura aperfeiçoar-se ao dar-lhe a qualidade de sistema. A teoria jurídica passa a ser um construído sistemático da razão e, em nome da própria razão, como uma crítica da realidade. Sendo assim, remanescem duas contribuições importantes: o método sistemático conforme o rigor lógico da dedução; e o sentido crítico-avaliativo do direito posto em nome de padrões éticos contidos nos princípios reconhecidos pela razão humana.

Sendo assim, ao encampar o poder político, a burguesia passou a utilizar a aparelhagem jurídica em conformidade com seus interesses, pois se a utopia jusnaturalista impulsionou a revolução, a ideologia legalista legitimou a preservação do *statu quo* pelo argumento de que o conjunto de leis corporificava o justo pleno, cristalizando formalmente os princípios perenes do direito natural.

A passagem da concepção jusnaturalista à positivista legalista está ligada à formação do Estado moderno que surge com a dissolução da sociedade medieval. Ocorre, assim, o processo de monopolização da produção jurídica pelo Estado, rompendo com o pluralismo jurídico medieval (criação do direito pelos diversos agrupamentos sociais) em favor de um monismo jurídico, em que o ente estatal prescreve o direito, seja por meio da lei, ou indiretamente pelo reconhecimento e controle das normas de formação consuetudinária. Antes, o julgador podia obter a norma tanto de regras preexistentes na sociedade quanto de princípios equitativos e de razão. Com a formação do Estado moderno, o juiz, de livre órgão da sociedade, torna-se órgão do Estado, titular de um dos poderes estatais, o Judiciário, subordinado ao legislativo. O direito positivo – direito posto e aprovado pelo Estado – é, pois, considerado como o único e verdadeiro direito.

Além disso, as demandas do industrialismo e a celeridade das transformações econômicas exigiam um instrumental jurídico mais dinâmico e maleável. Em contraste com o processo de lenta formação das normas consuetudinárias, a lei se afigurava como um instrumento expedito, pronto a disciplinar as novas situações de uma realidade cambiante. Ocorreu a institucionalização da mutabilidade do direito, isto é, a ordem jurídica tornou-se contingencial e manipulável conforme as circunstâncias.

O fastígio do princípio da separação de poderes, técnica de salvaguarda política e garantia das liberdades individuais, foi outro fator preponderante na configuração da modernidade jurídica. Na concepção moderna, o julgador, ao interpretar a lei, deveria ater-se à literalidade do texto legal, para que não invadisse a seara do Poder Legislativo, pelo que o magistrado deveria restringir-se à vontade da lei – *voluntas legislatoris*. A aplicação do direito seria, então, amparada no dogma da subsunção, pelo que o raciocínio jurídico consistiria na estruturação de um silogismo, envolvendo uma premissa maior (a diretiva normativa genérica) e uma premissa menor (o caso concreto), nos moldes preconizados pelo positivismo jurídico.

Para muitos estudiosos, o programa moderno, contudo, enquanto realizava seu desiderato de constituir sujeitos autônomos e sociedades racionalmente organizadas, também desenvolvia os fermentos e as forças de sua própria dissolução.

Nesse diapasão, acentua Marshall Berman (1986, p. 15) que a experiência ambiental da modernidade anula todas as fronteiras geográficas e raciais, de classe e nacionalidade, de religião e ideologia; nesse sentido, pode-se dizer que a modernidade une toda a espécie humana. Porém, é uma unidade paradoxal, uma unidade da desunidade; ela despeja-se a todos em um turbilhão de permanente desintegração e mudança, de luta e contradição, de ambiguidade e angústia. Ser moderno é fazer parte de um universo no qual, como disse Marx, tudo que é sólido desmancha no ar.

Os desvios e os excessos do projeto da modernidade abrem margem para o aprofundamento de interpretações críticas, aptas a vislumbrar a feição repressiva do racionalismo ocidental. Desse modo, o pensamento contemporâneo sinaliza para uma transição paradigmática do programa moderno a uma cultura pós-moderna, cujos caracteres passam a ser delineados com o colapso da idade da razão.

Com a crise da modernidade, muitos estudiosos referiram a emergência de um novo paradigma de compreensão do mundo – a pós-modernidade. A perspectiva pós-moderna passou a indicar a falência das promessas modernas de liberdade, de igualdade, de progresso e de felicidade acessíveis a todos. A desconfiança de todo discurso unificante torna-se também o marco característico do pensamento pós-moderno. A realidade social, dentro da perspectiva pós-moderna, não existe como totalidade, mas se revela fragmentada, fluida e incerta.

Não é outro o entendimento de Zygmunt Bauman (1998, p. 10), para quem uma das consequências do "mal-estar da pós-modernidade" seria a vivência pessoal e coletiva de uma sensação de infelicidade. Se os mal-estares da modernidade provinham de uma espécie de segurança que tolerava uma liberdade pequena demais na busca da felicidade individual, os mal-estares da pós-modernidade provêm de uma espécie de liberdade de procura do prazer que tolera uma segurança individual pequena demais. Para ele, a liberdade sem segurança não assegura mais firmemente uma provisão de felicidade do que segurança sem liberdade.

Com efeito, no decorrer de seu transcurso histórico, o projeto da modernidade entrou em colapso. A vocação maximalista dos pilares regulatório e emancipatório, bem como dos princípios e das lógicas internas inviabilizou o cumprimento da totalidade de suas promessas. Ocorreu, em determinados momentos, a expansão demasiada do espaço social ocupado pelo mercado, a maximização da racionalidade científica e, de modo geral, o desenvolvimento exacerbado do vetor da regulação ante o vetor da emancipação. O pilar emancipatório assumiu a condição de roupagem cultural das forças de controle e de heteronomia, comprometendo o equilíbrio tão almejado entre os pilares modernos.

O programa da modernidade dissolveu-se em um processo de racionalização da sociedade, que acabou por vincular a razão às exigências do poder político e à lógica específica do desenvolvimento capitalista. O conhecimento científico da realidade natural e social, entendido como meio de emancipação do ser humano, é submetido às injunções do poder vigente.

No que se refere à modernidade jurídica, assinala Boaventura Santos (2001, p. 119) que ao direito moderno foi atribuído a tarefa de assegurar a ordem exigida pelo capitalismo, cujo desenvolvimento ocorrera em um clima de caos social que era, em parte, obra sua. O direito moderno passou, assim, a constituir um racionalizador de segunda ordem da vida social, um substituto da cientifização da sociedade, o *ersatz* que mais se aproximava – pelo menos no momento – da plena cientifização da sociedade que só poderia ser fruto da própria ciência moderna.

Denuncia-se o entrelaçamento das formações discursivas com as relações de poder. Com o aparecimento de uma razão tecnocrática, o saber se torna o serviçal e o corolário lógico do poder. O discurso, mormente o científico, é convertido em um eficiente instrumento de domínio. O discurso não é mais simplesmente aquilo que traduz as lutas ou os sistemas de dominação, mas aquilo pelo que se luta, o poder de que todos querem se apoderar.

Sendo assim, a razão de matriz iluminista se banalizou, restringindo seu horizonte e delimitando seu campo de indagação aos interesses do poder. Favoreceu o progresso técnico e o crescimento econômico, mas engendrou problemas sociais. A racionalidade moderna não mais atendeu às exigências originárias do homem (liberdade, justiça, verdade e felicidade), mas, ao contrário, sucumbiu às exigências do mercado.

Salientando esse aspecto, sustenta Max Horkheimer (1976, p. 27) que, tendo cedido em sua autonomia, a razão tornou-se um instrumento e algo inteiramente aproveitado no processo social. Seu valor operacional, seu papel no domínio dos homens e da natureza, tornou-se o único critério para avaliá-la. É como se o próprio pensamento tivesse se reduzido ao nível do processo industrial, submetido a um programa estrito, em suma, tivesse se tornado uma parte e uma parcela da produção.

Conquanto tenha desencadeado o progresso material da sociedade moderna, o racionalismo do ocidente acabou promovendo o cerceamento desintegrador da condição humana, a perda da liberdade individual, o esvaziamento ético e a formação de um sujeito egoísta, direcionado, precipuamente, ao ganho econômico. Os indivíduos foram convertidos a meros receptáculos de estratégias de produção, enquanto força de trabalho (alienação); de técnicas de consumo, enquanto consumidores (coisificação); e de mecanismos de dominação política, enquanto cidadãos da democracia de massas (massificação). A alienação, a coisificação e a massificação se tornaram patologias de uma modernidade em colapso.

Os pressupostos gnoseológicos da modernidade foram também solapados. Não mais prevalece a suposição de que o conhecimento é bom, objetivo e exato. O otimismo moderno no progresso científico é substituído pelo ceticismo no tocante à capacidade da ciência em resolver os grandes problemas mundiais. Não se aceita a crença na plena objetividade do conhecimento. O mundo não é um simples dado que está "lá fora" à espera de ser descoberto e conhecido.

A aproximação entre o sujeito e o objeto é uma tendência presente em todas as modalidades de conhecimento científico. O trabalho do cientista, como o de qualquer ser humano, é condicionado pela história e pela cultura. A verdade brota de uma comunidade específica. Assim, o que quer que aceitemos como verdade, e até mesmo o modo como a vemos, depende da comunidade da qual participamos. Esse relativismo se estende para além de nossas percepções da verdade e atinge sua essência: não existe verdade absoluta e universal. A verdade é sempre fruto de uma interpretação.

Nesse diapasão, sustenta Edgar Morin (1986, p. 198) que a ciência derrubou as verdades reveladas, as verdades absolutas. Do ponto de vista científico, essas verdades são ilusões. Pensou-se que a ciência substituía essas verdades falsas por verdades verdadeiras. Com efeito, ela fundamenta suas teorias sobre dados verificados, reverificados, sempre reverificáveis. Contudo, a história das ciências mostra-nos que as teorias científicas são mutáveis, isto é, sua verdade é temporária. A retomada dos dados desprezados e o aparecimento de novos dados graças aos progressos nas técnicas de observação/experimentação destroem as teorias que se tornaram inadequadas e exigem outras, novas.

Decerto, a epistemologia contemporânea, por meio de uma grande plêiade de pensadores, vem fortalecendo a constatação de que as afirmações científicas são probabilísticas, porquanto se revelam submetidas a incertezas. Com a emergência da geometria não euclidiana, da física quântica e da teoria da relatividade, instaurou-se a crise da ciência moderna, abalando os alicerces do positivismo científico: a certeza, o distanciamento sujeito-objeto e a neutralidade valorativa.

Nesse compasso, Karl Popper (1999, p. 55-6) afirma que a ciência não figura como um sistema de enunciados certos ou bem estabelecidos nem um sistema que avança constantemente em direção a um estado final. Desse modo, o velho ideal científico da *episteme* – do conhecimento absolutamente certo, demonstrável – mostrou-se inconsistente. A exigência da objetividade científica torna inevitável que todo enunciado científico permaneça provisório para sempre.

Sendo assim, o valor de uma teoria não seria medido por sua verdade, mas pela possibilidade de ser falsa. A falseabilidade figuraria, assim, como o critério de avaliação das teorias científicas e garantiria a ideia de progresso científico, visto que a mesma teoria seria corrigida pelos fatos novos que a falsificam. Segundo Karl Popper, a ortodoxia representa a morte do conhecimento científico, uma vez que o aumento do conhecimento dependeria inteiramente da existência da discordância.

Por outro lado, coube a Thomas Kuhn (1999, p. 56) demonstrar que a ciência é um fenômeno dinâmico, vale dizer, um construto cultural. A ocorrência das revoluções científicas revelaria que a ciência não deve ser vislumbrada como uma compilação de verdades universais objetivas. Para ele, o progresso científico seria marcado por revoluções paradigmáticas. Com efeito, nos períodos de normalidade, o paradigma, visão de mundo expressa em uma teoria, serviria para auxiliar os cientistas na resolução de seus problemas, sendo, posteriormente, substituído por outro paradigma, quando pendentes questões não devidamente respondidas pelo modelo científico anterior.

Nesse sentido, os fundamentos do discurso científico e da própria verdade científica tornam-se, em última análise, sociais. A ciência não se embasa em uma observação neutra de dados, conforme propõe a teoria moderna. Sendo assim, a noção de paradigma científico possibilita explicar o desenvolvimento científico como um processo que se verifica mediante rupturas, por meio da tematização de aspectos centrais dos grandes esquemas gerais de pré-compreensão, permitindo que se apresentem grades seletivas gerais pressupostas nas visões de mundo prevalentes e tendencialmente hegemônicas em determinadas sociedades por certos períodos de tempo e em contextos determinados.

Outrossim, rompe-se com os limites da razão moderna para congregar valores e vivências pessoais. A racionalidade é inserida no processo comunicativo. A verdade resulta do diálogo entre atores sociais. Essa nova razão brota da intersubjetividade do cotidiano, operando em uma tríplice dimensão. A racionalidade comunicativa viabiliza não só a relação cognitiva do sujeito com as coisas (esfera do ser), como também contempla os valores (esfera do dever-ser) e emoções (esfera das vivências pessoais).

Não é outro o entendimento de Jürgen Habermas (1997, p. 145), para quem uma compreensão exclusivamente instrumental ou estratégica da racionalidade é, de algum modo, inadequada. Situa Habermas a ciência, em face da pluralidade de interesses humanos, tais como a dominação da natureza, por meio da reprodução material da espécie, e o desenvolvimento da intersubjetividade, por meio do uso da linguagem que preside a ordenação da vida social e cultural.

Ao propor uma reconstrução racional da interação linguística, sustenta Habermas que a ação comunicativa permite que os atores sociais movimentem-se, simultaneamente, em variadas dimensões, pois, por meio da competência comunicativa, os indivíduos fazem afirmações sobre fatos da natureza, julgam os padrões de comportamento social e exprimem seus sentimentos pessoais. Com a racionalidade comunicativa, criam-se, portanto, as condições de possibilidade de um consenso racional acerca da institucionalização das normas do agir.

Trata-se, pois, de uma razão dialógica, espontânea e processual: as proposições racionais são aquelas validadas em um processo argumentativo, em que se aufere o consenso mediante o cotejo entre provas e argumentações. Nesse sentido, a racionalidade adere aos procedimentos pelos quais os protagonistas de uma relação comunicativa apresentam seus argumentos, com vistas à persuasão dos interlocutores.

2. CARACTERES DO DIREITO PÓS-MODERNO

As metanarrativas da modernidade iluminista, carregadas de um otimismo antropocêntrico, vislumbravam o advento de sociedades governadas pela racionalidade, encaminhadas para um estágio cada vez mais avançado de progresso técnico-científico e de desenvolvimento social.

Essas grandes visões modernas, contudo, esvaziaram-se e perderam, gradativamente, a credibilidade. Em seu transcurso histórico, o programa moderno não logrou concretizar seus ideais emancipatórios. Verificou-se que a proposta de racionalização da sociedade ocidental acabou por gerar profundos desequilíbrios entre os atores sociais, comprometendo a realização de uma subjetividade plenamente autônoma.

Nessa esteira, ressalta Paulo Rouanet (1993, p. 24) que, no Brasil e no mundo, o projeto civilizatório da modernidade entrou em colapso. Trata-se de uma rejeição dos próprios princípios, de uma recusa dos valores civilizatórios propostos pela modernidade. Como a civilização que tínhamos perdeu sua vigência, e como nenhum outro projeto de civilização aponta ao horizonte, estamos vivendo, literalmente, em um vácuo civilizatório. Há um nome para isso: barbárie. Agora não se tratava mais da impostura deliberada do clero, mas da falsa consciência induzida pela ação ideologizante da família, da escola e da imprensa e, mais radicalmente ainda, pela eficácia mistificadora da própria realidade – o fetichismo da mercadoria. Quando a ciência se transforma em mito, quando surgem novos mitos e ressurgem mitos antiquíssimos, quando a desrazão tem a seu dispor toda a parafernália da mídia moderna – quando tudo isso conspira contra a razão livre –, não é muito provável que o ideal kantiano da maioridade venha a prevalecer.

O advento da pós-modernidade também se refletiu no direito do ocidente, descortinando profundas transformações nos modos de conhecer, de organizar e de implementar as instituições jurídicas.

Sobre as repercussões do paradigma pós-moderno no fenômeno jurídico, sustenta Cláudia Marques (2002, p. 155) que, com o advento da sociedade de consumo massificada e seu individualismo crescente, nasce também uma crise sociológica, denominada, por muitos, pós-moderna. Os chamados tempos pós-modernos são um desafio para o direito. Tempos de ceticismo quanto à capacidade da ciência do direito de dar respostas adequadas e gerais aos problemas que perturbam a sociedade atual e que se modificam com uma velocidade assustadora. Tempos de valorização dos serviços, do lazer, do abstrato e do transitório, que acabam por decretar a insuficiência do modelo contratual tradicional do direito civil e por forçar a evolução dos conceitos do direito, propõem uma nova jurisprudência dos valores, uma nova visão dos princípios do direito civil, agora, muito mais influenciada pelo direito público e pelo respeito aos direitos fundamentais dos cidadãos. Para alguns, o pós-modernismo é uma crise de desconstrução, de fragmentação, de indeterminação à procura de uma nova racionalidade, de desregulamentação e de deslegitimação de nossas instituições, de desdogmatização do direito; para outros, é um fenômeno de pluralismo e relativismo cultural arrebatador a influenciar o direito.

Partindo da presente descrição, torna-se possível divisar os elementos fundamentais da cultura jurídica pós-moderna, podendo mencionar o delineamento de um direito plural, reflexivo, prospectivo, discursivo e relativo.

O fenômeno jurídico pós-moderno é cada vez mais plural. Esse pluralismo manifesta-se com a implosão dos sistemas normativos genéricos e o consequente surgimento dos microssistemas jurídicos, como o direito do consumidor. Esse fenômeno de descodificação, verificável especialmente no direito privado tradicional, abre espaço para que uma multiplicidade de fontes legislativas regule os mesmos comportamentos sociais.

Por outro lado, o pluralismo traduz-se no surgimento de interesses difusos, que transcendem às esferas dos indivíduos para alcançar, indistintamente, toda a comunidade jurídica. Esses interesses difusos são marcados pela indeterminação dos sujeitos, a indivisibilidade de seu objeto, a conflituosidade permanente e a mutação no tempo e no espaço, diferindo da estrutura dos direitos subjetivos individuais, prevalentes dentro da modernidade jurídica.

O fenômeno jurídico pós-moderno assume, também, um caráter reflexivo. O direito moderno figurava como um centro normativo diretor que, mediante o estabelecimento de pautas comportamentais, plasmava condutas e implementava um projeto global de organização e regulação social. Na pós-modernidade, entretanto, o direito passa a espelhar as demandas da coexistência societária. Sedimenta-se a consciência de que o direito deve ser entendido como um sistema aberto, suscetível aos influxos fáticos e axiológicos.

Corroborando essa perspectiva, afirma Miguel Reale (1994, p. 74) que, sendo a experiência jurídica uma das modalidades da experiência histórico-cultural, compreende-se que a implicação polar fato-valor resolve-se em um processo normativo de natureza integrante, cada norma ou conjunto de normas representando, em dado momento histórico e em função de dadas circunstâncias, a compreensão operacional compatível com a incidência de certos valores sobre os fatos múltiplos que condicionam a formação dos modelos jurídicos e sua aplicação.

Como se depreende do exposto, não se concebe mais o ordenamento jurídico como um sistema hermético, mas uma ordem permeável aos valores e aos fatos da realidade cambiante. Daí decorre a compreensão do ordenamento jurídico como um fenômeno dinâmico e, pois, inserido na própria historicidade da vida humana.

O direito pós-moderno é, igualmente, prospectivo. A própria dinamicidade do fenômeno jurídico exige do legislador a elaboração de diplomas legais marcados pela textura aberta. A utilização de fórmulas normativas propositadamente genéricas, indeterminadas e contingenciais revela a preocupação de conferir a necessária flexibilidade aos modelos normativos, a fim de poder adaptá-los aos novos tempos.

Como destaca Gustavo Tepedino (2002, p. 21), se o século XX foi identificado pelos historiadores como a Era dos Direitos, à ciência jurídica resta uma sensação incômoda, ao constatar sua incapacidade de conferir plena eficácia ao numeroso rol de direitos conquistados. Volta-se a ciência jurídica à busca de técnicas legislativas que possam assegurar uma maior efetividade aos critérios hermenêuticos. Nessa direção, parece indispensável, embora não suficiente, a definição dos princípios de tutela da pessoa humana, como tem ocorrido de maneira superabundante nas diretivas europeias e em textos constitucionais, bem como sua transposição na legislação infraconstitucional. O legislador percebe a necessidade de definir modelos de conduta (*standards*) delineados à luz de princípios que vinculem o intérprete, seja nas situações jurídicas típicas, seja nas situações não previstas pelo ordenamento. Daí a necessidade de descrever nos textos normativos (e particularmente nos novos códigos) os cânones hermenêuticos e as prioridades axiológicas, os contornos da tutela da pessoa humana e os aspectos centrais da identidade cultural que se pretende proteger, ao lado de normas que permitem, do ponto de vista de sua estrutura e função, a necessária comunhão entre o preceito normativo e as circunstâncias do caso concreto.

O fenômeno jurídico pós-moderno passa a valorizar a dimensão discursivo-comunicativa. Entende-se que o direito é uma manifestação da linguagem humana. Logo, o conhecimento e a realização do ordenamento jurídico exigem o uso apropriado dos instrumentos linguísticos da semiótica ou semiologia. Torna-se, cada vez mais plausível, o entendimento de que os juristas devem procurar as significações do direito no contexto de interações comunicativas. Desse modo, a linguagem afigura-se como a condição de exterioridade dos sentidos incrustados na experiência jurídica.

Nesse sentido, asseveram Edmundo Arruda e Marcus Fabiano (2002, p. 326-7) que, quando qualificamos como complexa a atividade interpretativa, apenas salientamos, na mobilização dessas múltiplas faculdades psíquicas, o acoplamento de estados interiores ao mundo externo pela via do principal instrumento de mediação: a linguagem. A linguagem, portanto, funda e constitui o mundo. Por isso mesmo, a interpretação não se reduz a uma atividade passiva. Não somos o mero receptáculo em estados interiores das impressões do mundo exterior. O mundo é feito por nós quando nos apropriamos dele interpretativamente. Nessa mediação linguística da compreensão, o mundo é por nós transformado, constantemente desfeito e refeito. Mas nem todas as linguagens são iguais. Existem certas linguagens dotadas da capacidade de mobilizar grandes poderes sociais, como é o caso do direito. Tais linguagens-poderes imprimem novas condições de possibilidade à vivência do e no mundo. Quem por ofício manipula essas linguagens em sua lide quotidiana recebe então uma responsabilidade adicional: a de fazer não só seu próprio mundo, mas também o daqueles onde muitos outros podem viver.

Outrossim, a teoria e a prática do direito passam a enfatizar o estabelecimento das condições de decidibilidade dos conflitos, potencializando o uso de técnicas persuasivas. O raciocínio jurídico, no âmbito de um processo comunicativo, não se resume a uma mera operação lógico-formal, mas concatena fórmulas axiológicas de consenso, como os princípios. O processo argumentativo não se respalda nas evidências, mas, isso sim, em juízos de valor. A retórica assume, nesse contexto, papel primordial, enquanto processo argumentativo que, ao articular discursivamente valores, convence a comunidade de que uma interpretação jurídica deve prevalecer.

Ademais, o direito pós-moderno é relativo. Isso porque não se podem conceber verdades jurídicas absolutas, mas sempre dados relativos e provisórios.

Decerto, como bem leciona Luigi Ferrajoli (2002, p. 43), o conceito de verdade apresenta uma especial acepção semântica, no âmbito do direito processual. Para ele, uma justiça integralmente atrelada com a verdade é utópica, mas uma justiça completamente sem verdade compreende uma arbitrariedade. Logo, toda atividade judicial é uma combinação de conhecimento (*veritas*) e decisão (*auctoritas*). Segundo ele, a diferença entre experimento (de um fato presente) e provas (de um fato passado) desemboca no modelo ideal de verdade processual fática como correspondência objetiva.

Pode-se afirmar, então, que a verdade processual fática, da mesma forma que a verdade histórica, em vez de ser predicável em referência direta ao fato julgado, é resultante de uma ilação dos fatos comprovados do passado com os fatos probatórios do presente. Por sua vez, a verdade processual jurídica é opinativa, pois o conceito classificatório é sempre impreciso e insuficiente. Além disso, a verdade processual jurídica deve ser produzida na moldura do direito positivo, sem desrespeitar os preceitos da ordem jurídica. Não é a verdade, portanto, que condiciona a validade, mas a validade condiciona a verdade, como verdade normativa, que está convalidada por normas, por ser obtida na observância do sistema normativo.

Na pós-modernidade jurídica, marcada pela constelação de valores e pelos fundamentos linguísticos, qualquer assertiva desponta como uma forma de interpretação, pelo que o relativismo pós-moderno oportuniza a consolidação de um saber hermenêutico.

Essa virada em direção à racionalidade hermenêutica é referida por Andrei Marmor (2000, p. 9), quando salienta que a interpretação tornou-se um dos principais paradigmas intelectuais dos estudos jurídicos nos últimos quinze anos. Assim como o interesse pelas normas na década de 1960 e pelos princípios jurídicos na de 1970, boa parte da teorização da última década foi edificada em torno do conceito de interpretação. Em um aspecto importante, porém, a interpretação é um paradigma mais ambicioso: não se trata apenas de um tema no qual os filósofos do direito estão interessados, mas, segundo alguns filósofos muito influentes, a interpretação é também um método geral, uma metateoria da teoria do direito.

Sob o influxo do pensamento pós-positivista, cristaliza-se um novo modelo interpretativo. Entende-se que o ato de interpretar e aplicar o direito envolve o recurso permanente a instâncias intersubjetivas de valoração. O raciocínio jurídico congrega valores, ainda que fluidos e mutadiços, porquanto o direito revela-se como um objeto cultural, cujo sentido é socialmente compartilhado. A hermenêutica jurídica dirige-se à busca de uma dinâmica *voluntas legis*, verificando a finalidade da norma em face do convívio em sociedade. Desse modo, o relativismo potencializa uma hermenêutica jurídica construtiva, voltada para o implemento da justiça social.

Na transição pós-moderna, é esse fenômeno jurídico plural, reflexivo, prospectivo, discursivo e relativo que abre margem para a emergência do pós-positivismo jurídico, como movimento que busca superar a dicotomia jusnaturalismo *vs* positivismo jurídico na fundamentação do significado de um direito justo.

3. O PÓS-POSITIVISMO JURÍDICO COMO SUPERAÇÃO DA MODERNIDADE

Na transição pós-moderna, o marco filosófico do pensamento jurídico contemporâneo é o pós-positivismo, como um movimento jurisfilosófico que ultrapassa a tradicional contraposição das teses jusnaturalista e juspositivista.

Como já visto, o jusnaturalismo moderno aproximou a lei da razão, baseando-se na crença em princípios de justiça universalmente válidos. Com as revoluções liberais e burguesas, nos séculos XVIII e XIX, as Constituições escritas e as codificações passaram a simbolizar o ocaso da doutrina do direito natural e a consequente hegemonia do positivismo jurídico. Em busca da objetividade científica, o juspositivismo identificou o direito à normatividade jurídica, afastando a ciência jurídica da discussão sobre a legitimidade e a justiça. Sua decadência costuma ser associada à derrota dos regimes totalitários ao final da Segunda Guerra Mundial, quando as preocupações éticas e axiológicas começam a ser retomadas pelo direito.

A partir da segunda metade do século passado, as posições unilaterais do jusnaturalismo e do positivismo jurídico passaram a ser combatidas por novas concepções jurisfilosóficas, preocupadas em oferecer instrumentos conceituais mais aptos a garantir a fundamentação de um direito justo.

Comentando o unilateralismo dessas concepções, salienta Carlos Nino (1974, p. 21-5) que o programa jusnaturalista afirma que o direito leva implícito algum tipo de propriedade ética específica que o distingue de uma ordem de pura força, pelo que o jurista deve fazer uma estimação axiológica. A ideia de justiça integra necessariamente o conceito de direito. Uma ordem que não está baseada na justiça carece de validade ou força obrigatória, que são propriedades definitórias da ordem jurídica. Por outro lado, segundo o positivismo jurídico, as proposições jusnaturalistas são metafísicas, pois não cumprem com os critérios de significado empírico, pelo qual, não sendo analíticas, carecem de significado. O positivismo jurídico prescreverá ao jurista que, se deseja descrever cientificamente o direito, deve afastar toda a valoração do sistema normativo.

Por um lado, a teoria do direito constatou os limites do jusnaturalismo, visto que a fundamentação do direito justo no suposto direito natural revelou-se frágil, não só pela insegurança gerada pelo caráter absoluto e pela abstração metafísica do conceito, como também pela valorização excessiva do atributo da legitimidade em face da validade da normatividade jurídica, necessária para a manutenção mínima da ordem e da segurança na convivência humana em sociedade.

Por outro lado, a teoria do direito ratificou os limites do positivismo jurídico na fundamentação do que seja o direito justo, em suas diversas feições legalista, lógica e funcionalista, em face do alheamento da doutrina do direito positivo à dimensão axiológica do fenômeno jurídico, sacrificando a legitimidade do ordenamento jurídico em nome de uma validade estritamente normativa, como alternativa para a realização ordenada da segurança jurídica.

Como bem ressalta Luís Barroso (2003, p. 320), o positivismo foi fruto de uma idealização do conhecimento científico, baseada na crença de que os múltiplos domínios da indagação e da atividade intelectual pudessem ser regidos por leis naturais, invariáveis, independentes da vontade e da ação humana. Nesse sentido, a ciência desponta como único conhecimento verdadeiro, depurado de indagações teológicas ou metafísicas. O conhecimento científico é considerado objetivo, pois fundado no distanciamento entre sujeito e objeto e na neutralidade axiológica do sujeito cognoscente assegurada pelo método descritivo, baseado na observação e na experimentação.

Nesse sentido, o positivismo jurídico representou a importação do positivismo filosófico para o mundo do direito, na pretensão de se criar uma ciência jurídica, com características análogas às ciências exatas e naturais. A busca de objetividade científica, com ênfase na realidade empírica, apartou o direito da moral e dos valores transcendentes, concebendo o fenômeno jurídico como uma emanação do Estado com caráter imperativo e coativo. A ciência do direito passou a fundar-se em juízos de fato, e não em juízos de valor, os quais representam uma tomada de posição diante da realidade, esvaziando o debate sobre a legitimidade e a justiça.

O positivismo jurídico sujeitou-se, contudo, à crítica crescente, visto que jamais foi possível a transposição totalmente satisfatória dos métodos das ciências naturais para o campo próprio das ciências humanas. O direito, ao contrário de outros domínios do saber, não comporta uma postura puramente descritiva da realidade, visto que não é um dado, mas uma criação social e cultural, pelo que o ideal positivista de objetividade e neutralidade é insuscetível de se realizar no plano jurídico.

Em face do problema da fundamentação do direito justo, o positivismo jurídico, em suas mais diversas manifestações, revelou propostas limitadas e insatisfatórias. Isso porque a identificação entre direito positivo e direito justo e a excessiva formalização da validez normativa não propiciam uma compreensão mais adequada das íntimas relações entre direito, legitimidade e justiça.

Sendo assim, com a crise do positivismo jurídico, abriu-se espaço para a emergência de um conjunto amplo e difuso de reflexões acerca da função e da interpretação do direito, reintroduzindo, na esteira da pós--modernidade, as noções de justiça e legitimidade para a compreensão axiológica e teleológica do sistema jurídico. Buscou-se, então, conceber a ordem jurídica como um sistema plural, dinâmico e aberto aos fatos e valores sociais, erguendo-se um novo paradigma, denominado, por muitos estudiosos, pós-positivismo jurídico.

Os reflexos do pós-positivismo jurídico podem ser verificados em vários campos da ciência do direito, descortinando novas possibilidades de reflexão sobre o direito. Para os fins do presente trabalho, importa destacar os contributos fornecidos por algumas importantes vertentes de pensamento: o culturalismo jurídico; o raciovitalismo jurídico; a tópica; a nova retórica; o direito alternativo; o neocontratualismo jurídico; o funcionalismo jurídico; o substancialismo principiológico; o procedimentalismo discursivo; e o neoconstitucionalismo.

4. O CULTURALISMO JURÍDICO

Para o culturalismo jurídico, o conhecimento jurídico não seria o produto metódico de procedimentos formais, dedutivos e indutivos, mas seria uma unidade imanente, de base concreta e real, que repousa sobre valorações. Cultura é tudo que o ser humano acrescenta às coisas (*homo additus naturae*). Trata-se da natureza transformada e ordenada pela pessoa humana com o escopo de atender aos seus interesses e finalidades. Os culturalistas concebem o direito pós-moderno como um objeto criado pelo homem, dotado de um sentido de conteúdo valorativo, sendo, pois, pertencente ao campo da cultura.

Sendo assim, o culturalismo jurídico desemboca na investigação axiológica dos valores do direito, sob o influxo de conteúdos ideológicos de diferentes épocas e lugares, examinando, consequentemente, o problema da justiça em sua circunstancialidade histórica, o que restará confirmado com a breve análise das contribuições do tridimensionalismo jurídico e da teoria egológica do direito.

A primeira vertente culturalista a ser destacada é o tridimensionalismo jurídico de Miguel Reale, que concebe a experiência jurídica como uma das modalidades da experiência histórico-cultural, pelo que a implicação polar fato-valor resolve-se em um processo normativo de natureza integrante. Cada norma ou conjunto de normas representando, em dado momento histórico e em função de dadas circunstâncias, a compreensão operacional compatível com a incidência de certos valores sobre os fatos múltiplos que condicionam a formação dos modelos jurídicos e sua aplicação.

Para Miguel Reale (1994, p. 74), trata-se de um tridimensionalismo concreto, dinâmico e dialético, visto que esses elementos estão em permanente atração polar, já que o fato tende a realizar o valor, mediante a norma. A norma deve ser concebida como um modelo jurídico concreto, em que fatos e valores são regulados em virtude de um ato decisório de escolha e de prescrição, emanado do legislador, do juiz, das opções costumeiras ou das estipulações resultantes da autonomia da vontade dos particulares.

Com essa teoria integrativa, Reale rejeita todas as concepções setorizadas de direito (normativismo abstrato, sociologismo jurídico e moralismo jurídico), postulando, assim, uma doutrina que requer a integração dos três elementos constitutivos do direito, em uma unidade funcional e de processo, em correspondência com os problemas complementares da validade social (eficácia), da validade ética (fundamento) e da validade técnico-jurídica (vigência). O conhecimento jurídico desponta como uma ciência histórico-cultural e compreensivo-normativa, por ter por objeto a experiência social na medida em que esta normativamente se desenvolve em função de fatos e valores, para a realização ordenada da vida humana.

Segundo Reale (1972, p. 275), o fundamento último que o direito tem em comum com a moral e com todas as ciências normativas deve ser procurado na natureza humana, nas tendências naturais do homem, não como entidade abstrata à maneira dos jusnaturalistas, mas como ser racional destinado por natureza a viver em sociedade e a realizar seus fins superiores. Da análise da natureza racional do homem e da consideração de que o homem é por necessidade um animal político, resulta a ideia de que cada homem representa um valor e que a pessoa humana constitui o valor-fonte de todos os valores. A partir desse valor-fonte, torna-se possível alcançar o fundamento peculiar do direito, remetendo ao valor--fim próprio do direito que é a justiça, entendida não como virtude, mas em sentido objetivo como justo, como uma ordem que a virtude justiça visa a realizar.

Nesse sentido, o direito se desenvolve porque os homens são desiguais e aspiram à igualdade, inclinando-se para a felicidade e querendo ser cada vez mais eles mesmos, ao mesmo tempo que aspiram a uma certa tábua igual de valores. Refere o jurisfilósofo que a ideia de Justiça, que, no seu sentido mais geral, exprime sempre proporção e igualdade, é própria do homem como ser racional e social. Vivendo em sociedade e procurando o seu bem, o homem acaba compreendendo a necessidade racional de respeitar em todo homem uma pessoa, condição essencial para que também possa se afirmar como pessoa. Sendo assim, a ideia de Justiça liga-se, de maneira imediata e necessária, à ideia de pessoa, pelo que o Direito, como a Moral, figura como uma ordem social de relações entre pessoas.

Na visão de Miguel Reale (1972, p. 300), a justiça, valor-fim do direito, fundamento específico do direito, é formada por valores que o homem intui na experiência social e em sua própria experiência e que, depois, a razão reelabora e esclarece à luz dos dados fornecidos pela vida. O bem comum, objeto mais alto da virtude justiça, representa, pois, uma ordem proporcional de bens em sociedade, de maneira que o direito não tem a finalidade exclusiva de realizar a coexistência das liberdades individuais, mas sim a finalidade de atingir a coexistência e a harmonia do bem de cada um com o bem de todos. A justiça se afigura como a realização do bem comum, segundo a proporção exigida pelos valores da pessoa e pela conservação e o desenvolvimento da cultura, representando o valor-fim que serve de fundamento último e próprio do direito.

O problema do fundamento concreto do direito só pode ser resolvido em contato com a experiência, mediante a consideração racional dos fins particulares que, segundo as variáveis culturais, devem ser considerados indispensáveis à consecução dos valores do homem e da sociedade. Nesse sentido, uma regra de direito positivo não precisa receber a sua força obrigatória do valor-fim, bastando que os valores-meio fundamentais como a liberdade, a utilidade, a segurança ou a ordem pública concretizem-se em valores particulares, em face das contingências de cada sociedade, desde que a apreciação racional da autoridade competente considere as normas resultantes indispensáveis ao bem comum, mesmo que desde logo não conquistem a adesão das consciências.

Sendo assim, defende-se a concepção de que a validade ética, a eficácia e a validade formal exprimem um conjunto de elementos que a ordem jurídica positiva deve conter em cada um dos seus preceitos, uma vez que uma regra de direito obriga em virtude de sua conformidade com o valor-fim, com as situações objetivas (causas intrínsecas) e com a ordem de uma autoridade constituída (causa extrínseca). Logo, é na própria ordem jurídica positiva que se revela possível encontrar a integração fato-valor-norma a qual corresponde a tríade validade social (eficácia), validade ética (fundamento) e validade técnico-jurídica (vigência).

Afirma Miguel Reale que os valores que se ligam necessariamente ao valor-fonte (*e.g.*, liberdade humana) constituem o conteúdo próprio da justiça e, uma vez traduzidos em preceitos incorporados à cultura, tornam-se preceitos universais, comuns a todos os povos e lugares, pelo que toda regra que atualize esses preceitos fundamentais conta com o assentimento dos sujeitos. Ao lado desses preceitos gerais, que exprimem a constante ética do direito, outros há que também servem de fundamento às regras do direito positivo, na condicionalidade de cada cultura (*v.g.*, exigência de que o direito estatal vale como imperativo de segurança), representando as infinitas formas de integração dos valores mais altos no desenvolvimento histórico das civilizações em face do lugar e do tempo.

Dentro da dimensão valorativa do direito e no campo da fundamentação de sua validade ética, o problema da justiça adquire relevo. Para ele, o que importa não é a definição da justiça – dependente sempre da cosmovisão dominante em cada época histórica –, mas sim o seu processo experiencial por meio do tempo, visando a realizar cada vez mais o valor da igualdade, em razão da pessoa humana, valor-fonte de todos os demais valores jurídicos. Pode-se afirmar que, nesse contexto, a justiça se apresenta como condição transcendental da realização dos demais valores, por ser a base sem a qual os demais valores não poderiam se desenvolver de forma coordenada e harmônica, em uma comunidade de homens livres. É por tal razão que a justiça deve ser entendida como um valor franciscano, na condição de valor-meio, sempre a serviço dos demais valores para assegurar-lhes seu adimplemento, em razão da pessoa humana que figura como o valor-fim.

Por sua vez, a teoria egológica do direito afigura-se como uma concepção culturalista defendida pelo jurista argentino Carlos Cossio. Para ele, a ciência jurídica deve estudar o direito como um objeto cultural egológico, apresentando, como substrato, a conduta humana compartida, sobre a qual incide o sentido dos valores jurídicos. O ato cognitivo próprio é a compreensão, viabilizada pelo método empírico-dialético. Ao conhecer o direito, o jurista exerce o papel de relacionar a conduta humana em sua interferência com os valores positivados na ordem jurídica.

Assevera Carlos Cossio (1954, p. 100) que a lei é uma valoração de conduta, corporificando valores como a justiça, representados pela constituição positiva. Somente assim pode resultar juridicamente fundado que, em face das circunstâncias, deve ter lugar o efeito legal quando ocorre o antecedente que a lei leva em conta, tendo em vista a valoração da conduta que a lei representa com suas determinações contingentes.

As valorações jurídicas são objetivas e sua objetividade não se manifesta por meio da lei, senão mediante a vivência do julgador. Nesse sentido, a lei é uma estrutura intelectual e, como o direito figura como valoração jurídica, a legislação vivenciada é um comportamento com certo valor, de modo que se o caso não se estrutura com o valor consubstanciado na lei, o juiz concluirá, fundamentadamente, que o caso não é regulado pela lei. Por outro lado, a valoração jurídica se intercala entre a interpretação da lei e as determinações contingentes dela, porque a interpretação busca o significado jurídico destas determinações, como sentido para a conduta. Sendo assim, é mediante a valoração jurídica que a lei deve ser interpretada cada vez que se aplica, por mais claro que seja seu texto e por mais preciso que seja o seu conteúdo.

Ao discorrer sobre o egologismo, assinala Machado Neto (1988, p. 74) que a norma jurídica não se afigura como o objeto da ciência jurídica, constituindo, no plano gnoseológico da lógica-transcendental, conceito que pensa a conduta em sua liberdade e, no plano da lógica formal, um juízo hipotético disjuntivo. A ciência jurídica é normativa porque conhece condutas compartidas, por meio de normas jurídicas.

Para a teoria egológica, a ciência jurídica compreende três perspectivas: a dogmática jurídica, que se atém ao empirismo científico, buscando estabelecer a equivalência entre dados normativos contingentes e os fatos da experiência; a lógica prática, voltada para a estruturação do pensamento do jurista, dentro da lógica do dever-ser, a forma com que a experiência jurídica se apresenta no conhecimento científico-jurídico; e a estimativa jurídica, que procura compreender o sentido da conduta, fundada em valorações positivas da comunidade e limitada à materialidade do substrato.

No plano da axiologia jurídica, Carlos Cossio se propõe a estudar as características dos valores jurídicos, incluindo a justiça. Segundo ele, os valores jurídicos não devem ser compreendidos como entes ideais, nos moldes preconizados pela doutrina jusnaturalista, mas como estimativas de natureza histórico-social, ao projetar as expectativas axiológicas e teleológicas de uma dada comunidade humana.

Outrossim, sendo os valores jurídicos bilaterais, por envolver sempre a intersubjetividade humana (correlação entre o fazer de um sujeito e o impedir de outro sujeito), diferenciando-os, pois, dos valores morais (*v.g.*, a caridade), cuja natureza unilateral permite sua realização por um agente isolado (correlação entre o fazer e o omitir de um mesmo sujeito). Carlos Cossio diferencia ainda os valores jurídicos em dois grandes agrupamentos: os valores de autonomia e os valores de heteronomia. Os valores de autonomia – *e.g.*, segurança, paz, solidariedade – seriam aqueles valores que expandiriam a esfera vivencial da liberdade humana, enquanto a vivência dos valores de heteronomia – *v.g.*, ordem, poder, cooperação – restringiria a esfera da liberdade humana.

Na visão egológica do direito, a justiça seria o melhor arranjo desse plexo axiológico composto pelos valores jurídicos de autonomia e de heteronomia. Sendo assim, a justiça desponta como um valor-síntese das demais estimativas jurídicas, expressando a vertente axiológica que melhor corresponde ao entendimento societário, em cada período histórico-cultural. Sendo assim, existe justiça em todo entendimento comunitário e somente nesta forma ela pode existir. Como os valores jurídicos não são abstrações metafísicas, o direito, em qualquer de suas manifestações culturais, é a realização de alguma ordem, de alguma segurança, de algum poder, de alguma paz, de alguma cooperação, de alguma solidariedade e, portanto, de alguma justiça.

5. O RACIOVITALISMO JURÍDICO

A lógica existencialista do razoável figura como uma modalidade de raciocínio jurídico tendente à realização do direito pós-moderno, mediante o exercício de uma razão vital. O raciovitalismo se apresenta como a vertente de pensamento que se liga à filosofia da razão vital, preconizada pelo filósofo espanhol Ortega y Gasset, com amplas repercussões na esfera jurídica. O seu maior expoente foi Luis Recaséns Siches, cultor da chamada lógica do razoável.

Para Recaséns Siches (1959, p. 157), o homem apresenta natureza biológica e psicológica, vive com a natureza circundante e, em razão disso, encontra-se condicionado por leis físico-naturais, que, todavia, não dão conta de todo o humano. Isso porque o comportamento humano é consciente e tem um sentido que não existe nos fenômenos físico-naturais. A natureza se explica e os fatos humanos podem ser compreendidos. Só o que é do homem pode ser justificado pelo homem, em razão dos fins que ele elege.

Segundo ele, a vida humana nada tem de concluído ou acabado, mas deve fazer-se a si mesma. Trata-se de um fazer-se contínuo, onde há sempre um campo de ação, não predeterminado, que possibilita a opção, com certa margem de liberdade, por um caminho. A partir desta visão orteguiana de vida humana, Recaséns Siches enquadra o direito entre os objetos culturais, porque criado pelo homem, considerando-o como pedaço de vida humana objetivada.

Sendo assim, procurou Recaséns Siches conciliar a objetividade dos valores jurídicos com a historicidade do direito. Se a racionalidade é a própria vida humana – a razão vital –, a ciência do direito deve estudar a norma jurídica em sua historicidade, como momento da vida coletiva, ligada às circunstâncias e dentro da perspectiva por ela formada.

O sentido da obra cultural – arte, política ou direito – é sempre um sentido referido às circunstâncias concretas, em que se apresentou a necessidade estimulante, em que se concebeu a conveniência e a adequação do fim, em que se apreciou a propriedade e a eficácia dos meios adotados. De sorte que a obra cultural deve ser considerada como um produto histórico intencionalmente referido a valores, pelo que o direito estaria voltado para a concretização axiológica do justo.

Enquanto o pensamento racional puro da lógica formal tem a natureza meramente explicativa de conexões entre ideias, entre causa e efeitos, a lógica do razoável tem por objetivo problemas humanos, de natureza jurídica e política, e deve, por isso, compreender ou entender sentidos e conexões de significados, operando com valores e estabelecendo as finalidades e os propósitos da ordem jurídica. É razoável, portanto, o que seja conforme à razão, supondo equilíbrio, moderação e harmonia; o que não seja arbitrário ou caprichoso; o que corresponda ao senso comum, aos valores vigentes em dado momento ou lugar.

Para ele, a lógica dedutiva, silogística e alheia a critérios axiológicos, é imprópria para a solução dos problemas humanos. Em contrapartida, a lógica do razoável, *logos* do humano ou da razão vital, destina-se a compreender os assuntos humanos, buscando o sentido dos fatos e objetos, mediante operações estimativas.

Segundo Recaséns Siches (1980, p. 140), se a norma jurídica é um pedaço de vida humana objetivada, não pode ser uma norma abstrata de moral, de ética, desligada dos fatos concretos, é um enunciado para a solução de um problema humano. A norma jurídica não pode ser julgada como um fim, mas como um meio para a consecução de valores concretos, tais como o bem-estar social, a dignidade, a liberdade e a igualdade. Sendo assim, a materialização destas estimativas sociais permite a realização da justiça e, portanto, do direito justo.

Logo, se a aplicação de uma norma a um determinado fato concreto levar a efeitos contrários aos por ela visados, deve ser declarada inaplicável ao caso. A produção do direito não é obra exclusiva do legislador, mas também dos julgadores e administradores, visto que eles concretizam e individualizam a norma geral, levando em conta os fins da norma. As decisões têm, assim, natureza axiológica.

Em cada aplicação a norma jurídica é revivida. O reviver concreto da norma fundamenta uma nova hermenêutica jurídica, porque a norma deve experimentar modificações para ajustar-se à nova realidade em que e para que é revivida. Só a lógica do razoável pode considerar esta permanente adequação do direito à vida, sendo regida por princípios de adequação não só entre a realidade e os valores, fins e propósitos, mas também entre propósitos e meios, bem como entre os meios e sua correção ética, em face das exigências de justiça.

Como salienta Fábio Ulhoa Coelho (1997, p. 100), o aplicador do direito, para fazer uso da lógica do razoável, deve investigar algumas relações de congruência, indagando sobre: os valores apropriados à disciplina de determinada realidade (congruência entre a realidade social e os valores); os fins compatíveis com os valores prestigiados (congruência entre valores e fins); os propósitos concretamente factíveis (congruência entre os fins e a realidade social); os meios convenientes, eticamente admissíveis e eficazes, para a realização dos fins (congruência entre meios e fins).

Sendo assim, o manuseio da lógica do razoável potencializa a realização do direito pós-moderno, por exteriorizar uma operação axiológica e teleológica que se revela compatível com as especificidades histórico-culturais de cada caso concreto, tendo em vista a singularidade que envolve a vida humana.

6. A TÓPICA JURÍDICA

Dentro da transição pós-moderna, salienta Theodor Viehweg (1979, p. 19) que a tópica pode ser entendida como uma técnica de pensar por problemas, desenvolvida pela retórica. Ela se distingue nas menores particularidades de outra de tipo sistemático-dedutivo. As tentativas da era moderna de desligá-la da jurisprudência, mediante a sistematização dedutiva de uma ciência jurídica, tiveram um êxito muito restrito, visto que a tópica vem sendo encontrada ao longo de toda a tradição ocidental, desde a antiguidade greco-latina. Se Aristóteles entendeu a tópica como uma teoria da dialética, entendida como a arte da discussão, Cícero a concebeu como uma práxis da argumentação, baseada no uso flexível de catálogos de *topoi* (lugares-comuns).

O ponto mais importante do exame da tópica constitui a afirmação de que se trata de uma *techne* do pensamento que se orienta para o problema. Essa distinção, já cunhada por Aristóteles em sua *Ética a Nicômaco*, entre *techne* e *episteme* implica considerar a primeira como o hábito de produzir por reflexão razoável, enquanto a segunda seria o hábito de demonstrar a partir das causas necessárias e últimas, e, portanto, uma ciência. Afigura-se como uma técnica do pensamento problemático, que opera sobre aporias – questões estimulantes e iniludíveis que designam situações problemáticas insuscetíveis de eliminação.

Chama-se de problema ou aporia toda questão que aparentemente permite mais de uma resposta e que requer necessariamente um entendimento preliminar, de acordo com o qual toma o aspecto de questão que há que levar a sério e para a qual há que buscar uma resposta como solução. Se colocamos o acento no sistema, os problemas seriam agrupados, de acordo com cada sistema, em solúveis e insolúveis, e estes últimos seriam desprezados como problemas aparentes. A ênfase no sistema opera, desse modo, uma seleção de problemas. Ao contrário, se colocamos acento no problema, este busca, por assim dizer, um sistema que sirva de ajuda para encontrar a solução. A ênfase no problema opera uma seleção de sistemas.

Buscam-se, desse modo, premissas que sejam objetivamente adequadas e fecundas que nos possam levar a consequências que nos iluminem. Tal procedimento é a tópica de primeiro grau. Entretanto, sua insegurança salta à vista, o que explica que se trate de buscar um apoio que se apresenta, na sua forma mais simples, em um repertório de pontos de vista preparados de antemão. Dessa maneira, produzem-se catálogos de *topoi*, tais como: "o direito não socorre os desidiosos", "o direito não tutela a má-fé a própria torpeza"; "o direito não tolera o enriquecimento sem causa" ou "o direito deve conferir tratamento isonômico aos iguais". A função dos *topoi*, tanto gerais como universais, consiste em servir a uma discussão de problemas. Quando se produzem mudanças de situações e em casos particulares, é preciso encontrar novos dados para resolver o problema.

Para Viehweg (1979, p. 75), restam comprovados os limites do sistema jurídico lógico-dedutivo, visto que o centro de gravidade do raciocínio jurídico, longe de ser a subsunção, como a atividade de ordenação dentro de um sistema perfeito, reside predominantemente na interpretação em sentido amplo e, por isso, na invenção. Isso porque, para que o sistema jurídico fosse logicamente perfeito, seria necessário garantir uma rigorosa axiomatização de todo o direito; proibição de interpretação dentro do sistema, o que se alcançaria mais completamente por meio de um cálculo; alguns preceitos de interpretação dos fatos orientados rigorosa e exclusivamente para o sistema jurídico (cálculo jurídico); não impedimento da admissibilidade das decisões *non liquet*; permanente intervenção do legislador, que trabalhe com uma exatidão sistemática (calculadora) para tornar solúveis os casos que surgem como insolúveis. Mesmo assim, a escolha dos axiomas continuaria sendo logicamente arbitrária, gerando um resíduo tópico.

Como a axiomatização do direito não é suficiente para captar plenamente a estrutura da argumentação, os axiomas também não oferecem uma resposta adequada ao problema da justiça. O procedimento que isto supõe já não é de busca do direito, senão de aplicação do direito justo. Daí deflui o segundo tipo de ciência mencionado, em que não se tenta modificar a essência da *techne* jurídica. Concebe-a, consequentemente, como uma forma de aparição da incessante busca do justo. Sendo assim, o direito positivo emana desta busca pelo justo, a qual continua com base nesse mesmo direito positivo, em um movimento de circularidade dinamizado pela utilização das fórmulas persuasivas dos *topoi*, lugares-comuns da argumentação jurídica. Esta busca pelo justo seria o grande objeto de investigação da ciência do direito, cabendo à jurisprudência mostrar suas possibilidades, mediante o uso apropriado dos tópicos capazes de melhor atender as peculiaridades do caso concreto.

Não há como negar a associação entre a tópica e o direito, pois como observa Edvaldo Brito (2005, p. 8), ao criticar os limites do raciocínio jurídico lógico-dedutivo (silogismo), adquire prestígio a tópica, que sugere evitar-se técnica que inviabilize a decisão justa, pois esta somente se conseguiria a partir dos dados materiais, buscados nos problemas, ainda que a deliberação não encontre apoio em norma legal. A teoria da justiça passa a ser entendida como uma teoria da práxis, de aplicabilidade tópica, com o que se afasta, no enfrentamento da fundamentação de um direito pós-moderno, a pretensão jusnaturalista de aplicação lógico-dedutiva de um padrão absoluto e imutável de justiça, bem como o condenável alheamento do positivismo jurídico aos problemas de valor.

7. A NOVA RETÓRICA JURÍDICA

Chaïm Perelman é considerado o fundador e o maior expoente da retórica contemporânea. Lecionou as disciplinas de lógica, moral e filosofia do direito na Universidade de Bruxelas, no período compreendido entre 1945 e 1978. Sua obra, ainda hoje, ganha ressonância no mundo jurídico, influenciando os modelos teóricos e as práticas diuturnas dos profissionais do Direito.

Isso porque Chaïm Perelman promove a reabilitação filosófica da lógica argumentativa, marginalizada tanto pelo idealismo platônico quanto pelo racionalismo cartesiano. Rompendo também com o positivismo lógico de Frege, torna patente a insuficiência do raciocínio demonstrativo no tratamento dos problemas linguísticos, bem como a impossibilidade de aplicar uma linguagem matemática, porque exata e unívoca, para os discursos humanos.

Sua obra filosófica se desdobra em dois domínios: por um lado, no campo da filosofia, elabora uma aguda crítica ao modelo racionalista cartesiano; por outro, alicerçado em uma concepção de racionalidade jurídica mais ampla, ergue uma sólida objeção à perspectiva da Teoria Pura do Direito de Hans Kelsen.

Com efeito, Perelman se insurge contra as consequências da abordagem positivista no que tange às possibilidades da argumentação racional dos valores. Isso porque, segundo ele, o modelo teórico que privilegia apenas a demonstração e o raciocínio lógico-matemático, como caminhos para a obtenção de informações fidedignas, afasta da competência do discurso filosófico áreas cruciais da vida social, relegando assim ao decisionismo todas as opções referidas a valores, fundamentais no campo da política e do direito. A partir de uma insatisfação em face da visão moderna de razão, estruturada a partir das filosofias racionalistas do século XVII e subjacentes à posição do positivismo lógico do século XX, Perelman procura valorizar meios de prova distintos dos reconhecidos pelos lógicos, seguidores do modelo dedutivo e do silogismo.

Partindo da distinção cunhada por Aristóteles entre o raciocínio dialético, que versa sobre o verossímil e serve para embasar decisões, e o raciocínio analítico, que trata do necessário e sustenta demonstrações, Perelman situa o raciocínio jurídico no primeiro grupo, ressaltando a sua natureza argumentativa. Conforme o jusfilósofo belga, as premissas do raciocínio jurídico não se apresentam dadas, mas escolhidas. O orador que as elege (o advogado, o promotor, o juiz) deve, de início, buscar compartilhá-las com o seu auditório (tribunal, júri, opinião pública). Em seu cotidiano, o operador do direito é instado, pois, a formular argumentos a fim de convencer o interlocutor da tese sustentada: o advogado organiza ideias na peça processual (transcreve doutrina, cita jurisprudência, relata fatos) com o fito de convencer o juiz a decidir em favor da sua pretensão; o promotor público, no júri, descreve o *iter criminis*, com o intuito de despertar nos jurados a certeza de culpa do acusado; o doutrinador transpira erudição para que a comunidade jurídica prestigie o seu parecer acerca de um problema jurídico; o magistrado, ao proferir uma decisão, fundamenta-a para que juízo *ad quem* se convença de que a solução encontrada para o caso concreto foi a mais adequada e justa.

Impôs-se, assim, a constatação da retórica e da argumentação à reflexão jurídica. No domínio especificamente jurídico, a insatisfação de

Perelman com a teoria kelseniana situa-se, basicamente, no âmbito metodológico. Não há de sua parte nenhuma reivindicação de um retorno ao direito natural, mas sim uma reflexão atenta às formas de raciocínio jurídico. Um dos aspectos essenciais desta crítica repousa no papel secundário atribuído aos princípios gerais do direito.

Nesse sentido, pondera Perelman (1999, p. 395) que, cada vez mais, juristas vindos de todos os cantos do horizonte recorreram aos princípios gerais do direito, que poderíamos aproximar do antigo *jus gentium* e que encontrariam no consenso da humanidade civilizada seu fundamento efetivo e suficiente. O próprio fato de esses princípios serem reconhecidos, explícita ou implicitamente, pelos tribunais de diversos países, mesmo que não tenham sido proclamados obrigatórios pelo poder legislativo, prova a natureza insuficiente da construção kelseniana que faz a validade de toda a regra do direito depender de sua integração em um sistema hierarquizado e dinâmico, cujos elementos, todos, tirariam sua validade de uma norma pressuposta.

Com isso, Perelman constata uma das insuficiências fundamentais da perspectiva positivista na descrição da vida concreta do direito. Na prática da decisão judicial, ao contrário do que propugnavam os positivistas, são introduzidas noções ético-sociais. Para a teoria da argumentação de Perelman, os princípios são considerados como *topoi*, aos quais o magistrado pode recorrer como pontos de partida para a fundamentação da decisão. São lugares-comuns do direito, que podem servir de premissas, compartilhadas pela comunidade jurídica, para o processo argumentativo de fundamentação das decisões judiciais. Sendo assim, a utilização dos princípios no processo de argumentação jurídica implica uma escolha valorativa por parte do hermeneuta, que toma por base o potencial justificador de uma opção hermenêutica.

Segundo Perelman (1998, p. 170), conforme a ideia que temos do direito, por exemplo, o que é juridicamente obrigatório será limitado às leis positivas e aos costumes reconhecidos, ou então poderemos incluir precedentes judiciários, lugares-comuns e lugares-específicos, bem como princípios gerais do direito admitidos por todos os povos civilizados. Daí resulta que não basta ter princípios gerais como ponto inicial de uma argumentação: é preciso escolhê-los de um modo tal que sejam aceitos pelo auditório, formulá-los e apresentá-los, interpretá-los, enfim, para poder adaptá-los ao caso de aplicação pertinente.

Para o referido pensador, deve-se reconhecer a polissemia das redes discursivas, daí decorrendo a pluralidade dos sentidos e de leituras interpretativas. A linguagem natural se revela adaptada a sua funcionalidade, apesar de suas imprevisões estruturais, visto que uma proposição é sempre iluminada pelo contexto histórico-cultural circundante, capaz de fornecer o significado aos interlocutores de uma comunidade linguística.

Ao sublinhar o conteúdo axiológico das formações discursivas, Perelman lança as bases para o exercício de uma racionalidade dialógica e processual, pois os discursos humanos, mormente no campo jurídico, adquirem uma natureza argumentativa, sendo endereçados à persuasão de um auditório universal. O convencimento dos juristas e atores sociais passa a depender da legitimidade das opções hermenêuticas, medida por sua adequação aos valores socialmente aceitos. No plano do Direito, a argumentação permite o jogo dialético de escolhas e conclusões, potencializando o debate acerca da razoabilidade das propostas interpretativas. A perspectiva retórico-discursiva desemboca, assim, na compreensão de um ordenamento jurídico aberto, dinâmico e flexível, capaz de acompanhar as novas circunstâncias sociais e embasar a decidibilidade dos conflitos intersubjetivos.

Com efeito, no exercício da práxis do direito, o julgador deve adotar uma decisão razoável e motivada, recusando tanto a intuição evidente quanto o voluntarismo arbitrário. Para tanto, é instado a selecionar as fontes normativas e modular o alcance da interpretação, justificando suas opções com base na força persuasiva e aceitabilidade social das teses jurídicas. Dispõe, assim, da faculdade de erigir os argumentos mais convincentes, priorizando os valores que melhor se coadunam com a justiça concreta. Exercitando a argumentação jurídica, o julgador cristaliza o entendimento mais razoável perante o caso *sub judice*, propondo a adesão de seus interlocutores – a comunidade jurídica.

Desse modo, os juristas procuram conciliar as técnicas de raciocínio jurídico com a justiça e a legitimidade da decisão. Logo, assim como a matemática orientou o racionalismo clássico, com o advento da Nova Retórica de Chaïm Perelman, também o Direito logrou oferecer uma metodologia complementar aos saberes que reservam um lugar importante para a lógica argumentativa.

Como bem assinala Karl Larenz (1989, p. 206), deve o jurista elaborar uma lógica dos juízos de valor, que apresente, como ponto de partida, o modo como as pessoas raciocinam sobre valores, o que reclama o uso de uma teoria da argumentação, pelo que se torna evidente o mérito de Chaïm Perelman, ao legitimar novamente a discussão sobre o conceito de justiça, dentro das exigências de cientificidade do conhecimento jurídico.

Nesse sentido, é a discussão racional acerca dos valores mais ou menos aceitos no processo de argumentação jurídica que constitui o objeto do conhecimento sobre a justiça, visto que a pesquisa sobre o significado do direito justo remete a valores histórico-culturais que, por serem relativos, diferentemente do que propugnava o jusnaturalismo moderno, sofrem os influxos do tempo e do espaço.

Como bem refere Perelman (1999, p. 32), embora seja ilusório enumerar todos os sentidos possíveis de justiça concreta, em face de todas as proposições acerca do conteúdo do direito justo, propõe o autor uma síntese das concepções mais correntes, muitas delas de caráter aparentemente inconciliável. São elas: a cada qual a mesma coisa; a cada qual segundo seus méritos; a cada qual segundo suas obras; a cada qual segundo suas necessidades; a cada qual segundo a sua posição; e a cada qual segundo o que a lei atribui.

Segundo a fórmula de justiça a cada qual a mesma coisa, todos os seres considerados devem ser tratados da mesma forma, sem levar em conta nenhuma das particularidades que os distinguem. Seja jovem ou velho, virtuoso ou criminoso, doente ou saudável, rico ou pobre, nobre ou rústico, culpado ou inocente, é justo que todos sejam tratados, em absoluto, sem qualquer discriminação, remetendo a uma ideia de uma igualdade perfeita, cuja realização se afigura muitas vezes inviável.

Com base na concepção a cada qual segundo seus méritos, não se exige a igualdade absoluta de todos, mas um tratamento proporcional a uma qualidade intrínseca da pessoa humana.

De acordo com a fórmula de justiça a cada qual segundo suas obras, requer-se um tratamento proporcional, por meio de um critério que não é moral, pois não se leva em conta a intenção ou eventuais sacrifícios, mas unicamente o resultado da ação. É esta concepção que admite, por exemplo, variantes no pagamento de salários e na aplicação de exames ou concursos.

Com base na concepção a cada qual segundo suas necessidades, em vez de levar em conta o mérito ou a produção, tenta-se, sobretudo, diminuir os sofrimentos que resultam da impossibilidade em que ele se encontra de satisfazer suas necessidades essenciais. Trata-se de uma fórmula de justiça que muito se aproxima da caridade. Leva-se em conta um mínimo vital que cumprirá assegurar a cada homem, *v.g.*, mediante a proteção jurídica do trabalho e do trabalhador.

Quando se utiliza a proposição a cada qual segundo a sua posição, depara-se com uma fórmula aristocrática de justiça, pois consiste ela em tratar os seres conforme pertença a uma ou outra determinada categoria de seres. Em vez de ser universalista, reparte os homens em categorias diversas que serão tratadas de forma diferente, como, por exemplo, sucedeu na sociedade estamental da Idade Média ou na sociedade de castas do povo hindu.

A fórmula cada qual segundo o que a lei atribui pode ser traduzida na paráfrase do célebre brocardo romano *suum cuique tribuere*. O julgador é justo quando aplica às mesmas situações as mesmas leis e regras de um determinado sistema jurídico. Trata-se de uma justiça estática, baseada na manutenção da ordem estabelecida.

Segundo ele, a utilização de qualquer uma destas fórmulas de justiça pelo julgador depende das circunstâncias específicas do caso concreto, figurando como *topoi*, com maior ou menor persuasão, sem que seja possível, de antemão, priorizar a prevalência da igualdade absoluta, do mérito, da obra, da necessidade, da posição ocupada ou da distribuição de direitos e deveres atribuída pela lei.

Para Perelman, deve-se investigar ainda o que há de comum entre estas concepções de justiça mais correntes. Somente assim, afigura-se possível determinar uma fórmula de justiça sobre a qual será realizável um acordo prévio e unânime. A noção comum constitui uma definição da justiça formal ou abstrata, enquanto cada fórmula particular ou concreta da justiça já examinada consubstancia um dos inumeráveis valores da justiça formal.

A noção de justiça sugere a todos a ideia de certa igualdade. Esse elemento conceitual comum permite afirmar que todos estão de acordo sobre o fato de que ser justo é tratar da mesma forma os seres que são iguais em certo ponto de vista, que possuem a mesma característica essencial (*e.g.*, mesmo mérito, mesma necessidade, mesma posição social), que se deva levar em conta na administração da justiça.

Sendo assim, os seres que têm em comum uma característica essencial farão parte de uma mesma categoria – a mesma categoria essencial. As seis fórmulas de justiça concreta diferem pelo fato de que cada uma delas considera uma característica diferente como a única que se deva levar em conta na aplicação da justiça.

Com efeito, pode-se definir a justiça formal ou abstrata como um princípio de ação segundo o qual seres de uma mesma categoria essencial devem ser tratados da mesma forma. Trata-se de uma noção puramente formal, porque esta definição não diz nem quando dois seres fazem parte de uma categoria essencial nem como é preciso tratá-los. Ademais, não determina as categorias que são essenciais para a aplicação da justiça. Ela permite que surjam as divergências no momento de passar de uma fórmula comum de justiça para fórmulas diferentes de justiça concreta.

Para Perelman (1999, p. 60), o direito positivo jamais pode entrar em conflito com a justiça formal, visto que ele se limita a determinar as categorias essenciais de que fala a justiça formal, e sem essa determinação a aplicação da justiça fica totalmente impossível. A aplicação da justiça formal exige a determinação histórico-cultural das categorias consideradas essenciais, aquelas que se levam em conta para a realização da justiça.

Por outro lado, quando aparecem as antinomias de justiça e quando a aplicação da justiça nos força a transgredir a justiça formal, recorre-se à equidade. Serve-se da equidade como muleta da justiça. Esta é o complemento indispensável da justiça formal, toda vez que a aplicação desta se mostra impossível. Consiste a equidade em uma tendência a não tratar de forma por demais desigual os seres que fazem parte de uma mesma categoria essencial. Ela nos incita a não levar em conta unicamente uma característica essencial na realização da justiça. Apela-se também para a equidade toda vez que a aplicação da mesma fórmula de justiça concreta, em circunstâncias diferentes, conduz a antinomias que tornam inevitável a não conformidade com exigências da justiça formal, *v.g.*, um artesão, em um período inflacionário, que tenha se comprometido a entregar uma obra, por um salário equivalente ao de um operário qualificado.

Ademais, o caráter arbitrário dos valores que fundamentam um sistema normativo, a pluralidade e a oposição deles, a inexistência de um valor irresistível, desigualdades naturais do ser humano, fazem com que um sistema de justiça necessário e perfeito, nos moldes da modernidade jurídica, seja irrealizável. Assim é que embora a justiça pareça ser a única virtude racional, que se opõe à irregularidade dos nossos atos, à arbitrariedade das nossas regras, não se deve esquecer que sua ação mesma é fundamentada em valores arbitrários e irracionais.

8. O DIREITO ALTERNATIVO

Sob a designação de direito alternativo, abriga-se um conjunto de ideias que problematiza as premissas fundamentais do saber jurídico moderno: a cientificidade, a objetividade, a neutralidade, a estatalidade e a completude do direito positivo. Sendo assim, a teoria crítica do direito alternativo enfatiza o caráter ideológico do sistema jurídico, equiparando-o a um discurso político de legitimação do poder. O fenômeno jurídico surgiria, em todas as sociedades organizadas, como a institucionalização dos interesses dominantes e da manutenção da hegemonia de uma dada classe social. Em nome das noções de racionalidade, ordem e justiça, restaria ocultada a dominação entre as classes sociais, disfarçada por uma linguagem pretensamente neutra.

Com base em Edmundo Lima de Arruda Jr. (1992, p. 159-77), podem ser vislumbrados, na compreensão do direito alternativo, os planos do instituído sonegado, do instituído relido e do instituinte negado. No plano do instituído sonegado, também chamado positividade combatida, verifica-se a luta contra a superposição da razão instrumental neoliberal à racionalidade formal, que nega a efetividade dos princípios constitucionais e legais. Por seu turno, no plano do instituído relido, também denominado uso alternativo do direito, verifica-se a utilização da hermenêutica alternativa, direcionada a todos os operadores do direito, buscando uma nova interpretação das normas jurídicas de forma mais compatível com a realidade, com base no juízo de equidade e em sua finalidade social. Por sua vez, o plano do instituinte negado corresponde ao direito alternativo em sentido estrito, pressupondo a opção contrária ao direito dominante, oficial ou dogmático, que se caracteriza como um ordenamento legalmente organizado e fundado no monopólio da produção e legitimação das normas jurídicas.

Outra tese fundamental do pensamento jurídico alternativo consiste na admissão de que o direito pode não estar integralmente contido na lei, tendo condição de existir independentemente da positivação estatal, devendo o intérprete buscar a justiça, ainda quando não a encontre corporificada na legislação. Ao priorizar uma análise crítica do direito estatal, questionando as estratégias de neutralização da dogmática jurídica e privilegiando a transformação social em detrimento da permanência das instituições jurídicas, o movimento do direito alternativo pretende gestar uma ordem normativa mais legítima, desformalizada e descentralizada.

Nesse sentido, sustenta Luís Alberto Warat (1996, p. 66) que o discurso crítico do direito alternativo denuncia o caráter fetichizado da cultura jurídica e enfatiza a função alienante das teorias jurídicas na constituição dos efeitos da lei sobre a sociedade. A partir dessa constatação, o discurso crítico considera que as funções que o direito (a lei) cumpre na sociedade não podem ser concebidas à margem dos saberes que o constituem. Assim, o saber jurídico deve ser analisado como parte de uma estrutura coercitiva do direito, ou seja, a instância que permite elaborar as significações não manifestas (ideológicas) dos textos legais.

Por outro lado, procura-se refletir, a partir do direito alternativo, sobre a atuação concreta dos novos sujeitos sociais, para determinar o espaço político no qual se desenvolvem as práticas sociais que enunciam direitos, bem como investigar a natureza jurídica do sujeito coletivo capaz de elaborar um projeto político de transformação social e superação das condições de espoliação do homem pelo homem. Daí advém a noção de pluralismo jurídico, que se manifesta toda vez que, no mesmo espaço, coexiste mais de uma ordem jurídico-normativa, desenvolvendo processos sociais de ordenamento jurídico alternativo como opção ao legalismo positivista, ao formular propostas mais concretas e legítimas de construção de um direito pós-moderno.

Não é outro o entendimento esposado por Oscar Correas (2003, p. 37), para quem um sistema jurídico normativo é alternativo a respeito de outro dominante, quando a efetividade de suas normas, vale dizer, as condutas que motiva, é proibida no sistema dominante, como delitos, faltas, contravenções e descumprimentos em geral, pelo que o direito alternativo significa reconhecer a existência de um fenômeno plural de convivência dialética entre diferentes ordens jurídicas.

Diante de tudo que foi exposto, o movimento do direito alternativo, em suas diversas acepções, demonstra que o fenômeno jurídico não se manifesta somente no Estado, por meio da elaboração das leis, mas, em verdade, afigura-se como um conjunto de normas produzido pela sociedade civil, pelo que a realização do direito justo não seria o monopólio do Estado, mas, ao revés, a expressão viva e plural das lutas travadas pelos atores sociais, no contexto mais amplo da pós-modernidade jurídica.

9. O NEOCONTRATUALISMO JURÍDICO

Dentro da pós-modernidade jurídica, a obra de John Rawls continua a gerar discussões e acender polêmicas. Embora gestada na década de 1970, no contexto de afirmação dos direitos civis dos afro-americanos, suas ideias ainda hoje servem de referência para todos aqueles preocupados em conceber e implementar uma justiça como equidade, superando a desgastada dicotomia jusnaturalismo *vs.* positivismo. Rawls (2002, p. 17) descarta a possibilidade de haver uma distribuição dos bens igual para todos, enfatizando a ideia de equidade como princípio regulativo capaz de aparar os efeitos negativos da desigualdade social.

Herdeiro da tradição liberal (Locke, Rousseau, Kant e Stuart Mill), Rawls passa a refletir, na composição do justo, sobre a dialética meritocracia *vs* igualdade. Para Rawls (2002, p. 3), a justiça é a primeira virtude das instituições sociais, assim como a verdade é a dos sistemas de pensamento. Segundo ele, a justiça deve ser vislumbrada no plano institucional, não estando circunscrita à esfera moral dos indivíduos. Na teoria da justiça de John Rawls, a distribuição natural dos bens não é justa ou injusta, nem é injusto que os homens nasçam em algumas condições particulares dentro da sociedade. Estes são simplesmente fatos naturais. O que é justo ou injusto é o modo como as instituições sociais tratam esses fatos. A justiça das instituições é que beneficia ou prejudica um agrupamento humano. Daí o motivo pelo qual, segundo ele, não há justiça isolada dos sistemas político e econômico. A justiça figura, assim, como a virtude primeira de uma comunidade, garantindo, por meio da distribuição de direitos e deveres, a coesão do tecido social.

Como hipótese de estudo, Rawls (2003, p. 19) vale-se da posição original das partes no momento da celebração do contrato social. Simula condições ideais de igualdade que permitiriam aos homens a escolha dos padrões civilizatórios. Seria esta a concepção de justiça a definir os alicerces da estrutura societária. A resposta estaria coberta por um véu de ignorância, que impediria a visualização de seus próprios interesses no posterior desenvolvimento histórico-social.

Sendo assim, entre as diversas concepções de justiça, optariam os atores sociais pelos princípios da igualdade e da diferença. Nesse sentido, cada pessoa deveria ter um direito igual ao mais amplo sistema total de liberdades básicas (participação política, expressão, reunião, locomoção, consciência e pensamento). Por outro lado, as desigualdades socioeconômicas deveriam ser distribuídas de forma que não só redundassem em maiores benefícios possíveis para os menos assistidos, como também fossem minoradas pela abertura de oportunidades. Sendo assim, seria cumprida sua meta de fazer com que a sociedade do bem-estar fosse maximizada em função dos membros que estivessem na pior situação social, garantindo que a extensão dos direitos de cada um fosse o mais amplamente estendido, desde que compatível com a liberdade do outro.

Para Rawls (2002, p. 23), o equilíbrio entre os mencionados princípios incrementaria uma rede de cooperação social, facilitando a organização de uma sociedade mais estável e harmoniosa. Isso porque, segundo ele, o pacto social deve ser vislumbrado como um processo, desvinculando, assim, o contratualismo de qualquer concepção naturalista ou metafísica. Depois da escolha dos princípios diretores da sociedade, o grupo social passa a deliberar concretamente sobre suas diretrizes, mediante a votação de uma Constituição, que institui um governo de legalidade. Vencida essa etapa, passam a tratar das políticas públicas a serem adotadas para o bem-estar da sociedade, o que garante a estabilidade das instituições.

Nesse sentido, todo pacto social vive da aceitação reiterada ao funcionamento das instituições. O dever de civismo insiste em reclamar do pactuante uma adesão a estruturas que observam, no geral, os princípios de justiça, e que, como tudo que é humano, comete erros. Pode, contudo, ocorrer a desobediência dos cidadãos, entendida como um ato de resistência não violento, de caráter político, contrário à lei, na medida em que as instituições desrespeitem os princípios da justiça. A ideia de desobediência caminha para a mobilização e o abalo das estruturas de poder da sociedade, com vistas à alteração das leis que se façam em desacordo com os referidos princípios.

Para tanto, propõe-se uma ética do altruísmo, fundada na abdicação consciente de certos privilégios e vantagens materiais em função dos desfavorecidos. Para conseguir-se isso, é preciso, todavia, que uma dupla operação ocorra. Os favorecidos (por nascimento, herança ou dom) devem aceitar com benevolência a diminuição de sua participação material (em bens, salários, lucros e *status* social), minimizada em favor de outros, dos desassistidos. Estes, por sua vez, podem, assim, ampliar seus horizontes e suas esperanças em dias melhores, maximizando suas expectativas.

Verificando-se qual o grupo socialmente preterido (em face da raça, do sexo, da cultura ou da religião), mecanismos legislativos compensatórios seriam utilizados para reparar as eventuais injustiças (*affirmative actions*). Desse modo, a sociedade identificaria os setores a merecer as correções legais, propiciando, inclusive, a participação de minorias no jogo político, por meio de seus representantes – partidos populares, lideranças sindicais e movimentos sociais. Não é outra a matriz teórica de debates que acometem a opinião pública brasileira acerca da defesa dos direitos de minoria, *v.g.*, a abertura de cotas para negros nas universidades públicas.

É certo que isso desembocaria a suspensão temporária dos direitos de todos os demais, especialmente dos bem-sucedidos. A sociedade avançaria, então, gradativamente, identificando as correções sociais a serem feitas, agindo cirurgicamente no sentido de superá-las pela lei. O apelo constante ao altruísmo dos mais favorecidos não teria o sentido de uma inatingível igualdade absoluta, nos moldes do socialismo radical, mas implicaria a busca da mais justa sociedade possível, a ser alcançada dentro das normas de uma democracia liberal moderna.

Ao comentar esse aspecto da teoria da justiça, afirma José Nedel (2000, p. 50-1) que o problema a resolver é o de como pode existir, ao longo do tempo, uma sociedade estável e justa, composta de cidadãos livres e iguais, mas profundamente divididos por doutrinas religiosas, filosóficas e morais razoáveis, embora incompatíveis. Para a solução do problema, ainda segundo Nedel, John Rawls propõe uma concepção liberal de justiça política para um regime constitucional democrático. Não é uma concepção acerca do bem mais elevado ou último das pessoas, mas de justiça política, que as doutrinas razoáveis plurais da moderna sociedade possam subscrever, envolvendo-a com um consenso sobreposto.

Com efeito, enquanto na tradicional visão platônica a sociedade justa aloca seus integrantes segundo aptidões e habilidades, Rawls sustenta, em sentido contrário, que a justiça está a serviço dos excluídos, descortinando uma concepção mais humana e concreta do direito justo, cujo florescimento demanda o solo fértil de um regime democrático. Isso porque a ideia de justiça implica a concretização de outros valores essenciais, como a liberdade ou solidariedade, exigindo um regime jurídico-político capaz de garantir sua pacífica realização, o que somente pode corresponder ao quadro institucional de uma democracia.

Nesse sentido, são as instituições democráticas (*v.g.*, Parlamento, controle de constitucionalidade, previsão do voto, respeito aos direitos fundamentais) que permitem a confluência da legitimidade e da legalidade, tradicionalmente dissociadas pelas concepções unilaterais do jusnaturalismo e do positivismo jurídico, descortinando-se, assim, a possibilidade de construção institucional de um direito pós-moderno.

10. O FUNCIONALISMO JURÍDICO

Ao longo do século XX, a teoria do direito sofre novos aperfeiçoamentos, em contato com as mais recentes contribuições das ciências sociais. O exemplo mais emblemático continua sendo o positivismo funcionalista, que encontra sua mais acabada expressão na teoria dos sistemas preconizada por Niklas Luhmann, para quem o direito afigura-se como um sistema comunicativo de natureza autopoiética, voltado para o controle da complexidade e da contingência da sociedade de risco.

Segundo Luhmann (2002, p. 380), a teoria de sistemas deve poder tudo explicar (universalidade), inclusive o próprio ato de teorizar (reflexividade), o que faz explicando tudo como sendo sistema (autorreferência) e o que não configura esse sistema – o ambiente. Por sua vez, o sistema autopoiético é autônomo porque o que nele se passa não é determinado por nenhum componente do meio circundante, mas por sua própria organização sistêmica.

Essa autonomia do sistema pressupõe sua clausura, pois os elementos interagem por meio dele próprio. A seu turno, o sistema jurídico propõe-se a reduzir a complexidade do ambiente, absorvendo a contingência da intersubjetividade humana e garantindo a generalização congruente de expectativas comportamentais, a fim de fornecer uma imunização simbólica de expectativas contra outras possibilidades sociais de conduta humana.

Conforme o magistério autorizado de Willis Guerra (1997, p. 63), o sistema jurídico integra o sistema imunológico das sociedades, imunizando-as de conflitos surgidos já em outros sistemas sociais. Isso não é feito pela negação dos conflitos, mas com os conflitos, assim como os sistemas vivos se imunizam das doenças com seus germes. Para tanto, a complexidade da vida social, com sua extrema contingência, é reduzida pela construção de uma pararrealidade, codificada a partir do esquema binário direito/não direito (lícito/ilícito).

O sistema jurídico demarca, assim, seu próprio limite, autorreferencialmente, na complexidade do meio ambiente, definindo o que dele faz parte, seus elementos, o que ele e só ele, enquanto autônomo, produz, ao conferir validade normativa e significado jurídico às comunicações humanas que nele se realizam.

Para a constituição desse sistema autopoiético, o direito necessita também da formação de unidades procedimentais. O direito mantém-se autônomo diante dos demais sistemas sociais, na medida em que continua operando com seu próprio código, e não por critérios oferecidos por algum dos outros sistemas (economia, moral, política e ciência). Ao mesmo tempo, o sistema jurídico há de realizar seu acoplamento estrutural com outros sistemas sociais, para que desenvolva cada vez mais procedimentos de reprodução jurídica (*e.g.*, procedimentos legislativos, administrativos, judiciais e contratuais).

Por sua vez, Gunther Teubner (1993, p. 12) elucida o funcionamento do direito como um sistema autopoiético, mencionando que a sociedade aparece concebida como um sistema autopoiético de comunicação, ou seja, um sistema caracterizado pela organização autorreprodutiva e circular de atos de comunicação. A partir desse circuito comunicativo geral, e no seio do sistema social, novos e específicos circuitos comunicativos vão sendo gerados e desenvolvidos.

O sistema jurídico tornou-se, assim, um subsistema social funcionalmente diferenciado graças ao desenvolvimento de um código binário próprio (legal/ilegal), que, operando como centro de gravidade de uma rede circular e fechada de operações sistêmicas, garante a originária autorreprodução recursiva de seus elementos básicos e sua autonomia em face dos restantes subsistemas que perfazem a rede comunicativa da sociedade humana.

Por sua vez, no plano do conhecimento, a teoria do direito figuraria como o lugar no qual seriam produzidos, planificados, controlados e geridos os mecanismos racionais de solução para os problemas postos ao sistema jurídico, contribuindo para o funcionamento estável da ordem jurídica.

Nessa perspectiva, como bem assevera Raffaele de Giorgi (1998, p. 260), a teoria do direito na visão luhmanniana apresenta-se como uma forma de racionalidade que fornece ao sistema do direito os instrumentos e as indicações para a autorregulação e o guia das seleções de soluções capazes de controlar a estabilidade do sistema jurídico, amparando a tomada de decisões racionais pelos aplicadores da ordem jurídica.

Ademais, Niklas Luhmann trata ainda do problema da justiça como elemento do sistema jurídico autopoiético, esvaziando seu significado ético para emprestar-lhe o papel de unidade que operacionaliza o sistema jurídico, destinada a atuar como uma fórmula de contingência capaz de asseverar a manutenção da consistência dos processos decisórios.

A legitimidade das normas desponta, assim, como uma ilusão funcionalmente necessária, cabendo à justiça legitimar a decisão selecionada no campo das opções hermenêuticas possíveis. Diante da exigência de clausura operativa do sistema, torna-se irrelevante o debate acerca do conteúdo intrínseco dos argumentos éticos que justificam as decisões.

Tratando desse aspecto, Raffaele de Giorgi (2006, p. 229) assevera que, do ponto de vista interno do sistema, a justiça não é um ideal, nem tampouco um valor, mas uma condição do sistema que descreve o nível de consistência das decisões, pois, como sustenta Luhmann, a justiça não é forma de perfeição ou de necessidade, mas fórmula de contingência.

A tarefa dos tribunais consiste, portanto, em observar a consistência de decisões anteriores, a fim de que a interpretação possa reduzir o nível de complexidade social, garantindo a estabilidade das expectativas sobre os comportamentos humanos em sociedade.

Nesse sentido, Marcelo Neves (1994, p. 122) refere que a autonomia do sistema não é, então, nada mais que o operar conforme o próprio código. Partindo do pressuposto de que a positividade do direito é inerente não apenas à supressão da determinação imediata do direito pelos interesses, vontades e critérios políticos dos donos do poder, mas também à neutralização moral do sistema jurídico, torna-se irrelevante para Luhmann uma teoria da justiça como critério exterior ou superior do sistema jurídico: todos os valores que circulam no discurso geral da sociedade são, após a diferenciação de um sistema jurídico, ou juridicamente irrelevantes ou valor próprio do direito.

Com efeito, no âmbito da concepção sistêmica de Niklas Luhmann, a justiça trataria, pelo lado externo do sistema jurídico, da abertura cognitiva adequada aos elementos morais, econômicos, políticos do ambiente e, pelo ângulo interno, da capacidade de reprodução autopoiética do direito, mediante a permanente busca pela consistência dos processos decisórios realizados pelas instituições jurídicas.

11. O SUBSTANCIALISMO PRINCIPIOLÓGICO

Ao longo de seu transcurso histórico, a evolução da doutrina positivista da modernidade promoveu um reducionismo do fenômeno jurídico, identificando o direito com a própria lei. Entendia-se que o Parlamento, mediante a formulação de regras legislativas, poderia disciplinar, minudentemente, o pluralismo dinâmico das situações sociais. Partindo-se da concepção do direito positivo como um sistema de comandos legais, a interpretação jurídica se esgotaria na exegese das palavras da lei, tal como imaginada pelo legislador. A aplicação da norma jurídica aos casos concretos se limitaria a uma neutra operação lógico-formal – a subsunção – e, como tal, refratária aos valores sociais.

Com a crise da modernidade jurídica, o reexame do modelo positivista passou a ocupar cada vez mais espaço nas formulações das ciências do direito. Abriu-se margem para que fossem oferecidos novos tratamentos cognitivos ao fenômeno jurídico, de molde a conceber o ordenamento jurídico como um sistema plural e, portanto, aberto aos influxos dos fatos e valores da realidade cambiante. Desse modo, foi sendo erguido um novo paradigma de reflexão – o pós-positivismo. Para os limites do presente trabalho, interessa frisar a emergência de um paradigma principiológico que, na esteira pós-positivista, confere aos princípios jurídicos uma condição fundamental na concretização do próprio direito pós--moderno.

Nesse contexto de delineamento de um sistema jurídico principiológico, a obra de Ronald Dworkin impõe-se como um divisor de águas no debate da filosofia pós-moderna do direito. Isso porque sublinha a importância dos princípios jurídicos como elementos de articulação entre direito e moral, fundamentando uma crítica ao positivismo analítico. Decerto, Ronald Dworkin tem desenvolvido suas reflexões sobre os princípios a partir de um diálogo com as doutrinas positivistas. Dworkin concorda com Hart sobre a existência de casos fáceis e casos difíceis (*hard cases*). Também o autor sustenta que, nos casos fáceis, o julgador limita--se a aplicar uma regra anterior. Não compartilha, entretanto, o ponto de vista hartiano segundo o qual, nos casos difíceis, o juiz pratica um ato de vontade. Para Dworkin, nessas hipóteses, os princípios podem ser utilizados como critérios para interpretar e decidir um problema jurídico.

Segundo o autor, importa reabilitar a racionalidade moral-prática no campo da metodologia jurídica. Para tanto, Dworkin critica o positivismo justamente pelo fato de que este considera o direito como um sistema composto apenas por regras. Concebendo-se as normas jurídicas como regras, é certo que o sistema estático será lacunoso, e esse problema é resolvido pelo normativismo mediante a atribuição de um poder discricionário para o magistrado decidir volitivamente a solução do caso concreto. Sustenta-se, no entanto, que o sistema jurídico também contém princípios, visto que sempre preexistirão critérios normativos para determinar a decisão do caso concreto.

Nesse sentido, sustenta Dworkin (1997, p. 100) que,

> una vez que abandonamos esta doctrina (positivismo) y tratamos los principios como derecho, planteamos la posibilidad de que una obligación jurídica (a ser cumprida pelo jurisdicionado) pueda ser impuesta tanto por una constelación de principios como por una norma establecida. Podríamos expresarlo diciendo que existe una obligación jurídica siempre que las razones que fundamentan tal

obligación, en función de diferentes clases de principios obligatorios, son más fuertes que las razones o argumentos contrarios.

Em razão de sua estrutura, os princípios, diferentemente das regras, não podem ser aplicados por meio de um método lógico-formal. As regras são aplicáveis, disjuntivamente, na forma do "tudo ou nada", ou seja, aplicam-se ou não ao caso concreto. Por sua vez, os princípios, embora muito se pareçam com as regras, não indicam uma consequência legal que automaticamente se segue quando as condições dadas se realizam.

Com efeito, enquanto as regras contêm uma regulamentação direcionada a uma aplicação específica, os princípios, axiomas de natureza geral, integram uma estrutura teleológica mais aberta e imprecisa. Os princípios não se referem diretamente à lide. Pode ocorrer, inclusive, que mais de um princípio seja relevante para a solução do caso, apontando para sentidos diversos: livre-iniciativa *vs* proteção ambiental; liberdade de imprensa *vs* privacidade; sigilo profissional *vs* verdade real. Diante dessas situações, o aplicador deverá observar quais são os princípios pertinentes ao caso concreto e sopesá-los. Disso resulta que a colisão principiológica não se resolve mediante a elaboração de um juízo acerca da validade da norma, mas, antes, por meio de um processo de ponderação, em que a dimensão de peso de cada princípio é levada em conta.

O direito não seria apenas um conjunto de regras e princípios, restando constituído também por diretrizes. A noção de diretriz refere-se a um tipo de norma cujo objetivo é o bem-estar geral – econômico, político ou social – de uma comunidade. O termo princípio, de modo mais específico, traduz uma espécie normativa, cuja dimensão ética aponta para a realização de justiça ou equidade. Exemplificando, a determinação de que os acidentes de trânsito devem diminuir é norma que funciona como diretriz política, enquanto a determinação de que ninguém deve beneficiar-se de sua própria torpeza figura como um princípio. Enquanto o legislador dispõe de diretrizes para a implementação de metas coletivas e a consequente criação do direito, o julgador não cria direito novo, mas revela direitos preexistentes que, ainda carentes de suporte normativo expresso, corporificam-se em princípios jurídicos.

Ademais, ao estudar o sistema jurídico anglo-saxônico, marcado pela força dos costumes e dos precedentes judiciais, Dworkin pontifica que a prática jurídica afigura-se como um exercício permanente de interpretação. Apontando os pontos de convergência entre a interpretação literária e a interpretação jurídica, pretende demonstrar que a ordem jurídica é um produto de sucessivos julgamentos interpretativos. Os intérpretes/aplicadores do direito atuariam como romancistas em cadeia, sendo responsáveis pela estruturação de uma obra coletiva – o sistema jurídico.

Segundo Dworkin (2000, p. 238), decidir casos controversos no direito é mais ou menos como esse estranho exercício literário. A similaridade é mais evidente quando os juízes examinam e decidem casos do *common law*, isto é, quando nenhuma lei ocupa posição central na questão jurídica, e o argumento gira em torno de quais regras ou princípios de direito "subjazem" a decisões de outros juízes, no passado, sobre matéria semelhante. Cada juiz, então, é como um romancista na corrente. Ele deve ler tudo o que outros juízes escreveram no passado, não apenas para descobrir o que disseram, ou seu estado de espírito quando o disseram, mas para chegar a uma opinião sobre o que esses juízes fizeram coletivamente, da maneira como cada um de nossos romancistas formou uma opinião sobre o romance coletivo escrito até então.

A função do intérprete e aplicador seria, portanto, a de reconstruir racionalmente a ordem jurídica vigente, identificando os princípios fundamentais que lhe dão sentido. Rompe-se, assim, com a dicotomia hermenêutica clássica que contrapõe a descoberta (cognição passiva) e a invenção (vontade ativa), na busca dos significados jurídicos. O hermeneuta, diante de um caso concreto, não está criando direito novo, mas racionalizando o material normativo existente. Trata-se de buscar e identificar os princípios que podem dar coerência e justificar a ordem jurídica, bem como as instituições políticas vigentes. Cabe ao intérprete orientar-se pelo substrato ético-social, promovendo, historicamente, a reconstrução do direito, com base nos referenciais axiológicos indicados pelos princípios jurídicos.

Ao se orientar pelos princípios jurídicos, o julgador estaria, portanto, potencialmente apto a encontrar a única resposta substancialmente correta para um litígio. É o caso, segundo Dworkin, do direito como integridade: uma decisão é justa – porque respeita a integridade do direito – se fornece a resposta correta para um caso concreto. Para sustentar essa tese, Dworkin lança mão da hipótese de um magistrado ideal – o juiz Hércules. Com efeito, o Hércules dworkiano seria um julgador dotado de habilitação ético-intelectual para a leitura integral do sistema jurídico, tendo em vista a melhor solução de um conflito de interesses. A interpretação reconstrutiva do direito valer-se-ia do recurso conceitual do juiz Hércules, tomando por base o paradigma prevalecente em dado contexto histórico-social (*e.g.*, Estado de Direito, *Welfare State*).

12. O PROCEDIMENTALISMO DISCURSIVO

Entre as mais recentes contribuições da filosofia do direito contemporânea, merece registro a obra de Robert Alexy, surgida no cenário germânico, que propõe-se a examinar as possibilidades de uma racionalização discursivo-procedimental para o direito pós-moderno, capaz de garantir a justiça como a correção argumentativa das proposições jurídicas.

Decerto, Alexy (2001, p. 211-7) parte de uma teoria da argumentação prático-geral que ele projeta para o campo do direito. O resultado é considerar o discurso jurídico como um caso especial do discurso prático-geral da moralidade. Valendo-se da contribuição de Habermas, entende ele que as questões prático-morais, incluindo as jurídicas, podem ser decididas por meio da razão, por meio da força do melhor argumento, e que o resultado do discurso prático pode ser racionalmente motivado e a expressão de uma vontade racional ou um consenso justificados, pelo que as questões práticas são suscetíveis de verdade e, portanto, de justiça.

O discurso jurídico figura-se como um caso especial do discurso prático-geral, porque são debatidas questões práticas, erigindo-se uma pretensão de correção associada à ideia de justiça, e isso é feito dentro de determinados limites. O discurso jurídico não pretende sustentar que uma determinada proposição é mais racional, mas, em verdade, que ela pode ser fundamentada racionalmente na moldura do ordenamento jurídico vigente. Se, por um lado, o procedimento do discurso jurídico é definido pelas regras e formas do discurso prático-geral, por outro lado, é influenciado pelas regras e formas específicas do discurso jurídico, que exprimem, sinteticamente, a sujeição à lei, aos precedentes judiciais e à ciência do direito.

Para Alexy (2001, p. 293-6), existiriam seis grupos de regras ou formas procedimentais do discurso prático-racional, aplicáveis ao discurso jurídico:

1) as regras fundamentais, cuja validade é condição para qualquer comunicação linguística, quer se trate de verdade ou correção, isto é, aplicam-se tanto ao discurso teórico como ao discurso prático. São elas: Nenhum falante pode se contradizer (princípio da não contradição); Todo falante só pode afirmar aquilo que crê (princípio da sinceridade); Todo falante que aplique um predicado f a um objeto a, ou afirme juízos de valor ou de dever-ser, deve estar disposto a aplicar f a qualquer outro objeto a, ou a todas as situações iguais, em seus aspectos relevantes (princípio da universalidade); Falantes diferentes não podem usar a mesma expressão com sentidos diferentes (princípio do uso comum da linguagem);

2) as regras da razão, que definem as condições mais importantes da racionalidade do discurso. Com relação às questões práticas, essas regras só são cumpridas de modo aproximado: elas referem-se a um ideal (situação ideal de fala habermasiana), do qual deve aproximar-se por meio da prática e de medidas organizadoras. São elas: Todo falante deve fundamentar o que afirma (regra geral de fundamentação); Quem pode falar pode participar do discurso (igualdade de direitos); Todos podem problematizar ou introduzir qualquer asserção no discurso (universalidade); A nenhum falante se pode impedir de exercer, mediante coerção interna ou externa ao discurso, seus direitos inerentes ao diálogo (não coerção);

3) as regras sobre a carga da argumentação, cujo sentido é facilitar e dinamizar a argumentação. São elas: Quem pretende tratar uma pessoa A de maneira diferente da pessoa B deve fundamentar isso; Quem ataca uma proposição ou uma norma que não é objeto da discussão deve dar uma razão para isso; Quem apresentou um argumento só está obrigado a dar mais argumentos em caso de contra-argumentos; Quem introduz, no discurso, uma nova asserção, tem, se isso lhe é pedido, de fundamentar por que introduziu essa afirmação ou manifestação;

4) as formas de argumento específicas do discurso prático. Alexy parte da afirmação de que há duas maneiras de fundamentar um enunciado normativo singular (N): por referência a uma regra (R) ou então assinalando-se as consequências de N (F, de *Folge* – consequência). Se for seguida a primeira via, além da regra, deve-se pressupor um enunciado de fato que descreve as condições de sua aplicação (T, de *Tatsache* – caso concreto). Se for seguida a segunda via, é preciso subentender também

a existência de uma regra que diz que a produção de certas consequências é obrigatória ou é algo bom. Trata-se de subformas de uma forma geral de argumento que estabelece que um enunciado normativo qualquer é fundamentado apresentando-se uma regra de qualquer nível e uma razão (G, de *Ground* – razão, fundamento), o que se assemelha ao esquema básico de Toulmin: G-R-N;

5) as regras de fundamentação, que dizem respeito às características da argumentação prática e regulam como levar a cabo a fundamentação por meio das formas anteriores. São elas: A pessoa que afirma uma proposição normativa deve poder aceitar as consequências dessa regra também no caso hipotético de ela se encontrar na situação daquelas pessoas (princípio da troca de papéis); As consequências de cada regra para a satisfação dos interesses de cada um devem poder ser aceitas por todos (princípio do consenso); Toda regra deve poder ser ensinada de forma aberta e geral (princípio da publicidade); As regras morais devem poder passar na prova de sua gênese histórico-crítica, permanecendo passível de justificação racional ao longo do tempo; As regras morais devem poder passar na prova de sua gênese histórico-individual, quando estabelecidas sobre a base de condições de socialização justificáveis;

6) as regras de transição, que dizem respeito ao uso de outras formas de discurso para a resolução dos problemas do discurso prático. São elas: Para qualquer falante, e em qualquer momento, é possível passar para um discurso teórico (empírico); Para qualquer falante, e em qualquer momento, é possível passar para um discurso de análise de linguagem; Para qualquer falante, e em qualquer momento, é possível passar para um discurso de teoria do discurso.

Segundo Alexy, as regras do discurso prático-geral mencionadas não garantem, contudo, que se possa alcançar um acordo para cada questão prática (problema de conhecimento). Isso porque elas só podem ser utilizadas de modo aproximado; nem todos os passos da argumentação estão determinados; todo discurso depende das convicções normativas dos participantes, que são históricas e, portanto, variáveis. Além disso, essas regras não garantem que, caso se alcance esse acordo, todo mundo estaria disposto a segui-lo (problema de cumprimento). Essa dupla limitação das regras do discurso prático suscita a necessidade de estabelecer um sistema jurídico que sirva, em certo sentido, para preencher essa lacuna de racionalidade.

Divisam-se, ainda, três tipos de procedimentos, a serem acrescidos ao procedimento do discurso prático-geral regulado pelas regras anteriores. O primeiro procedimento é a criação estatal das normas jurídico-positivas, o que permite selecionar algumas das normas discursivamente possíveis, afastando o risco da incompatibilidade normativa. Entretanto, nenhum sistema normativo é capaz de garantir que todos os casos sejam resolvidos de forma puramente lógica, por diversos motivos: a indefinição da linguagem jurídica; a imprecisão das regras do método jurídico; e a impossibilidade de prever todos os casos possíveis. Justifica-se, assim, um segundo procedimento chamado argumentação jurídica ou discurso jurídico, o qual, no entanto, não proporciona sempre uma única resposta correta para cada caso. É preciso, então, de um novo procedimento chamado processo judicial, a fim de restar, mediante a tomada de decisão, apenas uma resposta entre as discursivamente possíveis.

Ademais, Alexy (2001, p. 211-8) distingue dois aspectos na justificação das decisões jurídicas – a justificação interna e a justificação externa –, de maneira que há, também, dois tipos de regras e formas do discurso jurídico.

No que se refere à justificação interna, para a fundamentação de uma decisão jurídica, deve-se apresentar pelo menos uma norma universal. A decisão jurídica deve ser seguida logicamente de, pelo menos, uma norma universal, com outras proposições. Torna-se, contudo, insuficiente nos casos complicados, nos quais não se pode efetuar diretamente a inferência dedutiva. Então, é preciso recorrer a um modo de justificação interna, que estabeleça diversos passos de desenvolvimento, de maneira que a aplicação da norma ao caso já não seja mais discutível. Necessário se faz, assim, articular o maior número possível de passos de desenvolvimento discursivo.

Por outro lado, a justificação externa refere-se à justificação das premissas. Estas podem ser regras de direito positivo, enunciados empíricos (máximas da presunção racional e as regras processuais da importância da prova) e um terceiro tipo de enunciados (reformulações de normas), para cuja fundamentação é preciso recorrer à argumentação jurídica. Distinguem-se, também, seis grupos, já incluindo as regras e as formas da argumentação prático-geral e a regra pela qual se pode, em qualquer momento, passar da argumentação a um discurso empírico.

Sendo assim, Alexy (2001, p. 297-9) divisa ainda seis grupos de argumentos interpretativos: semânticos, genéticos, teleológicos, históricos, comparativos e sistemáticos. As formas anteriores de interpretação revelam-se frequentemente incompletas, daí resultando saturada toda forma de argumento que se deva incluir entre os cânones da interpretação. Formulam-se também regras de argumentação dogmática, a saber: caso seja posto em dúvida, todo enunciado dogmático deve ser fundamentado mediante o emprego de, pelo menos, um argumento prático de tipo geral; todo enunciado dogmático deve ser bem-sucedido em uma comprovação sistemática, tanto no sentido estrito como no sentido amplo; se são possíveis os argumentos dogmáticos, eles devem ser usados.

Por sua vez, o uso do precedente justifica-se, do ponto de vista da teoria do discurso, porque o campo do discursivamente possível não poderia ser preenchido com decisões mutáveis e incompatíveis entre si. O uso do precedente significa aplicar uma norma e, nesse sentido, é mais uma extensão do princípio da universalidade. Eis as regras: Quando se puder citar um precedente a favor ou contra uma decisão, isso deve ser feito; Quem quiser se afastar de um precedente assume a carga da argumentação.

Outrossim, verificam-se três formas de argumentos jurídicos usados especialmente na metodologia jurídica, casos especiais do discurso prático-geral: o argumento *a contrario sensu* (esquema de inferência válido logicamente); a analogia (exigência do princípio da universalidade); e a redução ao absurdo (consideração das consequências). Do mesmo modo que ocorre com os cânones interpretativos, o uso dessas formas só é racional na medida em que elas sejam saturadas e que os enunciados inseridos na saturação possam ser fundamentados no discurso jurídico.

Por outro lado, a teoria da argumentação jurídica só revela todo seu valor prático quando se afigura capaz de unir dois modelos diferentes de sistema jurídico: o procedimental e o normativo. O primeiro representa o lado ativo, composto de quatro procedimentos (discurso prático-geral, criação estatal do direito, discurso jurídico e processo judicial). O segundo é o lado passivo, constituído por regras e princípios. Esse modelo de direito tridimensional (regras, princípios e procedimentos) não permite atingir sempre uma única resposta correta para cada caso concreto, mas, em contrapartida, potencializa um maior grau de racionalidade prática para a obtenção do direito justo.

Sobre a principiologia jurídica e seu papel na racionalização procedimental do direito, leciona Robert Alexy (2001, p. 248) que a diferença entre regras e princípios não reside simplesmente em uma diferença de grau, mas sim de tipo qualitativo ou conceitual. Para ele, as regras são normas que exigem um cumprimento pleno e, desse modo, podem apenas ser cumpridas ou descumpridas. Se uma regra é válida, então, é obrigatório fazer precisamente o que ela ordena, nem mais nem menos. As regras contêm determinações no campo do que é fático e juridicamente possível. A forma característica de aplicação das regras é, por isso, a subsunção. Os princípios, contudo, são normas que ordenam a realização de algo na maior medida possível, relativamente às possibilidades jurídicas e fáticas. As normas principiológicas figuram, por conseguinte, como mandados de otimização, podendo ser cumpridos em diversos graus. A forma característica de aplicação dos princípios é, portanto, a ponderação.

Como bem refere Atienza (2003, p. 182), embora não seja possível construir uma teoria dos princípios que os coloque em uma hierarquia estrita, Alexy concebe uma ordem procedimental frouxa entre eles, que permite sua aplicação ponderada (de maneira que sirvam como fundamento para decisões jurídicas), e não seu uso puramente arbitrário (como ocorreria se eles não passassem de um inventário de *topoi*). Esse novo procedimento flexível compõe-se de três elementos: a) um sistema de condições de prioridade, que fazem com que a resolução das colisões entre os princípios, em um caso concreto, também tenha relevo para novos casos. As condições sob as quais um princípio prevalece sobre outro formam o caso concreto de uma regra que determina as consequências jurídicas do princípio prevalecente; b) um sistema de estruturas de ponderação que derivam da natureza dos princípios como mandados de otimização; c) um sistema de prioridades *prima facie*: a prioridade estabelecida de um princípio sobre outro pode ceder no futuro, mas quem pretende modificar essa prioridade encarrega-se da importância da prova.

Como se infere do pensamento de Robert Alexy (2002, p. 455-7), descortina-se um traço característico dos ordenamentos jurídicos contemporâneos: a procedimentalização do direito. Ao desenvolver uma proposta de racionalidade procedimental-discursiva para o direito, Alexy tornou possível vislumbrar o procedimento como verdadeiro direito fundamental, cuja realização oportuniza a dinamização de um espaço comunicativo necessário para o exercício de outros direitos fundamentais.

A fórmula procedimental emerge, assim, como uma alternativa democrática e racional para dar conta dos problemas cada vez mais complexos que as sociedades atuais apresentam, já que implica a solução dos problemas pelo envolvimento dos interessados em um debate dialético.

Conforme o magistério autorizado de Willis Guerra (1997, p. 71-5), diante da complexidade do mundo pós-moderno, as soluções melhores dos problemas hão de surgir do confronto entre opiniões divergentes, desde que se parta de um consenso básico – a possibilidade de se chegar a um consenso mútuo, sem ideias preconcebidas. A procedimentalização mostra-se como a resposta adequada ao desafio principal do Estado Democrático de Direito, qual seja o de atender a exigências sociais, garantindo a participação coletiva e a liberdade dos indivíduos, pois não se impõem medidas sem antes estabelecer um espaço público para sua discussão, pela qual os interessados deverão ser convencidos da conveniência de se perseguir certo objetivo e da adequação dos meios a serem empregados para atingir essa finalidade.

Sendo assim, os procedimentos jurídicos (*v.g.*, legislativo, eleitoral, negocial, administrativo, jurisdicional) adquirem uma narratividade emancipatória, em plena consonância com os movimentos sociais, culturais e econômicos de reivindicação dos direitos fundamentais. Daí sobreleva a importância do Poder Judiciário na tomada de decisões sobre interesses coletivos e conflitos interindividuais, muitas vezes não regulamentados de forma suficiente. Para tanto, é imperioso aperfeiçoar a cidadania ativa, com instrumentos processuais como as ações coletivas (ação popular e ação civil pública) e as ações diretas de inconstitucionalidade, além de reconfigurar institutos tradicionais como a legitimidade de agir, garantindo a participação de sujeitos coletivos ou permitindo a formulação de interpretações jurídicas pelos diversos segmentos da sociedade (pluralismo jurídico), e a própria coisa julgada (vinculação para casos futuros semelhantes e possibilidade de modificação, diante da experiência adquirida em sua aplicação).

Diante de tudo quanto foi exposto, verifica-se que, para Robert Alexy, a observância dos procedimentos, combinada com a otimização valorativa dos princípios jurídicos, afigura-se como o caminho mais seguro para a fundamentação correta das proposições jurídicas, de molde a oferecer, no plano da argumentação discursiva, uma adequada proposta de concretização do direito pós-moderno, harmonizando a legalidade e a legitimidade, como pilares de um Estado Democrático de Direito.

13. O NEOCONSTITUCIONALISMO

Uma das tendências mais marcantes do pensamento jurídico contemporâneo reside na convicção de que o fundamento do sistema jurídico não deve ser procurado na esfera metafísica do cosmos, da revelação religiosa ou da estrutura de uma razão humana universal. Tais argumentos jusnaturalistas, baseados na existência de supostos direitos naturais, revelam-se inadequados em face da constatação de que a ordem jurídica deve ser compreendida em sua dimensão empírica e, portanto, vinculada ao plano histórico-cultural da convivência humana. Por outro lado, consolida-se o entendimento de que o fenômeno jurídico não pode ser justificado pela manutenção de um conjunto meramente formal de regras jurídicas, apartado do mundo dos fatos e dos valores, como sugere o idealismo típico das diversas doutrinas positivistas, que promovem o distanciamento social e o esvaziamento ético do direito.

Diante dos limites do jusnaturalismo e do positivismo jurídico, a ciência jurídica atual vem buscando formular novas propostas de fundamentação e legitimação do direito, de modo a permitir a compreensão de suas múltiplas dimensões – normativa, fática e valorativa – e a realização ordenada da justiça no âmbito das relações concretas. Esse novo momento de reflexão do conhecimento jurídico, intitulado pós-positivismo jurídico, vem procurando reconstruir os laços privilegiados entre o direito e a moral, aproximando o fenômeno jurídico das exigências da realidade social.

Nesse diapasão, afirma Ricardo Lobo Torres (2002, p. 3) que se presencia, hoje, a mudança de paradigmas jurídicos que implica a reaproximação do direito, da ética e da justiça, bem como a preeminência dos princípios jurídicos no quadro do ordenamento, emergindo um modelo pós-positivista que consagra os direitos fundamentais enunciados pela principiologia constitucional, incorporando representações de valores da liberdade, igualdade e dignidade de todos os seres humanos.

Como expressão do pós-positivismo no direito constitucional, a doutrina vem utilizando as expressões "neoconstitucionalismo", "constitucionalismo avançado" ou "constitucionalismo de direitos" para designar um novo modelo jurídico-político que representa o Estado Constitucional de Direito no mundo contemporâneo.

Segundo Santiago Ariza (2003, p. 239), esse novo modelo de compreensão e aplicação do direito constitucional revela-se em alguns sistemas constitucionais surgidos após a Segunda Guerra Mundial, cujas funções se contrapõem ao papel que desempenhavam as Cartas Constitucionais no contexto da modernidade jurídica, de modo a tentar recompor a grande fratura existente entre a democracia e o constitucionalismo ocidental.

Para tanto, o neoconstitucionalismo pressupõe o reconhecimento de uma teoria da Constituição substancialista, ancorada em uma prévia ontologia cultural. Isso porque, até a metade do século XX, não existia uma autêntica teoria da Constituição em face das seguintes razões: os tratados e manuais de direito constitucional consideravam abstrato o tema; o positivismo jurídico era refratário a enfoques extranormativos ou metajurídicos; as incursões teóricas de natureza histórico-social não eram consideradas aceitáveis, tal como se verifica na corrente formalista e axiologicamente neutra da teoria pura do direito, formada por Kelsen e seus seguidores; a vertente neokantiana de que o método constrói o objeto, presente no pensamento de Kelsen, inviabiliza a correlação entre método e realidade, indispensável ao realismo próprio de uma teoria da Constituição como ciência cultural.

Decerto, autores como Montesquieu, Rousseau, Sieyes, Constant e Payne podem ser situados como integrantes de um constitucionalismo burguês, de inspiração racional-individualista. Tal vertente de pensamento foi debilitando, gradativamente, o conceito substancial de Constituição, para formalizar seu conteúdo mediante os postulados do nascente positivismo jurídico, com o uso do método exegético e a conexão entre liberdade, propriedade, segurança e lei.

Por outro lado, o constitucionalismo anglo-saxônico legou à cultura constitucional euro-atlântica a Constituição inglesa, o *common law*, as Declarações britânicas e norte-americanas. Não obstante esse progresso constitucional, a importação do constitucionalismo anglo-saxônico não é tarefa fácil, ante a mentalidade pragmática e utilitarista dessa tradição jurídica.

Outrossim, predominam, na Europa continental, o racionalismo, o formalismo e a metodologia abstrata, como se percebe nas diferenças entre o *rule of law*, o *due process of law* e o *rechtsstaat*, embora apresentem os seguintes pontos de convergência: a legalidade, a hierarquia normativa, a publicidade das normas, a irretroatividade das disposições restritivas de direitos individuais, a segurança jurídica, a responsabilidade e a arbitrariedade dos Poderes Públicos.

Posteriormente, verifica-se a influência da doutrina germânica, desde o final do século XIX até o século XX, na configuração da dogmática constitucional, citando os nomes de juristas como Gerber, Laband, Jellinek e Kelsen. Todos eles poderiam ser situados no campo do formalismo positivista, com exceção do enfoque sociológico conferido por Jellinek a sua teoria dualista do Estado.

A República alemã de Weimar, entre 1919 e 1932, foi o microcosmo da cultura constitucional europeia, que logo seria transportada para o mundo ocidental. As diversas tendências que brotaram nesse momento histórico do constitucionalismo germânico caracterizaram-se pelo combate ao positivismo jurídico, sob o influxo do antiformalismo expresso na filosofia vitalista, na sociologia e na atenção doravante dedicada à ciência política. Nesse período, aparecerá a teoria da Constituição em 1928, com as obras de Schmitt, Smend e seus discípulos, tornando patente a necessidade de abordar o condicionamento cultural e a fundamentação axiológica da teoria da Constituição, a fim de demonstrar a íntima conexão entre cultura, valores e direito constitucional.

Segundo Pablo Verdu (1998, p. 21), a meditação constitucional é consciente de que toda especulação cultural a respeito da Constituição consiste em uma inspiração ideológica, fundada em valores que operam na realidade social e política. Tais pautas axiológicas iluminam e fundamentam direitos humanos, mediante a delimitação dos Poderes Públicos a uma organização normativa que se encontra fundada em uma estrutura sociopolítica democrática.

Sendo assim, a substantividade da teoria da Constituição apresenta-se como uma inovação em face das posturas positivistas passadas e presentes, pois toda Constituição funda-se em valores que se exprimem em princípios constitucionais, como a liberdade, a igualdade, a fraternidade e, sobretudo, a dignidade da pessoa humana, conferindo uma dimensão axiológica e teleológica ao constitucionalismo pós-moderno.

Com o neoconstitucionalismo, ocorre também o processo de normativização da Constituição, que deixa de ser considerada um diploma normativo com um valor meramente programático, ou como um conjunto de recomendações ou orientações dirigidas ao legislador, para operar como uma normatividade jurídica com eficácia direta e imediata.

Decerto, uma das grandes mudanças ocorridas no direito constitucional, ao longo do século XX, foi a atribuição à norma constitucional de *status* de norma jurídica, superando-se o modelo anacrônico segundo o qual a Constituição é vista como um mero convite político à atuação dos Poderes Públicos. A eficácia das normas constitucionais ficava, assim, condicionada à liberdade de conformação do legislador ou à discricionariedade do administrador, não se reconhecendo ao Poder Judiciário qualquer papel relevante na realização dos valores e fins da Carta Magna.

Como bem salienta Dirley Cunha Jr. (2006, p. 32-3), a Constituição deixou de ser concebida como simples manifesto político para ser compreendida como um diploma composto de normas jurídicas fundamentais e supremas. Isso porque a Constituição, além de imperativa como toda norma jurídica, é particularmente suprema, ostentando posição de proeminência em face das demais normas, que a ela deverão se conformar quanto ao modo de elaboração (compatibilidade formal) e quanto à matéria (compatibilidade material).

A supremacia constitucional desponta, assim, como uma exigência democrática, para sintetizar os valores e anseios do povo, titular absoluto do Poder Constituinte que originou a Carta Magna, fonte máxima de produção da totalidade do direito e o último fundamento de validade das normas jurídicas, conferindo unidade e caráter sistemático ao ordenamento jurídico.

Partindo-se do postulado de que a Constituição define o plano normativo global para o Estado e para a sociedade, vinculando tanto os órgãos estatais como os cidadãos, dúvidas não podem mais subsistir sobre a natureza jurídica das normas programáticas. As normas programáticas, sobretudo as atributivas de direitos sociais e econômicos, devem ser entendidas, assim, como diretamente aplicáveis e imediatamente vinculantes a todos os órgãos dos Poderes Legislativo, Executivo e Judiciário.

Nesse sentido, são tão jurídicas e vinculativas as normas programáticas, malgrado sua abertura ou indeterminabilidade, que, na hipótese de não realização dessas normas e desses direitos por inércia dos órgãos de direção política (Executivo e Legislativo), restará caracterizada a inconstitucionalidade por omissão.

Conforme leciona ainda Dirley da Cunha Jr. (2004, p. 107-8), o Estado, inclusive o Estado brasileiro, está submetido ao ideal de uma democracia substantiva ou material, pelo que as eventuais inércias do Poder Legislativo e do Poder Executivo devem ser supridas pela atuação do Poder Judiciário, mediante mecanismos jurídicos previstos pela própria Constituição que instituiu um Estado Democrático de Direito (por exemplo, o mandado de injunção, a ação direta de inconstitucionalidade por omissão e a arguição de descumprimento de preceito fundamental).

Sendo assim, a concepção de uma Constituição como norma afeta diretamente a compreensão das tarefas legislativa e jurisdicional. Por um lado, o caráter voluntarista da atuação do legislador cede espaço para sua submissão ao império da Constituição. Por outro lado, o modelo dedutivista de aplicação da lei pelo julgador, típico da operação lógico--formal da subsunção, revela-se inadequado no contexto de ampliação da margem de apreciação judicial, especialmente na concretização de princípios, abrindo margem para o recurso da operação argumentativa da ponderação.

Gera-se, pois, um conflito permanente entre esse tipo de constitucionalismo e a democracia, ante a primazia concedida ao Poder Judiciário em detrimento da posição subalterna assumida pelo Poder Legislativo. Exemplo disso pode ser encontrado quando se verifica a tensão entre eficácia imediata (que exige a atuação dos juízes) e mediata (que requer a necessária atuação do legislador), ao denotar a dificuldade de o neoconstitucionalismo estabelecer os limites ou articular uma proposta que permita conjugar o labor jurisdicional e a função do legislador.

Com efeito, oscila-se entre um constitucionalismo débil, que reivindica a importância da legitimidade democrática do legislador e das pautas formais inerentes ao Estado de Direito (a certeza, a igualdade formal e a separação dos poderes), e um neoconstitucionalismo que valoriza o ativismo judicial como via para a substancialização do regime democrático.

Como proposta de superação dessa aparente dicotomia, destaca-se o pensamento de J. J. Gomes Canotilho (2001, p. 98), a promover a conciliação entre as noções de Estado de Direito e democracia. Isso porque, segundo o autor, o Estado constitucional é mais que o Estado de Direito, visto que o elemento democrático serve não só para limitar o Estado, mas também legitimar o exercício do poder político, potencializando a compreensão da fórmula do Estado de Direito democrático.

Por outro lado, o neoconstitucionalismo pressupõe a positivação jurídica de princípios, pautas axiológicas de conteúdo indubitavelmente ético, daí decorrendo importantes consequências, tais como a necessidade de adotar uma posição de participante para explicar o funcionamento do direito, bem como a necessidade de superar a ideia positivista de uma separação entre o direito e a moral.

Decerto, o modelo neoconstitucionalista não parece coadunar-se com a perspectiva positivista, que se mostra tanto antiquada, por haver surgido no contexto do Estado liberal-individualista, quanto inadequada, por não incorporar os *standards* de moralidade ao estudo do direito.

O modelo de ciência jurídica que exige o neoconstitucionalismo contrasta também com aquele defendido pelo positivismo jurídico. Rejeitam-se, assim, as noções de distanciamento, neutralidade valorativa e função descritiva da ciência jurídica, para incorporar as ideias de compromisso, intervenção axiológica, prioridade prática e caráter político do conhecimento científico do direito.

O denominador comum das teorias ditas neoconstitucionalistas parece ser a necessidade de superar um modelo que estabeleça que a ciência jurídica deve ocupar-se exclusivamente de descrever o direito, por meio de uma atividade neutra aos valores sociais e alheia ao problema da efetividade do sistema jurídico.

A partir do momento em que alguns padrões de moralidade são incorporados às Constituições mediante os princípios ético-jurídicos, a tarefa de determinar o que o direito diz não pode ser concebida como uma atividade totalmente científica ou objetiva, visto que podem entrar em jogo as opiniões e as considerações morais, o que confere verdadeira natureza política à atividade do jurista.

Nesse sentido, o neoconstitucionalismo, além de evidenciar que algumas descrições podem ter uma significação política, vem apresentando a virtude de expor que não se deve colocar todos os juízos de valor no mesmo plano e que nem todos os juízos de valor se reconduzem ao âmbito incontrolável da subjetividade.

Por fim, verifica-se que o movimento neoconstitucionalista, com a internalização dos valores consubstanciados pelos princípios jurídicos, revela-se favorável à ideia de uma aceitação moral do direito, resultando na adoção de perspectivas interna e externa de compreensão do fenômeno jurídico. A legitimação do sistema jurídico passa pela busca de um equilíbrio entre os pontos de vista de crítica interna, cujo parâmetro é a Constituição, e de crítica externa, cujo parâmetro é o substrato axiológico da moralidade social.

Desse modo, o neoconstitucionalismo, como manifestação do pós-positivismo jurídico, abarca um conjunto amplo de mudanças ocorrido no Estado Democrático de Direito e no direito constitucional, reaproximando as Constituições do substrato ético dos valores sociais e abrindo espaço para o reconhecimento da força normativa da Constituição e de uma nova interpretação constitucional de base essencialmente principiológica.

Em suma, a afirmação neoconstitucionalista da natureza principiológica da Constituição pressupõe a positivação jurídica de pautas axiológicas de conteúdo ético, daí advindas importantes consequências, tais como a necessidade de se adotar uma posição de participante para explicar o funcionamento do direito, bem como a necessidade de se superar a ideia positivista de uma separação rígida entre o direito e a moral.

SINOPSE

Na transição pós-moderna, o fenômeno jurídico adquire natureza plural, reflexiva, prospectiva, discursiva e relativa, abrindo margem para a emergência do pós-positivismo jurídico, como movimento que busca superar a dicotomia jusnaturalismo *vs* positivismo jurídico na fundamentação do significado de um direito justo.

A partir da segunda metade do século passado, as posições unilaterais do jusnaturalismo e do positivismo jurídico passaram a ser combatidas por novas concepções jurisfilosóficas, preocupadas em oferecer instrumentos conceituais mais aptos a garantir a fundamentação de um direito justo.

A teoria do direito constatou os limites do jusnaturalismo, visto que a fundamentação do direito justo no suposto direito natural revelou-se frágil, não só pela insegurança gerada pelo caráter absoluto e pela abstração metafísica do conceito, como também pela valorização excessiva do atributo da legitimidade em face da validade da normatividade jurídica, necessária para a manutenção mínima da ordem e da segurança na convivência humana em sociedade.

A teoria do direito ratificou os limites do positivismo jurídico na fundamentação do que seja o direito justo, em suas diversas feições legalista, lógico e funcionalista, em face do alheamento da doutrina do direito positivo à dimensão axiológica do fenômeno jurídico, sacrificando a legitimidade do ordenamento jurídico em nome de uma validade estritamente normativa, como alternativa para a realização ordenada da segurança jurídica.

Com a crise do positivismo jurídico, abriu-se espaço para a emergência de um conjunto amplo e difuso de reflexões acerca da função e interpretação do direito, reintroduzindo, na esteira da pós-modernidade, as noções de justiça e legitimidade para a compreensão axiológica e teleológica do sistema jurídico. Buscou-se, então, conceber a ordem jurídica como um sistema plural, dinâmico e aberto aos fatos e valores sociais, erguendo-se um novo paradigma, denominado, por muitos estudiosos, pós-positivismo jurídico.

Para o culturalismo jurídico, o conhecimento jurídico não seria o produto metódico de procedimentos formais, dedutivos e indutivos, mas uma unidade imanente, de base concreta e real, que repousa sobre valorações. Os culturalistas concebem o direito pós-moderno como um objeto criado pelo homem, dotado de um sentido de conteúdo valorativo, sendo, pois, pertencente ao campo da cultura humana.

A primeira vertente culturalista a ser destacada é o tridimensionalismo jurídico de Miguel Reale, que concebe a experiência jurídica como uma das modalidades da experiência histórico-cultural, pelo que a implicação polar fato-valor resolve-se em um processo normativo de natureza integrante. Cada norma ou conjunto de normas representando, em dado momento histórico e em função de dadas circunstâncias, a compreensão operacional compatível com a incidência de certos valores sobre os fatos múltiplos que condicionam a formação dos modelos jurídicos e sua aplicação. Com essa teoria integrativa, Reale rejeita todas as concepções setorizadas de direito (normativismo abstrato, sociologismo jurídico e moralismo jurídico), postulando, assim, uma doutrina que requer a integração dos três elementos constitutivos do direito, em uma unidade funcional e de processo, em correspondência com os problemas complementares da validade social (eficácia), da validade ética (fundamento) e da validade técnico-jurídica (vigência).

Por sua vez, a teoria egológica do direito afigura-se como uma concepção culturalista defendida pelo jurista argentino Carlos Cossio. Para ele, a ciência jurídica deve estudar o direito como um objeto cultural egológico, apresentando, como substrato, a conduta humana compartida, sobre a qual incide o sentido dos valores jurídicos. O ato cognitivo próprio é a compreensão, viabilizada pelo método empírico-dialético. Ao conhecer o direito, o jurista exerce o papel de relacionar a conduta humana em sua interferência com os valores positivados na ordem jurídica. Para a teoria egológica, a ciência jurídica compreende três perspectivas: a dogmática jurídica, que se atém ao empirismo científico, buscando estabelecer a equivalência entre dados normativos contingentes e os fatos da experiência; a lógica prática, voltada para a estruturação do pensamento do jurista, dentro da lógica do dever-ser, a forma com que a experiência jurídica se apresenta no conhecimento científico-jurídico; e a axiologia jurídica, que procura compreender o sentido da conduta, fundada em valorações positivas da comunidade e limitada à materialidade do substrato.

O raciovitalismo jurídico vale-se de uma lógica existencialista do razoável, a qual figura como uma modalidade de raciocínio jurídico tendente à realização do direito pós-moderno, mediante o exercício de uma razão vital. Enquanto o pensamento racional puro da lógica formal tem a natureza meramente explicativa de conexões entre ideias, entre causa e efeitos, a lógica do razoável tem por objetivo problemas humanos, de natureza jurídica e política, e deve, por isso, compreender ou entender sentidos e conexões de significados, operando com valores e estabelecendo as finalidades e os propósitos da ordem jurídica. O manuseio da lógica do razoável potencializa a realização do direito pós-moderno, por exteriorizar uma operação axiológica e teleológica que se revela compatível com as especificidades histórico-culturais de cada caso concreto, tendo em vista a singularidade que envolve a vida humana.

A tópica jurídica pode ser entendida como uma técnica de pensar por problemas, desenvolvida pela retórica. Ela se distingue nas menores particularidades de outra de tipo sistemático-dedutivo. O ponto mais importante do exame da tópica constitui a afirmação de que se trata de uma *techne* do pensamento que se orienta para o problema. A tópica jurídica aponta os limites do sistema jurídico lógico-dedutivo, visto que o centro de gravidade do raciocínio jurídico, longe de ser a subsunção, como a atividade de ordenação dentro de um sistema perfeito, reside predominantemente na interpretação em sentido amplo e, por isso, na invenção.

A nova retórica jurídica promove a reabilitação filosófica da lógica argumentativa, marginalizada tanto pelo idealismo platônico quanto pelo racionalismo cartesiano. Rompendo também com o positivismo lógico, torna patente a insuficiência do raciocínio demonstrativo no tratamento dos problemas linguísticos, bem como a impossibilidade de aplicar uma linguagem matemática, porque exata e unívoca, para os discursos humanos. Partindo da distinção cunhada por Aristóteles entre o raciocínio dialético, que versa sobre o verossímil e serve para embasar decisões, e o raciocínio analítico, que trata do necessário e sustenta demonstrações, a nova retórica situa o raciocínio jurídico no primeiro grupo, ressaltando sua natureza argumentativa.

O direito alternativo compreende um conjunto de ideias que problematiza as premissas fundamentais do saber jurídico moderno: a cientificidade, a objetividade, a neutralidade, a estatalidade e a completude do direito positivo. Sendo assim, essa teoria crítica do direito alternativo enfatiza o caráter ideológico do sistema jurídico, equiparando-o a um discurso político de legitimação do poder. O fenômeno jurídico surgiria, em todas as sociedades organizadas, como a institucionalização dos interesses dominantes e da manutenção da hegemonia de uma dada classe social. Em nome das noções de racionalidade, ordem e justiça, restaria ocultada a dominação entre as classes sociais, disfarçada por uma linguagem e uma prática pretensamente neutras. Ao priorizar uma análise crítica do direito estatal, questionando as estratégias de neutralização da dogmática jurídica e privilegiando a transformação social em detrimento da permanência das instituições jurídicas, o movimento do direito alternativo pretende gestar uma ordem normativa mais legítima, desformalizada e descentralizada.

O neocontratualismo jurídico propõe que a justiça deva ser vislumbrada no plano institucional, não estando circunscrita à esfera moral dos indivíduos. Entre as diversas concepções de justiça, optariam os atores sociais pelos princípios da igualdade e da diferença. O equilíbrio entre os mencionados princípios incrementaria uma rede de cooperação social, facilitando a organização de uma sociedade mais estável e harmoniosa. Verificando-se qual o grupo socialmente preterido, mecanismos legislativos e administrativos compensatórios seriam utilizados para reparar as eventuais injustiças (*affirmative actions*). A sociedade identificaria os setores a merecer as correções legais, propiciando, inclusive, a participação de minorias no jogo político, por meio de seus representantes. São as instituições democráticas (*v.g.*, Parlamento, controle de constitucionalidade, previsão do voto, respeito aos direitos fundamentais) que permitem a confluência da legitimidade e da legalidade, tradicionalmente dissociadas pelas concepções unilaterais do jusnaturalismo e do positivismo jurídico, descortinando-se, assim, a possibilidade de construção institucional de um direito pós-moderno.

O funcionalismo jurídico sustenta que o direito afigura-se como um sistema comunicativo de natureza autopoiética, voltado para o controle da complexidade e da contingência da sociedade de risco. O sistema jurídico propõe-se a reduzir a complexidade do ambiente, absorvendo a contingência da intersubjetividade humana e garantindo a generalização congruente de expectativas comportamentais, a fim de fornecer uma imunização simbólica de expectativas contra outras possibilidades sociais de conduta humana. A complexidade da vida social, com sua extrema contingência, é reduzida pela construção de uma pararrealidade, codificada a partir do esquema binário direito/não direito (lícito/ilícito). O sistema jurídico demarca, assim, seu próprio limite, autorreferencialmente, na complexidade do meio ambiente, definindo o que dele faz parte, seus elementos, o que ele e só ele, enquanto autônomo, produz, ao conferir validade normativa e significado jurídico às comunicações humanas que nele se realizam. A teoria do direito figuraria como o lugar no qual seriam produzidos, planificados, controlados e geridos os mecanismos racionais de solução para os problemas postos ao sistema jurídico, contribuindo para o funcionamento estável da ordem jurídica. A legitimidade das normas desponta, assim, como uma ilusão funcionalmente necessária, cabendo à justiça legitimar a decisão selecionada no campo das opções hermenêuticas possíveis. A justiça trataria, pelo lado externo do sistema jurídico, da abertura cognitiva adequada aos elementos morais, econômicos, políticos do ambiente e, pelo ângulo interno, da capacidade de reprodução autopoiética do direito, por meio da permanente busca pela consistência dos processos decisórios realizados pelas instituições jurídicas.

O substancialismo principiológico procura reabilitar a racionalidade moral-prática no campo da metodologia jurídica, criticando o positivismo justamente pelo fato de que este considera o direito como um sistema composto apenas por regras. Sustenta-se que o sistema jurídico também contém princípios, visto que sempre preexistirão critérios normativos para determinar a decisão do caso concreto. A função do intérprete e aplicador seria, portanto, a de reconstruir racionalmente a ordem jurídica vigente, identificando os princípios fundamentais que lhe dão sentido. O hermeneuta, diante de um caso concreto, não está criando direito novo, mas racionalizando o material normativo existente. Trata-se de buscar e identificar os princípios que podem dar coerência e justificar a ordem jurídica, bem como as instituições políticas vigentes. Ao se orientar pelos princípios jurídicos, o julgador estaria, portanto, potencialmente apto a encontrar a única resposta substancialmente correta para um litígio. É o caso, segundo Dworkin, da proposta do direito como integridade: uma decisão é justa – porque respeita a integridade do direito – se fornece a resposta correta para um caso concreto. Para sustentar essa tese, Dworkin lança mão da hipótese de um magistrado ideal – o juiz Hércules.

O procedimentalismo discursivo busca garantir a correção argumentativa das proposições jurídicas. Parte de uma teoria da argumentação prática-geral que ele projeta para o campo do direito. O discurso jurídico figura como um caso especial do discurso prático-geral, porque são debatidas questões práticas, erigindo-se uma pretensão de correção, associada à ideia de justiça, e isso é feito dentro de determinados limites. O discurso jurídico não pretende sustentar que uma determinada proposição é mais racional, mas, em verdade, que ela pode ser fundamentada racionalmente na moldura do ordenamento jurídico vigente. Se, por um lado, o procedimento do discurso jurídico define-se pelas regras e formas do discurso prático geral, por outro lado, é influenciado pelas regras e formas específicas do discurso jurídico, que exprimem, sinteticamente, a sujeição à lei, aos precedentes judiciais e à ciência do direito. A observância dos procedimentos, combinada com a otimização valorativa dos princípios jurídicos, afigura-se como o caminho mais seguro para a fundamentação correta das proposições jurídicas, de molde a oferecer, no plano da argumentação discursiva, uma adequada proposta de concretização do direito pós-moderno, harmonizando a legalidade e a legitimidade, como pilares de um Estado Democrático de Direito.

O neoconstitucionalismo afigura-se como um novo modelo de compreensão e aplicação do direito constitucional que se revela em alguns sistemas constitucionais surgidos após a Segunda Guerra

Mundial, cujas funções se contrapõem ao papel que desempenhavam as Cartas Constitucionais no contexto da modernidade jurídica, de modo a tentar recompor a grande fratura existente entre a democracia e o constitucionalismo ocidental. Com o neoconstitucionalismo, ocorre também o processo de normativização da Constituição, que deixa de ser considerada um diploma normativo com um valor meramente programático para operar como uma normatividade jurídica com eficácia direta e imediata.

A afirmação neoconstitucionalista da natureza principiológica da Constituição pressupõe a positivação jurídica de pautas axiológicas de conteúdo ético, daí advindas importantes consequências, tais como a necessidade de se adotar uma posição de participante para explicar o funcionamento do direito, bem como a necessidade de se superar a ideia positivista de uma separação rígida entre o direito e a moral.

TEORIA DO NEOCONSTITUCIONALISMO BRASILEIRO: A DIGNIDADE DA PESSOA HUMANA E O DEVIDO PROCESSO LEGAL COMO MARCOS JUSFUNDAMENTAIS

1. NEOCONSTITUCIONALISMO E O PRINCÍPIO DA DIGNIDADE DA PESSOA HUMANA

Como se depreendeu do item 13 do Capítulo IX, uma das características mais marcantes do neoconstitucionalismo, expressão do pós-positivismo jurídico no direito constitucional, consiste na frequente utilização de princípios jurídicos no embasamento de processos hermenêuticos e decisórios, como espécies normativas que permitem conciliar as estimativas de justiça (legitimidade), típicas do jusnaturalismo, com as exigências de segurança (legalidade), próprias do positivismo jurídico.

A valorização desses princípios jurídicos vem sendo acompanhada, *pari passu*, pela progressiva constitucionalização desses cânones éticos, promovendo a transição do modelo formal de Constituição, que a reduz a um mero catálogo de competências e procedimentos, para o paradigma material de Carta Magna, que a eleva ao patamar de repositórios dos valores fundantes do Estado e do conjunto da sociedade civil.

Como salienta Maria Moraes (2003, p. 107), tais princípios jurídicos, extraídos da cultura, exprimem a consciência social, o ideal ético e, portanto, a noção de justiça presente na sociedade, figurando, portanto, como os valores por meio dos quais aquela comunidade se organizou e se organiza. É nesse sentido que se deve entender o real e mais profundo significado, marcadamente axiológico, da chamada constitucionalização principiológica, mediante a qual a Constituição passa a representar o conjunto de valores sobre o qual se constrói, na atualidade, o pacto axiológico fundamental da convivência coletiva.

Com a valorização da principiologia constitucional pelo neoconstitucionalismo, torna-se a Carta Constitucional uma expressão viva e concreta do mundo dos fatos e valores, adquirindo uma inegável tessitura axiológica e teleológica. A principiologia de cada Lei Fundamental torna-se, assim, ponto de convergência da validade (dimensão normativa), da efetividade (dimensão fática) e, sobretudo, da legitimidade (dimensão valorativa) de um dado sistema jurídico, abrindo espaço para a constitucionalização do direito justo.

As diversas concepções neoconstitucionalistas parecem convergir para o entendimento de que o direito é um constructo axiológico e teleológico, que impõe a compreensão e a aplicação de princípios jurídicos, especialmente aqueles de natureza constitucional, de modo a potencializar a realização da justiça, o que se manifesta plenamente com a aplicação do princípio constitucional da dignidade da pessoa humana.

Decerto, entre os diversos princípios ético-jurídicos que adquiriram *status* constitucional nas últimas décadas, merece destaque a dignidade da pessoa humana, porquanto, na esteira do pós-positivismo jurídico, evidencia-se, cada vez de modo mais patente, que o fundamento último e a própria *ratio essendi* de um direito justo não é outro senão o próprio homem, considerado em sua dignidade substancial de pessoa, como um ser que encerra um fim em si mesmo, cujo valor ético intrínseco impede qualquer forma de degradação, aviltamento ou coisificação da condição humana.

Segundo Fábio Comparato (2005, p. 21), inspirado no pensamento kantiano, a pessoa é um fim em si mesmo, não podendo converter-se em instrumento para a realização de um eventual interesse, pois o ser humano e, de modo geral, todo ser racional, existe como uma finalidade própria, sem figurar como meio do qual esta ou aquela vontade possa servir-se a seu talante. Por sua vontade racional, ao contrário das coisas, só a pessoa humana vive em condições de autonomia, isto é, como ser capaz de guiar-se pelas leis que ele próprio edita. Logo, todo homem tem dignidade e não um preço, como as coisas.

Sendo assim, o princípio ético-jurídico da dignidade da pessoa humana importa o reconhecimento e a tutela de um espaço de integridade físico-moral a ser assegurado a todas as pessoas por sua existência ontológica no mundo, relacionando-se tanto com a manutenção das condições materiais de subsistência como com a preservação dos valores espirituais de um indivíduo que sente, pensa e interage com o universo circundante.

Como salienta Oscar Vieira (2006, p. 37), ao servir de veículo para a incorporação dos direitos da pessoa humana pelo direito, os direitos fundamentais passam a se constituir em uma importante parte da reserva de justiça do sistema jurídico, sobretudo, pela abertura dos direitos fundamentais à moralidade, o que se verifica pela internalização de valores morais, como a dignidade humana. Uma sociedade que respeita os direitos decorrentes da dignidade da pessoa humana pode ser considerada, se não uma sociedade justa, ao menos muito próxima do ideal de justiça.

Sendo assim, a dignidade da pessoa humana, sob os influxos do pós-positivismo neoconstitucionalista, converteu-se em uma verdadeira fórmula de justiça substancial, passível de ser invocada concretamente pelos sujeitos de direito, sem os limites decorrentes das concepções jusnaturalista e positivista de fundamentação do direito justo.

Não é outro o entendimento de David Pardo (2003, p. 197), para quem a relação dos princípios com os valores, especialmente dos princípios jusfundamentais com o valor da dignidade, permite identificar a Constituição como um sistema normativo aberto à moralidade social cambiante, o que possibilita afirmar que todo o sistema jurídico recebe irradiação desse sentido de justiça emanado do conjunto dos princípios jusfundamentais e dos direitos fundamentais que o traduz normativamente.

Destarte, convém investigar os elementos que definem esse processo de positivação do direito justo, a partir do suporte axiológico e teleológico do princípio ético-jurídico da dignidade da pessoa humana, desde o processo da internacionalização dos direitos humanos até sua expressa conversão em normatividade constitucional.

2. A DIGNIDADE DA PESSOA HUMANA COMO VALOR-FONTE DA EXPERIÊNCIA AXIOLÓGICA DO DIREITO

Antes mesmo de seu reconhecimento jurídico, nas Declarações Internacionais de Direito e nas Constituições de diversos países, a dignidade da pessoa humana já figurava como um valor, que brota da própria experiência axiológica de cada cultura humana, submetida aos influxos do tempo e do espaço. Daí por que, longe de ser enclausurado como um ideal metafísico, absoluto e invariável, o princípio da dignidade da pessoa humana deve ser compreendido em sua dimensão histórico-cultural.

Decerto, a apreensão do sentido do princípio da dignidade da pessoa humana não se afigura como o produto metódico de procedimentos formais, dedutivos e indutivos, mas, em verdade, requer um conhecimento de base concreta e real, que repousa sobre valorações. Entendida a cultura como tudo aquilo que é construído pelo homem em razão de um sistema de valores, com o escopo de atender a seus interesses e suas finalidades, é possível constatar que o princípio da dignidade da pessoa humana está dotado de um sentido de conteúdo valorativo, pertencente, portanto, ao campo da cultura humana.

Disso se apercebeu o tridimensionalismo jurídico, ao conceber o valor da dignidade como fundamento concreto do direito justo. Foi integrado nessa linha de pensamento que Miguel Reale (1994, p. 74) desenvolveu sua teoria tridimensional do direito. Para ele, sendo a experiência jurídica uma das modalidades da experiência histórico-cultural, compreende-se que a implicação polar fato-valor resolve-se em um processo normativo de natureza integrante, cada norma ou conjunto de normas representando, em dado momento histórico e em função de dadas circunstâncias, a compreensão operacional compatível com a incidência de certos valores sobre os fatos múltiplos que condicionam a formação dos modelos jurídicos e sua aplicação.

Trata-se de um tridimensionalismo concreto, dinâmico e dialético, visto que esses elementos estão em permanente atração polar, já que o fato tende a realizar o valor, mediante a norma. A norma deve ser concebida como um modelo jurídico, de estrutura tridimensional, compreensiva ou concreta.

Com essa teoria integrativa, Reale rejeita todas as concepções setorizadas de direito (normativismo abstrato, sociologismo jurídico e moralismo jurídico), postulando, assim, uma doutrina que requer a integração dos três elementos constitutivos do direito, em uma unidade funcional e de processo, em correspondência com os problemas complementares da validade social (eficácia), da validade ética (fundamento) e da validade técnico-jurídica (vigência). O conhecimento jurídico desponta como uma ciência histórico-cultural e compreensivo-normativa, por ter como objeto a experiência social na medida em que essa normativamente se desenvolve em função de fatos e valores, para a realização ordenada da vida humana.

Segundo Reale (1972, p. 275), o fundamento último que o direito tem em comum com a moral e com todas as ciências normativas deve ser procurado na dignidade intrínseca da própria vida humana, não como entidade abstrata à maneira dos jusnaturalistas, mas como ser racional destinado por natureza a viver em sociedade e a realizar seus fins superiores. Das análises da natureza racional do homem e da consideração de que o homem é por necessidade um animal político, resulta a ideia de que cada homem representa um valor e que a pessoa humana constitui o valor-fonte de todos os valores. A partir desse valor-fonte, torna-se possível alcançar o fundamento peculiar do direito, remetendo ao valor-fim próprio do direito que é a justiça, entendida não como virtude, mas, em sentido objetivo, como justo, como uma ordem que a virtude justiça visa a realizar.

Nesse sentido, o direito se desenvolve porque os homens são desiguais e aspiram à igualdade, inclinando-se para a felicidade e querendo ser cada vez mais eles mesmos, ao mesmo tempo que aspiram a uma certa tábua igual de valores. Refere o jurisfilósofo que a ideia de justiça, que, em seu sentido mais geral, exprime sempre proporção e igualdade, é própria da dignidade da pessoa humana, como ente racional e social. Vivendo em sociedade e procurando seu bem, o homem acaba compreendendo a necessidade racional de respeitar em todo homem uma pessoa, condição essencial para que também possa se afirmar como pessoa. Sendo assim, a ideia de justiça liga-se, de maneira imediata e necessária, à ideia de pessoa humana, pelo que o direito, como a moral, figura como uma ordem social de relações entre pessoas.

Na visão de Miguel Reale (1972, p. 300), os valores que se ligam necessariamente ao valor-fonte da dignidade da pessoa humana constituem o conteúdo próprio da justiça e, uma vez traduzidos em preceitos incorporados à cultura, tornam-se preceitos universais, comuns a todos os povos e lugares, pelo que toda regra que atualize esses preceitos fundamentais conta com o assentimento dos sujeitos. Ao lado desses preceitos gerais que exprimem a constante ética do direito, há outros que também servem de fundamento às regras do direito positivo, na condicionalidade de cada cultura, representando as infinitas formas de integração dos valores mais altos no desenvolvimento histórico das civilizações em face do lugar e do tempo.

Dentro da dimensão valorativa do direito, e no campo da fundamentação de sua validade ética, o problema da justiça adquire relevo. O que importa não é a definição da justiça – dependente sempre da cosmovisão dominante de cada época histórica –, mas sim seu processo experiencial por meio do tempo, visando a realizar cada vez mais o valor da dignidade da pessoa humana, valor-fonte de todos os demais valores jurídicos. Pode-se afirmar que, nesse contexto, a justiça se apresenta como condição transcendental da realização dos demais valores, por ser a base sem a qual os demais valores não poderiam se desenvolver de forma coordenada e harmônica, em uma comunidade de homens livres. É por tal razão que a justiça deve ser entendida como um valor franciscano, sempre a serviço dos demais valores para assegurar-lhes seu adimplemento, em razão da dignidade da pessoa humana que figura como o valor-fim da ordem jurídica.

3. O RECONHECIMENTO JURÍDICO DO PRINCÍPIO DA DIGNIDADE DA PESSOA HUMANA: DA INTERNACIONALIZAÇÃO DOS DIREITOS HUMANOS AO FENÔMENO DA POSITIVAÇÃO CONSTITUCIONAL

Embora o respeito à dignidade da pessoa humana seja uma concepção que brota de matrizes culturais remotas, desde a Antiguidade até a Idade Moderna, sua consagração jurídica é fenômeno relativamente recente. No universo ocidental, pode-se apontar, como marco simbólico, a década de 1940, após o término da Segunda Guerra Mundial, cujas barbáries e atrocidades cometidas contra o ser humano demonstraram a incongruência da metafísica jusnaturalista e do alheamento ético do positivismo jurídico.

Como bem observa Peces-Barba Martinez (2003, p. 11), a luta pela afirmação da dignidade da pessoa humana, em meados do século XX, robustecida após a traumática experiência totalitária da Segunda Guerra Mundial, como fonte dos direitos fundamentais do cidadão, é uma resposta tanto ao movimento jusnaturalista como às construções positivistas que debilitaram as referências morais do fenômeno jurídico, erigindo o respeito à condição do ser humano como valor supremo dos sistemas jurídicos de inspiração democrática.

Decerto, os grandes textos normativos desse período histórico passam a reconhecer a ideia de dignidade da pessoa humana, seja no âmbito do direito internacional, seja no plano específico do direito nacional de cada Estado soberano.

Inicialmente, esse processo ocorreu com a internacionalização dos direitos humanos, que passaram a ser enunciados no âmbito da comunidade jurídica supranacional. Nesse sentido, a Declaração Universal dos Direitos Humanos, aprovada pela Assembleia Geral da Organização das Nações Unidas em 1948, é inaugurada com a afirmação de que todos os seres humanos nascem livres e iguais, em dignidade e direitos (art. 1º). Proclama, ainda, o caráter de igualdade fundamental dos direitos humanos, ao dispor que cada qual pode se prevalecer de todos os direitos e de todas as liberdades enunciados na Declaração, sem distinção de espécie alguma, notadamente de raça, de cor, de sexo, de língua, de religião, de opinião pública ou de qualquer outra opinião, de origem nacional ou social, de fortuna, de nascimento ou de qualquer outra situação (art. 2º).

Como sustentam Dimitri Dimoulis e Leonardo Martins (2007, p. 40), os direitos fundamentais no âmbito internacional recebem o nome de direitos humanos, indicando o conjunto de direitos e faculdades que garante a dignidade da pessoa humana e se beneficia de garantias internacionais institucionalizadas. Essa internacionalização vai além do relacionamento binário Estado-Indivíduo, que é a concepção tradicional dos direitos fundamentais, trazendo uma nova concepção de tutela da dignidade do ser humano: a ampliação dos titulares de direitos; a possibilidade de responsabilizar o Estado de forma externa; e a politização da matéria em razão da necessidade de se realizar contínuos compromissos entre os Estados e os atores internacionais.

A partir da internacionalização da dignidade da pessoa humana e dos direitos humanos correlatos, seguiu-se o fenômeno da constitucionalização desses direitos humanos, que passaram a ser denominados, com a positivação constitucional, direitos fundamentais, ampliando a possibilidade de garantir sua aplicabilidade nas relações sociais desenvolvidas no âmbito dos ordenamentos jurídicos internos.

Ao tratar da exteriorização da dignidade da pessoa humana como princípio do constitucionalismo ocidental, observa J. J. Gomes Canotilho (1998, p. 221) que o ser humano passou a despontar como o fundamento da República e limite maior ao exercício dos poderes inerentes à representação política. Diante das experiências históricas de aniquilação do ser humano (inquisição, escravatura, nazismo, stalinismo, polpotismo, genocídios étnicos), a dignidade da pessoa humana significa, sem transcendências ou metafísicas, o reconhecimento do *homo noumenon*, ou seja, do indivíduo como limite e fundamento do domínio político da República.

Exemplos não faltam desse processo de positivação constitucional da dignidade da pessoa humana. A Constituição da República italiana, de 27 de dezembro de 1947, estatui que "todos os cidadãos têm a mesma dignidade social" (art. 3º). A Constituição da República Federal alemã, de 1949, contempla solenemente, em seu art. 1º, que "a dignidade do homem é inviolável. Respeitá-la e protegê-la é dever de todos os Poderes do Estado". Analogamente, a Constituição portuguesa de 1976 é aberta com a proclamação de que "Portugal é uma República soberana, baseada na dignidade da pessoa humana e na vontade popular e empenhada na construção de uma sociedade livre, justa e solidária". Outrossim, a Constituição espanhola de 1978 declara que "a dignidade da pessoa, os direitos invioláveis que lhe são inerentes, o livre desenvolvimento da personalidade, o respeito à lei e aos direitos alheios são o fundamento da ordem política e da paz social" (art. 10).

Esse progressivo reconhecimento jurídico da dignidade da pessoa humana, como sustenta Robert Alexy (2007, p. 10), representa a passagem dos direitos humanos, dotados de natureza suprapositiva e de universalidade moral, geralmente expressos em tratados e convenções internacionais, para os direitos fundamentais que se apresentam como direitos que foram acolhidos em uma Constituição. A positivação desses direitos do homem não anula sua validade ética, reforçando, em verdade, sua exigibilidade jurídica, diante de conflitos de interesse entre os atores sociais.

Com efeito, a proclamação da normatividade do princípio da dignidade da pessoa humana, na grande maioria das Constituições contemporâneas, conduziu ao reconhecimento da eficácia jurídica dos direitos humanos, afastando a concepção anacrônica de sua inexigibilidade em face de comportamentos lesivos à vida digna do ser humano, seja por ações de governantes ou de particulares, por se tratar de máximas ético-morais desprovidas de coerção e de imperatividade.

Desse modo, como bem salienta Peter Häberle (2000, p. 82-3), embora o modelo do Estado Constitucional no ocidente possa sofrer variações nacionais que dependam das especificidades de cada cultura jurídica, resultado da diversificada convergência de filosofias políticas, textos clássicos, políticas públicas, experiências, sonhos e utopias, ressalvadas as singularidades de cada sociedade, as Constituições, hoje, costumam prever, como programa de obrigações constitucionais, a afirmação de uma dignidade humana como uma ideia antropológico-cultural e o conceito de democracia como a consequência no plano organizacional das instituições político-sociais.

4. O PRINCÍPIO DA DIGNIDADE DA PESSOA HUMANA NO SISTEMA CONSTITUCIONAL BRASILEIRO

A importância do princípio da dignidade da pessoa humana é inconteste no atual quadro evolutivo das sociedades humanas, o que leva Ana Paula de Barcellos (2002, p. 103) a afirmar que um dos poucos consensos teóricos do mundo contemporâneo diz respeito ao valor essencial do ser humano, despontando a dignidade da pessoa humana como um axioma da civilização ocidental e talvez a única ideologia remanescente no início do novo milênio.

O sistema constitucional brasileiro foi também influenciado por esses novos sopros libertários, tendentes à emancipação do ser humano, mediante o respeito à dignidade intrínseca, mormente com o advento da Constituição Federal de 1988, gestada que foi no contexto político-social de redemocratização do país, após o longo período autocrático da ditadura militar.

Conforme assinala Luís Roberto Barroso (2006, p. 364), na Constituição Federal de 1988, o princípio da dignidade da pessoa humana foi elevado ao patamar de fundamento do Estado Democrático de Direito (art. 1º, III), integrando a categoria dos princípios fundamentais do Título I da Carta Magna, ao lado de outros importantes cânones ético-jurídicos correlatos, a saber: a cidadania; os valores sociais do trabalho e da livre-

-iniciativa; o princípio republicano (art. 1º); o princípio da separação de poderes (art. 2º); os objetivos fundamentais da República Federativa do Brasil – construir uma sociedade livre, justa e solidária; garantir o desenvolvimento nacional; a erradicação da pobreza e da marginalização, além da redução das desigualdades sociais e regionais; a promoção do bem de todos, sem preconceitos de origem, raça, sexo, cor, idade e quaisquer outras formas de discriminação (art. 3º); e os princípios que orientam as relações internacionais, como a prevalência dos direitos humanos (art. 4º).

Uma vez situado como princípio basilar da Constituição Federal de 1988, o legislador constituinte brasileiro conferiu à ideia de dignidade da pessoa humana a qualidade de norma embasadora de todo o sistema constitucional, que orienta a compreensão da totalidade do catálogo de direitos fundamentais, tais como os direitos individuais à vida, à liberdade, à igualdade, à segurança e à propriedade (art. 5º); os direitos sociais à educação, à saúde, à moradia, ao lazer, à segurança, à previdência social, além da proteção à maternidade e à infância e da assistência aos desamparados (art. 6º); os direitos sociais dos trabalhadores urbanos e rurais (arts. 7º a 11); os direitos da nacionalidade (arts. 12 e 13); os direitos políticos (arts. 14 a 17); os direitos difusos, regulados em diversos preceitos da Carta Magna, a exemplo do direito de manifestação e acesso às fontes da cultura nacional (art. 215), bem assim o direito difuso ao meio ambiente ecologicamente equilibrado (art. 225).

A partir de sua consagração como princípio fundamental, a Carta Magna brasileira faz referência expressa da ideia de dignidade da pessoa humana em outros dispositivos normativos setoriais, sobretudo nos Títulos VII e VIII, dedicados, respectivamente, à ordem econômica e à ordem financeira, tais como:

- o art. 170, *caput*, que estabelece que a ordem econômica, fundada na valorização do trabalho humano e na livre-iniciativa, tem por fim assegurar a todos existência digna, conforme os ditames da justiça social;

- o art. 205, *caput*, ao estatuir que a educação, direito de todos e dever do Estado e da família, será promovida e incentivada com a colaboração da sociedade, visando ao pleno desenvolvimento da pessoa, seu preparo para o exercício da cidadania e sua qualificação para o trabalho;

- o art. 226, § 7º, ao prever que, fundado nos princípios da dignidade da pessoa humana e da paternidade responsável, o planejamento familiar é livre decisão do casal, competindo ao Estado propiciar recursos educacionais e científicos para o exercício desse direito, vedada qualquer forma coercitiva por parte de instituições oficiais ou privadas;

- o art. 227, *caput*, que estabelece ser dever da família, da sociedade e do Estado assegurar à criança e ao adolescente, com absoluta prioridade, o direito à vida, à saúde, à alimentação, à educação, ao lazer, à profissionalização, à cultura, à dignidade, ao respeito, à liberdade e à convivência familiar e comunitária, além de colocá-los a salvo de toda forma de negligência, discriminação, exploração, violência, crueldade e opressão;

- o art. 230, ao disciplinar que a família, a sociedade e o Estado têm o dever de amparar as pessoas idosas, assegurando sua participação na comunidade, defendendo sua dignidade e bem-estar e garantindo-lhes o direito à vida.

Ademais, saliente-se, por oportuno, que a dignidade da pessoa humana figura como princípio ético-jurídico capaz de orientar o reconhecimento, a partir de uma interpretação teleológica da Carta Magna pátria, de direitos fundamentais implícitos. Por força do art. 5º, § 2º, define um catálogo aberto e inconcluso de direitos fundamentais, ao estabelecer que os direitos e garantias expressos na Constituição brasileira não excluem outros decorrentes do regime e dos princípios por ela adotados, ou dos tratados internacionais em que a República Federativa do Brasil seja parte.

A dignidade da pessoa humana serve de parâmetro, inclusive, para a intelecção daqueles direitos humanos previstos em tratados e convenções internacionais, que, aprovados, em cada Casa do Congresso Nacional, em dois turnos, por 3/5 dos votos dos respectivos membros, serão considerados hierarquicamente equivalentes às emendas constitucionais, convergindo, assim, as ordens jurídicas externa e interna para o primado de uma existência digna, a teor do que prescreve o art. 5º, § 3º, inserido pela Emenda Constitucional n. 45/2004.

Enfim, o princípio constitucional da dignidade da pessoa humana se desdobra em inúmeros outros princípios e regras constitucionais, conformando um arcabouço de valores e finalidades a ser realizado pelo Estado e pela sociedade civil, como forma de concretizar a multiplicidade de direitos fundamentais, expressos ou implícitos, da Carta Magna brasileira e, por conseguinte, da normatividade infraconstitucional derivada.

5. A DIGNIDADE DA PESSOA HUMANA: UMA PROPOSTA DE DELIMITAÇÃO DO SIGNIFICADO ÉTICO-JURÍDICO

Todos os valores consubstanciados pelos direitos humanos fundamentais levam à convicção de que o ser humano é ser digno de respeito por parte do "outro". Respeitar o outro significa compreendê-lo enquanto coparticipante da vida histórico-social. A dignidade do "outro" estará sempre referida ao reconhecimento recíproco que constitui a base da vivência social.

Como sustenta Fábio Comparato (2006, p. 481), o paradigma da pessoa humana reúne em si a totalidade dos valores, sendo ela o supremo critério axiológico a orientar a vida humana. Decerto, os valores éticos não são visualizados pelo homem uma vez por todas e completamente, mas descobertos pouco a pouco, no curso da história. A pessoa é um modelo, ao mesmo tempo transcendente e imanente à vida humana, um modelo que se perfaz indefinidamente e se concretiza, sem cessar, no desenvolvimento das sucessivas etapas históricas.

Sendo assim, o princípio da dignidade da pessoa humana identifica um espaço de integridade física e moral a ser assegurado a todas as pessoas por sua só existência no mundo, relacionando-se tanto com a liberdade e os valores do espírito como com as condições materiais de subsistência. A busca de uma vida digna expressa a superação da intolerância, da discriminação, da exclusão social, da violência, da incapacidade de aceitar o outro, no exercício da liberdade de ser, pensar e criar do ser humano.

Nesse sentido, assinala Aquiles Guimarães (2007, p. 81) que a defesa da dignidade humana gira em torno de um corpo de intenções que se refere à liberdade, à igualdade, à vida e a tantos outros elementos constitutivos da estrutura ontológica da pessoa humana, enquanto ser situado na circunstância histórica. A essência da dignidade humana consiste no fato da própria existência humana, pois basta vir ao mundo para que a pessoa humana incorpore sua dignidade.

Por se tratar de expressão polissêmica, ao comportar diversos significados e a depender do contexto histórico-cultural, a dignidade da pessoa humana passou a expressar as diversas fases de evolução dos direitos humanos. A abertura semântica e a multiplicidade de usos pragmáticos dificultam sua concretização hermenêutica pelos diversos intérpretes do direito – legislador infraconstitucional, administrador, magistrado e particulares.

Ao simbolizar um espaço de integridade, a ser assegurado a todas as pessoas por sua só existência no mundo, o significado da dignidade humana tem oscilado, no plano semântico. Embora não seja tarefa simples elucidar o sentido de uma existência digna, a delimitação linguística do sentido ético-jurídico do princípio da dignidade da pessoa humana parece contemplar os seguintes elementos: a) a preservação da igualdade; b) o impedimento à degradação e coisificação da pessoa; e c) a garantia de um patamar material para a subsistência do ser humano.

Na primeira acepção, o conteúdo de uma vida digna está associado à ideia de igualdade formal e abstrata de direitos. Sob essa óptica, a previsão da dignidade da pessoa humana implica considerar o homem como a razão precípua do universo jurídico, conferindo-lhe tratamento isonômico. O reconhecimento dessa primazia, que não se dirige somente a determinados indivíduos, deve alcançar toda a comunidade de seres humanos, sem distinções injustificadas.

No plano jurídico, a igualdade entre os homens representa a obrigação imposta aos Poderes Públicos, tanto na elaboração da regra de direito (igualdade na ordem jurídica) como na aplicação/execução (igualdade perante a ordem jurídica), exigindo-se, ainda, a universalização do respeito à pessoa humana, para o reconhecimento das prerrogativas não só de nacionais, como também de estrangeiros.

Com base na segunda acepção, o conceito de dignidade humana se revela atrelado ao impedimento da degradação e coisificação da pessoa. Nesse sentido, a dignidade da pessoa humana pode ser também traduzida na impossibilidade de redução do homem à condição de mero objeto do Estado e de particulares dotados de maior poderio econômico. Para tanto, faz-se mister assegurar as prerrogativas do direito penal, a limitação da autonomia da vontade e a inviolabilidade dos chamados direitos da personalidade.

O Estado, ao exercitar o *jus puniendi*, não pode se distanciar das balizas impostas pela condição humana do acusado ou condenado. Por mais reprovável que tenha sido o crime, merece o infrator tratamento digno. Nesse sentido, os ordenamentos jurídicos ocidentais costumam estatuir certas garantias fundamentais, quais sejam: vedação em submeter qualquer pessoa a tratamento desumano ou degradante, assegurando-se ao preso o respeito à integridade física e moral; observância do devido processo legal com todos os seus desdobramentos – o contraditório, a ampla defesa, o juiz natural, a inadmissibilidade de provas ilícitas, a presunção de inocência; e a reserva legal da definição de crimes, a individualização das penas e a interdição de determinadas sanções, tais como a pena capital, a prisão perpétua, os trabalhos forçados, o banimento e as penas cruéis.

Por outro lado, a dignidade da pessoa humana oferece limites ao exercício da autonomia da vontade. Isso porque a constatação das injustiças oriundas do capitalismo e a consequente transição do Estado liberal para o Estado intervencionista exigiram que a desigualdade socioeconômica entre os particulares fosse compensada juridicamente com a elaboração de leis protetivas, capazes de impor normas de ordem pública que garantissem o equilíbrio socioeconômico das relações privadas. É o que se verifica, por exemplo, com a tutela da hipossuficiência do trabalhador, no plano do direito laboral, e a proteção da vulnerabilidade do consumidor, no âmbito do direito consumerista.

Acrescente-se, por oportuno, a necessária salvaguarda dos chamados direitos da personalidade, os quais configuram o núcleo ético da própria condição humana. Representam, assim, as dimensões mais importantes da existência, tais como os direitos à vida, à saúde, ao nome, à imagem, à intimidade e à honra do indivíduo. Daí advêm, inclusive, os problemas referentes à preservação da identidade humana em face dos avanços da biotecnologia, mormente nos campos da reprodução assistida e da manipulação do patrimônio genético.

Registre-se também a vertente de pensamento que vincula à noção de dignidade a garantia de um patamar material para a subsistência do ser humano. Nesse diapasão, a dignidade da pessoa só se efetiva com a preservação de condições materiais mínimas para a existência humana. A definição desse núcleo de mínimo existencial não é consensual, embora haja consenso majoritário de que ele abarca, ao menos, os direitos à renda mínima, saúde básica e educação fundamental.

Existem, contudo, propostas mais corretas de estender o sentido e o alcance da realização do mandamento constitucional em favor de uma vida digna, para também compreender a totalidade do catálogo aberto de direitos fundamentais, em sua permanente indivisibilidade e interação dialética.

Decerto, a dignidade da pessoa humana expressa um conjunto de valores civilizatórios incorporado ao patrimônio histórico da humanidade, cujo conteúdo jurídico vem associado não só ao núcleo elementar do mínimo existencial, conjunto de bens e utilidades básicas para a subsistência física e indispensável à liberdade humana, como também a todo um plexo de direitos fundamentais dos cidadãos, que vão se agregando historicamente como valores que afirmam a dignidade da pessoa humana.

Com efeito, a delimitação semântico-pragmática da expressão "dignidade da pessoa humana" exigiria o desenvolvimento de uma interpretação extensiva e de uma realização ponderada da plenitude dos direitos fundamentais: primeira dimensão/geração (vida, liberdade, igualdade, propriedade), segunda dimensão/geração (saúde, educação, assistência social, trabalho, moradia), terceira dimensão/geração (proteção ao meio ambiente, preservação do patrimônio artístico, histórico e cultural) e, até mesmo, aqueles de quarta dimensão/geração (paz, direitos de minorias, acesso a novas tecnologias, proteção perante a globalização), cuja fisionomia ainda se descortina nos albores do presente milênio.

6. AS MODALIDADES DE EFICÁCIA DO PRINCÍPIO CONSTITUCIONAL DA DIGNIDADE DA PESSOA HUMANA

Como princípio constitucional de evidente densidade axiológica e teleológica, deve-se reconhecer a força normativa da dignidade da pessoa humana, dotada de plena e ampla eficácia jurídica nas relações públicas e privadas, seja na perspectiva abstrata do direito objetivo, seja na dimensão concreta do exercício de direitos subjetivos.

Conforme assinala Ingo Sarlet (2001, p. 41), a dignidade se afigura como a qualidade integrante e irrenunciável da condição humana, devendo ser reconhecida, respeitada, promovida e protegida. A aceitação da normatividade do princípio da dignidade da pessoa humana impõe, assim, a aceitação de sua capacidade de produzir efeitos jurídicos positivo, negativo e hermenêutico.

A eficácia positiva consiste em reconhecer, ao eventual beneficiado pela norma jurídica enunciadora de direito fundamental, ainda que de suposta eficácia limitada, o direito subjetivo de produzir tais efeitos, mediante a propositura da ação judicial competente, de modo que seja possível obter a prestação estatal, indispensável para assegurar uma existência digna. O Estado está, portanto, obrigado a concretizar a dignidade da pessoa humana, ao elaborar normas e formular/implementar políticas públicas.

Por outro lado, a eficácia negativa confere à cidadania a prerrogativa de questionar a validade de todas as normas infraconstitucionais que ofendam o conteúdo de uma existência digna, ferindo os direitos fundamentais que consubstanciam o respeito ao princípio constitucional da dignidade da pessoa humana.

Como bem leciona Ingo Sarlet (1998, p. 110), não restam dúvidas de que toda a atividade estatal e todos os órgãos públicos se encontram vinculados pelo princípio da dignidade da pessoa humana, impondo-lhes, nesse sentido, um dever de respeito e proteção, que se exprime tanto na obrigação por parte do Estado de abster-se de ingerências na esfera individual que sejam contrárias à dignidade pessoal quanto no dever de protegê-la contra agressões por parte de terceiros, seja qual for sua procedência.

Sendo assim, constata-se que o princípio constitucional da dignidade da pessoa humana não apenas impõe um dever de respeito ou abstenção ao Estado e aos particulares, mas também exige a realização de condutas positivas por agentes públicos e privados tendentes a efetivar e a promover a existência digna do indivíduo.

Por sua vez, no plano hermenêutico, o princípio da dignidade humana orienta a correta interpretação e aplicação das regras e demais princípios de um dado sistema jurídico, a fim de que o intérprete escolha, entre as diversas opções hermenêuticas, aquela que melhor tutele a ideia de existência digna no caso concreto.

Tratando desse aspecto, Rizzatto Nunes (2002, p. 45) acentua que a dignidade é o primeiro fundamento de todo o sistema constitucional posto e o último arcabouço da guarida dos direitos fundamentais, porquanto a busca pela realização de uma vida digna direciona o intérprete do direito para a necessária concretização das prerrogativas da cidadania.

Decerto, o implemento dessa função hermenêutica é tão relevante que o princípio da dignidade humana serve como parâmetro axiológico e teleológico não só para a aplicação de regras constitucionais e infraconstitucionais, como também para a concretização de outros princípios constitucionais, tais como os princípios gerais (v.g., art. 5º da CF/88) e os princípios setoriais (e.g., arts. 37 e 170 da CF/88).

Nesse sentido, oportuna é a lição de Flávia Piovesan (2000, p. 54-5), ao destacar a essencialidade desse princípio, quando salienta que a dignidade da pessoa humana está erigida como princípio matriz da Constituição, imprimindo-lhe unidade de sentido, condicionando a interpretação de suas normas e revelando-se, ao lado dos direitos e garantias fundamentais, como cânone constitucional que incorpora as exigências de justiça e dos valores éticos, conferindo suporte axiológico a todo o sistema jurídico brasileiro.

Confere, assim, o princípio constitucional da dignidade da pessoa humana a unidade valorativa de sentido para a interpretação e aplicação dos direitos fundamentais, visto que não se podem admitir diversas leituras das Constituições e das Declarações de Direitos, sendo necessário ao jurista raciocinar com coerência sistemática no desenvolvimento dos processos hermenêuticos.

Como refere Jorge Miranda (2000, p. 46), longe de abrir caminho ao subjetivismo do intérprete, terá o hermeneuta que se mover no contexto do sistema, interpretando e integrando os preceitos relativos aos direitos fundamentais à luz dos princípios fundamentais que o informam, inspirado na ideia de direito justo acolhida na Constituição, melhor traduzida a partir do reconhecimento da dignidade da pessoa humana como suporte axiológico e teleológico de intelecção da totalidade do ordenamento jurídico.

Eis a razão pela qual a relevância do princípio da dignidade da pessoa humana vem sendo afirmada pela jurisprudência pátria, na condição de fundamento do Estado Democrático de Direito, como referencial axiológico e teleológico que ilumina a interpretação de toda a normatividade jurídica constitucional e infraconstitucional do sistema jurídico brasileiro.

7. A DIGNIDADE DA PESSOA HUMANA E A RELEITURA DA TEORIA JUSFUNDAMENTAL

Na atual fase do neoconstitucionalismo ocidental, o reconhecimento da força normativa do princípio constitucional da dignidade da pessoa humana se afigura como um dos mais importantes pilares do conhecimento jurídico, com reflexos diretos no modo de compreender e exercitar o paradigma dos direitos fundamentais dos cidadãos.

Uma vez situado no ápice do sistema jurídico, o princípio da dignidade da pessoa humana exprime as estimativas e as finalidades a serem alcançadas pelo Estado e pelo conjunto da sociedade civil, irradiando-se na totalidade do direito positivo pátrio, não podendo ser pensada apenas do ponto de vista individual, enquanto posições subjetivas dos cidadãos a serem preservadas diante dos agentes públicos ou particulares, mas também vislumbrada em uma perspectiva objetiva, como norma que encerra valores e fins superiores da ordem jurídica, impondo a ingerência ou a abstenção dos órgãos estatais e agentes privados.

Essa mudança paradigmática em matéria de direitos fundamentais se coaduna com a própria natureza do constitucionalismo brasileiro, cuja natureza dirigente implica a admissão da amplitude dos efeitos jurídicos do princípio da dignidade da pessoa humana, demandando, sobretudo do Estado, a ingerência no campo econômico e social, salvaguardando e promovendo os direitos fundamentais.

O princípio da dignidade da pessoa humana permite, assim, reconstruir o modo de compreensão e aplicação dos direitos fundamentais no sistema jurídico brasileiro, potencializando a realização da justiça ao oportunizar: a aceitação da aplicabilidade direta e imediata dos direitos fundamentais; o reconhecimento da fundamentalidade dos direitos sociais de cunho prestacional; a inadequação dos conceitos de "reserva do possível" no constitucionalismo brasileiro; a aceitação da ideia de vedação ao retrocesso no campo dos direitos fundamentais; e a recusa à hipertrofia da função simbólica dos direitos fundamentais.

Inicialmente, convém examinar a temática concernente ao problema da aplicabilidade direta e imediata dos direitos fundamentais.

Um dos desdobramentos mais importantes do novo paradigma dos direitos fundamentais é a reviravolta operada no tema com relação à eficácia jurídica (aplicabilidade) das normas constitucionais. Isso porque, ao se afastar a concepção anacrônica da mera programaticidade das normas principiológicas, baseada na ideia de não obrigatoriedade do Estado e mesmo dos particulares de implementar os direitos fundamentais, abriu-se espaço para que a principiologia constitucional passasse a produzir amplos efeitos no sistema jurídico.

Ancorado na visão de José Afonso da Silva (2007, p. 88), o pensamento tradicional sustenta uma classificação tricotômica acerca da eficácia das normas constitucionais, marcada pela seguinte distinção: normas constitucionais de eficácia plena; normas constitucionais de eficácia contida; e normas constitucionais de eficácia limitada ou reduzida, que se subdividem ainda em: normas de princípio institutivo ou organizativo e normas de princípio programático.

Nessa linha de raciocínio, as normas constitucionais de eficácia plena são aquelas normas constitucionais de aplicabilidade direta, imediata e integral, porquanto, desde a entrada em vigor, incidem direta e imediatamente sobre a matéria que lhes constitui objeto, independentemente de integração legislativa, por exemplo, as normas definidoras de direitos e garantias (do § 1º do art. 5º da CF). As normas constitucionais de eficácia plena precisam ser completas, na medida em que apresentem todos os elementos e requisitos para que ocorra sua incidência direta e imediata.

As normas constitucionais de eficácia contida incidem, imediatamente, sem a necessidade de ulterior integração legislativa, prevendo, contudo, meios ou conceitos que possibilitam manter sua eficácia contida em certos limites. Nesse sentido, as normas constitucionais de eficácia contida são aquelas normas constitucionais de aplicabilidade direta, imediata, mas não integral, porque estão sujeitas a restrições previstas ou dependentes de regulamentação que limite sua eficácia e aplicabilidade, como se verifica, por exemplo, da leitura do art. 5º, XIII, da CF.

As normas constitucionais de eficácia limitada ou reduzida demandam a intervenção legislativa para incidir, porque o Poder Constituinte não lhes emprestou normatividade jurídica suficiente para isso, pelo que sua aplicabilidade é indireta, mediata e reduzida. As normas constitucionais de eficácia limitada ou reduzida podem ser subdivididas em normas de princípio institutivo, que se propõem a estruturar organismos ou entidades (por exemplo, o art. 18, § 2º, da CF), e normas de princípio programático, que veiculam políticas públicas ou programas de governo, apontando para a realização dos fins sociais do Estado, por exemplo, os arts. 196 e 205 da Constituição Federal de 1988.

A classificação proposta por José Afonso da Silva pode ser, no entanto, criticada, pois, ao lume do postulado hermenêutico da máxima efetividade dos direitos fundamentais da Constituição, todas as normas constitucionais podem ser diretamente aplicadas pela via jurisdicional, pelo que deve o magistrado aplicar diretamente uma norma de eficácia limitada, desde que se configure a situação correspondente à prescrição normativa.

Não é outro o entendimento vanguardista de Dirley da Cunha Jr. (2004, p. 101), para quem, partindo-se da constatação de que a Constituição vincula tanto os órgãos estatais como os cidadãos, dúvidas não podem mais subsistir quanto à natureza jurídica e imperativa das normas de eficácia limitada, como as ditas normas programáticas.

Nesse sentido, as normas programáticas, sobretudo as atributivas de direitos sociais e econômicos, devem ser entendidas como diretamente aplicáveis e imediatamente vinculantes a todos os órgãos dos Poderes Legislativo, Executivo e Judiciário.

Decerto, são tão jurídicas e vinculativas as normas programáticas, malgrado sua abertura ou indeterminabilidade, que, na hipótese de não realização dessas normas e desses direitos por inércia dos órgãos de direção política (Executivo e Legislativo), caracterizada estará a inconstitucionalidade por omissão.

Todas as normas constitucionais concernentes à estrutura axiológica e teleológica dos direitos fundamentais – inclusive as ditas programáticas – geram imediatamente direitos subjetivos para os cidadãos, inobstante apresentem graus de eficácia distintos. Sendo assim, considerar as normas constitucionais programáticas como meras proclamações de cunho ideológico ou político implica negar a existência delas como categorias normativas.

O Estado Constitucional pós-moderno está submetido ao ideal de uma democracia substantiva ou material, pelo que as eventuais inércias do Poder Legislativo e do Poder Executivo devem ser supridas pela atuação do Poder Judiciário, mediante mecanismos jurídicos previstos pela própria Constituição (por exemplo, o mandado de injunção, a ação direta de inconstitucionalidade por omissão e a arguição de descumprimento de preceito fundamental).

Desse modo, a realização da eficácia das normas constitucionais exige o fortalecimento de uma jurisdição constitucional emancipatória e progressista, assumindo o Poder Judiciário um papel fundamental no Estado Democrático de Direito, por meio de uma hermenêutica criativa e concretizante da dimensão axiológica e teleológica de uma Constituição.

O segundo aspecto a ser estudado diz respeito ao reconhecimento da fundamentalidade dos direitos sociais de cunho prestacional.

O reconhecimento da força normativa do princípio constitucional da dignidade da pessoa humana requer o reconhecimento da necessidade de assegurar não somente os direitos individuais dos cidadãos (vida, liberdade, igualdade formal, propriedade, segurança), conhecidos como direitos de primeira dimensão, cuja concretização demanda a abstenção dos órgãos estatais, mas também implica a necessidade de efetivar, com a maior abrangência possível, os direitos sociais (educação, saúde, trabalho, moradia, assistência social), cuja materialização exige o desenvolvimento de prestações positivas do Estado.

Para Norberto Bobbio (1992, p. 72), o reconhecimento dos direitos sociais suscita, além do problema da proliferação dos direitos do homem, a indispensabilidade da intervenção estatal. Isso porque a proteção destes últimos requer uma intervenção ativa do Estado, que não é requerida pela proteção dos direitos de liberdade, produzindo aquela organização dos serviços públicos de onde nasceu o Estado de Bem-Estar Social. Enquanto os direitos individuais de liberdade nascem como uma contraposição ao poder do Estado – e, portanto, com o objetivo de limitar o poder –, os direitos sociais exigem, para sua realização prática, a ingerência do Estado.

Inicialmente, os direitos fundamentais de segunda geração passaram por um ciclo de baixa normatividade ou tiveram eficácia duvidosa, em virtude de sua própria natureza de direitos que exigiam do Estado determinadas prestações materiais nem sempre resgatáveis por exiguidade, carência ou limitação essencial de meios e recursos, sendo, por isso, relegados à condição de direitos subalternos, quando comparados aos direitos individuais.

Segundo Paulo Bonavides (2001, p. 518), os direitos sociais tiveram, tradicionalmente, sua juridicidade questionada, sendo remetidos à chamada esfera programática, em virtude de não conter para sua concretização aquelas garantias habitualmente ministradas pelos instrumentos processuais de proteção aos direitos individuais que enunciam as liberdades básicas. Atravessaram uma crise de observância e execução, que muito comprometeu seu reconhecimento como direitos fundamentais.

Diante da atual fase do neoconstitucionalismo, sobretudo no âmbito do sistema constitucional brasileiro, marcado pela primazia da dignidade da pessoa humana, não se revela consistente qualquer tentativa reducionista de afastar os direitos sociais da categoria dos direitos fundamentais, subtraindo sua eficácia jurídica (aplicabilidade) e sua eficácia social (efetividade).

Decerto, a partir da leitura principiológica da dignidade da pessoa humana, pode-se asseverar que o sistema constitucional brasileiro não previu qualquer regime jurídico diferenciado para os direitos fundamentais, seja para os direitos individuais, seja para os direitos sociais. Esse entendimento se reforça com as constatações de que o Poder Constituinte optou por um modelo de constitucionalismo dirigente, a ser implementado por um Estado intervencionista no campo econômico-social (arts. 1º e 3º), e de que a Carta Magna, no art. 5º, § 1º, estabelece que as normas definidoras dos direitos e das garantias fundamentais têm aplicação imediata, aqui englobando todas as normas de direitos fundamentais, inclusive aquelas que regulam os direitos sociais, e não somente as que tratam dos direitos individuais dos cidadãos.

Sendo assim, revela-se, portanto, insustentável a interpretação constitucional de que os direitos sociais a prestações positivas do Estado estão excluídos da categoria dos direitos fundamentais, não apresentando eficácia plena e imediata aplicável. Isso porque a dignidade da pessoa humana só se realiza plenamente com a afirmação da aplicabilidade e efetividade dos direitos sociais.

Decerto, a dignidade da pessoa humana expressa não somente a autonomia da pessoa humana que caracteriza os direitos individuais, vinculada à ideia de autodeterminação na tomada das decisões fundamentais à existência, mas também requer prestações positivas do Estado, especialmente quando fragilizada ou quando ausente a capacidade de determinação dos indivíduos. Os direitos sociais de cunho prestacional encontram-se, assim, voltados para a substancialização da liberdade e da igualdade, objetivando, em última análise, a tutela da pessoa humana em face das necessidades de ordem material, tendo em vista a garantia de uma existência digna.

Daí surge a necessidade de refletir criticamente sobre a inadequação do conceito de "reserva do possível" no neoconstitucionalismo brasileiro.

A questão da escassez de recursos econômicos como limite para o implemento estatal dos direitos sociais sempre desafiou a comunidade jurídica. A resposta a esse questionamento está intrinsecamente ligada ao modo de entender a eficácia dos direitos sociais e o papel do Poder Judiciário no amparo das pretensões positivas, em face do dogma liberal da separação dos poderes.

A teoria da reserva do possível representa uma adaptação de um *topos* da jurisprudência constitucional alemã, que afirma que a construção de direitos subjetivos à prestação material de serviços públicos pelo Estado está sujeita à condição de disponibilidade dos respectivos recursos econômicos. Ao mesmo tempo, a decisão sobre sua disponibilidade estaria situada no campo discricionário das decisões governamentais e parlamentares acerca da composição dos orçamentos públicos. Nesse sentido, a limitação dos recursos públicos passa a ser considerada verdadeiro limite fático à efetivação dos direitos sociais prestacionais, por exemplo, à saúde, à educação, à moradia e à assistência social.

Seguindo essa linha de raciocínio, faltaria aos juízes não somente a legitimidade democrática como também a competência necessária para, situando-se fora do processo político propriamente dito, garantir a efetivação das prestações que constituem o objeto dos direitos sociais, submetidas, muitas vezes, a condições de natureza macroeconômica, não dispondo, portanto, de critérios suficientemente seguros e claros para solucionar a questão no âmbito estrito da argumentação jurídica.

Sendo assim, parcela substancial da doutrina vem sustentando que apenas o "mínimo existencial" poderia ser assegurado pelo Estado, como um conjunto dos direitos sociais, econômicos e culturais considerados mais relevantes, por integrar o núcleo da dignidade da pessoa humana, apresentando validade *erga omnes* e sendo diretamente sindicável pelo Poder Judiciário.

Sucede, contudo, que a importação da doutrina alemã de interpretação dos direitos sociais ocorreu de forma acrítica, porquanto a não inclusão dos direitos sociais na Lei Fundamental de Bonn, tomada como paradigma para a negação do caráter fundamental dos direitos sociais, decorreu de uma renúncia deliberada, em razão da experiência fracassada da Constituição de Weimar por força do nazismo, que culminou no enfraquecimento da força normativa daquela Carta Magna, pelo que sua não inclusão não implica uma renúncia a seu ideário subjacente.

Como bem assinala Andreas Krell (2002, p. 47), a reserva do possível figura como uma verdadeira falácia no sistema jurídico brasileiro, a qual decorreria de um direito constitucional comparado equivocado. Caso admitida, não seria difícil a um ente público justificar sua omissão social perante critérios de política orçamentária e financeira, enfraquecendo a obrigatoriedade do Estado em cumprir os direitos fundamentais prestacionais, que se tornariam, por conseguinte, um instrumento jurídico completamente inoperante. Se os recursos não são suficientes, deve-se retirá-los de outras áreas, como transportes, fomento econômico ou serviço da dívida, nas quais sua aplicação não está tão intimamente ligada aos direitos mais essenciais da vida digna do ser humano: vida, integridade e saúde.

Com efeito, no sistema constitucional brasileiro, diferentemente da ordem constitucional tedesca, o legislador constituinte formulou uma opção diferenciada, baseada no modelo do constitucionalismo dirigente, pelo que, segundo todas as regras de interpretação, os direitos sociais devem ser considerados direitos fundamentais, dotados de plena eficácia jurídica.

A partir desse momento, emerge a temática da aceitação da ideia de vedação ao retrocesso no campo dos direitos fundamentais.

A eficácia vedativa do retrocesso se afigura como uma derivação da eficácia negativa, segundo a qual as conquistas relativas aos direitos fundamentais não podem ser elididas pela supressão de normas jurídicas progressistas. A vedação ao processo permite, assim, que se possa impedir, pela via judicial, a revogação de normas infraconstitucionais que contemplem direitos fundamentais do cidadão, desde que não haja a previsão normativa do implemento de uma política pública equivalente tanto do ponto de vista quantitativo quanto da perspectiva qualitativa.

Segundo J. J. Gomes Canotilho (1998, p. 321), a vedação do retrocesso desponta como o núcleo essencial dos direitos sociais, constitucionalmente garantido, já realizado e efetivado por meio de medidas legislativas e administrativas, devendo-se considerar inconstitucionais quaisquer medidas estaduais que, sem a criação de outros esquemas alternativos ou compensatórios, se traduzam, na prática, em anulação, revogação ou aniquilação pura e simples desse núcleo essencial. A liberdade do legislador, portanto, encontra o núcleo essencial já realizado como o limite de sua atuação.

A vedação ao retrocesso costuma ainda ser polarizada pela utilização do argumento da reserva do possível, para justificar a abstenção do Estado no implemento de políticas sociais. Com base na reserva do possível, entende-se que a construção de direitos subjetivos à prestação material de serviços públicos pelo Estado está submetida à disponibilidade dos respectivos recursos. Ademais, a decisão acerca da alocação deste aporte de recursos estaria localizada no âmbito discricionário das opções governamentais e legislativas, mediante a elaboração dos orçamentos públicos, pelo que a limitação dos recursos públicos passa a ser considerada verdadeiro limite fático à efetivação da vida digna.

Deve-se reconhecer, contudo, em nome do compromisso ético do direito com a justiça, o primado da vedação ao retrocesso em face do argumento da reserva do possível, de molde a concretizar força normativa e eficacial do princípio da dignidade da pessoa humana, interpretação mais compatível com os valores e fins norteadores do sistema constitucional brasileiro.

Por derradeiro, merece ser ainda analisada a possibilidade de recusa à hipertrofia da função simbólica dos direitos fundamentais.

Uma das contribuições do positivismo funcionalista para a ciência do direito reside na afirmação do caráter simbólico das normas constitucionais definidoras de direitos fundamentais. Isso porque a simples positivação de certas normas na Constituição, como a que prevê o princípio da dignidade da pessoa humana, teria o condão de simbolizar a ideia de justiça de uma dada comunidade humana, garantindo a estabilidade no funcionamento autopoiético do sistema jurídico.

Ocorre que os efeitos simbólicos de fórmulas normativas de justiça, como a dignidade da pessoa humana, podem ocultar o grave problema da discrepância entre o mundo do dever-ser (esfera normativa) e o mundo do ser (esfera da realidade), o que compromete a efetividade dos direitos fundamentais.

A hipertrofia da função simbólica das normas referente aos direitos fundamentais gera a falsa sensação de realização de um direito justo, como se a dignidade da pessoa humana estivesse sendo assegurada pelo sistema jurídico, quando, em verdade, no plano concreto das relações sociais, verifica-se o desrespeito à existência digna dos cidadãos.

Daí advêm os riscos da transformação de uma Constituição normativa em uma Constituição nominalista, pois enquanto as Constituições normativas pressupõem uma força normativa que orienta as expectativas e direciona as condutas na esfera pública, as Constituições nominalistas se destacam pelo hiato radical entre texto e realidade constitucionais.

Nas Constituições nominalistas, ocorre tanto a desconstitucionalização fática, pela degradação semântica do texto constitucional e falta da generalização congruente de expectativas normativas, como a concretização desconstitucionalizante do texto constitucional, quando este se torna uma referência distante dos agentes estatais e cidadãos, cuja práxis se desenvolve, frequentemente, à margem do modelo textual de Constituição.

Para Marcelo Neves (1996, p. 323), a concretização normativo-jurídica do texto constitucional é bloqueada por injunções econômicas, políticas ou ideológicas, implicando, contrariamente à codificação binária dos sistemas autopoiéticos, a quebra da autonomia operacional do sistema jurídico, ao tempo em que não se verifica a integração de uma esfera pública pluralista, pelo que o agir e o vivenciar normativos do subcidadão e do sobrecidadão fazem implodir a própria Constituição como modelo jurídico-político.

A constitucionalização simbólica da dignidade da pessoa humana figura, assim, como uma espécie de constitucionalismo aparente, que estabelece uma representação ilusória em face da realidade constitucional, transmitindo um modelo ideal ou retórico cuja realização somente seria possível sob condições sociais totalmente diversas, contrapondo-se um texto constitucional simbolicamente includente e uma realidade constitucional excludente.

Segundo ainda Marcelo Neves (1996, p. 326), essa constitucionalização simbólica de uma vida digna pode servir como álibi em favor de agentes políticos dominantes, promovendo o adiamento retórico da realização do modelo constitucional para um futuro remoto, como se isso fosse possível sem transformações radicais nas relações de poder e na estrutura social.

Uma vez frustrada a efetividade dos direitos fundamentais, a constitucionalização simbólica do princípio da dignidade da pessoa humana pode acarretar uma deturpação pragmática da linguagem da Constituição, comprometendo a estrutura operacional e a própria autonomia/identidade do sistema constitucional, além de conduzir, nos casos extremos, à desconfiança social no sistema político-jurídico e nos agentes públicos, abalando os alicerces do Estado Democrático de Direito.

8. A CLÁUSULA PRINCIPIOLÓGICA DO DEVIDO PROCESSO LEGAL: SIGNIFICADO E ORIGEM HISTÓRICA

O devido processo legal pode ser considerado uma cláusula geral principiológica decorrente do princípio da dignidade da pessoa humana, estando consagrado na Carta Magna de 1988, insculpido em seu art. 5º, LIV, ao estabelecer que ninguém será privado da liberdade ou de seus bens sem o devido processo legal. Irradia-se, pois, para a disciplina de todas as modalidades de processo (jurisdicional, legislativo, administrativo, negocial), como modelo normativo de inegável inspiração pós-positivista.

Conforme acentua Rui Portanova (1997, p. 145), o devido processo legal é uma garantia da cidadania, constitucionalmente prevista em benefício de todos os cidadãos, assegurando tanto o exercício do direito de acesso ao Poder Judiciário, com as garantias processuais, como o desenvolvimento legítimo do processo, de acordo com normas previamente estabelecidas. Segundo o princípio do devido processo legal, não basta que o membro da coletividade tenha direito ao processo, tornando-se também inafastável sua absoluta regularidade formal e material, com efetividade e legitimidade.

Historicamente, a cláusula geral principiológica do devido processo legal, como um dos corolários do princípio da legalidade, surgiu no ordenamento jurídico inglês sob a locução *law of the land*, fruto do documento imposto pelos barões ingleses ao Rei João Sem Terra. Essa garantia vigorou na antiga Inglaterra, com um sentido formal, sendo posteriormente incorporada no constitucionalismo dos Estados Unidos.

Os primeiros julgados da Suprema Corte norte-americana, que deram aplicação ao preceito do devido processo legal, fizeram-no, portanto, sob um enfoque estritamente procedimentalista, descartando as tentativas de se emprestar a essa garantia constitucional um sentido substantivo. Essa vertente de entendimento sufragava a tese de que a 14ª Emenda Constitucional buscava estender a todas as pessoas nascidas nos Estados Unidos, independentemente de cor ou origem, os direitos e as imunidades concernentes à condição de cidadão, entre eles a plenitude da capacidade civil, a investidura para requerer em juízo e o direito a um processo regular e justo.

Em solo norte-americano, a cláusula geral principiológica do devido processo legal passa a ser aplicada em sua dimensão substancial com o advento do *leading case* Calder vs. Bull, de 1798, que constitui o marco inicial da doutrina do *judicial review* submetido à apreciação da Suprema Corte norte-americana, suscitando o exame dos limites do poder governamental.

No transcurso dessa evolução histórica, duas modalidades de devido processo legal foram, portanto, sedimentadas no ocidente: *procedural due process* e *substantive due process*.

Na primeira acepção, o devido processo legal significa o conjunto de garantias de ordem constitucional, que, por um lado, assegura às partes o exercício de suas faculdades e seus poderes processuais, e, de outro, legitima a própria função jurisdicional. Verifica-se, apenas, se o procedimento empregado por aqueles que estão incumbidos da aplicação das normas jurídicas viola o devido processo legal, sem se cogitar da substância do ato.

Na segunda significação, o devido processo legal refere-se à maneira pela qual a lei, o regulamento, o ato administrativo ou a decisão judicial são aplicados, de molde a otimizar a busca de uma opção hermenêutica legítima e efetiva, com base nos resultados da ponderação principiológica e do uso do postulado da razoabilidade/proporcionalidade.

Os exames do sentido e do alcance da cláusula do *due process of law*, em suas acepções procedimental e substantiva, não podem ser apartados da investigação sobre o significado ético-jurídico do princípio da dignidade da pessoa humana. Isso porque o devido processo legal se afigura como uma das projeções principiológicas da cláusula mais genérica da dignidade humana, despontando como o instrumento capaz de materializar e tutelar, nas lides concretas, o respeito à existência digna, síntese da imensa totalidade dos direitos fundamentais dos cidadãos.

9. A CLÁUSULA PRINCIPIOLÓGICA DO DEVIDO PROCESSO LEGAL EM SENTIDO FORMAL: GARANTIAS PROCESSUAIS

Conforme já referido, o devido processo legal em sua acepção formal ou procedimental (*procedural due process*) designa o conjunto de garantias de ordem constitucional, que, por um lado, assegura às partes o exercício de suas faculdades e seus poderes processuais e, de outro, legitima a própria função jurisdicional. Para que seja efetivada a cláusula do *due process of law* em seu sentido formal, certas garantias devem ser postas pelo Estado em favor dos cidadãos, geralmente enunciadas na forma de princípios jurídicos.

Como ressalta Nelson Nery Júnior (1996, p. 29), do reconhecimento do devido processo legal já defluirá toda a principiologia que garante um processo justo, daí resultando a institucionalização de inúmeras garantias para a cidadania: a) direito à citação e ao conhecimento do teor da acusação; b) direito a um rápido e público julgamento; c) direito ao arrolamento de testemunhas e a sua notificação para comparecimento perante os tribunais; d) direito ao procedimento contraditório; e) direito de não ser processado, julgado ou condenado por alegada infração às leis *ex post facto*; f) direito à plena igualdade entre acusação e defesa; g) direito contra medidas ilegais de busca e apreensão; h) direito de não ser acusado nem condenado com base em provas ilegalmente obtidas; i) direito à assistência judiciária, inclusive gratuita; j) privilégio contra a autoincriminação; e k) proteção à igualdade entre as partes, o direito de ação e o direito à defesa e ao contraditório.

Para os limites do presente trabalho, cumpre examinar as projeções mais relevantes do devido processo legal em sentido formal, como garantias processuais que, na condição de subprincípios, densificam/concretizam o macroprincípio do *procedural due process of law*. Sendo assim, merecem destaque as seguintes garantias: isonomia; contraditório e ampla defesa; previsão do juiz natural; inafastabilidade da jurisdição; publicidade dos atos processuais; motivação das decisões judiciais; duplo grau de jurisdição; proibição do uso de prova ilícita; e duração razoável do processo.

O *princípio da isonomia* das partes processuais decorre da garantia constitucional que dispensa a todos os cidadãos igualdade de tratamento perante a ordem jurídica. Com efeito, o *caput* do art. 5º da Constituição Federal de 1988 prescreve que todos são iguais perante a lei, sem distinção de qualquer natureza, garantindo aos brasileiros e aos estrangeiros residentes no país a inviolabilidade de seu direito à vida, à liberdade, à igualdade, à segurança e à propriedade.

O princípio da isonomia perpassa as diversas fases da relação processual, para que ambas as partes da lide possam desfrutar de iguais faculdades e submeter-se aos mesmos ônus e deveres. Conforme se depreende do art. 7º, do novo Código de Processo Civil, a igualdade de tratamento das partes é um dever do juiz e não uma faculdade. As partes e seus procuradores merecem tratamento equânime, com ampla possibilidade de fazer valer em juízo suas alegações.

A noção de tratamento isonômico às partes significa, entretanto, tratar igualmente os iguais e desigualmente os desiguais, na exata medida de suas desigualdades. Busca-se, assim, a denominada igualdade real ou substancial, de molde a proporcionar as mesmas oportunidades às partes processuais. Isso se manifesta porque a igualdade jurídica não pode eliminar a desigualdade socioeconômica.

Comentando o tema, Barbosa Moreira (1985, p. 141) assinala que existem diversos institutos no Código de Processo Civil voltados à isonomia dos polos processuais. Um dos exemplos são as regras concernentes à exceção de suspeição e incompetência do juiz, a fim de evitar que um dos litigantes, presumivelmente, tenha favorecimento por parte do órgão jurisdicional.

O princípio da isonomia processual não faculta ao magistrado igualar as partes quando a própria lei estabelece a desigualdade, em nome da supremacia do interesse público. No que tange às desigualdades criadas pela própria lei, pode-se mencionar o tratamento conferido aos polos processuais de uma relação consumerista. O Código de Defesa do Consumidor, em seu art. 4º, reconhece a vulnerabilidade do consumidor diante do fornecedor, estabelecendo a inversão do ônus da prova, em face da maior possibilidade de o fornecedor produzir meios probantes. Merecem também registro as prerrogativas do Ministério Público e da Fazenda Pública no tocante aos prazos processuais.

Por sua vez, o *princípio do contraditório e da ampla defesa* está positivado expressamente na Constituição Federal de 1988, conforme dispõe o art. 5º, LV, segundo o qual aos litigantes, em processo judicial ou administrativo, e aos acusados em geral são assegurados o contraditório e a ampla defesa, com os meios e recursos a ela inerentes.

As partes devem ser postas em condição de expor ao juiz suas razões antes da prolatação da decisão judicial. Os polos processuais devem poder desenvolver seus argumentos de modo pleno e sem limitações arbitrárias. Dinamizada a parcialidade das partes do processo, uma apresentando a tese e a outra oferecendo a antítese, o magistrado profere sua decisão, cristalizando a síntese de uma bipolaridade dialética que envolve as interações dos sujeitos processuais.

Nesse sentido, é imprescindível que se conheçam os atos praticados pela parte contrária e pelo juiz, para que se possa estabelecer o contraditório e a ampla defesa. Sendo assim, esse princípio processual se estriba em dois elementos: a informação à parte contrária e a possibilidade de resposta à pretensão deduzida.

Por outro lado, o princípio do *juiz natural* pode ser encontrado na Carta Magna, art. 5º, XXXVII (não haverá juízo ou tribunal de exceção) e LIII (ninguém será processado nem sentenciado senão pela autoridade competente). A ideia do juiz natural é um dos corolários do próprio princípio da reserva legal, com assento no art. 5º, XXXVII e LIII, da Carta Magna de 1988.

Sobre o princípio em comento, leciona Alexandre de Moraes (2006, p. 76) que a imparcialidade do Judiciário e a segurança do povo contra o arbítrio estatal encontram no princípio do juiz natural uma de suas garantias indispensáveis. O referido princípio deve ser interpretado em sua plenitude, de forma a proibir-se não só a criação de tribunais ou juízos de exceção, mas também de respeito absoluto às regras objetivas de determinação de competência, para que não seja afetada a independência e a imparcialidade do órgão julgador.

Com efeito, o princípio do juiz natural visa a assegurar que o sujeito, ao praticar um ato jurídico, ou mesmo contrário ao direito, tenha prévio conhecimento de qual será o órgão competente para apreciar eventuais conflitos de interesses. O juiz natural é, portanto, o magistrado legalmente devido, competente e imparcial.

Nesse primeiro aspecto, o princípio do juiz natural protege a coletividade contra a criação de tribunais que não são investidos constitucionalmente para julgar, especialmente no que concerne a fatos especiais ou pessoas determinadas, sob pena de realizarem-se julgamentos eivados de convicções político-ideológicas, com o comprometimento da imparcialidade judicial e da isonomia das partes.

Por outro lado, o segundo desdobramento do princípio do juiz natural prevê a garantia da existência de autoridades competentes, impondo a exigência de órgão jurisdicional competente cuja competência esteja previamente delimitada pela legislação em vigor. Trata-se de uma garantia ampla, porque se veda tanto o processar como o sentenciar. Com isso, exprime-se a garantia constitucional de que os jurisdicionados serão processados e julgados por alguém legitimamente integrante do Poder Judiciário, com base na Carta Magna e nas leis infraconstitucionais.

Por seu turno, o *princípio da inafastabilidade da jurisdição* encontra abrigo no art. 5º, XXXV, da CF/88. A Carta Magna prescreve que a lei não excluirá da apreciação do Poder Judiciário lesão ou ameaça a direito. Em que pese o destinatário principal dessa norma ser o legislador, o comando constitucional atinge toda comunidade jurídica. Não pode o legislador, qualquer agente público ou mesmo o particular impedir que o jurisdicionado procure o juízo para deduzir uma pretensão. Com base nesse princípio constitucional do processo, é garantida a necessária tutela estatal aos conflitos ocorrentes na sociedade, mediante o exercício do direito de ação.

Nesse compasso, a invocação da tutela jurisdicional, preconizada na Constituição Federal, deve efetivar-se pela ação do interessado que, exercendo o direito à jurisdição, cuide de preservar pelo reconhecimento (processo de conhecimento), pela satisfação (processo de execução) ou pela asseguração (processo cautelar) direito subjetivo material violado ou ameaçado de violação.

Por sua vez, o *princípio da publicidade* encontra-se referido em diversos preceitos da Carta Magna. Cumpre citar o art. 5º, LX, segundo o qual a lei só poderá restringir a publicidade dos atos processuais quando a defesa da intimidade ou o interesse social o exigirem, bem como o art. 93, IX, que dispõe que todos os julgamentos dos órgãos do Poder Judiciário serão públicos, e fundamentadas todas as decisões, sob pena de nulidade, podendo a lei, se o interesse público o exigir, limitar a presença, em determinados atos, às próprias partes e a seus advogados, ou somente estes.

Tratando do tema em comento, Tucci e Cruz e Tucci (1989, p. 72) salientam que a garantia da publicidade não se traduz na exigência da efetiva presença do público ou dos meios de comunicação aos atos processuais, não obstante reclame mais que uma simples potencialidade abstrata. A publicidade é garantia para o povo de uma justiça justa, que nada tem a ocultar e, por outro lado, é também garantia para a própria magistratura diante do povo, pois, agindo publicamente, permite o controle democrático de sua atuação.

A publicidade dos atos processuais resta elencada como direito fundamental do cidadão, mas a própria Constituição Federal faz referência aos casos em que a lei admitirá o sigilo e a realização do ato em segredo de justiça. A lei cataloga os casos, nada impedindo que o juiz confira a outros, em virtude de interesse público, processamento em segredo de justiça, hipótese em que deverá justificar a tomada dessa decisão.

Merece também registro o *princípio da motivação das decisões*, previsto no art. 93, IX, da Constituição Federal de 1988. É importante mencionar que o texto constitucional não apenas exige a fundamentação das decisões proferidas pelos órgãos do Poder Judiciário, como as declara nulas se desatenderem a esse comando.

Conforme leciona Angélica Alvim (1994, p. 35), motivar todas as decisões significa fundamentá-las, explicar as razões de fato e de direito que implicam o convencimento do juiz, devendo essa fundamentação ser substancial e não meramente formal, porque embasada em argumentos jurídicos sólidos e lastreados nos fatos sociais.

Garante o princípio da motivação das decisões a inviolabilidade dos direitos em face do arbítrio, visto que os órgãos jurisdicionais têm de motivar, sob pena de nulidade, o dispositivo contido no ato decisório.

Nesse sentido, Teresa Arruda Alvim (1993, p. 70) sustenta que a decisão judicial não pode ser confundida com um ato de imposição pura e imotivada de vontade. Sendo assim, motivar todas as decisões significa fundamentá-las, explicar as razões de fato e de direito que implicam o convencimento do juiz, devendo essa fundamentação ser substancial e não meramente formal. Daí a necessidade de que venham expressos seus motivos, sendo equivalentes, nessa perspectiva, a fundamentação deficiente e a falta de fundamentação.

O dever de motivação guarda correspondência com o sistema da livre convicção, visto que quanto maior for o poder discricionário do magistrado, mais importante será a necessidade de fundamentar sua decisão. A falta ou a deficiência da motivação produz um vício insanável, cujo reconhecimento pode dar-se em qualquer grau de jurisdição e independentemente de provocação da parte.

No sistema da persuasão racional ou do livre convencimento, também conhecido como sistema da livre convicção ou da verdade real, o juiz forma livremente seu convencimento, porém dentro de critérios racionais, lógico-jurídicos preestabelecidos, os quais devem ser expressamente indicados.

Nesse sentido, sustenta Antônio Carlos Cintra (1997, p. 356) que a persuasão racional, no sistema do devido processo legal, implica o convencimento formado com liberdade intelectual, baseado na prova constante dos autos e acompanhado do dever de fornecer a motivação dos caminhos do raciocínio que conduziram o julgador à conclusão.

Trata-se, na verdade, de um sistema misto no qual o órgão julgador não fica adstrito a critérios valorativos prefixados em lei, tendo liberdade para aceitar e valorar a prova, desde que, ao final, fundamente sua convicção, dando as razões do convencimento com base no que foi colhido nos autos.

Assim, a função jurisdicional deve implicar a comprovação, cuidadosamente estruturada, da incidência de norma abstrata ao caso concreto. Seu espaço de discricionariedade no exercício de tal função está demarcado pela moldura imposta pelo legislador constitucional e pelo infraconstitucional, não cabendo ao julgador ampliar, demasiadamente, o alcance de tal moldura, impulsionado por motivações estranhas à ordem jurídica.

Desse modo, a motivação da decisão preserva os valores de segurança jurídica e legitimidade das decisões, exigências caras ao Estado Democrático de Direito, conferindo aos cidadãos a garantia de que serão julgados conforme o devido processo legal e que não estarão sujeitos ao voluntarismo do Poder Judiciário.

Ressalta-se ainda o *princípio do duplo grau de jurisdição*. A doutrina diverge em considerar o duplo grau de jurisdição como um princípio de processo inserido na Constituição Federal de 1988, já que inexiste sua previsão expressa no texto constitucional. Por outro lado, existem autores que admitem o duplo grau de jurisdição como princípio processual implícito. Estes últimos embasam esse posicionamento considerando a competência recursal estabelecida pela própria Carta Magna. Entre outros preceitos, é possível citar: o art. 5º, LV, que dispõe que, aos litigantes, em processo judicial ou administrativo, e aos acusados em geral, são assegurados o contraditório e a ampla defesa, com os meios e recursos a ela inerentes; art. 102, II e III, segundo o qual compete ao Supremo Tribunal Federal, precipuamente, a guarda da Constituição, discriminando as hipóteses de julgamento de recurso ordinário e de recurso extraordinário; e o art. 105, II e III, discriminando ao Superior Tribunal de Justiça as hipóteses de julgamento de recurso ordinário e de recurso especial.

Todo ato decisório do julgador, capaz de prejudicar um direito da parte, deve ser recorrível, como meio de evitar e reformar os erros inerentes aos julgamentos humanos, satisfazendo, igualmente, o sentimento de inconformismo contra decisões desfavoráveis. O princípio do duplo grau de jurisdição assevera, pois, ao litigante vencido, total ou parcialmente, o direito de submeter a matéria decidida a uma nova apreciação jurisdicional, no mesmo processo, desde que atendidos determinados pressupostos ou requisitos previstos em lei.

Por sua vez, não deve ser olvidado o *princípio da proibição de prova ilícita*. A Constituição Federal de 1988, em seu art. 5º, LVI, prevê a vedação da utilização de provas ilícitas no processo civil ou no processo penal. Às partes cabe o ônus de produzir as provas, na exata medida dos interesses que estejam a defender na causa; é precisamente com vistas ao exercício dessa atividade que assume especial importância o princípio da licitude dos meios de prova.

Discorrendo sobre o assunto, Djanira Maria de Sá (1998, p. 27) ensina que por prova lícita deve entender-se aquela derivada de um ato que esteja em consonância com o direito ou decorrente da forma legítima pela qual é produzida. Desse modo, o magistrado não pode levar em consideração uma prova ilícita, seja em sentença ou acórdão, seja em despacho ou no momento de inquirir testemunhas, embora convenha deixá-la nos autos, a fim de que, a todo o momento, a parte processual prejudicada possa tomá-la em consideração para instaurar o contraditório e verificar o convencimento do juiz.

Acrescente-se ainda o *princípio da duração razoável do processo*, ao conferir o direito fundamental a um processo sem dilações indevidas. Ao art. 5º da Constituição Federal de 1988 foi agregado o inciso LXXVIII, com o seguinte teor: "a todos, no âmbito judicial e administrativo, são assegurados a razoável duração do processo e os meios que garantam a celeridade de sua tramitação".

A demora na tramitação dos processos sempre foi identificada como um dos pontos cruciais da denominada crise de jurisdição, verificada na segunda metade do século XX. Múltiplas causas conduziram a um quadro desalentador, no qual a duração da relação processual atingia, em regra, vários anos, gerando a frustração das expectativas sociais e comprometendo a legitimidade do processo como veículo de realização da justiça.

Tanto é assim que o art. 5º, XXXV, da Carta Magna, ao condensar a fórmula do princípio da inafastabilidade do controle jurisdicional, passou a ser interpretado não somente como a garantia do acesso ao Poder Judiciário (mero direito ao processo), mas, na esteira da doutrina e da jurisprudência mais avançadas, transformou-se em verdadeira cláusula de utilidade da jurisdição. Sob essa perspectiva, o mencionado princípio passou a resguardar tanto um direito à ação e ao processo enquanto veículo da tutela jurisdicional quanto uma tutela jurisdicional potencialmente útil e eficaz.

Entre os fatores de mensuração da eficácia da tutela jurisdicional, encontra-se a celeridade com que ela é prestada, porquanto a demanda judicial coloca, geralmente, em suspensão a relação jurídica que é objeto da pretensão, impedindo o imediato gozo do direito ou a imediata resolução da lide. Sendo assim, a tutela jurisdicional prestada de forma eficiente é aquela realizada em prazo razoável.

Ao vislumbrar-se o princípio da eficiência (art. 37, *caput*, da CF/88), poder-se-ia já conceber o postulado da tutela jurisdicional eficiente. É que a atividade jurisdicional também figura como uma atividade do Estado (administração da justiça), levada a efeito por um segmento do aparato estatal, que compreende não só o Poder Judiciário, mas também outras instituições como o Ministério Público, a Defensoria Pública e as respectivas Procuradorias. A prestação jurisdicional, por outro lado, não abarca exclusivamente a atividade do juiz, mas abrange as atividades administrativas desenvolvidas no âmbito do próprio Poder Judiciário e dessas outras instituições. O direito/garantia à celeridade processual já decorria de uma interpretação lógica do princípio da eficiência.

Não se pode estabelecer um parâmetro objetivo para quantificar o tempo requerido pelo juiz para decidir um feito. É que o magistrado deve estar convicto para decidir, não sujeitando essa convicção a prazos rígidos. Há ainda que se considerar o excesso de serviço, pelo grande volume de processos que acomete a atuação do magistrado. Entretanto, os demais fatores que integram a formação do tempo do processo podem ser medidos com a régua do princípio da eficiência, diante do parâmetro de razoabilidade, aplicável, de forma direta ou indireta, às funções do Estado.

Nesse sentido, embora, a rigor, o direito a uma jurisdição eficaz, e, portanto, célere, já estivesse assegurado na própria Constituição de 1988, antes mesmo da Emenda Constitucional n. 45/2004, não se deve reduzir seu valor, cujo mérito foi explicitar tal direito/garantia fundamental. Ademais, a Emenda Constitucional n. 45/2004 promoveu a inclusão da exigência de celeridade no âmbito do processo administrativo, o que não estava previsto no inciso XXXV do art. 5º da CF/88.

Em face de tudo quanto foi exposto, os princípios da isonomia, do contraditório, da ampla defesa, da previsão do juiz natural, da inafastabilidade da jurisdição, da publicidade dos atos processuais, da motivação das decisões judiciais, do duplo grau de jurisdição, da proibição do uso de prova ilícita e da duração razoável do processo figuram como as projeções mais importantes do devido processo legal em sentido formal, como garantias processuais que, na condição de subprincípios, densificam/concretizam o macroprincípio do *procedural due process of law*, assegurando aos cidadãos o livre acesso ao Poder Judiciário, a fim de proteger seus direitos, mediante julgamento público, fundamentado e imparcial de órgão competente, passível de reforma por órgãos jurisdicionais superiores, lastreado em provas lícitas, dentro de um lapso temporal razoável.

10. A CLÁUSULA PRINCIPIOLÓGICA DO DEVIDO PROCESSO LEGAL EM SENTIDO SUBSTANCIAL: A BUSCA DE UM PROCESSO JUSTO

Conforme já referido, o devido processo legal em sua acepção substantiva refere-se ao modo pelo qual a lei, o regulamento, o ato administrativo, a decisão judicial são interpretados e aplicados, de molde a otimizar a busca de uma opção hermenêutica legítima e efetiva que assegure a realização de um direito justo.

A progressiva substancialização do princípio do devido processo legal é o resultado de um novo tratamento epistemológico, mais consentâneo com o funcionamento dos sistemas jurídicos contemporâneos, que a doutrina atual denomina pós-positivismo jurídico. A adoção do modelo pós-positivista de compreensão do direito processual abre espaço para a valorização dos princípios constitucionais, os quais enunciam a dignidade da pessoa humana e os direitos fundamentais, que passam a incidir e presidir o desenvolvimento das relações processuais.

Nesse contexto, sedimenta-se um direito constitucional processual de inequívoca orientação principiológica, estreitando os vínculos entre o constitucionalismo, o processo e o regime democrático. No âmbito de uma democracia, o processo torna-se um espaço ético-político voltado para a realização da justiça e dos valores fundamentais da existência humana, que se consubstanciam na dignidade da pessoa humana e nos direitos fundamentais dos cidadãos.

Conforme o magistério de Ada Grinover (1973, p. 12), todo o direito processual tem suas linhas fundamentais traçadas pelo direito constitucional, que fixa a estrutura dos órgãos jurisdicionais, garante a distribuição da justiça e a declaração do direito objetivo, bem como estabelece os princípios norteadores do processo.

Com efeito, todo o direito processual, que disciplina o exercício de uma das funções fundamentais do Estado, além de ter pressupostos constitucionais – como os demais ramos do direito – é fundamentalmente determinado pela Constituição, em muitos de seus aspectos e institutos característicos, pelo que alguns dos princípios gerais que o informam são, ao menos inicialmente, princípios constitucionais ou seus corolários.

Oportuna também é a lição de José Baracho (1984, p. 129) para quem, como a Constituição sofre influência do sistema político, as orientações ético-políticas recolhidas nos textos constitucionais contribuem para o desenvolvimento e a legitimação do processo nos Estados Democráticos de Direito.

Sendo assim, o processo contemporâneo apresenta-se como instrumento da tutela dos direito fundamentais, que somente é realizada por meio dos princípios constitucionais, pelo que a Constituição passa a pressupor a existência do processo como veículo de exteriorização da dignidade da pessoa humana e dos direitos fundamentais dos cidadãos.

Dentro dessa mudança paradigmática em favor da constitucionalização das relações processuais, a teoria do processo passa por uma profunda reconstrução, figurando o devido processo legal substancial como a via de concretização dos valores e das finalidades maiores do sistema jurídico, oferecendo as condições de possibilidade de um consenso racional dos sujeitos processuais sobre as opções hermenêuticas mais justas. Representa, assim, uma exigência de legitimidade do direito processual, pressupondo que o poder político só pode desenvolver-se por meio de um código jurídico institucionalizado na forma de direitos fundamentais que assegurem uma vida digna.

Como bem refere Marcelo de Oliveira (2002, p. 70), o devido processo legal substancial implica a legítima limitação ao poder estatal, bem como ao poder econômico de particulares, de modo a censurar a legislação ou outro ato normativo que viole os direitos fundamentais do Estado Democrático de Direito, além de implicar a proclamação da autolimitação do Estado no exercício da própria jurisdição, no sentido de que a promessa de exercê-la será cumprida com as limitações contidas nas demais garantias fundamentais, sempre segundo os padrões democráticos de uma sociedade.

Para que se concretize a dignidade da pessoa humana e os direitos fundamentais dos cidadãos, a cláusula principiológica do devido processo legal substancial desemboca na utilização do postulado ou do princípio instrumental da razoabilidade/proporcionalidade, como recurso metodológico indispensável para concretização hermenêutica de um direito processual mais legítimo e efetivo, de modo a realizar a noção de justiça mais adequada às vicissitudes da lide.

Etimologicamente, o vocábulo proporcionalidade contém uma noção de proporção, adequação, medida justa, prudente e apropriada à necessidade exigida pelo caso presente. Proporção, no entanto, é um conceito relacional, isto é, diz-se que algo é proporcional quando guarda uma adequada relação com alguma coisa a qual está ligado. A ideia de proporcionalidade reclama o apelo à prudência na determinação da adequada relação entre as coisas.

A ideia de proporcionalidade revela-se não só como um importante princípio jurídico fundamental, mas também consubstancia um verdadeiro referencial argumentativo, ao exprimir um raciocínio aceito como justo e razoável de modo geral, de comprovada utilidade no equacionamento de questões práticas, não só do direito em seus diversos ramos, como também de outras disciplinas, sempre que se tratar da descoberta do meio mais adequado para atingir determinada finalidade.

Para Willis Guerra Filho (2003, p. 245), o princípio da proporcionalidade pode ser entendido como um mandamento de otimização do respeito máximo a todo direito fundamental em situação de conflito com outro(s), na medida do jurídico e faticamente possível, traduzindo um conteúdo que se reparte em três princípios parciais: a adequação, a exigibilidade e a proporcionalidade em sentido estrito.

A origem e o desenvolvimento do princípio da proporcionalidade, em sua conformação moderna, encontram-se intrinsecamente ligados à evolução dos direitos e das garantias individuais da pessoa humana, verificados a partir do surgimento do Estado de Direito burguês na Europa. Dessa forma, sua origem remonta aos séculos XVII e XVIII, quando, na Inglaterra, surgiram as teorias jusnaturalistas propugnando ter o homem direitos imanentes a sua natureza e anteriores ao aparecimento do Estado e, por conseguinte, conclamando ter o soberano o dever de respeitá-los.

Posteriormente, a ideia de proporcionalidade é utilizada na França como técnica voltada para o controle do poder de polícia da Administração Pública. A proporcionalidade só adquire, contudo, foro constitucional e reconhecimento como princípio em meados do século XX, na Alemanha, sendo, então, aplicada ao campo dos direitos fundamentais, vinculando, assim, a totalidade dos poderes públicos.

No sistema jurídico brasileiro, o princípio da proporcionalidade é um princípio constitucional implícito porque, apesar de derivar da Constituição, nela não consta expressamente. Por esse motivo, o fundamento normativo do princípio da proporcionalidade vem sofrendo inúmeras considerações quanto à ausência de enunciado normativo explícito. Constata-se que a maioria das Constituições de Estados Democráticos de Direito não contém referência expressa ao princípio, o que põe em evidência o problema de sua fundamentação normativo-constitucional.

Segundo Paulo Bonavides (2001, p. 356), o princípio da proporcionalidade está naquela classe de princípios que são mais facilmente compreendidos do que definidos. Sucede que, embora não esteja expresso no texto constitucional, sua presença é inequívoca na Carta Magna. Isso porque a circunstância do princípio da proporcionalidade decorrer implicitamente da Constituição não impede que seja reconhecida sua vigência, por força, inclusive, do quanto disposto no § 2º do art. 5º, segundo o qual "os direitos e garantias expressos nesta Constituição não excluem outros decorrentes do regime e dos princípios por ela adotados".

Inúmeros têm sido os caminhos para fundamentar ou justificar normativamente o princípio da proporcionalidade, ora utilizando-se do cânon da dignidade da pessoa humana (art. 1º, III, da CF/88), ora recorrendo-se à ideia de devido processo legal substantivo (art. 5º, LIV, da CF/88), ou mesmo da noção de um Estado Democrático de Direito (art. 1º, *caput*, da CF/88).

Parece-nos, todavia, que todos esses *standards* são vetores axiológicos e teleológicos que reforçam o mandamento constitucional de tutela da dignidade da pessoa humana, permitindo depreender o princípio da proporcionalidade como proposta de harmonização da pluralidade dos direitos fundamentais que possibilitam uma vida digna, de molde a sintetizar as exigências de legalidade e legitimidade do ordenamento jurídico.

Conforme o magistério de Humberto Ávila (2005, p.116), o princípio constitucional da proporcionalidade é aplicado somente em situações em que há uma relação de causalidade entre dois elementos empiricamente discerníveis, um meio e um fim, de tal modo que o intérprete do direito possa proceder ao exame de três parâmetros fundamentais e complementares: a adequação, a necessidade e a proporcionalidade em sentido estrito.

Esses três critérios de natureza axiológica e teleológica – a adequação, a necessidade e a proporcionalidade em sentido estrito – definem o sentido de uma atuação proporcional do Estado e dos particulares, tendo em vista a proteção da dignidade da pessoa humana.

A adequação exige uma relação empírica entre o meio e o fim: o meio deve levar à realização da finalidade normativa. Logo, a administração, o legislador, o julgador e o particular têm o dever de escolher um meio processual que simplesmente promova os fins maiores da ordem jurídica, como a realização de uma vida digna. O processo decisório, tanto na esfera pública quanto na esfera privada, será adequado somente se o fim for efetivamente realizado no caso concreto; será adequado se o fim for realizado na maioria dos casos com sua adoção; e será adequado se o intérprete avaliou e projetou bem a promoção da finalidade no momento da tomada da decisão.

A necessidade envolve duas etapas de investigação: o exame da igualdade de adequação dos meios, para verificação se os diversos meios promovem igualmente o fim; e o exame do meio menos restritivo, para examinar se os meios alternativos restringem em menor medida os direitos fundamentais colateralmente afetados. A ponderação entre o grau de restrição e o grau de promoção dos direitos fundamentais em prol de uma vida digna torna-se, portanto, inafastável para a interpretação e a tomada de uma decisão jurídica.

A proporcionalidade em sentido estrito é examinada diante da comparação entre a importância da realização do fim e a intensidade da restrição aos direitos fundamentais. O julgamento daquilo que será considerado como vantagem e daquilo que será considerado como desvantagem depende do exame teleológico e axiológico do hermeneuta, em face das circunstâncias da lide e da apuração do binômio utilitário do custo-benefício, sempre com vistas à salvaguarda da dignidade da pessoa humana.

De acordo com Luís Barroso (2002, p. 213-4), o princípio da proporcionalidade funciona como um parâmetro hermenêutico que orienta como uma norma jurídica deve ser interpretada e aplicada no caso concreto, mormente na hipótese de incidência dos direitos fundamentais que consubstanciam uma vida digna, para a melhor realização dos valores e fins do sistema constitucional. Permite-se, assim, ao Poder Judiciário, invalidar atos legislativos, administrativos, jurisdicionais ou privados nas hipóteses em que não haja adequação entre o fim perseguido e o instrumento empregado pela norma jurídica (*adequação*); em que a medida normativa não seja exigível ou necessária, havendo meio alternativo menos gravoso para chegar ao mesmo resultado (*necessidade ou vedação do excesso*); e em que não se manifeste o binômio custo-benefício, pois o que se perde com a medida normativa é de maior relevo do que aquilo que se ganha (*proporcionalidade* stricto sensu).

Como se deduz, o princípio da proporcionalidade funciona como importante parâmetro para orientar a atividade de sopesamento de valores do intérprete do direito, iluminando a ponderação de princípios jurídicos e, pois, de dimensões da dignidade humana eventualmente conflitantes. Descortina-se, portanto, como alternativa hermenêutica para a colisão entre os direitos fundamentais dos cidadãos, vetores que norteiam uma vida digna, modulando a interpretação e a posterior tomada de uma decisão, perante casos difíceis. Nos chamados *hard cases*, muito frequentes na prática processual, a subsunção se afigura insuficiente, especialmente quando a situação concreta rende ensejo à aplicação de normas principiológicas, que sinalizam soluções axiológicas e teleológicas muitas vezes diferenciadas.

A existência de ponderação não priva, contudo, a doutrina e a jurisprudência de buscar parâmetros de maior objetividade para sua aplicação, até porque não elide por completo as avaliações subjetivas e preferências pessoais do hermeneuta (pré-compreensão), ainda que não se admita o exercício indiscriminado e arbitrário da interpretação jurídica (voluntarismo hermenêutico). Com efeito, aponta-se a necessidade do exercício de uma competente argumentação jurídica, para a demonstração adequada do raciocínio desenvolvido e a garantia da legitimidade da opção hermenêutica, adquirindo inegável relevo o art. 93, IX, da CF/88, que trata da exigência de fundamentação das decisões jurídicas.

Não há como negar que, quando uma decisão envolve a técnica ponderativa dos princípios, o dever de motivar torna-se ainda mais premente e necessário, visto que o intérprete percorre um caminho mais longo e tortuoso para chegar à solução. É, portanto, dever do hermeneuta guiar a comunidade jurídica por essa viagem, descrevendo, de modo minudente, as razões que justificam uma dada direção ou um dado sentido para uma interpretação mais justa do direito, pelo que a ponderação se qualifica e legitima pela justificação racional das proposições normativas.

Diante do exposto, pode-se depreender que a cláusula principiológica do devido processo legal, em seu sentido substancial, nada mais é que um mecanismo de controle axiológico e teleológico da atuação dos agentes públicos ou mesmo particulares, típico do Estado Democrático de Direito, de modo a impedir toda restrição ilegítima à dignidade da pessoa humana e aos direitos fundamentais dos cidadãos.

Sob esse novo prisma, a cláusula do devido processo legal atinge não só a forma, como também a substância do ato, pois existe a preocupação de se conceder uma tutela jurisdicional mais justa, porque guiada pela ponderação principiológica e pelo postulado da razoabilidade/proporcionalidade, como ideias jurídicas fundantes da Constituição e decorrentes do respeito aos direitos fundamentais conducentes a uma existência digna.

11. O DEVIDO PROCESSO LEGAL E A DIGNIDADE DA PESSOA HUMANA: UMA IMBRICAÇÃO NECESSÁRIA

Com a transição paradigmática da modernidade para a pós-modernidade, importantes mudanças acometeram o direito processual do ocidente, tendo em vista a superação do modelo formalista e hermético do processo jurisdicional, consectário lógico do positivismo jurídico.

De acordo com Luiz Marinoni (2005, p. 13), sob a influência dos valores do Estado Liberal de Direito, o processo jurisdicional foi criado para tutelar os direitos subjetivos privados porventura violados. A proteção dos direitos subjetivos dos particulares desembocou na elaboração da teoria da atuação da vontade da lei, abrindo margem para o surgimento das clássicas concepções de Chiovenda – a jurisdição como atuação da vontade concreta da lei – e de Carnelutti – a jurisdição como a justa composição da lide. Prevalecia, então, o primado da concepção de uma lei genérica, abstrata, coerente e fruto da vontade homogênea do Parlamento.

Gradativamente, no entanto, a modernidade jurídica começou a ser solapada pelo advento de novos fatos e valores sociais, exigindo o redimensionamento da finalidade do processo jurisdicional, a fim de configurar-se como instrumento ético-político capaz de materializar os direitos fundamentais da sociedade civil. Tais exigências oportunizam a emergência de uma teoria dos princípios constitucionais aplicados às relações processuais, cuja multifuncionalidade e eficácia vertical-horizontal permitiram tornar o processo um espaço público vocacionado para a emancipação do ser humano e, portanto, mais adequado para a concretização da dignidade da pessoa humana e dos direitos fundamentais.

Sendo assim, também o direito processual adquire as notas da pluralidade, reflexividade, prospectividade, discursividade e relatividade, que caracterizam o fenômeno jurídico na pós-modernidade jurídica.

A pluralidade do direito processual pós-moderno pode ser constatada a partir do momento em que o processo deixa de restringir-se à solução dos conflitos individuais, alcançando o deslinde de litígios metaindividuais, tornando-se um instrumento mais heterogêneo e dialético e flexibilizando, assim, a legitimação para agir, tendo em vista a salvaguarda das diversas dimensões dos direitos fundamentais (civis, políticos, coletivos, socioeconômicos e difusos) que apontam para a realização de uma vida digna.

A reflexividade do direito processual pós-moderno decorre da abertura desse campo do sistema jurídico aos novos valores e fatos sociais, propiciada pela quebra da clássica dicotomia direito substancial ou material *vs* direito adjetivo ou formal, fruto da neutralização ético-política promovida pelo positivismo jurídico. Nesse sentido, o processo passa a apresentar maior maleabilidade em face das especificidades de cada lide, adaptando os procedimentos às exigências axiológicas e valorativas dos direitos fundamentais envolvidos nas lides.

A seu turno, a prospectividade do direito processual pós-moderno pode ser medida pela progressiva utilização das cláusulas gerais e dos princípios constitucionais do processo na solução dos conflitos de interesse, visto que se apresentam como estruturas normativas mais flexíveis e propensas a acompanhar a evolução histórico-social da dignidade da pessoa humana e dos direitos fundamentais.

A discursividade do direito processual pós-moderno pode ser vislumbrada pela valorização da natureza retórica do processo, concebido como um *locus* democrático em que os sujeitos processuais exercitam uma racionalidade comunicativa, cooperando para a busca de um ato decisório mais justo. Sendo assim, enfatiza-se o desenvolvimento de processos argumentativos que oportunizem e dinamizem o contraditório e a ampla defesa, a fim de melhor justificar e legitimar as decisões judiciais sobre a dignidade da pessoa humana e os direitos fundamentais.

Essa nova mentalidade abre margem para a reformulação do paradigma tradicional do direito processual, em favor de um modelo dialógico-participativo, em que o processo figura como um espaço público para o debate democrático e a sedimentação dos valores fundamentais da experiência jurídica.

Nesse sentido, sustenta Karl Popper (1999, p. 123) que o autoritarismo da ciência estava ligado à ideia de estabelecer, de provar e de verificar suas teorias, o que justifica a adoção de um paradigma crítico que se vincula à ideia de testar e refutar suas conjecturas, mediante a dialética discursivo-argumentativa.

Sendo assim, com a elaboração de uma nova lógica para a conceituação do que seja científico, em uma perspectiva de falibilidade das afirmações (dogmatizações) do discurso do conhecimento, é possível, no campo do direito (inclusive o processual) – para considerá-lo científico –, conjecturar que o discurso legal só serviria à ciência moderna em uma versão falibilista na qual o direito haveria de oferecer expressamente a possibilidade de fiscalização (correição) continuada, desde o ponto decisório de sua criação até o momento de aplicação.

Segundo Rosemiro Leal (2002, p. 167), o discurso da procedimentalidade fundante do direito democrático torna o processo uma instituição constitucionalizada de controle e regência popular soberana, legitimadora dos procedimentos como estruturas técnicas de argumentos jurídicos assegurados, em uma progressiva relação espaço-temporal de criação, recriação (transformação), extinção, fiscalização, aplicação (decisão) e realização (execução) de direitos, segundo os princípios do contraditório, da isonomia e da ampla defesa.

O processo converte-se, assim, na instituição jurídica do exercício dos direitos fundamentais na construção da estrutura (espaço-tempo) do procedimento, pressupondo uma consciência participativa em que o povo é a causalidade deliberativa ou justificativa das regras de criação, alteração e aplicação de direitos.

Por sua vez, a relatividade do direito processual pós-moderno se traduz pela recusa de um processo formalista e fechado, cercado de regras absolutas e inquestionáveis, e pela aceitação do papel ativo do julgador na construção hermenêutica das normas jurídicas, aspectos que merecem um exame mais minudente.

Decerto, como bem leciona Luigi Ferrajoli (2002, p. 39), o conceito de verdade apresenta uma especial acepção semântica, no âmbito do direito processual. Para ele, uma justiça integralmente atrelada com a verdade é utópica, mas uma justiça completamente sem verdade compreende uma arbitrariedade. Logo, toda atividade judicial é uma combinação entre conhecimento (*veritas*) e decisão (*auctoritas*).

Sustenta, pois, que a diferença entre experimento (de um fato presente) e provas (de um fato passado) fende profundamente o modelo ideal de verdade processual fática como correspondência objetiva. Pode-se afirmar, então, que a verdade processual fática, da mesma forma que a verdade histórica, em vez de ser predicável em referência direta ao fato julgado, é resultante de uma ilação dos fatos comprovados do passado com os fatos probatórios do presente. Por sua vez, a verdade processual jurídica é opinativa, pois o conceito classificatório é sempre impreciso e insuficiente. Além disso, a verdade processual jurídica deve ser produzida na moldura do direito positivo, sem desrespeitar os preceitos da ordem jurídica. Não é a verdade, portanto, que condiciona a validade, mas a validade condiciona a verdade, como verdade normativa, que está convalidada por normas, por ser obtida na observância do sistema normativo.

Partindo da ideia de que as condições para enunciar uma verdade processual dependem do modo pelo qual está formado o sistema legal, Ferrajoli define a verdade processual como uma verdade aproximativa, semelhante à veracidade das teses científicas, em que a noção de não refutabilidade sobrepuja a ideia de comprovação. Sendo assim, a verdade processual é uma verdade aproximada, a despeito do ideal moderno da perfeita correspondência com o mundo empírico, devendo ser entendida como a projeção da razoabilidade, em conformidade com a moldura do direito vigente e com os elementos probatórios trazidos pelos sujeitos processuais para a solução da lide.

Por outro lado, há a visão mecanicista e silogística de que, no âmbito do processo, o juiz se limita a atualizar a vontade concreta da lei. Isso porque a delimitação semântica da lei exige a prévia atribuição de sentido ao caso concreto, assim como a própria definição do caso concreto requer a consideração da lei. Sendo assim, a jurisdição, após delinear o caso concreto, deve conformar a lei, mormente quando a decisão é prolatada com base nos princípios constitucionais que enunciam a dignidade da pessoa humana e os direitos fundamentais dos cidadãos.

Seguindo ainda a lição de Luiz Marinoni (2005, p. 60-1), pode-se dizer que a interpretação do magistrado produz norma jurídica e que a singularidade da norma criada pelo juiz é a necessidade de sua fundamentação. A jurisdição se define por seu dever de concretizar os valores e fins da principiologia constitucional, devendo, pois, considerar as necessidades do direito material controvertido. O controle da subjetividade do julgador requer a necessidade de explicitação da correção da tutela jurisdicional, mediante o exercício de uma argumentação jurídica racional que utilize recursos metodológicos mais compatíveis com o direito pós--moderno, a exemplo da ponderação/balanceamento dos direitos fundamentais e o postulado da razoabilidade/proporcionalidade.

Desse modo, afirma-se o direito fundamental a uma tutela jurisdicional efetiva e legítima, capaz de incidir sobre a atuação do juiz como diretor do processo, outorgando-lhe o dever de extrair das regras processuais a potencialidade necessária para dar efetividade a qualquer direito material, inclusive aos direitos fundamentais, e, ainda, a obrigação de suprir as lacunas que impedem que a tutela jurisdicional seja prestada de modo efetivo a qualquer espécie de direito. Somente assim a argumentação jurídica será exercida em prol da técnica processual adequada ao direito fundamental à tutela jurisdicional, realizando as exigências em prol de uma vida digna.

12. O DEVIDO PROCESSO LEGAL E A INDISSOCIABILIDADE ENTRE O DIREITO MATERIAL E O DIREITO PROCESSUAL

A proposta de uma compreensão unitária das acepções substancial e formal do devido processo legal, como consequência da afirmação da dignidade da pessoa humana e dos direitos fundamentais, contribui decisivamente para a aceitação da indissociabilidade entre o direito material e o direito processual.

Tradicionalmente, a distinção entre direito material e processual tem residido na dicotomia forma *vs.* conteúdo.

Nesse sentido, seguindo os ensinamentos de Antônio Cintra, Ada Grinover e Cândido Dinamarco (1997, p. 40), pode-se dizer que o direito material é o corpo de normas que disciplinam as relações jurídicas referentes a bens e utilidades da vida, enquanto o direito processual se afigura como o complexo de normas que regem o exercício conjunto da jurisdição pelo Estado, da ação pelo demandante e da defesa pelo demandado.

Parece-nos, contudo, não subsistir ontologicamente tal distinção, seja porque o vocábulo processo deve alcançar semanticamente os processos negocial, administrativo ou legislativo, seja porque a exteriorização de qualquer direito exige um procedimento adequado e legítimo, dissolvendo, assim, as supostas fronteiras entre direito substancial e direito processual.

Ademais, como refere Hans Kelsen (1995, p. 221), em todos os escalões do direito positivo, as normas são produzidas em conformidade com os parâmetros de validade material (conteúdo) e formal (competência e procedimento), estabelecidos pela normatividade jurídica superior, não sendo possível apartar o direito substancial do direito processual.

Se o sistema moral se rege pelo simples postulado estático-material (fundamentação/derivação de conteúdo), o mesmo não pode ser dito do sistema jurídico, submetido que está não só ao mencionado postulado, mas também à exigência dinâmico-processual (fundamentação/derivação formal), por meio do qual o direito regula sua própria produção. Nesse sentido, o sistema de normas que se apresenta como uma ordem jurídica tem essencialmente um caráter dinâmico. Uma norma jurídica não vale porque tem determinado conteúdo, quer dizer, porque seu conteúdo pode ser deduzido pela via de um raciocínio lógico de uma norma fundamental pressuposta, mas porque é criada de uma forma determinada.

Sendo assim, o direito disciplina a criação de novas normas jurídicas. Entre a norma geral e a conduta individual há de mediar uma norma individual que procederá à aplicação da norma geral ao caso concreto e, pois, individual. Tanto o *quem* criará as normas gerais e o *como* fará, e o mesmo com relação às normas particulares.

Ademais, a construção de uma Teoria Geral do Processo, constitucionalmente adequada e despida do formalismo de sua matriz positivista, exige os contributos de uma Teoria Geral do Direito, o que permite vislumbrar o processo como um meio para a realização dos valores e fins da ordem jurídica. Assim, restam umbilicalmente ligados o direito material e o direito processual, abrindo margem para a concretização de princípios que reunificam o conteúdo e a forma do fenômeno jurídico para realizar a justiça, tais como o devido processo legal e a dignidade da pessoa humana.

Com efeito, a principiologia constitucional exerce influência no campo processual, de molde a tornar o processo um fenômeno confiável, efetivo, seguro, célere, parcimonioso, equitativo, visto que o processo deve estar pautado pelos princípios constitucionais processuais, bem como pelas garantias constitucionais asseguradas ao cidadão, tendentes a materializar o valor da dignidade da pessoa humana e, portanto, o direito justo.

Por mais que o direito processual e o direito material sejam autônomos entre si, eles são, também, harmônicos, e possuem, necessariamente, o dever de andar concomitantemente, visto que um não subsistiria sem o outro. O direito processual e o direito material são, assim, entes indissociáveis, ante a constatação de que o processo figura como um instrumento ético-político, orientado por princípios constitucionais que visam à realização de uma vida digna.

Conforme assinala Rui Portanova (2003, p. 114), a instrumentalidade do sistema processual é alimentada pela visão do resultado. Assim, deve-se abandonar o aspecto negativo (tradicional) da instrumentalidade que concebe o processo como mero receptáculo do direito substancial, visto que, sob a orientação teleológica, a instrumentalidade adquire uma dimensão positiva, voltada para a busca de resultados decisórios socialmente eficazes e legítimos.

Diante da imbricação do processo com a justiça, depreende-se uma íntima aproximação entre o direito processual e o direito material, porquanto o meio para o processo exteriorizar soluções justas para os conflitos de interesse consiste na realização do direito material em face do caso concreto.

Para Kazuo Watanabe (2000, p. 19-21), do conceptualismo e das abstrações dogmáticas que caracterizam a ciência processual e que lhe deram foros de ciência autônoma, partem, hoje, os processualistas para a busca de um instrumentalismo mais efetivo do processo, dentro de uma óptica mais abrangente e penetrante de toda a problemática sociojurídica. Não se trata de negar os resultados alcançados pela ciência processual até agora. O que se pretende é fazer dessas conquistas doutrinárias e de seus melhores resultados um sólido patamar para, com uma visão crítica e mais ampla da utilidade do processo, proceder ao melhor estudo dos institutos processuais – prestigiando ou adaptando ou reformulando os institutos tradicionais, ou concebendo institutos novos –, sempre com a preocupação de fazer com que o processo tenha plena e total aderência à realidade sociojurídica a que se destina, cumprindo sua primordial vocação que é a de servir de instrumento à efetiva realização dos direitos. É a tendência ao instrumentalismo que se denominaria substancial em contraposição ao instrumentalismo meramente nominal ou formal.

Nesse sentido, o processo há de ser um instrumento eficaz para o acesso à ordem jurídica justa, de molde a extrair do processo, como instrumento, o máximo de proveito quanto à obtenção dos resultados propostos. Para tanto, exige-se que o processo seja compreendido como uma fórmula institucional fluida e maleável, já que a inflexibilidade e a rigidez são próprias de um formalismo ultrapassado, incompatível com os reclamos de processo socialmente legítimo.

Não é outro o entendimento de José Bedaque (1995, p. 14), para quem a noção mais importante do direito processual moderno é a de instrumentalidade, no sentido de que o processo constitui instrumento para a tutela do direito substancial. Está a serviço deste, para garantir sua efetividade. A consequência dessa premissa é a necessidade de adequação e adaptação do instrumento a seu objeto. O processo é um instrumento e, como tal, deve adequar-se ao objeto com que opera. Suas regras técnicas devem ser aptas a servir ao fim que se destinam, motivo pelo qual se pode afirmar ser relativa a autonomia do direito processual.

Valendo-nos do paradigma do direito processual constitucional, cumpre ainda referir que o princípio do devido processo legal, como corolário da dignidade da pessoa humana, reclama, para sua concretização, uma tutela adequada à realidade de direito material, definindo o procedimento, a espécie de cognição, a natureza do provimento e os meios executórios adequados às vicissitudes da situação controvertida de direito material.

O princípio da adequação do processo compreende dois momentos básicos: a) o pré-jurídico, referente à produção legislativa, porque a própria construção abstrata do procedimento deve ser feita com base nos caracteres do objeto do processo, porquanto um procedimento inadequado ao direito material pode importar verdadeira negação da tutela jurisdicional; e b) o processual, possibilitando ao julgador o procedimento de modo a amoldá-lo melhor às peculiaridades da causa.

Como assinala Galeno Lacerda (1976, p. 164), o princípio da adequação do processo à situação substancial resgata o valor do procedimento, durante muito tempo esquecido pela moderna ciência processual, permitindo-se vislumbrar o processo como uma série coordenada de atos, teleologicamente organizada, desenvolvida a partir de uma relação jurídica que vincula os sujeitos processuais. A realização das finalidades do processo exige, portanto, a manipulação de formas adequadas para a exteriorização dos valores e fins maiores da ordem jurídica, especialmente quando se trata de direitos fundamentais.

Desse modo, a busca dessa ordem jurídica justa tem estreita relação com o devido processo legal. Isso porque o *due process of law* deve oferecer o meio e o fim para a concretização de um direito justo. Se, por um lado, prevê os caminhos procedimentais para a obtenção de uma solução justa, por outro lado, configura a própria solução justa almejada, porque compatível com os padrões ético-sociais de uma dada sociedade.

Sendo assim, na pós-modernidade, o devido processo legal figura como uma cláusula de abertura do sistema constitucional-processual na materialização de resultados formal e substancialmente justos. Essa amplitude de meio e de resultado é que caracteriza a cláusula principiológica do devido processo legal nas sociedades contemporâneas, definindo o perfil democrático do processo brasileiro na obtenção de decisões jurídicas mais efetivas e legítimas, capazes de materializar a dignidade da pessoa humana e os direitos fundamentais.

SINOPSE

O paradigma pós-positivista passou a formular novas propostas de compreensão do significado do direito, buscando compatibilizar as exigências de validade e legitimidade da ordem jurídica, mediante o delineamento de variadas alternativas teóricas, com destaque, dentro do paradigma neoconstitucionalista, para a valorização dos princípios constitucionais da dignidade da pessoa humana e do devido processo legal, como alternativas de fundamentação e legitimação das opções hermenêuticas e decisórias.

Com efeito, as diversas concepções neoconstitucionalistas convergem para o entendimento de que o direito é um constructo axiológico e teleológico, que impõe a compreensão e a aplicação de princípios jurídicos, especialmente aqueles de natureza constitucional, de modo a potencializar a realização da justiça, o que se manifesta plenamente com a aplicação do princípio constitucional da dignidade da pessoa humana.

O princípio ético-jurídico da dignidade da pessoa humana importa o reconhecimento e a tutela de um espaço de integridade físico-moral a ser assegurado a todas as pessoas por sua existência ontológica no mundo, relacionando-se tanto com a manutenção das condições materiais de subsistência quanto com a preservação dos valores espirituais de um indivíduo que sente, pensa e interage com o universo circundante.

A dignidade da pessoa humana, antes mesmo de seu reconhecimento jurídico nas Declarações Internacionais de Direito e nas Constituições de diversos países, já figurava como um valor, que brota da própria experiência axiológica de cada cultura humana, submetida aos influxos do tempo e do espaço.

A proclamação da normatividade do princípio da dignidade da pessoa humana, na maioria das Declarações Internacionais e Constituições contemporâneas, conduziu ao reconhecimento dos princípios como normas basilares de todo o sistema jurídico, afastando-se a concepção de programaticidade, que justificava a neutralização da eficácia dos valores e fins norteadores dos sistemas constitucionais.

A dignidade da pessoa humana está erigida como princípio fundamental da Constituição brasileira, imprimindo-lhe unidade de sentido, condicionando a interpretação de suas normas e revelando-se, ao lado dos direitos e garantias fundamentais, como cânone constitucional que incorpora as exigências de justiça e dos valores éticos, como suporte axiológico e teleológico a todo o sistema jurídico brasileiro.

O princípio constitucional da dignidade da pessoa humana se desdobra em inúmeros outros princípios e outras regras constitucionais, conformando um arcabouço de valores e finalidades a ser realizado pelo Estado e pela sociedade civil, como forma de concretizar a multiplicidade de direitos fundamentais, expressos ou implícitos, da Carta Magna brasileira e, por conseguinte, da normatividade infraconstitucional derivada.

O intérprete do sistema constitucional brasileiro deve enfrentar o desafio de delimitar, à luz do caso concreto, o sentido e o alcance da cláusula principiológica da dignidade da pessoa humana, a fim de materializar o exercício dos direitos fundamentais e da cidadania.

A defesa da dignidade humana gira em torno de um corpo de intenções que se refere à liberdade, à igualdade, à vida e a tantos outros elementos constitutivos da estrutura ontológica da pessoa humana, enquanto ser situado na circunstância histórica, visto que a essência da dignidade humana consiste no fato da própria existência humana, pois basta vir ao mundo para que a pessoa humana incorpore sua dignidade.

O sentido ético-jurídico do princípio da dignidade da pessoa humana se traduz pela preservação da igualdade, pelo impedimento à degradação e coisificação da pessoa e pela garantia de um patamar material satisfatório para a subsistência do ser humano.

O princípio fundamental da dignidade da pessoa humana, como importante vetor axiológico e teleológico do sistema jurídico, compreende a totalidade do catálogo aberto de direitos fundamentais, em sua permanente indivisibilidade e interação histórico-dialética.

Os preceitos referentes à dignidade da pessoa humana não podem ser pensados apenas do ponto de vista individual, enquanto posições jurídicas dos cidadãos diante do Estado, mas também devem ser vislumbrados em uma perspectiva comunitária, como valores e fins superiores da ordem jurídica que reclamam a ingerência ou a abstenção dos órgãos estatais, dotados de plena eficácia jurídica nas relações públicas e privadas.

O reconhecimento da normatividade do princípio constitucional da dignidade da pessoa humana demanda, para a concretização do direito justo, o reconhecimento de sua ampla e plena jurídica eficácia positiva, negativa e interpretativa.

O princípio da dignidade da pessoa humana permite reconstruir o modo de compreensão e aplicação dos direitos fundamentais no sistema jurídico brasileiro, potencializando a realização da justiça ao oportunizar: a aceitação da aplicabilidade direta e imediata dos direitos fundamentais; o reconhecimento da fundamentalidade dos direitos sociais de cunho prestacional; a inadequação dos conceitos de "reserva do possível" no constitucionalismo brasileiro; a aceitação da ideia de vedação ao retrocesso no campo dos direitos fundamentais; e a recusa à hipertrofia da função simbólica dos direitos fundamentais.

Os exames dos sentido e do alcance da cláusula do *due process of law*, em suas acepções procedimental e substantiva, não podem ser apartados da investigação sobre o significado ético-jurídico do princípio da dignidade da pessoa humana, porquanto o devido processo legal se afigura como uma das projeções principiológicas da cláusula mais genérica da dignidade humana, despontando como o instrumento capaz de materializar e tutelar o respeito à existência digna, como síntese da totalidade dos direitos fundamentais dos cidadãos.

Nesse sentido, o direito constitucional processual estreita os vínculos entre o constitucionalismo, o regime democrático e o processo, tornando-o um espaço ético-político voltado para a realização da justiça e dos valores fundamentais da existência, que se consubstanciam na dignidade da pessoa humana e nos direitos fundamentais dos cidadãos.

A observância dos procedimentos, combinada com a otimização valorativa dos princípios jurídicos, afigura-se como o caminho mais seguro para a fundamentação correta das proposições jurídicas, de molde a oferecer, no plano da argumentação discursiva, uma adequada proposta de concretização da dignidade da pessoa humana e, portanto, de um direito justo, harmonizando a legalidade e a legitimidade como pilares do Estado Democrático de Direito.

O direito processual pós-moderno torna-se um fenômeno mais plural, reflexivo, prospectivo, discursivo e relativo, conforme se depreende de novas tendências como a desformalização dos procedimentos, a otimização dos princípios jurídicos, a valorização da jurisprudência como fonte do direito e o reconhecimento de uma interpretação judicial construtiva apoiada em novos recursos metodológicos para a aplicabilidade dos direitos fundamentais, a exemplo da técnica de ponderação e o uso do postulado da razoabilidade/proporcionalidade.

Os princípios jurídico-processuais apresentam morfologia e estrutura normativa diversas daquelas verificadas no exame das regras de direito, visto que as regras disciplinam uma situação jurídica determinada, em termos definitivos, enquanto as normas principiológicas expressam uma opção valorativa, sem regular situação jurídica específica, nem se reportar a uma circunstância particular.

Os princípios jurídico-processuais procuram realizar as funções supletiva, fundamentadora e hermenêutica, oferecendo, nessa última hipótese, os parâmetros para uma interpretação/aplicação do direito que, ao superar o modelo subsuntivo, revela-se mais legítima e socialmente eficaz.

O delineamento do direito processual pós-moderno, marcado pelos atributos da pluralidade, reflexividade, prospectividade, discursividade e relatividade, trouxe à tona o ingente papel desempenhado pelos direitos fundamentais, enunciados pelas cláusulas principiológicas, na hermenêutica dos sistemas jurídicos contemporâneos, exigindo o redimensionamento da finalidade do processo jurisdicional, concebido como instrumento ético-político capaz de materializar os direitos fundamentais da sociedade civil.

A adequada compreensão do direito processual pós-moderno exige a pesquisa das transformações operadas na hermenêutica jusfilosófica, com a afirmação de ideias como a recusa à literalidade textual, a historicidade, a abertura aos valores, a dialogicidade e a abertura linguística.

A construção de um paradigma hermenêutico mais aberto e dinâmico para o direito processual pós-moderno demanda o reconhecimento da interpretação do processo como uma atividade de compreensão dos valores e fins da cultura humana, a constatação do primado de uma interpretação teleológica baseada em princípios e a transição do subjetivismo para o novo objetivismo hermenêutico que fortalece a participação do intérprete como agente concretizador da ordem jurídica.

O devido processo legal pode ser considerado uma cláusula geral principiológica, prevista pela Constituição, irradiando-se para a disciplina de todas as modalidades de processo (jurisdicional, legislativo, administrativo, negocial), como modelo normativo de inegável inspiração pós-moderna e pós-positivista.

O devido processo legal comporta duas acepções no mundo ocidental: *procedural due process* e *substantive due process*.

O *procedural due process* expressa o conjunto de garantias de ordem constitucional, que, por um lado, assegura às partes o exercício de suas faculdades e poderes processuais e, de outro, legitima a própria função jurisdicional.

O *substantive due process* refere-se à maneira pela qual a normatividade jurídica é aplicada, de molde a otimizar a busca de uma opção hermenêutica mais legítima e efetiva, com base nos resultados da ponderação principiológica e do uso do postulado da razoabilidade/proporcionalidade.

Os exames do sentido e do alcance da cláusula do *due process of law*, em suas acepções procedimental e substantiva, não podem ser apartados da investigação sobre o significado ético-jurídico do princípio da dignidade da pessoa humana, visto que o devido processo legal se afigura como uma das projeções principiológicas da cláusula mais genérica da dignidade humana, despontando como o instrumento capaz de materializar e tutelar, nas lides concretas, o respeito à existência digna, síntese da imensa totalidade dos direitos fundamentais dos cidadãos.

A cláusula principiológica da dignidade da pessoa humana, ao consubstanciar importantes vetores axiológicos e teleológicos, apresenta força normativa e plena eficácia jurídica nas relações públicas e privadas, seja na perspectiva abstrata do direito objetivo, seja na dimensão concreta de exercício de direitos subjetivos, o que só se incrementa a partir do *due process of law*, com a organização de procedimentos legítimos e a utilização dos mecanismos interpretativos de ponderação/razoabilidade no âmbito das relações processuais.

As projeções mais relevantes do devido processo legal, em sentido formal, são as garantias processuais que, na condição de subprincípios, densificam/concretizam o macroprincípio do *procedural due process of law*, com destaque para a isonomia, o contraditório, a ampla defesa, a previsão do juiz natural, a inafastabilidade da jurisdição, a publicidade dos atos processuais, a motivação das decisões judiciais, o duplo grau de jurisdição, a proibição do uso de prova ilícita e a duração razoável do processo.

A cláusula principiológica do devido processo legal, em sentido substancial, desemboca na utilização do postulado ou princípio instrumental da razoabilidade/proporcionalidade, como recurso metodológico indispensável para a concretização hermenêutica de um direito processual mais legítimo e efetivo, de modo a realizar a noção de justiça mais adequada às vicissitudes da lide.

A cláusula principiológica do devido processo legal, em sentido substancial, coaduna-se com a utilização do método de ponderação de princípios jurídicos, valorizado pelo pós-positivismo como alternativa hermenêutica para a solução de conflitos entre os direitos fundamentais dos cidadãos.

A cláusula do devido processo legal exige não só o respeito à forma, mas também a compatibilidade com a substância do direito em litígio, de modo a conceder uma tutela jurisdicional mais justa, porque guiada pela ponderação principiológica e pelo postulado da razoabilidade/proporcionalidade, como ideias jurídicas fundantes da Constituição e decorrentes da tutela dos direitos fundamentais.

A constatação da multifuncionalidade dos princípios jurídicos impõe o reconhecimento das funções desempenhadas pela cláusula principiológica do devido processo legal no direito processual constitucional brasileiro, em suas acepções formal e substancial.

A cláusula principiológica do devido processo legal perde seu caráter meramente supletivo, impondo uma aplicação obrigatória pelos sujeitos processuais para o deslinde dos conflitos de interesse, como fonte primária e imediata de direito, podendo ser aplicado diretamente a todos os casos concretos, seja no aspecto negativo, seja no aspecto positivo.

A eficácia negativa confere aos sujeitos processuais a prerrogativa de questionar a validade de todas as normas jurídicas ou ações que ofendam o *due process of law* nas seguintes hipóteses: a) violação dos princípios da isonomia, do contraditório, da ampla defesa, da previsão do juiz natural, da inafastabilidade da jurisdição, da publicidade dos atos processuais, da motivação das decisões judiciais, do duplo grau de jurisdição, da proibição do uso de prova ilícita ou da duração razoável do processo; b) concretização de opção hermenêutica que se revele incompatível com as exigências de efetividade e legitimidade da ordem jurídica do Estado Democrático de Direito, por contrariar a justa ponderação principiológica e o postulado da razoabilidade/proporcionalidade.

A eficácia positiva consiste em reconhecer aos sujeitos processuais a prerrogativa de exigir uma justa prestação estatal (jurisdicional, administrativa, legislativa), ou uma conduta particular aceitável no âmbito dos procedimentos negociais ou falimentares, pela elaboração de norma jurídica que, além de respeitar as garantias constitucionais do processo, concretize opções hermenêuticas que correspondam à ponderação principiológica e ao melhor uso do postulado da razoabilidade/proporcionalidade na interpretação/aplicação das normas jurídicas.

Os efeitos jurídicos negativos e positivos decorrentes da cláusula principiológica do devido processo legal atingem não somente as relações estabelecidas entre os agentes públicos e os cidadãos (eficácia vertical dos direitos fundamentais), como também incidem sobre os liames mantidos pelos particulares, no campo das relações privadas (eficácia horizontal dos direitos fundamentais).

A função fundamentadora concebe a cláusula principiológica do devido processo legal como a ideia básica que serve de embasamento ao direito positivo, expressando os valores e fins superiores que inspiram a organização do sistema de garantias constitucionais do processo, expressas pelos princípios da isonomia, do contraditório, da ampla defesa, da previsão do juiz natural, da inafastabilidade da jurisdição, da publicidade dos atos processuais, da motivação das decisões judiciais, do duplo grau de jurisdição, da proibição do uso de prova ilícita e da duração razoável.

A função hermenêutica da cláusula principiológica do devido processo legal consiste na capacidade do princípio do *due process of law* de orientar e legitimar a correta interpretação e aplicação das regras e demais princípios de um dado sistema jurídico, a fim de que o intérprete escolha, entre as diversas opções hermenêuticas, aquela que melhor se coadune com as garantias constitucionais do processo (isonomia, contraditório, ampla defesa, previsão do juiz natural, inafastabilidade da jurisdição, publicidade dos atos processuais, motivação das decisões judiciais, duplo grau de jurisdição, proibição do uso de prova ilícita e duração razoável) e com os resultados de uma interpretação ponderada, razoável e proporcional dos direitos fundamentais, otimizando a mais justa aplicação dos princípios constitucionais no caso concreto.

A evolução da cláusula principiológica do devido processo legal no ocidente vem sendo marcada pela gradativa superação dos limites formais do *procedural due process* em favor de sua materialização, com o reconhecimento da funcionalidade e eficácia do *substantive due process*, a fim de permitir a construção de uma proposta de tratamento unitário e complementar do *procedural due process* e do *substantive due process* nas sociedades pós-modernas.

A valorização da cláusula principiológica do devido processo legal espelha o fenômeno da procedimentalização do direito, possibilitando a organização de procedimentos legislativos, administrativos, judiciais e contratuais capazes de garantir a estabilidade sistêmica da ordem jurídica.

O reconhecimento de que a cláusula principiológica do devido processo legal não se basta em sua dimensão formal, adquirindo, progressivamente, maior conteúdo substancial, promove a passagem da legitimação pelo procedimento para a busca da legitimidade do procedimento.

A aplicação da cláusula principiológica do devido processo legal, especialmente em seu sentido substancial, reclama uma análise tópica do direito, tendo em vista sua compatibilidade com a ponderação principiológica e com o uso hermenêutico do postulado da razoabilidade/proporcionalidade.

A compreensão da cláusula principiológica do devido processo legal, mormente em seu sentido substancial, exige dos sujeitos processuais o exercício de uma lógica jurídica do razoável, lastreada na dimensão valorativa e teleológica da vida humana, coadunando-se com a ponderação principiológica e, sobretudo, com o uso hermenêutico do postulado da razoabilidade/proporcionalidade.

A interpretação jurídica, baseada na cláusula principiológica do devido processo legal, deve ser convincente e persuasiva, reclamando, assim, a correção argumentativa das proposições jurídicas, mormente no âmbito do contraditório, compreendendo o uso da ponderação principiológica e da razoabilidade/proporcionalidade.

A aplicação da cláusula principiológica do devido processo legal, especialmente em seu sentido substancial, exige do julgador a construção de soluções hermenêuticas adequadas aos valores e fatos da lide, mediante o uso da ponderação principiológica e do postulado da razoabilidade/proporcionalidade, pressupondo, assim, o reconhecimento do fenômeno da discricionariedade judicial e o valor da jurisprudência como fonte imediata do direito.

O uso da cláusula principiológica do devido processo legal se coaduna com uma visão institucionalista de justiça, que se revela capaz de contemplar as exigências de forma e conteúdo do *due process of law*. A proposta de uma compreensão unitária das acepções substancial e formal da cláusula principiológica do devido processo legal contribui decisivamente para a aceitação da indissociabilidade entre o direito material e o direito processual, ante a constatação de que o processo se afigura como um instrumento ético-político, orientado por princípios constitucionais, que visa à realização do justo por meio da adequação às singularidades do direito em litígio.

TEORIA DA INTERPRETAÇÃO DO DIREITO

1. HERMENÊUTICA E INTERPRETAÇÃO

As origens da palavra hermenêutica residem no verbo grego *hermeneuein*, usualmente traduzido por interpretar, bem como no substantivo *hermeneia*, a designar interpretação. Uma investigação etimológica dessas duas palavras e das orientações significativas básicas que elas veiculavam no seu antigo uso esclarece consideravelmente a natureza da interpretação em teologia, literatura e direito, servindo no atual contexto de introdução válida para a compreensão da hermenêutica moderna.

A palavra grega *hermeios* referia-se ao sacerdote do oráculo de Delfos. O verbo *hermeneuein* e o substantivo *hermeneia* remetem à mitologia antiga, evidenciando os caracteres conferidos ao Deus-alado Hermes. Essa figura mítica era, na visão da antiguidade ocidental, responsável pela mediação entre os Deuses e os homens. Hermes, a quem se atribui a descoberta da escrita, atuava como um mensageiro, unindo a esfera divino-transcendental e a civilização humana.

Hermes traz a mensagem do destino. *Hermeneuein* é esse descobrir de qualquer coisa que traz a mensagem, na medida em que o que se mostra pode tornar-se mensagem. Assim, levada a sua raiz grega mais antiga, a origem das atuais palavras hermenêutica e hermenêutico sugere o processo de tornar compreensíveis, especialmente enquanto tal processo envolve a linguagem.

A etimologia registra ainda que a palavra interpretação provém do termo latino *interpretare* (*inter-penetrare*), significando penetrar mais para dentro. Isso se deve à prática religiosa de feiticeiros e adivinhos, os quais introduziam suas mãos nas entranhas de animais mortos, a fim de conhecer o destino das pessoas e obter respostas para os problemas humanos.

Decerto, não há como negar a compatibilidade da referida metáfora de Hermes quando constatamos o objeto mesmo das especulações suscitadas pela hermenêutica: a interpretação. É que o intérprete, nos variegados planos da apreensão cognitiva, atua verdadeiramente como um intermediário na relação estabelecida entre o autor de uma obra e a comunidade humana.

A hermenêutica é, seguramente, um tema essencial para o conhecimento. Tudo o que é apreendido e representado pelo sujeito cognoscente depende de práticas interpretativas. Como o mundo vem à consciência pela palavra, e a linguagem é já a primeira interpretação, a hermenêutica torna-se inseparável da própria vida humana.

Historicamente, a hermenêutica penetrou, de forma gradativa, no domínio das ciências humanas e da filosofia, adquirindo, com o advento da modernidade, diversos significados. Nesse sentido, Palmer (1999, p. 44) assinala que o campo da hermenêutica tem sido interpretado (em uma ordem cronológica pouco rigorosa) como: 1) uma teoria da exegese bíblica; 2) uma metodologia filológica geral; 3) uma ciência de toda a compreensão linguística; 4) uma base metodológica da *Geisteswissenschaften*; 5) uma fenomenologia da existência e da compreensão existencial; 6) sistemas de interpretação, simultaneamente coletivos e iconoclásticos, utilizados pelo homem para alcançar o significado subjacente aos mitos e símbolos. Cada definição representa essencialmente um ponto de vista a partir do qual a hermenêutica é encarada; cada uma esclarece aspectos diferentes mas igualmente legítimos do ato da interpretação, especialmente da interpretação de textos. O próprio conteúdo da hermenêutica tende a ser remodelado com essas mudanças de perspectiva.

Buscando uma síntese das definições expostas, o vocábulo hermenêutica será utilizado, no presente trabalho, para designar um saber que procura problematizar os pressupostos, a natureza, a metodologia e o escopo da interpretação humana, nos planos artístico, literário e jurídico. Por sua vez, a prática interpretativa indicará uma espécie de compreensão dos fenômenos culturais, que se manifesta por meio da mediação comunicativa estabelecida entre uma dada obra – por exemplo, o sistema jurídico – e a comunidade humana.

2. MATRIZES FILOSÓFICAS DA HERMENÊUTICA JURÍDICA

A investigação dos fundamentos filosóficos da hermenêutica se justifica, especialmente, no campo jurídico. Isso porque o horizonte tradicional da hermenêutica técnica revela-se insuficiente para o desiderato da interpretação do direito. Enquanto instrumental para a exegese de textos, o saber hermenêutico é reduzido, nessa perspectiva, a um caleidoscópio intricado de ferramentas teóricas, com vistas à descoberta de uma verdade preexistente.

Ao revés, torna-se necessário um novo tratamento paradigmático, porque mais amplo, capaz de radicar em novas bases a interpretação jurídica. Trata-se da hermenêutica filosófica, uma proposta de reunir os problemas gerais da compreensão no tratamento das práticas interpretativas do direito.

Nesse sentido, afigura-se oportuna a lição de Arruda Júnior e Gonçalves (2002, p. 233), ao sustentar que, no ambiente jurídico, a hermenêutica técnica mais tem servido de abrigo metodológico para os que creem (ou para os que preferem fazer crer que creem) ser a interpretação uma atividade neutra e científica, na qual outros universos de sentido, como o dos valores, dos interesses e da subjetividade, não exercem ingerência alguma. Discutir a hermenêutica filosófica como um novo paradigma cognitivo para saber e a prática jurídica envolvem a reformulação preliminar daquele território metodológico no qual são radicalmente delimitadas as possibilidades de percepção e funcionamento do direito. A concepção hermenêutica sugere formas alternativas, menos cientificistas e mais historicizadas, para as gerações vindouras apreenderem o direito como um entre os diversos outros componentes do fenômeno normativo-comportamental mais geral.

Sendo assim, dando vazão a essa hermenêutica filosófica, cumpre mapear as referências teóricas mais importantes para o delineamento do saber hermenêutico.

Como bem refere Josef Bleicher (1980, p. 23), ao longo da sua história, a hermenêutica surgiu esporadicamente e progrediu no seu desenvolvimento, como teoria da interpretação, sempre que houve a necessidade de traduzir literatura autorizada em condições que não permitiam o acesso direto a ela em razão de diferenças ao nível da linguagem.

A interpretação literária teve sua origem no sistema educativo grego, quando auxiliou a interpretação e a crítica de Homero e outros poetas. Uma segunda fase teria sido a formulação de uma metodologia para a interpretação de textos profanos, no Renascimento e no Humanismo, em que os monumentos literários clássicos voltaram a ser estudados.

O maior desenvolvimento da hermenêutica se deu por meio da exegese bíblica, uma vez que praticamente todas as religiões que têm sua base num texto sagrado desenvolveram técnicas de interpretação. A hermenêutica bíblica atingiu a sua principal formulação durante e subsequentemente à reforma protestante, estando, contudo, presa a premissas inquestionáveis, a exemplo do dogma da unidade bíblica.

Com a rejeição de qualquer dogma teológico que pudesse estar relacionado com a exegese, passou-se à tentativa de integrar a hermenêutica específica da exegese bíblica numa hermenêutica geral, que deveria criar as normas para qualquer interpretação de signos, religiosos ou profanos, o que sucedeu durante a modernidade.

Com efeito, após o surgimento das antigas escolas de hermenêutica bíblica, em Alexandria e Antioquia, passando durante a Idade Média pelas interpretações agostiniana e tomista das sagradas escrituras, a hermenêutica desembarca na modernidade como uma disciplina de natureza filológica.

Nos albores do mundo moderno, a hermenêutica volta-se para a sistematização de técnicas de leitura, as quais serviriam à compreensão de obras clássicas e religiosas. As operações filológicas de interpretação desenvolvem-se em face de regras rigorosamente determinadas: explicações lexicais, retificações gramaticais e crítica dos erros dos copistas. O horizonte hermenêutico torna-se a restituição de um texto, mais fundamentalmente de um sentido, considerado como perdido ou obscurecido. Nessa perspectiva, o sentido é menos para construir do que para reencontrar, como uma verdade que o tempo teria encoberto.

A hermenêutica penetra, então, no campo dos saberes humanos. No início do século XIX, com o teólogo protestante Friedrich Schleiermacher, assiste-se a uma generalização do uso da hermenêutica. Schleiermacher é considerado o pai da moderna hermenêutica, de tal modo que as teorias hermenêuticas mais importantes na Alemanha do século XIX trazem suas marcas.

Ao afirmar, em célebre conferência proferida em 1819, que a hermenêutica como arte da compreensão não existe como uma área geral, mas apenas como uma pluralidade de hermenêuticas especializadas, Schleiermacher justificou o seu objetivo fundamental de construir uma hermenêutica geral como arte da compreensão, que pudesse servir de base e de centro a toda a hermenêutica especial.

Tendo como base os estudos de Ast e Wolf, filólogos que se limitaram a desenvolver a metodologia hermenêutica – processo de reconstrução do pensamento do autor, Schleiermacher procurou dar bases sistemáticas à hermenêutica e resgatar a filosofia transcendental e o romantismo, demonstrando preocupação com o caráter epistemológico do saber hermenêutico geral.

Ao formular um sistema de cânones interpretativos, Schleiermacher permite desfrutar de um desenvolvimento em nível da prática hermenêutica que proveio do gradual afastamento de um ponto de partida dogmático. A unidade processual permitiu ao intérprete ignorar o conteúdo específico da obra em apreço. A hermenêutica geral não admite o uso de uma metodologia específica para um texto supostamente privilegiado, como a Bíblia. A única concessão feita ao conteúdo específico consiste no uso diversificado dos métodos aprovados pela ciência hermenêutica.

Segundo Josef Bleicher (1980, p. 29), Schleiermacher surge como figura central por mais dois motivos: primeiro, completou a exegese gramatical com a interpretação psicológica, a que se referiu como *divinatória*. A hermenêutica é tanto arte como ciência; procura reconstruir o ato criador original, valendo-se da noção de círculo hermenêutico. Segundo, é com Schleiermacher que encontramos a primeira tentativa de analisar o processo de compreensão e investigar as suas possibilidades e os seus limites.

Para Schleiermacher (1999, p. 5), a hermenêutica está relacionada com o ser humano concreto, existente e atuante no processo de compreensão do diálogo. A hermenêutica transforma-se verdadeiramente numa arte da compreensão. Embora conservando os seus laços privilegiados com os estudos bíblicos e clássicos, a hermenêutica passa a abarcar todos os setores da expressão humana. A atenção está cada vez mais orientada não apenas para o texto, mas, sobretudo, para o seu autor. A leitura de um texto implica, assim, dialogar com um autor e esforçar-se por reencontrar a sua intenção originária.

Com efeito, seria necessário abandonar a literalidade da interpretação gramatical em prol do que ele denominou interpretação psicológica. Caberia, assim, ao intérprete mapear as circunstâncias concretas que influenciaram a elaboração do texto, recriando a mente do autor de acordo com os influxos sociais que marcaram sua existência.

Segundo o autor, psicologizar refere-se ao esforço de ir para além da expressão linguística, procurando as intenções e os processos mentais do seu autor. Considera, pois, o problema interpretativo como inseparável da arte da compreensão, naquele que ouve. Só essa argumentação ajudaria a ultrapassar a ilusão de que o texto tem um significado independente e real, separável do evento que é compreendê-lo.

Desse modo, para Schleiermacher, a hermenêutica deixa de ser vista como um tema disciplinar específico do âmbito da teologia, da literatura ou do direito, passando a ser concebida como a arte de compreender uma expressão linguística. A estrutura da frase e o contexto significativo são os seus guias, constituindo os sistemas de interpretação de uma hermenêutica geral. Schleiermacher ultrapassou, assim, decisivamente a visão da hermenêutica como um conjunto de métodos acumulados por tentativas e erros, sustentando a legitimidade de uma arte geral da compreensão anterior a qualquer arte especial de interpretação.

Posteriormente, coube ao filósofo Wilhelm Dilthey sustentar a hermenêutica como um estatuto de um modo de conhecimento da vida humana, especialmente apto para apreender a cultura, irredutível em si mesma aos fenômenos naturais.

Depois da morte de Schleiermacher em 1834, o projeto de desenvolver uma hermenêutica geral esmoreceu, perto do final do século XIX, quando o filósofo e historiador literário Wilhelm Dilthey começou a vislumbrar na hermenêutica o fundamento para as *Geisteswinssenschaften*. A experiência concreta, histórica e viva passa a ser o ponto de partida e o ponto de chegada do conhecimento humano.

Conforme elucida Palmer (1999, p. 127), Dilthey propõe o desmantelamento do eu transcendental dos idealistas alemães, valorizando a experiência humana no processo hermenêutico. Situa, pois, a tarefa interpretativa no plano histórico, propondo a explicação e a compreensão, respectivamente, como modos de cognição da natureza e da realidade sociocultural. O projeto de formular uma metodologia adequada às ciências que se centram na compreensão das expressões humanas – sociais e artísticas – é primeiramente encarado por Dilthey no contexto de uma necessidade de abandonar a perspectiva reducionista e mecanicista das ciências naturais, e de encontrar uma abordagem adequada à plenitude dos fenômenos.

A partir de uma perspectiva kantiana, a Crítica da Razão Histórica de Dilthey representa a extensão da Crítica da Razão Pura a um novo campo do conhecimento que surgira com o advento das ciências histórico-filológicas, proporcionando-lhes uma nova base epistemológica.

O seu posicionamento negativo em relação à investigação científica daquelas realidades que incidem sobre o significado da existência humana, sobre o conhecimento que o homem tem de si próprio, pretendia criar espaço para a crença, limitando o domínio da ciência. É, no entanto, precisamente essa área que Dilthey pretende tornar positiva, por intermédio da combinação da filosofia com as *Geisteswissenschaften*. Estas pretendem dar relevo ao conhecimento que os homens têm de si próprios e que transparece na história.

De acordo com Josef Bleicher (1980, p. 38), a tentativa de Dilthey de reunir teoria e práxis, após a cisão kantiana, reveste a forma de um alargamento do conceito de ciência, para que o conhecimento genericamente válido possa derivar tanto dos fenômenos como da experiência interior, agora conceituada como a esfera da vida.

Segundo ele, os novos modelos de interpretação dos fenômenos humanos tinham que derivar das características da própria experiência vivida, baseando-se nas categorias de sentido e não nas categorias de poder, nas categorias de história e não das matemáticas. A diferença entre os estudos humanísticos e as ciências naturais não está necessariamente em um tipo de objeto diferente que os estudos humanísticos possam ter nem em um tipo diferente de percepção; a diferença essencial está no contexto dentro do qual o objeto é compreendido.

Dilthey acreditava, portanto, que compreensão era o modelo cognitivo para os estudos humanísticos. Decerto, a compreensão desponta não como um mero ato de pensamento, mas, em verdade, como uma transposição e uma nova experiência vivida do mundo. Não é um ato de comparação consciente e reflexivo, mas, antes, constitui a operação de um pensar que efetua a transposição pré-reflexiva de uma pessoa para outra.

Desse modo, as consequências hermenêuticas da historicidade são evidentes em todo o pensamento de Dilthey. Na teoria hermenêutica, o ser humano é visto na sua dependência relativamente a uma interpretação constante do passado, que se compreende a si próprio em termos de interpretação de uma herança que o passado lhe transmite, constantemente presente e ativante em todas as suas ações e decisões.

Nesse sentido, o texto, enquanto objeto hermenêutico, figura como a própria realidade humana no seu desenvolvimento histórico. A prática interpretativa deve restituir, por assim dizer, a intenção que guiou o agente no momento da tomada de decisão, permitindo alcançar o significado da conduta humana. A riqueza da experiência humana possibilita ao hermeneuta internalizar, por uma espécie de transposição, uma experiência análoga exterior e, portanto, compreendê-la.

O contributo de Dilthey foi, portanto, alargar o horizonte da hermenêutica, colocando-o no contexto da interpretação dos estudos humanísticos. Concebeu, assim, uma interpretação centrada na expressão da experiência vivida. Isso satisfez dois objetivos básicos em Dilthey: primeiro focar o problema da interpretação em um objeto com um estatuto fixo, duradouro e objetivo; segundo, o objeto apelava claramente para modos históricos de compreensão, mais que para modos científicos, só podendo compreender-se por uma referência à própria vida, em toda a sua historicidade e temporalidade.

Nos albores do século XX, firma-se uma hermenêutica radicada na existência, com a contribuição existencialista de Martin Heidegger.

A interpretação ontológico-existencial debruça-se sobre a constituição de ser e não ser sobre a sua generalização teórico-crítica, pois nem a descrição ôntica de entes no interior do mundo, nem a interpretação ontológica do seu ser, chega ao ponto de alcançar o fenômeno do mundo.

O desenvolvimento de uma filosofia hermenêutica, por Heidegger, foi considerado na sua relação com a questão do sentido do ser e com o *Dasein* como compreensão. A terceira fase da interpretação hermenêutica surge com o círculo ontológico ou existencial, que apresenta a formulação, metodicamente relevante, do círculo hermenêutico.

Como bem refere Josef Bleicher (1980, p. 63), a circularidade do argumento em Heidegger, manifesto numa concepção da interpretação que se move no interior da pré-estrutura da compreensão – de modo que pode apenas explicitar o que já foi compreendido – caracteriza o círculo hermenêutico ou ontológico-existencial.

Em Heidegger, a fenomenologia hermenêutica transcende a segmentação sujeito-objeto. A compreensão é um existencial fundamental que constitui a revelação do ser-no-mundo, contendo em si mesma a possibilidade de interpretação, bem como a apropriação daquilo que já foi compreendido pelo intérprete.

A totalidade de envolvimento pré-compreendida precede a nossa compreensão e interpretação, tal como é delineada na interpretação feita. É no desenvolvimento dessa perspectiva que Heidegger chega ao sentido, não como uma propriedade dos entes, mas com um outro existencial: o conceito de sentido abrange a estrutura existencial daquilo que pertence necessariamente ao que é articulado numa interpretação compreensiva.

Deveras, Heidegger (1997, p. 11) opera duas rupturas em relação à concepção preconizada por Dilthey. A hermenêutica não é inserida no quadro gnoseológico como um problema de metodologia das ciências humanas. Não se trata, como em Dilthey, de opor o ato de compreensão, próprio das ciências humanas, ao caminho da explicação, via metodológica das ciências naturais. A compreensão passa a ser visualizada não como um ato cognitivo de um sujeito dissociado do mundo, mas, isso sim, como um prolongamento essencial da existência humana. Compreender é um modo de estar, antes de configurar-se como um método científico.

Por isso mesmo, o ser não somente não pode ser definido, como também nunca se deixa determinar em seu sentido por outra coisa nem como outra coisa. O ser é algo derradeiro e último que subsiste por seu sentido como algo autônomo e independente que se dá em seu sentido. O ser não se deixa apreender ou determinar nem por via direta nem por desvios. Ao contrário, exige e impõe que nos contentemos com o tempo de seu sentido e no relacionamento com todas as realizações a partir de seu nada, isto é, a partir de seu retraimento e de sua ausência.

Com efeito, pensar é o modo de ser do homem, no sentido da dinâmica de articulação de sua existência. Pensado, o homem é ele mesmo, sendo outro. Pensar o sentido do ser é escutar as realizações, deixando-se dizer para si mesmo o que é digno de ser pensado como o outro. O pensamento do ser no tempo das realizações é inseparável da linguagem.

Com Heidegger, a indagação hermenêutica considera menos a relação do intérprete com o outro do que a relação que o hermeneuta estabelece com a sua própria situação no mundo. O horizonte da compreensão é a apreensão e o esclarecimento de uma dimensão primordial, que precede a distinção sujeito/objeto: a do ser-no-mundo. O homem só se realiza na presença. É essa presença que joga originariamente nosso ser no mundo. Mas ser-no-mundo não quer dizer que o homem se acha no meio da natureza, ao lado de árvores, animais, coisas e outros homens. Ser-no-mundo não é nem um fato nem uma necessidade no nível dos fatos. Ser-no-mundo é uma estrutura de realização. Por sua dinâmica, o homem está sempre superando os limites entre o interior e o mundo exterior.

Sendo assim, na visão de Heidegger, o enfoque de toda a filosofia reside no ser-aí, vale dizer, no ser-no-mundo, ao contrário dos julgamentos definitivos acerca das coisas-no-ser ou coisas-lá-fora. A pedra angular de seu monumento teórico é o conceito de *Dasein*, ou seja, a realidade que tem que ver com a natureza do próprio ser. Heidegger rompe, assim, o dualismo sujeito-objeto em favor de um fenômeno unitário capaz de contemplar o eu e o mundo, conciliando as diversas dimensões da temporalidade humana – passado (sido), presente (sendo) e futuro (será) – como momentos que integram a própria experiência hermenêutica.

Ulteriormente, emerge um novo paradigma hermenêutico, que conforma a atividade interpretativa como situação humana. Desponta a obra de Hans Georg Gadamer, para quem a interpretação, antes de ser um método, é a expressão de uma situação do homem.

A filosofia de Gadamer completa a teoria ontológico-existencial da compreensão e constitui base da superação desse paradigma, por meio da linguisticidade da compreensão. A hermenêutica para Gadamer é uma teoria da compreensão em que o contexto histórico presente é sempre algo determinante na atividade interpretativa do objeto.

Gadamer defende que a compreensão é um ato histórico e que como tal está sempre relacionada com o presente. Sustenta que é impossível falar de interpretações objetivamente válidas, pois isso implicaria uma compreensão que partisse de um ponto de vista exterior a um plano da história.

Como salienta Josef Bleicher (1980, p. 155), na visão de Gadamer, uma pessoa que procura compreender um texto está preparada para que este lhe diga algo. Por isso uma mente preparada pela hermenêutica deve ser, desde o princípio, sensível à novidade do texto. Mas esse tipo de sensibilidade não implica nem neutralidade na questão do objeto, nem a anulação da personalidade dessa pessoa, mas a assimilação consciente dos significados prévios e dos preconceitos.

Para Gadamer a compreensão não se concebe como um processo subjetivo do intérprete ante um dado objeto, mas sim como um modo de ser do próprio homem. A hermenêutica se define como tentativa filosófica que avalia a compreensão como processo ontológico.

Gadamer tem como pressuposto a experiência hermenêutica que é toda a compreensão que temos ao longo da vida e que, no encontro hermenêutico, deve ser experimentada.

A tarefa da hermenêutica é tirar o texto da alienação em que se encontra enquanto forma escrita, rígida, recolocando-o no presente vivo do diálogo. A experiência ocorre na e pela linguagem. Fazemos parte do mundo e participamos dele por meio da linguagem e não o contrário. A linguagem tem como função tornar as coisas compreensíveis. O mundo se revela pela linguagem.

Em Gadamer, fora da história não há lugar para o intérprete. Não há como ser atemporal e fugir da carga de tradição que carrega. A interpretação de um texto, pois, não é uma abertura passiva, mas uma interação dialética com o texto que se faz possível por meio da linguagem. A compreensão humana é histórica, linguística e dialética.

Para Gadamer (1997, p. 10), o hermeneuta, ao interpretar uma obra, está já situado no horizonte aberto pela obra, o que ele denomina círculo hermenêutico. A interpretação é, sobretudo, a elucidação da relação que o intérprete estabelece com a tradição de que provém, pois, na exegese de textos literários, o significado não aguarda ser desvendado pelo intérprete, mas é produzido no diálogo estabelecido entre o hermeneuta e a obra.

Ao procurarmos compreender um fenômeno histórico a partir da distância histórica que determina nossa situação hermenêutica como um todo, encontramo-nos sempre sob os efeitos de uma história efeitual. A iluminação dessa situação não pode ser plenamente realizada em face da essência mesma do ser histórico que somos. Logo, devemos tentar nos colocar no lugar do outro para poder entendê-lo. Da mesma forma, devemos tentar nos deslocar para a situação do passado para ter, assim, seu horizonte histórico. O ato de compreender é sempre a fusão de horizontes.

Sendo assim, compreender o que alguém diz é pôr-se de acordo sobre a coisa. Compreender não é deslocar-se para dentro do outro, reproduzindo suas vivências. A compreensão encerra sempre um momento de aplicação e todo esse processo é um processo linguístico. A verdadeira problemática da compreensão pertence tradicionalmente ao âmbito da gramática e da retórica. A linguagem é o meio em que se realiza o acordo dos interlocutores e o entendimento sobre a coisa, sendo a conversação um processo pelo qual se procura chegar a um acordo.

Pode-se falar em uma conversação hermenêutica, pois o texto traz um tema à fala, mas quem o consegue é, em última análise, o desempenho do intérprete. O horizonte do intérprete é determinante para a compreensão do texto. A fusão de horizontes pode ser compreendida como a forma de realização da conversação. A linguisticidade da compreensão é a realização da consciência histórica.

Na tradição escrita, a liguisticidade adquire seu pleno significado hermenêutico. Nela se dá uma coexistência de passado e presente única em seu gênero, pois a consciência presente tem a possibilidade de um acesso livre a tudo quanto fora transmitido por escrito. A consciência que compreende pode deslocar e ampliar seu horizonte, enriquecendo seu próprio mundo com toda uma nova dimensão de profundidade.

Sendo assim, o significado emerge na medida em que o texto e o intérprete envolvem-se na dialética de um permanente diálogo, norteado pela compreensão prévia que o sujeito cognoscente já possui do objeto – a chamada pré-compreensão. É essa interação hermenêutica que permite ao intérprete mergulhar na linguisticidade do objeto hermenêutico, aproveitando-se da abertura hermenêutica de uma dada obra.

Outra contribuição relevante é a metaciência hermenêutica de Emilio Betti. Para a sua teoria hermenêutica, a interpretação é uma atividade que tem por objetivo atingir a compreensão de formas significativas criadas por outra mente. As formas significativas constituem uma condição prévia para a comunicação intersubjetiva e para a objetividade dos resultados da interpretação.

Com efeito, Betti diferencia a interpretação objetiva (*auslegung*), que denomina verdadeira interpretação, da especulativa (*deutung*), que estaria sempre na dependência da intuição de um sistema estabelecido *a priori*.

De acordo com Betti, a compreensão elementar do discurso falado ou escrito ocorre no cotidiano e consiste na compreensão do seu sentido. Compreender é sempre mais do que conhecer o sentido ou o significado das palavras usadas no discurso – o ouvinte, ou leitor, tem de participar, idealmente, na mesma forma de vida que o falante ou o escritor, a fim de conseguir compreender não só as palavras utilizadas, mas partilhar a comunhão de pensamento que se lhe oferece.

A existência de uma relação qualquer entre autor e intérprete constitui não só a base em que pode ocorrer a comunicação através do tempo e do espaço, mas também um problema óbvio para a objetividade dos resultados da interpretação. É sobre esse problema da forma de reconciliar as condições subjetivas com a objetividade da compreensão, que Betti se debruça em suas considerações epistemológicas.

Os quatro cânones propostos por Betti estão subdivididos em dois grupos de dois, que se aplicam, respectivamente, ao objeto e ao sujeito da interpretação: o cânone da autonomia hermenêutica do objeto e imanência da norma hermenêutica; o cânone da totalidade e coerência da avaliação hermenêutica; o cânone da compreensão efetiva; e o cânone da harmonização da compreensão – correspondência e concordância hermenêuticas.

Segundo Betti, seriam quatro os momentos da interpretação: filológico (compreensão de símbolos); crítico (para ajustar incongruências); psicológico (recriação da intenção do autor); técnico-morfológico (compreensão do significado do mundo objetivo-mental em relação à sua lógica específica).

Betti considera a interpretação como um meio de alcançar a compreensão. A interpretação objetiva pretende ajudar a transpor os obstáculos à compreensão e facilitar a reapropriação da mente objetiva por outro sujeito.

A diferença crucial entre o processo de interpretação e qualquer outro processo de conhecimento reside no fato de que, no campo hermenêutico, o objeto é constituído por objetivações da mente, cabendo ao intérprete reconhecer e reconstituir as ideias, a mensagem e as intenções nelas presentes.

Trata-se de um processo de interiorização em que o conteúdo dessas formas é transposto para uma outra subjetividade diferente. O objetivo principal da investigação hermenêutica é a explicação do sentido desses fenômenos, que leva a uma melhor compreensão.

A interpretação consiste, assim, em reconstruir um espírito que, por meio da forma de representação, fala ao espírito do intérprete como fenômeno inverso do processo criativo. A hermenêutica vem a constituir uma teoria geral das ciências do espírito, que corresponde àquela outra teoria da ciência que é uma consciente reflexão gnosiológica, como uma espécie de superciência da interpretação.

Com efeito, Emilio Betti (1956, p. 44) faz uma relevante distinção entre dois tipos de interpretação: a histórica e a jurídica. Para ele, a primeira trata de integrar coerentemente a forma representativa com o pensamento que expressa. Na interpretação jurídica, dá-se um passo à frente, pois a norma não se esgota em sua primeira formulação, tem vigor atual em relação ao ordenamento de que se torna parte integrante e está destinada a permanecer e a transformar a vida social.

Para tanto, o jurista deve considerar o ordenamento jurídico dinamicamente, como uma viva e operante concatenação produtiva, como um organismo em perene movimento que, imerso no mundo atual, é capaz de autointegrar-se, segundo um desenho atual de coerência, de acordo com as mutáveis circunstâncias da sociedade.

A interpretação não deve limitar-se a um reconhecimento meramente contemplativo do significado próprio da norma considerada em sua abstração e generalidade. A tarefa de interpretar que afeta o jurista não se esgota com o voltar a conhecer uma manifestação do pensamento, mas busca também integrar a realidade social em relação à ordem e à composição preventiva dos conflitos de interesses previsíveis.

Sendo assim, a interpretação jurídica, como toda modalidade de interpretação, contém um momento cognoscitivo e uma função normativa, consistente em obter máximas de decisão e ação prática, visto que a interpretação mantém a vida da lei e das outras fontes do direito.

Ainda segundo Emilio Betti (1956, p. 51), podem ser vislumbradas três funções no processo interpretativo: uma primeira, a qual denominou histórica, com função meramente cognoscitiva, já que apenas supervisiona o pensamento pertencente ao passado (interpretação filológica e histórica); uma segunda, a normativa, que visa a extrair máximas orientadoras para uma decisão (jurídica, teológica, psicotípica) e a reprodutiva ou representativa, que procura substituir uma forma representativa equivalente, como ocorre na tradução ou dicção de outra língua (interpretação dramática e musical).

Verifica-se, portanto, a relevância da contribuição da hermenêutica jurídica em Emilio Betti para o desenvolvimento da hermenêutica geral. Isso ocorre porque a sua função interpretativa está intimamente ligada à aplicação dos seus resultados, ou seja, a aplicação da lei ao caso concreto. Interpreta-se e resolve-se um problema concreto de aplicação da norma jurídica. Além disso, cânones da interpretação do direito como o da totalidade e da coerência significativa teriam contribuído para o desenvolvimento da hermenêutica geral.

Como síntese dessa rica evolução de ideias, desenvolve-se, em seguida, a fundamentação hermenêutica de Paul Ricoeur. O notável pensador adota uma posição conciliadora em face da dicotomia diltheyana entre compreensão e explicação.

Com efeito, Ricoeur (1989a, p. 8) torna a referida dicotomia complementar por meio da consideração do fenômeno humano como intermédio simultaneamente estruturante (o intencional e o possível) e estruturado (o involuntário e o explicável), articulando a pertença ontológica e a distanciação metodológica.

A autonomização da hermenêutica diante da fenomenologia husserliana é um dos seus temas fulcrais. Abandonando o primado da subjetividade e o idealismo de Husserl, assumindo a pertença participativa como pré-condição de todo esforço interpretativo (Heidegger e Gadamer), Ricoeur desenvolve suas concepções teóricas sem esquecer os precursores da teoria geral da interpretação (Schleiermacher e Dilthey).

Procura-se, assim, consolidar um modelo dialético que enlace a verdade como desvelamento (ontologia da compreensão) e a exigência crítica representada pelos métodos rigorosos das ciências humanas (necessidade de explicação). Desse modo, o escopo da interpretação será reconstruir o duplo trabalho do texto por meio do círculo ou arco hermenêutico: no âmbito da dinâmica interna que preside à estruturação da obra (sentido) e no plano do poder que tem esta obra para se projetar fora de si mesma, gerando um mundo (a referência).

Com a interpretação de um texto, segundo Ricoeur, abre-se um mundo, ou melhor, novas dimensões do nosso ser-no-mundo, porquanto a linguagem, mais do que descrever a realidade, revela um novo horizonte para a experiência humana.

De acordo com Ricoeur, porque a hermenêutica tem que ver com textos simbólicos de múltiplos significados, os discursos textuais podem configurar uma unidade semântica que tem – como os mitos – um sentido mais profundo. A hermenêutica seria o sistema pelo qual o significado se revelaria para além do conteúdo manifesto. O desafio hermenêutico seria tematizar reflexivamente a realidade que está por detrás da linguagem humana.

Buscando uma conexão entre hermenêutica e estruturalismo, afirma Ricoeur (1989b, p. 28) que a interpretação tem uma história e que essa história é um segmento da própria tradição, pois não se interpreta de nenhuma parte, mas para explicitar, prolongar e assim manter viva a própria tradição na qual nos mantemos. É assim que o tempo da interpretação pertence de algum modo ao tempo da tradição.

Sendo assim, a compreensão das estruturas sociais não é exterior a uma compreensão que teria como tarefa pensar a partir dos símbolos; ela é hoje o intermediário necessário entre a ingenuidade simbólica e a inteligência hermenêutica.

Segundo Ricoeur (1989b, p. 65), para o hermeneuta, é o texto que tem um sentido múltiplo; o problema do sentido múltiplo apenas coloca para ele se é tomado em consideração um tal conjunto, onde estão articulados acontecimentos, personagens, instituições, realidades naturais ou históricas; é toda uma economia – todo um conjunto significante – que se presta à transferência de sentido do histórico sobre o espiritual.

Para ele, o objetivo dessa comunicação é mostrar que esse regime de abertura está ligado à própria escala onde opera a interpretação compreendida como exegese, como exegese de textos, e que o fecho do universo linguístico apenas está completo com a mudança de escala e a consideração de pequenas unidades significantes. O problema do sentido pode, com efeito, ser circunscrito, em semântica lexical, como polissemia, isto é, a possibilidade de um nome ter mais de um sentido.

Segundo Paul Ricoeur (1989b, p. 96), a palavra é o ponto de cristalização, o nó de todas as trocas entre estrutura e função. Se ela tem essa virtude de constranger a criar novos modelos de inteligibilidade, é porque ela própria está na intersecção da língua com a fala, da sincronia com a diacronia, do sistema com o processo. Ao subir do sistema para o acontecimento, na instância de discurso, ela traz a estrutura ao ato de fala. Ao regressar do acontecimento ao sistema, ela traz a este a contingência e o desequilíbrio, sem o que ele não poderia nem mudar nem durar; numa palavra, ela dá uma tradição à estrutura que, nela própria, está fora do tempo.

Com efeito, a palavra é como um permutador entre o sistema e o ato, entre a estrutura e o acontecimento: por um lado, depende da estrutura, como um valor diferencial, mas é, então, apenas uma virtualidade semântica; por outro, depende do ato e do acontecimento, pelo fato de que a sua atualidade semântica é contemporânea da atualidade evanescente do enunciado.

Ao correlacionar a hermenêutica com a fenomenologia, assevera Paul Ricoeur (1989b, p. 245) que a linguagem não é um objeto, mas uma mediação, isto é, aquilo pelo que e através do que nós nos dirigimos para a realidade, consistindo em dizer alguma coisa sobre alguma coisa; por meio disso, ela escapa-se em direção ao que diz, ultrapassa-se e estabelece-se em um movimento intencional de referência.

Haveria, por um lado, uma estrutura das relações de tempo característica de uma língua dada; haveria, por outro lado, a enunciação do tempo em uma instância de linguagem, em uma frase que, enquanto tal, temporaliza globalmente o seu enunciado.

Para Ricoeur, positividade e subjetividade caminham *pari passu*, na medida em que a referência ao mundo e a referência a si, ou, como dizíamos mais acima, amostragem de um mundo e a posição de um ego, são simétricas e recíprocas. Aliás, não poderia haver mira do real, portanto, pretensão à verdade, sem a autoasserção de um sujeito que se determina e se empenha no seu dizer.

Segundo ele, é no seio da linguagem que nós dizemos tudo isso; mas a linguagem é feita de modo capaz de designar o solo de existência de onde procede, e de se reconhecer a ela própria como um modo do ser de que fala.

Por derradeiro, registre-se a hermenêutica crítica de Jürgen Habermas. A desconfiança que pesa sobre as reivindicações de verdade contidas na obra de um autor ou na tradição adotada por determinada pessoa é a marca da hermenêutica crítica desse notável pensador.

Essa hermenêutica crítica procura as causas da compreensão e da comunicação distorcidas que atuam a coberto de uma interação aparentemente normal. O compromisso prático com a verdade histórica e com um futuro melhor coloca a hermenêutica crítica em contato com a filosofia hermenêutica.

Ao procurar o conhecimento prático relevante, registra-se uma mediação entre o objeto e os motivos do próprio intérprete, norteada pela antecipação projetiva do aparecimento das condições materiais conducentes ao reconhecimento pessoal dos agentes sociais.

Sintetizando os processos explicativos interpretativos, espera-se que seja possível demonstrar aos agentes sociais a razão de pensarem o que pensam, de poderem estar errados e de confundirem o que poderia ser corrigido. Como modelo para essa tarefa, Habermas vale-se da psicanálise, já que é aqui que a distorção do sentido é interpretada em face de toda a história da vida de um paciente e em referência a um sistema teórico que pode servir para explicar o aparecimento de doenças específicas. A hermenêutica reveste a forma de uma explicação da gênese e validade dos artefatos humanos.

Segundo Josef Bleicher (1980, p. 155), como ciência social dialética, a hermenêutica crítica de Habermas procura ligar a objetividade dos processos históricos aos motivos dos que neles atuam. Objetivando a libertação do potencial emancipador, isto é, as intenções dos agentes que foram esquecidos ou reprimidos, Habermas recorre à psicanálise como modelo de uma ciência social dialético-hermenêutica com intuito libertário.

Ademais, Habermas introduz o pensamento hermenêutico na metodologia das ciências sociais a fim de demonstrar as deficiências das atuais abordagens interpretativas.

Na disputa que, no essencial, registrou-se entre Gadamer e Habermas, algumas das principais bases da filosofia hermenêutica foram aceitas por ambas as partes; as suas diferenças incidiram, em particular, sobre, por um lado, as implicações da natureza da pré-estrutura da compreensão e, aqui, em especial sobre a situação da linguagem como o seu fundamento último, e, por outro lado, sobre a justificabilidade da posição crítica desenvolvida por Habermas em face do sentido imposto pela tradição.

Em Habermas, a expressão hermenêutica "fusão de horizontes" serve, simultaneamente, para legitimar uma componente crítica na compreensão do sentido subjetivamente visado, em virtude da necessidade de rever constantemente os preconceitos iniciais, ligados a um certo assunto que se caracteriza pela sua capacidade de oferecer diferentes definições e aceitar ou rejeitar a nossa interpretação. A crítica, sob a forma de uma correção, constitui um elemento integral no processo de compreensão dialética.

Uma estrutura discursiva mais adequada para a interpretação do sentido referir-se-ia, segundo Habermas, aos sistemas de trabalho e poder que, em conjunção com a linguagem, constituem o contexto objetivo a partir do qual têm de ser entendidos as ações sociais.

Para Habermas, a verdade é alcançada consensualmente por meio de uma dialética discursiva em que os falantes estejam submetidos a algumas regras que garantam certa isonomia, sem pressões alheias, em uma atmosfera que se classifica como situação de discurso ideal. Dentro desse ponto de vista, a verdade não se estabelece ontologicamente, mas, isso sim, consensualmente dentro de regras discursivas para que se atinja um critério válido de correção.

Não é outro o entendimento de Jürgen Habermas (1997, p. 145), para quem uma compreensão exclusivamente instrumental ou estratégica da racionalidade é de algum modo inadequada. Situa Habermas a ciência em face da pluralidade de interesses humanos, tais como a dominação da natureza, pela reprodução material da espécie, e o desenvolvimento da intersubjetividade, mediante o uso da linguagem que preside a ordenação da vida social e cultural.

Ao propor uma reconstrução racional da interação linguística, sustenta Habermas que a ação comunicativa permite que os atores sociais movimentem-se, simultaneamente, em variadas dimensões, pois, mediante a competência comunicativa, os indivíduos fazem afirmações sobre fatos da natureza, julgam os padrões de comportamento social e exprimem os seus sentimentos pessoais. Com a racionalidade comunicativa, criam-se, portanto, as condições de possibilidade de um consenso racional acerca da institucionalização das normas do agir.

3. O PROBLEMA DA INTERPRETAÇÃO DO DIREITO

Inobstante o desenvolvimento de técnicas interpretativas seja bastante antigo, estando presente na retórica grega, na jurisprudência romana, nos glosadores e no jusnaturalismo moderno, a consciência da necessidade de uma tematização da ciência do direito como uma teoria hermenêutica é relativamente recente.

Como bem refere Tercio Sampaio Ferraz Jr. (1980, p. 68), os elementos constituintes dessa teoria hermenêutica já aparecem esboçados no fim do século XVIII, pois, com base na noção de sistema cunhada pelo jusnaturalismo, entendia-se que interpretar o direito significava a inserção da norma na totalidade do sistema, colocando a questão geral do sentido da ordem normativa. Daí decorre a elaboração de quatro técnicas sistematizadas pelo pensamento de Savigny no século XIX: a interpretação gramatical, que buscava o sentido vocabular da lei; a interpretação lógica, que visava ao sentido proposicional; a sistemática, que procurava o sentido global; e a histórica, que se destinava ao sentido genético.

Posteriormente, a hermenêutica jurídica ganha outro rumo, deixando de residir somente na enumeração de técnicas interpretativas, para referir-se ao estabelecimento de uma verdadeira teoria da interpretação, surgindo, assim, as condições para o aparecimento de uma reflexão sobre o método e o objeto da teoria da interpretação, cujo ponto em comum é o problema do sentido.

Para tanto, o jurista deve considerar o ordenamento jurídico dinamicamente, como uma viva e operante concatenação produtiva, como um organismo em perene movimento que, imerso no mundo atual, é capaz de autointegrar-se, segundo um desenho atual de coerência, de acordo com as mutáveis circunstâncias da sociedade.

A interpretação não deve limitar-se em um reconhecimento meramente contemplativo do significado próprio da norma considerada em sua abstração e generalidade. A tarefa de interpretar que afeta ao jurista não se esgota com o voltar a conhecer uma manifestação do pensamento, mas busca também integrar a realidade social em relação com a ordem e a composição preventiva dos conflitos de interesses previsíveis.

Sendo assim, a interpretação jurídica, como toda modalidade de interpretação, contém um momento cognoscitivo e uma função normativa, consistente em obter máximas de decisão e ação prática, visto que a interpretação mantém a vida da lei e das outras fontes do direito.

Nesse contexto, a interpretação jurídica se põe em relação, por um lado, com a interpretação do jurista com finalidade teórica, histórica ou comparativa – pela qual entra em uma das figuras de interpretação meramente recognoscitiva –, e de outro, a interpretação com finalidade prática em função normativa da conduta que se espera diante de um direito em vigor, tendo em vista a sua aplicação.

Decerto, constitui-se uma ilusão acreditar que a disciplina codificada não apresenta lacunas jurídicas e que seja direito vivo e vigente tudo o que está escrito no Código, sendo também um grave equívoco crer que é possível imobilizar o direito e paralisar seu dinamismo com o formalismo na aplicação abstrata da lei. Logo, a interpretação que interessa ao direito é uma atividade dirigida a reconhecer e a reconstruir o significado que há de ser atribuído pelo hermeneuta a formas representativas do fenômeno jurídico, com base em uma estrutura cambiante de valorações sociais.

Atualmente, a tese de que não há norma sem interpretação desponta como um postulado quase universal da ciência jurídica, visto que toda norma figura, pelo simples fato de ser posta, passível de uma interpretação reconstrutiva pelos aplicadores do direito.

4. CARACTERES DA INTERPRETAÇÃO DO DIREITO

O mundo jurídico pode ser vislumbrado como uma grande rede de interpretações. Os profissionais do direito estão, a todo o momento, interpretando a ordem jurídica.

Como sustenta Wróblewski (1988, p. 17),

> la interpretación legal juega un papel central en cualquier discurso jurídico. En el discurso jurídico-prático se relaciona con la determinación del significado de los textos legales y a menudo influye en la calificación de los hechos a los que se aplican las reglas legales. En el discurso teórico-jurídico, en el nível de la dogmática jurídica, la llamada interpretación doctrinal se utiliza con frecuencia para sistematizar el derecho en vigor y para construir conceptos jurídicos. Las reglas legales se interpretan también en la actividad legislativa cuando el legislador tiene que determinar el significado de un texto legal ya existente y cuando considera las posibles interpretaciones que, en situaciones futuras, puedan tener las reglas que él va a promulgar.

Diante da profusão de sentidos da ordem jurídica, reflexo de uma dada cultura humana, a interpretação do direito opera uma verdadeira compreensão, desenvolvendo-se em uma dimensão axiológica.

Com efeito, a própria evolução do saber hermenêutico vem tornando patente a diversidade dos estilos de conhecimento dos objetos naturais e culturais. Compreensão e explicação são os modos cognitivos dos objetos reais. No tocante aos objetos culturais, compreende-se, em um conhecimento mais íntimo, porque é possível ter a vivência de revivê-los. Compreender um fenômeno, por sua vez, significa envolvê-lo na totalidade de seus fins, em suas conexões de sentido. Ao contrário, os objetos naturais, por não consubstanciarem um sentido humano, somente permitem a explicação, o que se obtém referindo tais fenômenos a uma causa. Explicar seria descobrir na realidade aquilo que na realidade mesma se contém, sendo que, nas ciências naturais, a explicação pode ser vista, genericamente, como objetiva, neutra e refratária ao mundo dos valores.

Disso resulta que, quando explicamos algo, descrevemos ontologicamente o objeto de análise, ao passo que, na atividade de compreender, torna-se imprescindível a existência de uma contribuição positiva do sujeito, o qual realizará as conexões necessárias, executando uma tarefa eminentemente valorativa e finalística.

As ordens sociais, inclusive a jurídica, são objetos da cultura humana, constituindo realidades significativas que devem ser corretamente interpretadas.

Nesse sentido, leciona Saldanha (1988, p. 244) que, constituindo uma estrutura em que são inseridos valores (ou valorações), toda ordem porta significações. Se, por um lado, a ordem existe na medida em que é cumprida ou seguida, é evidente que seu cumprimento confirma suas significações. Toda atividade interpretativa tem de visar, na ordem, aquilo que é compreensível, isto é, inteligível em sentido concreto. As significações comprovam-se ao ser confirmadas no plano concreto. Destarte, pode-se dizer que um sistema (econômico, político, jurídico) constitui uma ordem na medida em que é compreensível e interpretável em direção ao concreto.

Para a apreensão da ordem jurídica, como a de qualquer outra objetivação do espírito humano, exige-se a utilização de um método adequado, de natureza empírico-dialética, constituído pelo ato gnoseológico da compreensão.

Conforme assinala Machado Neto (1975, p. 11), o ato gnoseológico da compreensão realiza-se por meio de um método empírico-dialético, pois segundo ele,

> es, también, obra de Cossio ese complemento esencial de la epistemología de la comprensión al descubrir que ésta se da mediante un método que es empírico-dialéctico. Empírico, porque se trata de hechos, ya que los objetos culturales son reales espaciotemporales, como ya vimos, y el modo de topar con ellos es un modo empírico, perceptivo, ya que el substrato lo percibimos con intuición sensible, viendo, oyendo, oliendo, gustando, palpando... y dialéctico porque la comprensión se da en un trabajo dialéctico, algo así como un diálogo que el espíritu emprende entre el substrato y el sentido, para comprender el sentido en su substrato y el substrato por su sentido.

Dessa forma, os significados do ordenamento jurídico, assim como o de todo objeto cultural, revelam-se em um processo dialético entre seu substrato e sua vivência espiritual. Esse ir e vir dialético manifesta-se por meio do confronto entre o texto normativo e a realidade normada, mediante um processo aberto a novos significados.

Também a hermenêutica jurídica assim se processa. Ao interpretar um comportamento, no plano da intersubjetividade humana, o hermeneuta irá referi-lo à norma jurídica, o comportamento figurando como substrato e a norma como o sentido jurídico de faculdade, prestação, ilícito ou sanção. Como esse significado jurídico é coparticipado pelos atores sociais, o intérprete do direito atua como verdadeiro porta-voz do entendimento societário, à proporção que exterioriza os valores fundantes de uma comunidade jurídica.

5. INTERPRETAÇÃO DO DIREITO E A LINGUAGEM HUMANA

Qualquer indagação sobre a hermenêutica, a interpretação e a correlata decisão jurídica passa, inelutavelmente, pelo estudo das relações comunicativas em sociedade e pela investigação do papel desempenhado pela linguagem, nos quadros da existência humana. Isso porque todo objeto hermenêutico é uma mensagem promanada de um emissor para um conjunto de receptores ou destinatários.

Tratando-se das relações entre a linguagem e os saberes, destaca Ricardo Guibourg (1996, p. 18) que

> para indagar acerca del conocimiento científico y de los métodos con que opera la ciencia debemos comenzar, entonces, por establecer con cierta precisión qué es un lenguaje y cuál es la relación entre el lenguaje de las distintas formas de comunicación y el lenguaje científico.

Despontou assim, no cenário intelectual, uma plêiade de ilustres pensadores, voltados para a pesquisa dos problemas da linguagem cotidiana e científica. Na transição do século XIX ao século XX, foram lançadas as bases para uma nova espécie de saber – a semiótica – incumbida de levantar estudos de significação da linguagem. Nos Estados Unidos, destacam-se os estudos de Charles Sanders Peirce, preocupado com o amparo linguístico às ciências aplicadas. Na Europa, aparece a contribuição estruturalista de Ferdinand Saussure, sublinhando a linguagem como uma convenção social. Merece registro também a figura de Ludwig Wittgenstein, com a investigação dos jogos de linguagem. Trabalhos posteriores relacionam a semiótica com outras ciências sociais, tais como a Antropologia (Claude Lévi-Strauss), a Psicologia (Jacques Lacan) e a Literatura (Roland Barthes).

Com efeito, o termo semiótica, oriundo do grego *semeion*, passou a referir uma teoria geral dos signos linguísticos. Nesse sentido, destaca Marilena Chauí (1995, p. 141) que, como os elementos que formam a totalidade linguística são um tipo especial de objetos, os signos, ou objetos que indicam outros, designam outros ou representam outros. Por exemplo, a fumaça é um signo ou sinal de fogo, a cicatriz é signo ou sinal de uma ferida, manchas da pele de um determinado formato, tamanho e cor são signos de sarampo ou de catapora. No caso da linguagem, os signos são palavras e os componentes das palavras (sons ou letras). Nesse sentido, a linguagem se afigura como um sistema de signos usados para indicar objetos, promover a comunicação entre atores sociais e expressar ideias, valores e padrões de conduta.

Atentando-se para as conexões entre o fenômeno jurídico e a linguagem, leciona Edvaldo Brito (1993, p. 16) que a realidade do direito é, em si, linguagem, uma vez que se expressa por proposições prescritivas no ato intelectual em que a fonte normativa afirma ou nega algo ao pensar a conduta humana em sua interferência intersubjetiva; bem assim é linguagem, uma vez que, para falar dessas proposições, outras são enunciadas mediante formas descritivas. É, ainda, linguagem, porque há um discurso típico recheado de elementos que constituem o repertório específico que caracteriza o comportamental da fonte que emite a mensagem normativa e de organização que se incumbe de tipificar na sua *facti specie* a conduta dos demais destinatários (receptores da mensagem) quando na sua interferência intersubjetiva.

Por força do exposto, o referencial linguístico é indispensável para o desenvolvimento dos processos decisórios. Especialmente no sistema romano-germânico, em que se valoriza o *jus scriptum*, a ordem jurídica se manifesta por meio de textos, que conformam enunciados linguísticos. Sucede que a plurivocidade é uma nota característica da comunicação humana, defluindo das palavras inúmeros significados. Entre os sentidos possíveis do texto jurídico, o intérprete haverá de eleger a significação normativa mais adequada para as peculiaridades fáticas e valorativas de uma dada situação social.

A prática decisória desemboca na concretização dos enunciados linguísticos inscritos no sistema jurídico, com o que o hermeneuta opera a mediação entre o direito positivo e a realidade circundante, manifestando-se o significado da norma jurídica. Todo modelo normativo comporta sentidos, mas o significado não constitui um dado prévio – é o próprio resultado da tarefa interpretativa. O significado da norma é produzido pelo intérprete. As normas jurídicas nada dizem, somente passando a dizer algo quando são exprimidas pelo hermeneuta.

O reconhecimento do caráter linguístico está, pois, vinculado ao exercício da interpretação e decisão jurídicas. Conforme assinala Lenio Streck (2001, p. 255), o intérprete, desse modo, perceberá o "objeto" (jurídico) como (enquanto) algo que somente é apropriável linguisticamente. Já a compreensão desse "objeto" somente pode ser feita mediante as condições proporcionadas pelo seu horizonte de sentido, ou seja, esse algo somente pode ser compreendido como linguagem, a qual ele já possui e nela está mergulhado. A linguagem não é, pois, um objeto, um instrumento, enfim, uma terceira coisa que se interpõe entre o sujeito e o objeto. Quando o jurista interpreta, ele não se coloca diante de um objeto, separado deste por "esta terceira coisa", que é a linguagem; na verdade, ele está desde sempre jogado na linguisticidade desse mundo do qual ao mesmo tempo fazem parte o sujeito e o objeto.

Partindo dessa premissa, a semiótica geral e jurídica pretende, inicialmente, abordar a dialética entre a linguagem corrente (onomasiologia) e a linguagem técnico-científica (semasiologia). De acordo com sua origem, a linguagem pode ser natural ou corrente, quando formada espontaneamente pela evolução social, bem como artificial ou técnico-científica, quando formalizada para a sistematização dos saberes humanos. A depender, portanto, da origem linguística, uma mesma palavra enseja significados diversos.

No campo semiótico, torna-se imprescindível perquirir a tridimensionalidade dos signos linguísticos, desenvolvendo as análises sintática, semântica e a pragmática do discurso.

A sintaxe, do grego *syntaktikós*, estuda as relações estruturais e a concatenação dos signos entre si. Os signos linguísticos não são utilizados ao acaso e de acordo com a conveniência do emissor, mas devem ser obedecidas as regras gramaticais convencionalmente estabelecidas para que seja possível não só ao emissor formular sua mensagem, como também ao receptor apreender seu conteúdo. A análise sintática desmembra os elementos componentes de uma "frase", examinando sua estrutura, dividindo "período" em "orações", e estas nos seus termos essenciais, integrantes e acessórios. Assim, toda frase deve conter uma correta justaposição de vocábulos e uma perfeita congruência interna de palavras.

Por seu turno, a semântica, do grego *semainô*, estuda a relação entre o signo e o objeto que ele refere. A semântica é, pois, o estudo das significações das palavras. A semântica encara a relação dos signos com os objetos extralinguísticos. Na análise semântica, o campo de estudo é o vínculo do signo com a realidade, destacando o significado correto dos signos, de modo a extrair a imprecisão natural dos termos. Essas imprecisões naturais podem estar relacionadas à denotação (vagueza) e à conotação (ambiguidade). As imprecisões denotativas denominam-se vaguezas. A vagueza se verifica quando ocorre dúvida acerca da inclusão ou não de um ou mais objetos dentro da classe de objetos aos quais um determinado termo se aplica. As imprecisões conotativas são denominadas ambiguidades. A ambiguidade se verifica quando não é possível desde logo precisar quais são as propriedades em função das quais um termo deve ser aplicado a um determinado conjunto de objetos.

Por sua vez, a pragmática, cujo termo deriva da expressão grega *pragmatikós*, significa a relação existente entre os signos com os emissores e os destinatários. Com efeito, a pragmática ocupa-se da relação dos signos com os usuários, nos termos de uma linguística do diálogo, por tomar por suporte a intersubjetividade comunicativa. Desse modo, tanto as unidades sintáticas como o sentido do texto estão vinculados à situação de uso, sujeitando-se às variações temporais e espaciais de cada cultura humana. Sob o aspecto pragmático, interessam, portanto, os efeitos interacionais que o uso da linguagem produz entre os membros de uma comunidade linguística.

Sob o prisma ainda da semiótica jurídica, ao decodificar a linguagem estampada no modelo normativo, o intérprete opera verdadeira paráfrase. Decidir, nesse sentido, consiste em remodelar o discurso do direito positivo.

Nesse diapasão, afirma Tercio Sampaio (1994, p. 282) que, ao se utilizar de seus métodos, a hermenêutica identifica o sentido da norma, dizendo como ele deve-ser (dever-ser ideal). Ao fazê-lo, porém, não cria um sinônimo, para o símbolo normativo, mas realiza uma paráfrase, isto é, uma reformulação de um texto cujo resultado é um substituto mais persuasivo, pois exarado em termos mais convenientes. Assim, a paráfrase interpretativa não elimina o texto, pondo outro em seu lugar, mas o mantém de uma forma mais conveniente.

Como a ordem jurídica não fala por si só, o hermeneuta exterioriza os seus significados, por meio de uma atividade compreensiva e, pois, aberta aos valores comunitários. São essas pautas axiológicas que modulam a amplitude da paráfrase interpretativa, possibilitando ao intérprete a eleição do sentido normativo mais adequado e justo para as circunstâncias do caso concreto. Somente assim a decisão garante a persuasão da comunidade jurídica e a correlata decidibilidade dos conflitos sociais.

Diante do exposto, interpretar consiste, do ponto de vista semiótico, em descobrir o sentido e o alcance dos modelos normativos, procurando a significação dos signos jurídicos. O operador do direito, ao aplicar a norma ao caso *sub judice*, a interpreta, pesquisando o seu significante. Isso porque a letra da norma permanece, mas seu sentido se adapta a mudanças operadas na vida social.

Nesse contexto, como toda obra, enquanto objeto hermenêutico, é uma mensagem promanada de um emissor para um conjunto de receptores ou destinatários, cabe ao intérprete do direito selecionar as possibilidades comunicativas, mormente quando se depara com a plurivocidade ou polissemia inerente às estruturas linguísticas da norma jurídica. Fixar um sentido, dentro do horizonte de significações possíveis, é a ingente tarefa do hermeneuta, a exigir um profundo conhecimento sobre a estrutura e os limites da linguagem mediante a qual se exprime o fenômeno jurídico.

Como bem refere Maria Helena Diniz (2005, p. 187), no campo da ciência jurídica, a instrumentalidade da semiótica se robustece na medida em que se constatam muitos pontos de interface entre o direito e a linguagem. Considerando os postulados da semiótica, a ciência jurídica encontra na linguagem sua possibilidade de existir, em virtude de várias razões: a) não pode produzir o seu objeto em uma dimensão exterior à linguagem; b) onde não há rigor linguístico não há ciência; c) sua linguagem fala sobre algo que já é linguagem anteriormente a esta fala, por ter por objeto as proposições normativas, que são enunciados expressos na linguagem do legislador; d) o elemento linguístico entra em questão como fator de interpretação, porquanto as normas jurídicas são mensagens que devem ser decodificadas pelo hermeneuta; e) se a linguagem legal for incompleta, deverá o jurista indicar os meios para completá-la, mediante o estudo dos mecanismos de integração; f) o elemento linguístico pode ser considerado instrumento de construção científica, visto que se a linguagem comum não é ordenada, o jurista deve reduzi-la a um sistema racional.

Na redação de um texto científico-jurídico, o jurista expõe suas conclusões em uma sequência de proposições descritivas, com o escopo de obter o convencimento. O leitor do texto, concentrando-se na sistematicidade textual, procurará apreendê-lo para enveredar no campo da ciência jurídica, atendo-se à verdade sobre o objeto em questão. Logo, o direito pode ser estudado como um sistema de signos linguísticos, pois o próprio conhecimento jurídico se estrutura por meio de uma linguagem (metalinguagem), ao buscar a sistematização e a interpretação das fontes do direito, as quais são também exteriorizadas em fórmulas linguísticas (linguagem-objeto).

Como salienta Tercio Sampaio Ferraz Jr. (1980, p. 87), a norma, do ângulo pragmático, é vislumbrada como um discurso decisório, que impede a continuidade de um embate de interesses, solucionando-o, pondo-lhe um fim. Nesse discurso decisório, o editor controla as reações do endereçado. A norma contém um relato (a informação transmitida) e o cometimento (a informação sobre a informação). Os operadores normativos (obrigatório, proibido e permitido) têm uma dimensão sintática e pragmática, pelas quais não só é dado um caráter prescritivo ao discurso ao qualificar-se uma conduta qualquer, mas também lhe é dado um caráter metacomplementar ao qualificar a relação entre o emissor e o receptor.

A prática interpretativa desemboca na concretização dos enunciados linguísticos inscritos no sistema jurídico, com o que o hermeneuta opera a mediação entre o direito positivo e a realidade circundante, manifestando-se o significado da norma jurídica. Todo modelo normativo comporta sentidos, mas o significado não constitui um dado prévio – é o próprio resultado da tarefa interpretativa. O significado da norma é produzido pelo intérprete. As normas jurídicas nada dizem, somente passando a dizer algo quando são exprimidas pelo hermeneuta.

Sendo assim, as normas jurídicas veiculam mensagens, notadamente polissêmicas, visto que comportam diversos significados. Essa polissemia das fontes do direito deve ser resolvida, mediante o reconhecimento das diferenças entre linguagem comum e linguagem técnico-científica e o emprego das análises sintática, semântica e pragmática sobre o discurso do ordenamento jurídico.

6. TÉCNICAS DE INTERPRETAÇÃO DO DIREITO

Ao disciplinar a conduta humana, os modelos normativos utilizam palavras – signos linguísticos que devem expressar o sentido daquilo que deve ser. A compreensão jurídica dos significados que os signos referem demanda o uso de uma tecnologia hermenêutica.

Ainda que os estudos mais recentes de Hermenêutica Jurídica apontem para o reconhecimento de sua essência filosófica, não há como negar a sua relevante função instrumental, na medida em que operacionaliza técnicas voltadas para o norteamento das práticas interpretativas do direito.

Saliente-se, por oportuno, que as diversas técnicas interpretativas não operam isoladamente, antes se completam, mesmo porque não há, na teoria jurídica interpretativa, uma hierarquização segura das múltiplas técnicas de interpretação.

Tradicionalmente, a doutrina vem elencando as seguintes técnicas interpretativas: a gramatical, a lógico-sistemática, a histórica, a sociológica e a teleológica.

Por meio da técnica gramatical ou filológica, o hermeneuta se debruça sobre as expressões normativas, investigando a origem etimológica dos vocábulos e aplicando as regras estruturais de concordância ou regência, verbal e nominal. Trata-se de um processo hermenêutico quase que superado, ante o anacronismo do brocardo jurídico *in claris cessat interpretatio*.

Com efeito, a interpretação vocabular do texto recebe o nome de interpretação gramatical, pois busca fixar o sentido literal da norma jurídica. A interpretação gramatical deve ser, entretanto, apenas o ponto de partida e nunca sinalizar o término do processo hermenêutico, ante o risco da realização de injustiças (*summum jus, summa injuria*).

Ao lado da interpretação gramatical, logo se acrescenta a técnica lógico-sistemática, que consiste em referir o texto ao contexto normativo de que faz parte, correlacionando, assim, a norma ao sistema do inteiro ordenamento jurídico e até de outros sistemas paralelos, conformando o chamado direito comparado.

Tratando-se de interpretação legal, deve-se, portanto, cotejar o texto normativo com outros do mesmo diploma legal ou de legislações diversas, mas referentes ao mesmo objeto, visto que, examinando as prescrições normativas, conjuntamente, é possível verificar o sentido de cada uma delas.

Sendo assim, a interpretação sistemática revela-se como a busca do sentido global da norma em um conjunto abarcante, envolvendo sempre uma teleologia, visto que a percepção dos fins não é imanente a cada norma isoladamente, mas exige uma visão ampliada da norma dentro do ordenamento jurídico.

Por sua vez, munido da técnica histórica, o intérprete do direito perquire os antecedentes imediatos (v.g., declaração de motivos, debates parlamentares, projetos e anteprojetos) e remotos do modelo normativo (e.g., institutos antigos do direito romano).

Por seu turno, o processo sociológico de interpretação do direito objetiva: conferir a aplicabilidade da norma jurídica às relações sociais que lhe deram origem; elastecer o sentido da norma a relações novas, inéditas ao momento de sua criação; e temperar o alcance do preceito normativo, a fim de fazê-lo espelhar as necessidades atuais da comunidade jurídica.

Segue-se, umbilicalmente ligado à técnica sociológica, o processo teleológico que objetiva depreender a finalidade do modelo normativo. Daí resulta que a norma se destina a um escopo social, cuja valoração dependerá do hermeneuta, com base nas circunstâncias concretas de cada situação jurídica. A técnica teleológica procura, desse modo, delimitar o fim, vale dizer, a *ratio essendi* do preceito normativo, para a partir dele determinar o seu real significado. A delimitação do sentido normativo requer, pois, a captação dos fins para os quais se elaborou a norma jurídica.

A interpretação teleológica serve de norte para os demais processos hermenêuticos. Isso é assim porque convergem todas as técnicas interpretativas em função dos objetivos que informam o sistema jurídico. Toda interpretação jurídica ostenta uma natureza teleológica, fundada na consistência axiológica do direito.

Compartilhando desse entendimento, pontifica Reale (1996, p. 285) que o ato de interpretar uma lei importa, previamente, em compreendê-la na plenitude de seus fins sociais, a fim de poder, desse modo, determinar o sentido de cada um de seus dispositivos. Somente assim ela é aplicável a todos os casos que correspondam àqueles objetivos. Como se vê, o primeiro cuidado do hermeneuta contemporâneo consiste em saber qual a finalidade social da lei, no seu todo, pois é o fim que possibilita penetrar na estrutura de suas significações particulares.

Logo, o sincretismo dos caminhos interpretativos, iluminados que são pela teleologia do direito, permite que o intérprete transcenda da palavra em direção ao espírito do ordenamento jurídico. A hermenêutica jurídica oferece ao intérprete um repositório de técnicas interpretativas, destinadas à resolução dos problemas linguísticos inerentes ao discurso normativo. No desenvolvimento da interpretação jurídica o operador do direito se valerá dessas ferramentas hermenêuticas para o deslinde dos obstáculos da linguagem jurídica.

7. A DICOTOMIA VONTADE DO LEGISLADOR *VS.* VONTADE DA LEI

O transcurso histórico da hermenêutica jurídica vem sendo marcado pela polarização entre o subjetivismo e o objetivismo. Trata-se de grande polêmica relativa ao referencial que o intérprete do direito deve seguir para desvendar o sentido e o alcance dos modelos normativos, especialmente das normas legais: a vontade do legislador (*voluntas legislatoris*) ou a vontade da lei (*voluntas legis*).

Decerto, a dicotomia apresenta conotação ideológica, visto que o subjetivismo tende ao autoritarismo, por privilegiar a figura do legislador, enquanto o objetivismo favorece o anarquismo, pelo predomínio de uma suposta equidade do intérprete. Ademais, enquanto a doutrina subjetivista é defendida no ambiente pós-revolucionário, a doutrina objetivista costuma ser utilizada no momento que antecede a revolução, quando sucede a relativização do direito positivo vigente.

O problema é apresentado por Engisch (1988, p. 170), para quem, antes, é precisamente aqui que começa a problemática central da teoria jurídica da interpretação: o conteúdo objetivo da lei e, consequentemente, o último escopo da interpretação são determinados e fixados por meio da vontade do legislador histórico, manifestada então e uma vez por todas, de modo que a dogmática jurídica deve seguir as pegadas do historiador, ou não será, pelo contrário, que o conteúdo objetivo da lei tem autonomia em si mesmo e nas suas palavras, enquanto vontade da lei, enquanto sentido objetivo que é independente do mentar e do querer subjetivos do legislador histórico e, que, por isso, em caso de necessidade, é capaz de movimento autônomo, é suscetível de evolução como tudo aquilo que participa do espírito objetivo? Eis a indagação fulcral para a compreensão do tema.

Sendo assim, a corrente subjetivista pondera que o escopo da interpretação é estudar a vontade histórico-psicológica do legislador expressa na norma. A interpretação deve verificar, de modo retrospectivo, o pensamento do legislador estampado no modelo normativo. Por outro lado, a vertente objetivista preconiza que, na interpretação do direito, deve ser vislumbrada a vontade da lei, que, enquanto sentido objetivo, independe do querer subjetivo do legislador. A norma jurídica seria a vontade transformada em palavras, uma força objetivada independentemente de seu autor. O sentido incorporado no modelo normativo se apresentaria mais rico do que tudo o que o seu criador concebeu, porque suscetível de adaptação aos fatos e valores sociais.

Nesse sentido, a depender do referencial hermenêutico utilizado, a interpretação do direito modulará a própria expressão do discurso jurídico, valorizando a ordem, com a adoção do subjetivismo, ou a mudança, quando iluminada pelo objetivismo.

Com base nesse entendimento, pondera Andrade (1992, p. 19) que, como uma operação de esclarecimento do texto normativo, a interpretação aumenta a eficácia retórica ou comunicativa do direito, que é uma linguagem do poder e de controle social. E dependendo da técnica adotada, a interpretação pode exercer uma função estabilizadora ou renovadora e atualizadora da ordem jurídica, já que o direito pode ser visto como uma inteligente combinação de estabilidade e movimento, não recusando as mutações sociais. Assim, o direito pretende ser simultaneamente estável e mutável. Todavia é preciso ressaltar que a segurança perfeita significaria a absoluta imobilidade da vida social, enfim, a impossibilidade da vida humana. Por outro lado, a mutabilidade constante, sem um elemento permanente, tornaria impossível a vida social. Por isso, o direito deve assegurar apenas uma dose razoável de ordem e organização social, de tal modo que essa ordem satisfaça o sentido de justiça e dos demais valores por ela implicados.

Combinando a exigência de segurança com o impulso incessante por transformação, a hermenêutica jurídica contemporânea se inclina, pois, para a superação do tradicional subjetivismo – *voluntas legislatoris* –, em favor de um novo entendimento do objetivismo – *voluntas legis* –, realçando o papel do intérprete na exteriorização dos significados da ordem jurídica.

Com base nesse redimensionamento do modelo objetivista, pode-se afirmar que o significado jurídico não está à espera do intérprete, como se o objeto estivesse desvinculado do sujeito cognoscente – o hermeneuta. Isso porque conhecimento é um fenômeno que consiste na apreensão do objeto pelo sujeito, não do objeto propriamente dito, em si e por si, mas do objeto enquanto objeto do conhecimento.

O objeto do conhecimento, portanto, é, de certo modo, uma criação do sujeito, que nele põe ou supõe determinadas condições para que possa ser percebido. Nessa perspectiva, não tem sentido cogitar-se de um conhecimento das coisas em si mesmas, mas apenas de um conhecimento de fenômenos, isto é, de coisas já recobertas por aquelas formas, que são condições de possibilidade de todo conhecimento. Em virtude da função constitutiva do sujeito no âmbito da relação ontognoseológica, não se poderá isolar o intérprete do objeto hermenêutico.

Conforme o magistério de Pasqualini (2002, p. 171), na acepção mais plena, o sentido não existe apenas do lado do texto, nem somente do lado do intérprete, mas como um evento que se dá em dupla trajetória: do texto (que se exterioriza e vem à frente) ao intérprete; e do intérprete (que mergulha na linguagem e a revela) ao texto. Esse duplo percurso sabe da distância que separa texto e intérprete e, nessa medida, sabe que ambos, ainda quando juntos, se ocultam (velamento) e se mostram (desvelamento). Longe de sugerir metáforas forçadas, a relação entre texto e intérprete lembra muito a que se estabelece entre músico e instrumento musical: sem a caixa de ressonância de um violino, suas cordas não têm nenhum valor, e essas e aquela, sem um violinista, nenhuma utilidade.

O conhecimento dos objetos culturais também não se identifica com o objeto desse conhecimento, o que se impõe, com mais força, na apreensão da cultura humana, na medida em que, sendo realidades significativas do espírito, exigem maior criatividade do sujeito para se revelarem em toda plenitude.

O significado objetivo dos modelos normativos é, em larga medida, uma construção dos sujeitos da interpretação jurídica, com base em dados axiológicos extraídos da realidade social. Toda norma se exprime na interpretação que lhe atribui o aplicador. O sentido da norma legal se regenera de modo contínuo, como em uma gestação infinita. A interpretação jurídica permite transcender aquilo que já começou a ser pensado pelo legislador, de modo a delimitar a real vontade da lei.

Nesse compasso, leciona Bergel (2001, p. 320) que a questão não é então saber se o intérprete deve ser médium ou cientista, se pratica obra jurídica ou política, nem se a interpretação participa da criação ou da aplicação das normas jurídicas. Isso depende somente da liberdade que se lhe reconhece ou da fidelidade que se lhe impõe com referência ao direito positivo.

Observa-se, assim, que a lei só adquire um sentido com a aplicação que lhe é dada e que o poder assim reconhecido ao intérprete atesta a fragilidade da ordem normativa: nenhum preceito da lei, diz-se ainda, recebe seu sentido de um âmago legislativo; torna-se significativo com a aplicação que lhe é dada e graças à interpretação jurídica que esta implica.

Desse modo, a doutrina subjetivista sustenta que toda a interpretação é uma compreensão do pensamento do legislador, desde o aparecimento da norma, ressaltando-se o papel do aspecto genético. De outro lado, a doutrina objetivista defende uma interpretação atualizada da norma jurídica, destacando-se o papel preponderante dos aspectos estruturais em que a norma vigora e das técnicas adequadas para sua captação no conjunto dos fatos e valores de uma sociedade.

8. INTERPRETAÇÃO DO DIREITO E AS CLÁUSULAS GERAIS

Um dos aspectos marcantes da interpretação do direito pós-moderno diz respeito à progressiva adoção das cláusulas gerais como receptáculos normativos de princípios constitucionais e infraconstitucionais. Em face disso, revela-se imprescindível a compreensão do papel da cláusula geral como técnica legislativa adequada para a conformação dos princípios aplicados ao processo e à tutela dos direitos fundamentais dos cidadãos.

Os estudos sobre as cláusulas gerais vêm despertando na doutrina e na jurisprudência brasileiras, a exigir a construção de novos modelos cognitivos para a interpretação e aplicação do direito. A adoção dessa técnica legislativa, no âmbito constitucional e infraconstitucional, reclama a configuração de um paradigma interpretativo desvinculado das matrizes positivistas da modernidade jurídica.

Seguindo o magistério de Alberto Jorge Junior (2004, p. 123), pode-se dizer que as cláusulas gerais funcionam no interior dos sistemas jurídicos, mormente aqueles codificados, como elementos de conexão entre as regras e a necessidade de mudança do conteúdo de determinados valores, em face de um ambiente em transformação, operando, dentro de certos limites, a adaptação de um sistema jurídico aberto às novas exigências para a interpretação desses valores sociais.

Decerto, o direito moderno foi concebido como um sistema fechado e, portanto, impermeável ao mundo circundante e ao poder criador do hermeneuta. Acreditava-se que a perfeita construção teórica e o encadeamento lógico-dedutivo dos conceitos legais bastariam para a segura apreensão da realidade. Essa noção de um sistema hermético era dominada pelas pretensões de completude e coerência do diploma legislativo, ao prever soluções aos variados aspectos da vida social. Outrossim, o direito moderno foi marcado pela busca de uma linguagem precisa na exteriorização das regras jurídicas. Empregando a técnica da casuística ou tipificação taxativa, com a perfeita definição da *fattispecie* e de suas consequências jurídicas, a linguagem do legislador dispensaria a comunicação do sistema jurídico com fatores ideológicos, econômicos ou políticos. Desse modo, a disciplina dos novos problemas exigiria a sucessiva intervenção legislativa, a fim de resguardar a plenitude lógica da ordem jurídica.

Não é esse, contudo, o modelo mais adequado aos sistemas jurídicos contemporâneos, cujas características passam a demandar a adoção de novos pressupostos metodológicos e técnicas legislativas mais compatíveis com a cultura pós-moderna. O delineamento do direito como um fenômeno plural, reflexivo, prospectivo e relativo exige que a ordem jurídica seja concebida como uma obra dinâmica, permitindo a constante solução e incorporação de novos problemas. Sendo assim, utilizam-se modelos jurídicos abertos, que figuram como janelas para captar o trânsito da vida social, por meio das chamadas cláusulas gerais.

Nesse sentido, a técnica legislativa das cláusulas gerais conforma o meio hábil para permitir o ingresso no direito de elementos como valores, arquétipos comportamentais, deveres de conduta e usos sociais. Com as cláusulas gerais, a formulação da hipótese legal é processada mediante o emprego de uma linguagem eivada de significados intencionalmente vagos ou ambíguos, geralmente expressos em conceitos jurídicos indeterminados.

Não raro, o enunciado das cláusulas gerais, em vez de descrever rigorosamente a hipótese e as suas consequências, é desenhado como uma vaga moldura, ensejando, pela abertura semântico-pragmática que caracteriza os seus termos, a inserção no diploma legal de pautas de valoração oriundas do substrato social.

Sendo assim, segundo Judith Martins-Costa (2002, p. 121), erige-se uma opção metodológica por uma estrutura normativa concreta, destituída de qualquer apego a formalismos ou abstrações conceituais, abrindo margem para o trabalho do juiz e da doutrina, com frequente apelo a conceitos integradores de compreensão ética ou conceitos amortecedores, quais sejam, os da boa-fé, da dignidade, da solidariedade, da razoabilidade, da probidade, da equidade, do interesse público, do bem comum, do bem-estar, do fim social e da justiça.

Não pretendem as cláusulas gerais apresentar, previamente, resposta a todos os conflitos da realidade cambiante, visto que as opções hermenêuticas são progressivamente construídas pela jurisprudência e doutrina. Ao remeterem o intérprete a outros espaços do sistema normativo ou a dados latentes na sociedade, as cláusulas abertas apresentam, assim, a vantagem da mobilidade proporcionada pela imprecisão de seus termos, mitigando o risco do anacronismo jurídico, como a revolta dos fatos e valores contra a lei.

Como exemplo de utilização de cláusula geral no processo civil brasileiro, pode ser citado o art. 5º, LIV, da Constituição Federal de 1988, ao estabelecer que ninguém será privado da liberdade ou de seus bens sem o devido processo legal. Trata-se, pois, da cláusula geral que enuncia o devido processo legal, conferindo ao cidadão a tutela das garantias processuais e a preservação da regularidade formal e material do processo.

9. INTERPRETAÇÃO DO DIREITO E AS MÁXIMAS DE EXPERIÊNCIA

As regras/máximas de experiência constituem recurso tradicional de controle da atividade judicial, mormente na apreciação da prova, sendo previstas pelo art. 375 do Novo Código de Processo Civil brasileiro, ao preceituar que, na falta de normas jurídicas particulares, o juiz aplicará as regras de experiência comum, subministradas pela observação do que ordinariamente acontece, e ainda as regras de experiência técnica, ressalvado, quanto a essa, o exame pericial.

Sobre o tema, assevera Luiz Guilherme Marinoni (2002, p. 312) que o juiz, ao valorar a credibilidade de uma prova e a sua idoneidade para demonstrar um fato, baseia-se na sua experiência, que deve ser entendida como a experiência do homem médio, que vive em determinada cultura em certo momento histórico. Nesses casos, o juiz socorre-se do senso comum, e particularmente no que interessa ao raciocínio que pode dar origem à presunção, ao partir de um fato indiciário para chegar ao fato principal, vale-se de conhecimentos que devem estar fundados naquilo que comumente ocorre na sociedade ou que possuem fontes idôneas e confiáveis. As regras de experiência, também denominadas máximas de experiência, são, pois, o fruto daquilo que comumente acontece.

A verificação de uma regra/máxima de experiência exige, além da reiteração de acontecimentos, a formulação pelo julgador de um juízo genérico e abstrato de que uma dada sequência de fatos se revela capaz de conduzir ao entendimento válido para casos posteriores. São, portanto, extraídas indutivamente e aplicadas dedutivamente pelo magistrado, diante de fatos similares.

Com efeito, as regras/máximas de experiência não se referem exclusivamente às vivências pessoais do julgador, pertencendo também ao repositório comum de crenças, valores e padrões comportamentais da comunidade jurídica, como fenômenos histórico-culturais passíveis de serem observados e internalizados por aqueles que vivenciam uma dada ambiência social.

Saliente-se ainda que as regras/máximas de experiência não se confundem com os chamados fatos notórios, que não dependem de prova. Decerto, as regras/máximas de experiência resultam de observações de um indivíduo sobre vários fatos que tiveram a mesma relação de causa e efeito, enquanto o fato notório não é uma repetição de vários fatos, mas, isso sim, a certeza do acontecimento em relação a um só fato. Nas regras/máximas de experiência, o que se reitera são os fatos observados por um indivíduo, enquanto no fato notório o que se repete são os observadores de um só acontecimento.

No campo probatório do direito processual, as regras/máximas de experiência apresentam-se como recursos importantes para o convencimento judicial, permitindo a compreensão das alegações e dos depoimentos das partes, a apreciação da prova documental, a inquirição das testemunhas, o estabelecimento de uma conexão entre indícios e fatos. Ademais, podem ser usadas como mecanismo para inversão do ônus da prova, pelo exame de verossimilhança das teses apresentadas, bem como para a constatação da evidência ou impossibilidade de um fato.

A utilização das regras/máximas de experiência não se esgota como mecanismos de apuração dos fatos, desempenhando também uma importante tarefa no momento de interpretação e aplicação dos modelos normativos às situações concretas.

Assinala José Carlos Barbosa Moreira (1998, p. 66-67) que as regras/máximas de experiência, em matéria probatória, propiciam a formação de presunções judiciais e a valoração das provas aduzidas. Aqui, são elas instrumentos de apuração dos fatos, enquanto, na delimitação dos conceitos jurídicos indeterminados, atuam como instrumentos da subsunção, isto é, da operação pela qual os fatos recebem, mediante o confronto com o modelo legal, a devida qualificação jurídica.

Sendo assim, no plano decisório do direito processual, não há como negar que as regras/máximas de experiência irão ser corporificadas no momento de tomada de uma decisão judicial, visto que a delimitação do substrato probatório pela experiência do magistrado atuará como elemento de pré-compreensão, influenciando a escolha por uma dada opção hermenêutica, sempre aberta para os valores e fatos que integram a realidade circundante. O hermeneuta não pode, assim, desprezar as regras máximas de experiência ao proferir uma dada decisão, devendo, ao valorizar e apreciar as provas dos autos, servir-se daquilo que comumente acontece na vida social.

10. INTERPRETAÇÃO DO DIREITO E OS CONCEITOS JURÍDICOS INDETERMINADOS

Entende-se por conceitos jurídicos aquelas ideias gerais, dotadas de pretensão universal, geralmente sintetizadas pelo doutrinador e passíveis de aplicação nos mais diversos ramos do conhecimento jurídico.

Como assinala Orlando Gomes (1955, p. 243-245), a técnica jurídica figura como um conjunto de meios e processos intelectuais destinados a revelar o direito, compreendendo conceitos, terminologias, classificações, construções e ficções. Dentre os mencionados instrumentos cognitivos, sobreleva o papel do conceito no plano do conhecimento jurídico.

Em sua maioria, os conceitos jurídicos são mutáveis, porque inferidos da observação das necessidades sociais pela mentalidade dominante. Não são unicamente aquelas construções do espírito destinadas a sintetizar as soluções do direito positivo, mas também abstrações que esquematizam a realidade emergente dos dados da vida social.

Para Eros Roberto Grau (2002, p. 211-212), são tidos como indeterminados os conceitos cujos termos são ambíguos ou imprecisos – especialmente imprecisos –, razão pela qual necessitam ser complementados por quem os aplique. Nesse sentido, são eles referidos como conceitos carentes de preenchimento com os dados extraídos da realidade. Segundo ele, a expressão "conceitos jurídicos indeterminados" não se revela adequada dentro de uma rigorosa teoria do conhecimento. Em verdade, não se trata de conceito jurídico indeterminado, mas sim de termo indeterminado, visto que a indeterminação referida não é dos conceitos jurídicos (ideias universais), mas de suas expressões, sendo, pois, mais adequado reportar-se a termos indeterminados de conceitos, e não a conceitos indeterminados.

Com efeito, do ponto de vista gnoseológico, conceito e termo correspondem, respectivamente, às noções de significado e significante. O conceito – significado – seria, pois, um elemento intermediário entre o termo – significante – e a realidade objetiva. Sucede, entretanto, que o uso da expressão já se tornou corrente, na doutrina e na jurisprudência, mormente na seara do direito administrativo.

Sendo assim, há dois tipos de conceitos expressos nas leis: os determinados, previamente delimitados ao âmbito da realidade a que se referem, e, por outro lado, os indeterminados, fundados nos valores da experiência social. Os conceitos legais indeterminados estão presentes em vários ramos do direito, sendo traduzidos por vocábulos vagos, imprecisos e genéricos. Eles entregam ao intérprete a missão de atuar no preenchimento do seu conteúdo, a fim de que se extraia da norma jurídica o seu real significado para um dado caso concreto. Ao juiz caberá a responsabilidade de, influenciado por valores sociais, transformá-los em conceitos legais determinados, preenchendo a indeterminação proposital da lei.

Para Celso Antônio Bandeira de Mello (1998, p. 29), a estrutura do conceito jurídico indeterminado possui, assim, o núcleo fixo ou zona de certeza positiva, a zona intermediária ou de incerteza e a zona de certeza negativa. Dentro da zona de certeza positiva, ninguém duvidaria do cabimento da aplicação da palavra que os designa, diferentemente da zona de certeza negativa, em que seria certo que por ela não estaria abrigada. As dúvidas só teriam cabimento no intervalo entre ambas.

A construção teórica das zonas do conceito se processou a partir da metáfora, elaborada pelo jurista Philipp Heck, do conceito a um ponto de luz intenso que, ao iluminar objetos, revela alguns iluminados com menor ou maior intensidade, como também revela um rodeado de um halo, de cores pálidas, além de uma total obscuridade, onde não há incidência de feixes luminosos. Logo, sempre que temos uma noção clara do conceito, estamos situados dentro do núcleo conceitual, começando as dúvidas na região do halo conceitual.

Por sua vez, na lição autorizada de Antônio Sousa (1994, p. 151), a imprecisão do significado das palavras empregadas na lei conduz necessariamente a uma indeterminação dos seus comandos pelo que, só em casos muito excepcionais, todo o conceito deixa de ter vários sentidos. Os conceitos absolutamente determinados seriam muito raros no direito. A regra seria a de que o conceito contivesse um núcleo de interpretação segura e uma zona periférica que principia onde termina aquele e cujos limites externos não se encontram fixados com nitidez.

A discussão sobre a questão que envolve os conceitos indeterminados empregados pelo legislador teve o seu surgimento no século XIX, na Áustria, com a produção de duas correntes antagônicas: a teoria da univocidade, defendida principalmente por Tezner, e a teoria da multivalência de Bernatzik. Para a primeira, no preenchimento dos conceitos indeterminados, excluir-se-ia qualquer possibilidade de atuação discricionária da Administração, visto só existir uma única solução correta, possível apenas de ser encontrada por meio da interpretação jurídica da lavra do poder jurisdicional (ato de cognição). Por sua vez, a segunda defende sentido contrário, admitindo a possibilidade de várias decisões certas dentro dos conceitos indeterminados, que possibilitariam uma atuação discricionária, livre de controle jurisdicional (ato de volição).

Parece-nos, contudo, mais apropriada a adoção de uma posição intermediária entre a Teoria da Univocidade e da Multivalência, visto que se revela viável a utilização da faculdade discricionária, em razão da constatação da presença inegável de um pluridimensionalismo nesses conceitos, o qual nem sempre é dissipado pelo processo de simples interpretação subsuntiva, já que a eleição de uma das opções válidas contida na norma, diante do caso concreto, pode vir a precisar de uma ação criadora do intérprete. De outro lado, contudo, não se deve admitir a concepção de discricionariedade como a liberdade livre das amarras da lei, visto a evolução da doutrina pátria no sentido de somente concebê-la dentro dos limites normativos, mormente principiológicos, do ordenamento jurídico.

Com efeito, ocorre a transmudação dos conceitos legais indeterminados em conceitos determinados pela função que exercem em cada situação específica. Os conceitos legais indeterminados se convertem em conceitos determinados pela função que têm de exercer no caso concreto, ao garantir a aplicação mais correta e equitativa do preceito normativo. Não obstante, a fluidez ou imprecisão que estão previstas *in abstrato* na norma, podendo ou não se dissipar quando verificada a hipótese *in concreto*, propiciam aos conceitos jurídicos indeterminados uma limitação da discricionariedade, tendo em vista a busca da otimização da finalidade da norma jurídica.

Quando, por exemplo, o legislador prevê as ideias de boa-fé, bons costumes, ilicitude ou abuso de direito, resta implícita a determinação funcional do conceito, como elemento de previsão, pois o julgador deverá dar concreção aos referidos conceitos, atendendo às peculiaridades do que significa boa-fé, bons costumes, ilicitude ou abuso do direito na situação litigiosa. O magistrado torna-os concretos ou vivos, determinando-lhes sua funcionalidade.

Como exemplo de utilização de conceitos jurídicos indeterminados no direito processual civil brasileiro, pode ser indicado o art. 8º do novo Código de Processo Civil, ao estabelecer que, ao aplicar o ordenamento jurídico, o juiz atenderá aos *fins sociais* e às exigências do *bem comum*. Trata-se, pois, de conceitos cuja determinação semântica exigirá do intérprete a abertura para os valores e fatos sociais.

Diante de tudo quanto foi exposto, verifica-se uma diferença entre as cláusulas gerais e os conceitos jurídicos indeterminados. No primeiro caso, a hipótese normativa e a providência a ser tomada pelo intérprete não estão previamente fixadas em lei, havendo, pois, um maior campo para a construção hermenêutica. No segundo caso, a hipótese normativa não está definida previamente, embora a providência final a ser tomada pelo intérprete seja fixada de antemão pela norma legal.

Sendo assim, as cláusulas gerais distinguem-se dos conceitos legais indeterminados pela finalidade e eficácia, pois estes, uma vez diagnosticados pelo juiz no caso concreto, já têm sua solução preestabelecida na lei, cabendo a ele aplicar referida solução. Aquelas, ao contrário, se diagnosticadas pelo juiz, permitem-lhe preencher os claros com os valores designados para o caso, para que seja dada a solução que ao julgador parecer mais adequada, ou seja, concretizando os princípios gerais de direito e dando aos conceitos legais indeterminados uma concreção pela funcionalidade exercida numa dada situação concreta.

Seja porque paira incerteza acerca da efetiva dimensão de seus contornos e limites, seja porque discrepa da tradição casuística da modernidade jurídica, as cláusulas gerais costumam ser criticadas pelos espíritos mais conservadores. Urge, entretanto, arejarmos a consciência jurídica tradicional, com os novos sopros de vida. A pesquisa sobre as cláusulas gerais revela-se, portanto, essencial à sociedade brasileira, permitindo a concretização hermenêutica das prerrogativas do cidadão, indispensáveis ao Estado Democrático de Direito e ao reconhecimento de uma dogmática jurídico-processual mais fluida.

11. INTERPRETAÇÃO DO DIREITO E JURISPRUDÊNCIA

O termo jurisprudência é polissêmico, visto que pode designar tanto o conhecimento científico do direito quanto indicar uma das manifestações da normatividade jurídica, integrante da categoria conhecida como "fontes do direito".

Para os limites do presente trabalho, o vocábulo jurisprudência deve ser entendido com base na segunda acepção, como a reiteração de julgamentos em um mesmo sentido, capaz de criar um padrão normativo tendente a influenciar futuras decisões judiciais.

Nesse sentido, Orlando Gomes (1977, p. 62) observa que a jurisprudência se forma mediante o labor interpretativo dos tribunais, no exercício de sua função específica. Interpretando e aplicando o direito positivo, é irrecusável a importância do papel dos Tribunais na formação do direito, sobretudo porque se lhe reconhece, modernamente, o poder de preencher as lacunas do ordenamento jurídico no julgamento de casos concretos.

Sendo assim, a jurisprudência é tradicionalmente situada como uma fonte formal e estatal do direito. Diz-se que é formal, porque a jurisprudência veicula, em seus condutos institucionais, o complexo de dados econômicos, políticos e ideológicos que se afiguram como fontes materiais do direito. Por sua vez, afirma-se a sua natureza estatal, ante a constatação de que as normas jurisprudenciais são produzidas por um órgão do Estado: o Poder Judiciário.

Nos sistemas anglo-saxônicos de *common law*, marcados pela força dos costumes e dos precedentes judiciais, a jurisprudência é considerada ainda uma fonte direta e imediata do direito, enquanto, nos sistemas romano-germânicos de *civil law*, caracterizados pela primazia da lei, a jurisprudência é vislumbrada pela maioria dos estudiosos como uma fonte indireta ou mediata do direito.

Esse entendimento decorre das próprias especificidades de tais sistemas jurídicos. No *common law*, o precedente judicial sempre teve força preponderante na aplicação do direito, adquirindo relevo a doutrina do *stare decisis*. O efeito vinculante do precedente judicial decorre do próprio funcionamento do sistema, encontrando-se arraigado na própria compreensão da atividade jurisdicional. A seu turno, no *civil law*, esse papel preponderante é assumido pela lei, como ponto de partida para a compreensão do direito, desempenhando a jurisprudência uma função subsidiária.

Como bem assinalam Cintra, Grinover e Dinamarco (1997, p. 92), é controvertida a inclusão da jurisprudência entre as fontes do direito nos sistemas romanísticos. Por um lado, encontram-se aqueles que, partindo da ideia de que os juízes e os tribunais apenas devem julgar de acordo com o direito já expresso por outras fontes, dele não se podem afastar. Por outro lado, os que entendem que os próprios juízes e tribunais, por meio de suas decisões, dão expressão às normas jurídicas até então declaradas por qualquer das outras fontes.

Não obstante persistir o polêmico debate sobre a normatividade da jurisprudência, quer parecer-nos que a sua condição de fonte do direito não pode ser negligenciada, seja nos sistemas anglo-saxônicos de *common law*, seja nos sistemas romano-germânicos de *civil law*. Isso porque, no âmbito do processo decisório, os julgadores criam uma norma jurídica para o caso concreto, o que permite asseverar o papel criativo e construtivo do magistrado no desenvolvimento da interpretação jurídica, bem como atribuir à jurisprudência a condição de fonte do direito, como modo de manifestação da normatividade jurídica.

Nesse sentido, afirma Eros Grau (2002, p. 18) que a norma jurídica é produzida para ser aplicada a um caso concreto. Essa aplicação se dá mediante a formulação de uma decisão judicial, uma sentença, que expressa a norma de decisão. Este, que está autorizado a ir além da interpretação tão somente como produção das normas jurídicas, para dela extrair normas de decisão, é aquele que Kelsen chama de intérprete autêntico: o juiz.

Não há, pois, como negar que a jurisprudência seja, inclusive, fonte imediata e direta do direito, mesmo nos sistemas romanísticos. Primeiro, porque veicula a interpretação e a aplicação da norma positiva, dando-lhe inteligência e precisando o alcance do direito em tese; segundo, porque aplica os princípios gerais, a equidade, a analogia, na falta de uma norma específica e explícita; e, por último, porque tem uma força construtiva e preservativa da uniformidade dos julgados e da unidade do direito.

No sistema jurídico brasileiro, o reconhecimento de que jurisprudência pode figurar como fonte direta e imediata do direito é fortalecido na medida em que se constata a sua progressiva aproximação ao paradigma anglo-saxônico do *common law* nas últimas décadas, como se depreende dos seguintes fenômenos: a consagração do poder normativo da Justiça do Trabalho; o aprimoramento dos mecanismos de uniformização jurisprudencial; o prestígio das súmulas dos tribunais superiores, mormente daquelas oriundas do Supremo Tribunal Federal; a previsão legal da súmula impeditiva de recurso; e a positivação constitucional da súmula vinculante, sob a inspiração da doutrina conhecida como *stare decisis*.

O papel hermenêutico da criação judicial pode ser vislumbrado com o fenômeno das mudanças jurisprudenciais.

O reconhecimento da mudança jurisprudencial só se afigura possível com a constatação de que a jurisprudência desponta como fonte de direito justo, capaz de acompanhar as exigências axiológicas da sociedade. Considerando o direito como um fenômeno histórico-cultural e o sistema jurídico como sistema aberto à realidade social, deve-se reconhecer o papel criativo e construtivo do julgador, bem como a capacidade das decisões judiciais engendrarem uma normatividade jurídica antenada com os valores comunitários.

Decerto, as técnicas de interpretação judicial da lei variam conforme a ideologia que guia a atividade do juiz e o modo como esse concebe o seu papel e a sua missão, a concepção dele do direito e suas relações com o poder legislativo. O papel do juiz, porém, foi concebido de maneiras bastante diversas por meio dos tempos.

É célebre a lição de Montesquieu (1996, p. 171) segundo a qual se os tribunais não devem ser fixos, devem-nos os julgamentos, a tal ponto que não sejam estes jamais senão um texto preciso da lei, sendo os juízes apenas a boca que pronuncia as palavras da lei. Entendia-se, portanto, que o juiz deveria aplicar literalmente a lei. Tradicionalmente, na mentalidade dos juízes, especialmente nos sistemas de *civil law*, prevalecia a aplicação mecânica da lei, evitando-se, na interpretação, questões valorativas.

As teorias contemporâneas sobre interpretação jurídica abandonaram essa posição, justificando esse papel construtivo do juiz, como fundamento para a realização da justiça. Logo, a lei passa a ser apenas uma referência, dela devendo o juiz extrair a interpretação que melhor se ajuste ao caso concreto, ainda que, para tanto, tenha de construir um novo entendimento sobre a lei. É forçoso reconhecer a vitalidade da interpretação construtiva dos juízes e tribunais, pelo que a hermenêutica ganha hoje sempre mais vigor diante da rapidez com que a realidade social se transforma, atrelada à realização axiológica do direito justo.

Tratando do tema, vislumbra Eros Roberto Grau (2002, p. 112) duas ideologias capazes de orientar a interpretação judicial: a estática e a dinâmica.

Por um lado, a ideologia estática da interpretação jurídica tem como valores básicos a certeza, a estabilidade e a predizibilidade, que são os chamados valores estáticos. Segundo essas pautas axiológicas, a norma jurídica deve possuir um significado imutável, determinado pela vontade do legislador, de modo que se deve utilizar somente as interpretações sistemática e literal, já que o conteúdo da norma é aquele positivado, que não pode sofrer alterações em nome da garantia dos mencionados valores.

Por seu turno, a ideologia dinâmica da interpretação jurídica considera que a interpretação é atividade que adapta o direito às necessidades presentes e futuras da vida social. Segundo essa concepção ideológica, portanto, a interpretação é atividade criadora. Nesse sentido, há criação normativa judicial porque: a) as decisões judiciais, como as dos órgãos legislativos, possuem uma eficácia geral; b) as decisões dos juízes são normas individuais; c) a decisão judicial supõe a criação de uma norma geral que serve de justificação à sentença e que é produto da interpretação; e d) em determinados casos (por exemplo, lacunas ou antinomias) os juízes, no processo de decisão judicial, formulam normas novas, não vinculadas a textos normativos preexistentes.

Decerto, a decisão judicial não decorre da pura aplicação da lei a um dado caso concreto. Assumindo a opção pela ideologia dinâmica, o ato de interpretar o direito figura como uma atividade valorativa, que revela a convicção do hermeneuta sobre a situação de fato e a norma jurídica. O juiz, quando interpreta o direito, jamais é neutro. Ele está revelando o seu conjunto de valores, que serve de inspiração na descoberta da regra ou do princípio jurídico adequado ao caso concreto.

A prática judicial tem demonstrado que, em muitas circunstâncias, a interpretação jurídica, adaptando a lei à realidade social, conduz a uma decisão mais justa. Gradativamente, esse papel construtivo do juiz está ganhando vigor, porquanto o magistrado exerce função criadora, uma vez que reconstrói o fato, pondera as circunstâncias relevantes, escolhendo a norma a ser aplicada de modo mais justo.

Sobre a legitimidade da mudança jurisprudencial, refere J. J. Gomes Canotilho (1991, p. 1153) que a necessidade de uma permanente adequação dialética entre o programa normativo e a esfera normativa justifica a aceitação de transições constitucionais que, embora traduzindo a mudança de sentido de algumas normas provocada pelo impacto da evolução da realidade constitucional, não contrariam os princípios estruturais da ordem jurídico-constitucional, pelo que o reconhecimento destas mutações constitucionais silenciosas se afigura como um ato legítimo de interpretação constitucional.

Exemplos de mudança jurisprudencial não faltam na história do direito brasileiro, a revelar o papel criativo dos juízes e dos tribunais: admissão da ideia de inconstitucionalidade por omissão; reconhecimento do furto famélico, por meio da relativização da legalidade estrita pelo princípio da insignificância; consolidação da possibilidade do exercício abusivo dos direitos subjetivos; relativização da autonomia da vontade pela adoção da teoria da imprevisão; utilização dos princípios da boa-fé e do enriquecimento sem causa nas relações privadas; o reconhecimento da sociedade de fato antes mesmo da regulamentação legislativa da união estável.

12. INTERPRETAÇÃO DO DIREITO E O BINÔMIO SEGURANÇA JURÍDICA *VS.* JUSTIÇA

A segurança afigura-se como um dos valores mais importantes do plexo axiológico da experiência jurídica, sinalizando a importância da estabilidade e da previsibilidade nas relações sociais como meios para a concretização do direito justo.

Não se trata, contudo, de um valor absoluto, supostamente capaz de esgotar a ideia de justiça. Decerto, em nome do valor da segurança, o positivismo jurídico erigiu a primazia do direito positivo em face do direito natural, reduzindo o direito justo ao direito estampado no sistema normativo da ordem jurídica, independentemente de sua legitimidade e efetividade. Isso propiciou, ao longo da história do ocidente, experiências sociais muitas vezes trágicas, a exemplo dos arbítrios cometidos pelos regimes totalitários do século XX, sob o manto da legalidade.

Embora se revele limitada essa proposta de fundamentação positivista de direito justo, não há como negar que a segurança jurídica integra, ao lado dos demais valores jurídicos, a fórmula da realização da justiça no direito.

Segundo Carlos Aurélio Mota de Souza (1996, p. 269), segurança e justiça não se contrapõem, mas enquanto esta é, muitas vezes, um poder ético, desarmado, sua garantia de efetivação no direito repousa na materialidade objetiva da segurança jurídica.

Decerto, a segurança jurídica permite também a realização do direito justo, porque a ideia de justiça liga-se intimamente à ideia de ordem. Ao próprio conceito de justiça é inerente uma ordem que não pode deixar de ser reconhecida como valor mais urgente, o que está na raiz da escala axiológica, mas é degrau indispensável a qualquer aperfeiçoamento ético. Para que esse valor possa ser realizado na órbita das relações jurídicas, a estimativa da segurança jurídica costuma ser corporificada em princípios constitucionais, enunciados em diversas Cartas Magnas do ocidente, como também sucede com a Constituição Federal de 1988. Com efeito, da leitura atenta do art. 5º da CF/88 extraem-se, dentre outros, diversos exemplos de sua concretização: irretroatividade da lei; autoridade da coisa julgada; respeito ao direito adquirido e ao ato jurídico perfeito; outorga de ampla defesa e contraditório aos acusados em geral; prévia lei para a configuração de crimes e cominação de penas; e o devido processo legal. Sendo assim, nos Estados Democráticos de Direito, o valor da segurança jurídica pode ser considerado um princípio basilar da ordem jurídico-constitucional, como forma de garantir a tutela dos direitos fundamentais do cidadão.

Por sua vez, a noção de certeza do direito está umbilicalmente ligada ao entendimento do que seja a segurança jurídica.

Segundo Carlos Aurélio Mota de Souza (1996, p. 25-26), a segurança se traduz objetivamente como um elemento anterior, por meio das normas e das instituições positivadas no sistema jurídico, enquanto a certeza do direito se forma intelectivamente nos destinatários dessas normas e instituições, como um elemento de convicção posterior. Dessa forma, a segurança objetiva das leis confere ao cidadão a certeza subjetiva das ações justas, segundo o direito positivo.

Por outro lado, os juristas procuram reforçar a certeza do direito no imaginário de cada cidadão, por meio do desenvolvimento das seguintes atividades: aplicação do princípio da legalidade; preenchimento das lacunas jurídicas; correção das antinomias jurídicas; simplificação da linguagem do legislador; aplicação da analogia a casos semelhantes; adequação à jurisprudência dominante, entre outros exemplos.

A segurança e a certeza do direito são necessárias para que haja justiça e, pois, direito justo, visto que a desordem institucional e a desconfiança subjetiva inviabilizam o reconhecimento de direitos e o correlato cumprimento das obrigações jurídicas.

Deve-se, entretanto, ressaltar que não mais se aceita o argumento formalista, típico do positivismo jurídico, de que a segurança jurídica e a certeza bastariam para a materialização do direito justo. O sistema normativo, como expressão da cultura humana, está em permanente mudança, exigindo a apropriação de novos valores e fatos na experiência jurídica. Sendo assim, a segurança jurídica e a certeza do direito não são dados absolutos, tampouco a justificativa para que uma norma jurídica possa permanecer em vigor, mesmo que a sua aplicação, em um dado caso concreto, esteja desprovida de efetividade e, sobretudo, legitimidade, por comprometer a ideia de justiça.

Exemplo ilustrativo é o debate atual sobre a possibilidade de relativização da coisa julgada, no panorama doutrinário e jurisprudencial brasileiro, visto que muitos estudiosos entendem que a consolidação das situações jurídicas pela coisa julgada deve quedar diante da constatação, em face de novos elementos probatórios, de eventuais injustiças cometidas contra uma das partes.

Desse modo, o valor da segurança jurídica e a convicção da certeza do direito, embora relevantes para a realização abstrata de justiça, comportam a relativização em determinadas circunstâncias, a fim de que se realize, em um dado caso concreto, a melhor interpretação e aplicação de um direito justo.

SINOPSE

Hermenêutica designa um saber que procura problematizar os pressupostos, a natureza, a metodologia e o escopo da interpretação humana, nos planos artístico, literário e jurídico.

Interpretação afigura-se como uma atividade de compreensão dos fenômenos culturais, que se manifesta por meio da mediação comunicativa estabelecida entre uma dada obra – por exemplo, o sistema jurídico – e a comunidade humana.

A investigação dos fundamentos filosóficos da hermenêutica justifica-se, especialmente, no campo jurídico, porque o horizonte tradicional da hermenêutica técnica revela-se insuficiente para o desiderato da interpretação do direito. Enquanto instrumental para a exegese de textos, o saber hermenêutico é reduzido, nesta perspectiva, a um caleidoscópio intricado de ferramentas teóricas, com vistas à descoberta de uma verdade preexistente.

Após o surgimento das antigas escolas de hermenêutica bíblica, em Alexandria e Antioquia, passando, durante a Idade Média, pelas interpretações agostiniana e tomista das sagradas escrituras, a hermenêutica desembarca na modernidade como uma disciplina de natureza filológica.

Cada uma das matrizes filosóficas da hermenêutica reflete mais que um estágio histórico dessa forma de saber, indicando abordagens relevantes para o problema da interpretação jurídica, visto que ideias como a recusa à literalidade textual, a historicidade, a abertura aos valores, o diálogo e o horizonte linguístico estão umbilicalmente ligadas às práticas interpretativas do direito.

No direito, os elementos constituintes dessa teoria hermenêutica já aparecem esboçados no fim do século XVIII, pois, com base na noção de sistema cunhada pelo jusnaturalismo, entendia-se que interpretar o direito significava a inserção da norma na totalidade do sistema, colocando a questão geral do sentido da ordem normativa. Daí decorre a elaboração de quatro técnicas, sistematizadas pelo Historicismo no século XIX.

Posteriormente, a hermenêutica jurídica ganha novo rumo, deixando de residir somente na enumeração de técnicas interpretativas, para referir-se ao estabelecimento de uma verdadeira teoria da interpretação, surgindo, assim, as condições para o aparecimento de uma reflexão sobre o método e o objeto da teoria da interpretação, cujo ponto em comum passa a ser o problema do sentido.

Diante da profusão de sentidos da ordem jurídica, reflexo de uma dada cultura humana, a interpretação do direito opera uma verdadeira compreensão, desenvolvendo-se em uma dimensão axiológica. Os significados do ordenamento jurídico, assim como o de todo objeto cultural, revelam-se em um processo dialético entre o seu substrato e a sua vivência espiritual. Esse ir e vir dialético manifesta-se por meio do confronto entre o texto normativo e a realidade normada, mediante um processo aberto a novos significados.

A prática decisória desemboca na concretização dos enunciados linguísticos inscritos no sistema jurídico, com o que o hermeneuta opera a mediação entre o direito positivo e a realidade circundante, manifestando-se o significado da norma jurídica. Todo modelo normativo comporta sentidos, mas o significado não constitui um dado prévio – é o próprio resultado da tarefa interpretativa. O significado da norma é produzido pelo intérprete. As normas jurídicas nada dizem, somente passando a dizer algo quando são exprimidas pelo hermeneuta.

A semiótica geral e jurídica pretende, inicialmente, abordar a dialética entre a linguagem corrente (onomasiologia) e a linguagem técnico-científica (semasiologia). No campo semiótico, torna-se imprescindível também perquirir a tridimensionalidade dos signos linguísticos, desenvolvendo as análises sintática, semântica e a pragmática do discurso.

Nesse contexto, como toda obra, enquanto objeto hermenêutico, é uma mensagem promanada de um emissor para um conjunto de receptores ou destinatários, cabe ao intérprete do direito selecionar as possibilidades comunicativas, mormente quando se depara com a plurivocidade ou polissemia inerente às estruturas linguísticas da norma jurídica.

As diversas técnicas interpretativas não operam isoladamente, antes se completam, mesmo porque não há, na teoria jurídica interpretativa, uma hierarquização segura das múltiplas técnicas de interpretação.

Por meio da técnica gramatical ou filológica, o hermeneuta se debruça sobre as expressões normativas, investigando a origem etimológica dos vocábulos e aplicando as regras estruturais de concordância ou regência, verbal e nominal. Trata-se de um processo hermenêutico quase que superado, ante o anacronismo do brocardo jurídico *in claris cessat interpretatio*.

Ao lado da interpretação gramatical, logo se acrescenta a técnica lógico-sistemática, que consiste em referir o texto ao contexto normativo de que faz parte, correlacionando, assim, a norma ao sistema do inteiro ordenamento jurídico e até de outros sistemas paralelos, conformando o chamado direito comparado.

Tratando-se de interpretação legal, deve-se, portanto, cotejar o texto normativo com outros do mesmo diploma legal ou de legislações diversas, mas referentes ao mesmo objeto, visto que, examinando as prescrições normativas, conjuntamente, é possível verificar o sentido de cada uma delas.

Com o uso da técnica histórica, o intérprete do direito perquire os antecedentes imediatos (*v.g.*, declaração de motivos, debates parlamentares, projetos e anteprojetos) e remotos do modelo normativo (*e.g.*, institutos antigos do direito romano).

Com a técnica sociológica de interpretação do direito, o jurista objetiva conferir a aplicabilidade da norma jurídica às relações sociais que lhe deram origem, elastecendo o sentido da norma a relações novas, inéditas ao momento de sua criação, a fim de temperar o alcance do preceito normativo, a fim de fazê-lo espelhar as necessidades atuais da comunidade jurídica.

A técnica teleológica busca delimitar o fim, vale dizer, a *ratio essendi* do preceito normativo, para a partir dele determinar o seu real significado. A delimitação do sentido normativo requer, pois, a captação dos fins para os quais se elaborou a norma jurídica.

A interpretação teleológica serve de norte para os demais processos hermenêuticos. Isso é assim porque convergem todas as técnicas interpretativas em função dos objetivos que informam o sistema jurídico. Toda interpretação jurídica ostenta uma natureza teleológica, fundada na consistência axiológica do direito.

O transcurso histórico da hermenêutica jurídica vem sendo marcado pela polarização entre o subjetivismo e o objetivismo. Trata-se de grande polêmica relativa ao referencial que o intérprete do direito deve seguir para desvendar o sentido e o alcance dos modelos normativos, especialmente das normas legais: a vontade do legislador (*voluntas legislatoris*) ou a vontade da lei (*voluntas legis*).

A corrente subjetivista pondera que o escopo da interpretação é estudar a vontade histórico-psicológica do legislador expressa na norma. A interpretação deve verificar, de modo retrospectivo, o pensamento do legislador estampado no modelo normativo.

A vertente objetivista preconiza que, na interpretação do direito, deve ser vislumbrada a vontade da lei, que, enquanto sentido objetivo, independe do querer subjetivo do legislador. O sentido incorporado no modelo normativo se apresentaria mais rico do que tudo o que o seu criador concebeu, porque suscetível de adaptação aos fatos e valores sociais.

Combinando a exigência de segurança com o impulso incessante por transformação, a hermenêutica jurídica contemporânea se inclina, pois, para a superação do tradicional subjetivismo – *voluntas legislatoris* –, em favor de um novo entendimento do objetivismo – *voluntas legis* –, realçando o papel do intérprete na exteriorização dos significados da ordem jurídica.

A técnica legislativa das cláusulas gerais conforma o meio hábil para permitir o ingresso no direito de elementos como valores, arquétipos comportamentais, deveres de conduta e usos sociais. Com as cláusulas gerais, a formulação da hipótese legal é processada mediante o emprego de uma linguagem eivada de significados intencionalmente vagos ou ambíguos, geralmente expressos em conceitos jurídicos indeterminados.

No campo probatório do direito processual, as regras/máximas de experiência apresentam-se como recursos importantes para o convencimento judicial, permitindo a compreensão das alegações e dos depoimentos das partes, a apreciação da prova documental, a inquirição das testemunhas, o estabelecimento de uma conexão entre indícios e fatos. Ademais, podem ser usadas como mecanismo para inversão do ônus da prova, pelo exame de verossimilhança das teses apresentadas, bem como para a constatação da evidência ou impossibilidade de um fato. No plano decisório do direito processual, não há como negar que as regras/máximas de experiência irão ser corporificadas no momento de tomada de uma decisão judicial, visto que a delimitação do substrato probatório pela experiência do magistrado atuará como elemento de pré-compreensão, influenciando a escolha por uma dada opção hermenêutica, sempre aberta para os valores e fatos que integram a realidade circundante.

Os conceitos jurídicos são aquelas ideias gerais, dotadas de pretensão universal, geralmente sintetizadas pelo doutrinador e passíveis de aplicação nos mais diversos ramos do conhecimento jurídico. Existem dois tipos de conceitos expressos nas leis: os determinados, previamente delimitados ao âmbito da realidade a que se referem, e, por outro lado, os indeterminados, fundados nos valores da experiência social. Os conceitos legais indeterminados estão presentes em vários ramos do direito, sendo traduzidos por vocábulos vagos, imprecisos e genéricos. Eles entregam ao intérprete a missão de atuar no preenchimento do seu conteúdo, a fim de que se extraia da norma jurídica o seu real significado para um dado caso concreto.

Não obstante persistir aceso debate sobre a normatividade da jurisprudência, a sua condição de fonte do direito não pode ser negligenciada, seja nos sistemas anglo-saxônicos de *common law*, seja nos sistemas romano-germânicos de *civil law*. Isso porque, no âmbito do processo decisório, os julgadores criam uma norma jurídica para o caso concreto, o que permite asseverar o papel criativo e construtivo do magistrado, no desenvolvimento da interpretação jurídica, bem como atribuir à jurisprudência a condição de fonte do direito, como modo de manifestação da normatividade jurídica.

O reconhecimento da mudança jurisprudencial só se afigura possível com a constatação de que a jurisprudência desponta como fonte de direito potencialmente mais justo, capaz de acompanhar as exigências axiológicas da sociedade. Considerando o direito como um fenômeno histórico-cultural e o sistema jurídico como sistema aberto à realidade social, deve-se reconhecer o papel criativo e construtivo do julgador, bem como a capacidade das decisões judiciais engendrarem uma normatividade jurídica antenada com os valores comunitários.

O valor da segurança jurídica e a convicção da certeza do direito, embora relevantes para a realização abstrata de justiça, comportam a relativização em determinadas circunstâncias, a fim de que se realize, em um dado caso concreto, a melhor interpretação e aplicação de um direito substancialmente mais justo.

XII — TEORIA DAS FUNÇÕES SOCIAIS DO DIREITO

As instituições, os atores, os procedimentos e as normas da experiência jurídica se relacionam permanentemente com os demais fenômenos sociais, notadamente no contexto dos processos fundamentais de organização, desenvolvimento e hierarquização dos agentes que interagem no espaço da coletividade humana.

Para a Teoria Geral do Direito, disciplina de inegável dimensão interdisciplinar e humanística, afigura-se extremamente relevante a pesquisa empírica das funções exercidas pela ordem jurídica na sociedade, a partir dos pontos de conexão do Direito com os mecanismos de controle, de mudança e de estratificação da vida social.

Eis as razões pelas quais, no presente capítulo, pretende-se examinar, ainda que numa apertada síntese, a correlação do Direito com tais fenômenos sociológicos essenciais, os quais conformam e possibilitam a própria vida humana em comunidade

1. DIREITO E CONTROLE SOCIAL

Inicialmente, cumpre examinar o papel do Direito no âmbito do controle social.

O controle social é um processo sociológico de modelagem dos comportamentos humanos e de adequação da personalidade individual aos cânones socialmente aceitos. Trata-se, portanto, do processo de construção da dimensão social da vida humana que se desenvolve por intermédio de diversas instituições e de variadas instâncias normativas.

Para Ana Sabadell (2008, p. 149), o controle social constitui um tema central da Sociologia. A expressão aparece em estudos sociológicos no final do século XIX, quando se examinaram os meios que aplica a sociedade para pressionar o indivíduo a adotar um comportamento conforme os valores e cânones sociais, para, dessa forma, garantir uma convivência humana equilibrada e pacífica.

Com efeito, o processo de controle social acompanha os diversos momentos da existência humana, estabelecendo padrões comportamentais e sancionando as condutas socialmente desviantes. Opera, portanto, por meio da estruturação de padrões de comportamento e aplicação de sanções que contrariem as condutas sociais aceitas.

O controle social pode ser classificado mediante diversas categorias.

O controle social primário é aquele controle exercido pelos primeiros agrupamentos humanos que conformam a existência individual, nas etapas iniciais de socialização. Caracteriza-se pela informalidade e pelo apego às emoções nas interações comportamentais. Ex.: o controle social exercido no âmbito familiar das relações interpessoais entre pais e filhos.

O controle social secundário é aquele controle exercido por agrupamentos humanos maiores, que conformam a existência individual, nas etapas mais avançadas de socialização. Caracteriza-se pela formalidade e pela institucionalização dos padrões de interação comportamental. Ex.: o controle social exercido no âmbito estatal das relações entre governantes e governados.

O controle social preventivo abarca o conjunto de mecanismos que a sociedade oferece para evitar a ocorrência de infrações éticas (por exemplo, descortesia, imoralidade ou ilicitude), a fim de induzir a adequação do comportamento aos cânones socialmente aceitos. Para isso, vale-se tanto da coercitividade gerada pelas normas sociais (ameaça psicológica de aplicação de uma sanção-castigo) como também do uso de sanções positivas de natureza premial (recompensas ou estímulos que a sociedade fornece para potencializar os comportamentos socialmente aceitos).

O controle social repressivo abarca o conjunto de mecanismos que a sociedade oferece para repreender as infrações éticas já consumadas, mediante a imposição coativa de sanções-castigo, as quais podem constranger o patrimônio (sanções patrimoniais) ou a pessoa (sanções pessoais) do próprio infrator nas hipóteses de descortesia, imoralidade ou ilicitude.

O sistema de controle social apresenta dois mecanismos básicos: a socialização e as sanções normativas.

A socialização é o processo de assimilação de valores, visões de mundo e padrões comportamentais pelos agentes sociais. O homem desde o nascimento até a morte passa por esse processo sociológico. A socialização é a base do controle social, ou seja, é o processo de introjetar valores e padrões de conduta.

Opera, portanto, a socialização com a internalização de valores e crenças e padrões socialmente aceitos. A socialização nos ensina a antecipar as expectativas sociais quanto ao nosso comportamento, porque os modos sociais que irão viver os indivíduos são cultura e não natureza, eles não lhe podem ser proporcionados pela herança biológica, mas, isto sim, pela tradição social. Com efeito, é por meio dessa antecipação de expectativas que as pessoas podem fazer o que a sociedade almeja. A socialização jamais poderá ser integral ou absoluta, visto que a vida humana é essencialmente liberdade e esta já está incrustada em todo ser.

As sanções normativas, por sua vez, complementam o mecanismo de socialização. Tais sanções são aplicadas quando há a prática de comportamentos que transgridam uma norma ético-social, a própria sociedade se incumbe de aplicar a sanção. A transgressão a uma norma de etiqueta corresponde a uma descortesia; a transgressão a uma norma moral corresponde a uma imoralidade; a transgressão a uma norma jurídica corresponde ao ilícito. Em todas essas situações, será aplicada uma sanção de natureza difusa ou organizada.

As normas de etiqueta são pautas comportamentais que disciplinam certos hábitos de polidez ou decoro no tratamento com as pessoas ou as coisas, regulando aspectos éticos de menor relevância para a vida social, visto que a sociedade sobrevive sem essas normas de trato social, como, por exemplo, as normas para uso de talheres no jantar.

O descumprimento de uma norma de etiqueta configura uma descortesia, gerando uma sanção social de índole difusa. Essa punição social é considerada difusa porque todo e qualquer ator social pode aplicá-la por meio de manifestações concretas de ostracismo (sorriso, olhar, silêncio, gesto), não havendo, portanto, monopólio ou exclusividade institucional na aplicação desse expediente sancionatório. Outra característica da chamada sanção difusa reside na sua natureza espontânea, porque brota do seio das relações humanas sem que seja possível prever, antecipadamente, o seu conteúdo e a sua intensidade como reação social à descortesia.

As normas morais são cânones de comportamento que disciplinam aspectos éticos mais relevantes para o convívio grupal. Os valores regulados pela moral já traduzem uma maior importância no sentido de assegurar o equilíbrio e coesão da sociedade. A falta de cumprimento de uma norma moral configura uma imoralidade, forma mais grave de infração social, oportunizando também a aplicação de uma sanção de natureza difusa, geralmente mais contundente que aquela punição oriunda de uma mera descortesia. É o que sucede quando um grupo de amigos exclui do convívio grupal um indivíduo reconhecido como um mentiroso contumaz, em face de seu comportamento imoral.

Como se verifica do exposto, a sanção difusa apresenta diversos graus de gravidade. Parte-se da pura ou simples reprovação para chegar-se até a eliminação do grupo, que pode consistir em alguma forma de isolamento no interesse próprio do grupo ou em uma verdadeira expulsão. A forma mais grave dessa modalidade de sanção social é o linchamento, que é uma típica sanção de grupo, expressão daquela forma primitiva, espontânea e irrefletida de vingança pelo grupo social.

Os defeitos da sanção difusa, aplicada nas situações de descortesia e de imoralidade, são representados pela incerteza do seu êxito, pela inconstância da sua aplicação e pela falta de medida na relação entre violação e resposta. Esses inconvenientes dependem do fato de que este tipo de sanção não é institucionalizado, ou seja, não é regulado por normas fixas, precisas, cuja execução esteja confiada estavelmente a alguns membros do grupo, expressamente designados para isto.

De outro lado, as normas jurídicas são normas sociais que correspondem ao chamado "mínimo ético", visto que, ao disciplinar a interação do comportamento humano em sociedade, estabelecem elas os padrões de conduta e os valores indispensáveis para a própria sobrevivência de um dado grupo social.

O Direito está situado, portanto, na última fronteira do controle social, configurando o núcleo duro das instâncias de normatividade ética, atuando a sanção jurídica quando o espírito transgressor ingressa na zona mais restrita do juridicamente proibido, pois, sendo a vida humana a expressão de uma liberdade essencial, tudo que não está juridicamente proibido está juridicamente permitido.

Como bem assinala Antônio Machado Neto (1987, p. 166), o Direito é, portanto, o modo mais formal do controle social formal, pois sua função é a de socializador em última instância, visto que sua presença e sua atuação só se fazem necessárias quando já as anteriores barreiras que a sociedade ergue contra a conduta antissocial foram ultrapassadas, superando as condições de mera descortesia, simples imoralidade até alcançar o nível mais grave do ilícito.

O descumprimento de uma norma jurídica, por sua vez, gera uma ilicitude, a mais grave forma de infração social, quando comparada com a descortesia e com a imoralidade. A sanção oriunda de uma ilicitude apresenta natureza organizada, porque já está previamente determinada no sistema jurídico-normativo, ao contrário do que sucede com a mencionada sanção difusa.

Saliente-se, ademais, que o Estado (Poder Judiciário, Administração Pública ou Parlamento) detém o monopólio da aplicação da sanção jurídica (indenização por perdas e danos, multa, privação de liberdade, suspensão de direitos políticos), enquanto a sanção difusa pode ser aplicada por qualquer agente social, diante das manifestações de descortesia ou de imoralidade.

Conforme sustenta Pedro Scuro Neto (2004, p. 199), o controle social se operacionaliza por meio de sanções negativas e positivas, especificadas durante o processo de socialização e seus mecanismos, que agem desde cedo para incutir na personalidade valores e modelos normativos, conformando a capacidade individual de estabelecer juízos éticos no âmbito do convívio grupal.

As sanções negativas, também chamadas de sanções-castigo, são aquelas punições, difusas ou organizadas, que a sociedade impõe coativamente para aqueles que praticam infrações éticas (descortesia, imoralidade ou ilicitude), acarretando um constrangimento patrimonial, por exemplo, a indenização por perdas e danos mediante uma sanção civil, ou constrangimento físico, a exemplo da privação da liberdade através de uma sanção penal. Com efeito, atuam as sanções negativas ou sanções--castigo na dimensão repressiva do sistema de controle social.

As sanções positivas, também denominadas sanções premiais, são aqueles benefícios, difusos ou organizados, que a sociedade oferece aos agentes sociais para inibir a ocorrência de condutas socialmente desviantes, evitando, deste modo, pela atribuição de recompensas, a configuração de infrações éticas (descortesia, imoralidade ou ilicitude). Ex.: podem ser elencadas as seguintes sanções positivas ou premiais no âmbito jurídico: livramento condicional e delação premiada no Direito Penal e Processual Penal; isenção fiscal no Direito Tributário; ou o desconto de prestações cumpridas antes do vencimento no Direito contratual. Atuam as sanções positivas ou premiais na dimensão preventiva do sistema de controle social.

2. DIREITO E MUDANÇA SOCIAL

Outra função de enorme relevância é exercida pelo Direito no contexto da mudança social.

Entende-se por mudança social o contínuo e necessário processo de transformação das estruturas econômicas, políticas e ideológicas da sociedade, o qual permite vislumbrá-la em seu estado dinâmico.

Deveras, segundo Ana Sabadell (2008, p. 100), o processo de integração social do indivíduo não se realiza sem que surjam problemas e conflitos, pelo que as diferenças de opiniões e interesses causam necessariamente modificações na organização da sociedade e no padrão dos relacionamentos na comunidade humana.

A mudança social, decerto, é algo inerente às sociedades humanas, tendo em vista a historicidade da própria existência humana. A mudança social resulta da tensão dialética entre controle social e liberdade humana. O controle social atua no sentido de padronizar os comportamentos sociais, enquanto a liberdade humana expande a esfera de atuação particular, propiciando o ineditismo, a novidade e a imprevisibilidade no plano existencial.

Os sociólogos estudam principalmente as formas, o alcance, o ritmo e as causas da mudança social, distinguindo os fatores que desencadeiam determinado processo de transformação da sociedade. Entre eles situam-se os fatores geográficos, demográficos, ideológicos, econômicos, políticos, o contato entre as diversas sociedades, a difusão de conhecimentos, os valores e as inovações tecnológicas.

Com efeito, as sociedades primitivas eram organizações sociais que se transformavam em ritmo mais lento, inclusive por conta do relativo isolamento geográfico e cultural.

Nas mais sociedades avançadas, as organizações sociais, por sua vez, apresentam um ritmo de mudança social muito mais significativo, potencializado pela dissolução das fronteiras físicas e culturais gerada pelo fenômeno da globalização.

Ressalte-se ainda que os objetos da cultura material (por exemplo, arquitetura, engenharia, informática, tecnologia) transformam-se de maneira muito mais rápida do que a cultura imaterial (por exemplo, religião, moral, direito), a qual comporta instâncias éticas que envolvem os costumes e os valores tradicionais, tendentes à conservação da estrutura social.

A mudança social é, no fundo, uma característica normal da sociedade e da cultura, que se modificam permanentemente. Ela brota das condutas da individualidade criadora. Parte do indivíduo, que, por exercitar sua liberdade ontológica essencial, pode oferecer alternativas imprevisíveis, novas ou inéditas no campo social.

Se um fato individual consegue se projetar para um grupo social maior, ou seja, se um indivíduo consegue convencer os seus pares ou atores sociais mais próximos, esse fato individual converte-se em fato interindividual. Se a nova proposta cultural consegue se projetar para outras comunidades, provocando uma rede mais ampla de interações comportamentais, passa a ser considerada um fato social, agora dotado de coercitividade e, portanto, da capacidade de moldar as condutas individuais aos cânones socialmente aceitos.

Os estudiosos do tema apontam duas tipologias de mudança social: a reforma e a revolução.

A reforma se apresenta como uma mudança social periférica, que atinge somente aspectos secundários, superficiais ou acessórios de uma dada sociedade, geralmente no âmbito da superestrutura político-ideológica, sem alterar, contudo, os alicerces econômicos de produção e distribuição de riquezas. O movimento reformista objetiva requalificar ou revitalizar um sistema social à beira de um colapso. Quando as relações sociais começam a deteriorar-se, as estruturas de poder se valem inicialmente da reforma, a fim de evitar a emergência do processo revolucionário.

Por seu turno, a revolução desponta como uma mudança social nuclear, que alcança o cerne ou a essência de uma dada sociedade, alterando por completo a fisionomia das interações comportamentais. Geralmente a revolução consegue atrair uma participação popular pontual e provisória, estando frequentemente associada ao uso da força. Para que haja revolução é necessária a efetiva alteração da forma econômica de produção e distribuição de riquezas na sociedade, com desdobramentos no âmbito da superestrutura político-ideológica.

Como refere Antônio Machado Neto (1982, p. 179), uma reforma, mesmo aquela mais radical, tem de respeitar a linha de tolerância do sistema social ou sistema econômico, não sendo concebível, no mundo capitalista, uma reforma que anulasse o regime de propriedade privada dos bens de produção, pois tal reforma seria, ainda que pacífica, uma autêntica revolução.

Nesse sentido, pode-se afirmar, *v.g.*, que a Revolução Francesa (1789) e a Revolução Russa (1917) merecem ser consideradas verdadeiros processos revolucionários no âmbito da mudança social.

Com efeito, a Revolução Francesa pode ser qualificada como revolução porque alterou integralmente o quadro econômico do feudalismo para o capitalismo comercial na França, espraiando-se posteriormente para o mundo ocidental. Por seu turno, a Revolução Russa recebe a alcunha de revolução visto que modificou o regime semifeudal da Rússia czarista em direção ao modo de produção socialista, baseado na coletivização das riquezas e na planificação estatal da economia.

Sendo assim, o Direito exerce um duplo papel dentro da sociedade: passivo e ativo. Na primeira hipótese, o fenômeno jurídico se apresenta como um elemento condicionado pela realidade social em seus múltiplos aspectos (econômicos, políticos, ideológicos, culturais e tecnológicos). No segundo aspecto, aparece o fenômeno jurídico como um fator determinante da realidade social.

O problema fundamental se coloca quando é avaliado o papel ativo do Direito na mudança social, dividindo-se os sociólogos do direito entre os que entendem que o Direito exerce um papel conservador, enquanto instância de controle que impõe um freio às mudanças sociais, e os que sustentam que o direito pode ser um importante meio propulsor da transformação social.

Buscando-se uma posição intermediária, pode-se afirmar que o Direito é, ao mesmo tempo, um fenômeno social de variável dependente, que muda historicamente em função de outros fatores e interesses que decorrem das relações humanas em cada sociedade e cultura, como também apresenta uma autonomia relativa e, por conseguinte, pode induzir a mudanças sociais.

Como assinala Ana Sabadell (2002, p. 78), diante de uma situação de mudança social, o Direito pode adotar posições de reconhecimento, de anulação, de canalização ou de transformação de suas tendências. No primeiro caso (reconhecimento), o Direito reconhece por meio das suas normas a nova realidade social, declarando a sua legitimidade e, às vezes, criando instrumentos jurídicos que consolidam a mudança. No segundo caso (anulação), o sistema jurídico opõe-se à mudança, ignorando-a ou mesmo aplicando sanções contra determinadas inovações. No terceiro caso (canalização), o Direito tenta limitar o impacto de uma mudança ou alterar os seus efeitos, mediante reformas que satisfazem parcialmente as reivindicações sociais. No último caso (transformação), o Direito assume um papel particularmente ativo: tenta provocar uma mudança gradual e lenta na realidade social ou mesmo uma mudança mais radical e rápida.

O Direito apresenta, portanto, pontos de convergência com a mudança social, seja pela via da reforma, seja pelo caminho da revolução.

De um lado, o Direito se relaciona intimamente com a reforma, visto que as normas jurídicas podem figurar como instrumentos de transformação superficial de uma sociedade. Foi o que ocorreu, por exemplo, com a criação do Direito do Trabalho no Brasil durante a década de 1940. A legislação trabalhista foi usada como um instrumento de reforma do capitalismo industrial para evitar a ruptura revolucionária pela via do ideário socialista.

Por outro lado, o Direito se relaciona com a revolução fundamentalmente em três aspectos: a) a revolução pode ser considerada a matriz do poder constituinte originário e, portanto, de uma nova ordem jurídica; b) a revolução pode articular-se ideologicamente com as correntes do jusnaturalismo e do positivismo jurídico; c) a existência de um direito de revolução é objeto de grandes reflexões na teoria jurídico-sociológica.

No que se refere ao primeiro aspecto, o poder constituinte originário é um poder de fato, podendo, assim, brotar do seio das relações concretas da sociedade. Nesse sentido, o processo revolucionário pode figurar como fonte material do direito constitucional e, portanto, influenciar a fisionomia normativa da Constituição e da nova ordem jurídica. O projeto revolucionário pode definir o conteúdo político-ideológico da Constituição, como sucedeu, por exemplo, com a Constituição Francesa de 1791, a qual condensou o projeto político-ideológico da Revolução Francesa de 1789.

No tocante ao segundo aspecto, o jusnaturalismo e o positivismo jurídico são ideologias jurídicas que podem justificar fases importantes do processo revolucionário.

O jusnaturalismo, ao enunciar os direitos naturais dos cidadãos, orienta geralmente o próprio advento da revolução, servindo como uma ideologia pré-revolucionária que legitima a quebra da legalidade e do próprio direito positivo. Em outras situações, contudo, pode ser o jusnaturalismo uma ideologia conservadora do *status quo*, mantendo a organização da vida social. Exemplo da primeira hipótese seria o jusnaturalismo racionalista da Idade Moderna. Por outro lado, exemplo da segunda hipótese seria o jusnaturalismo teológico da Idade Média.

O positivismo jurídico geralmente figura como uma ideologia pós-revolucionária que sustenta a observância do direito positivo criado pela revolução. Uma vez tomado o poder, o grupo revolucionário se afasta do jusnaturalismo, alegando que a defesa das normas do direito positivo seria justificável, visto que a nova legalidade exprimiria o ideário revolucionário. Exemplo seria o surgimento da Escola de Exegese na França pós-revolucionária.

Considerando agora o terceiro aspecto, um dos temas mais importantes da sociologia jurídica é a discussão sobre a existência de um direito de revolução. Sobre o tema, podem ser visualizadas basicamente quatro correntes: a jusnaturalista, a positivista, a materialista e a pós-positivista.

Para a corrente jusnaturalista, pode-se fundamentar o exercício de um direito natural de revolução. Os cidadãos, submetidos às leis injustas de um governo tirânico, poderiam, em nome de um direito natural de revolução, derrubar o antigo regime, quebrando a legalidade contrária aos direitos naturais. Essa foi a concepção sustentada pelo contratualismo liberal de John Locke durante a Idade Moderna.

Segundo a corrente positivista, não seria possível o exercício de um direito de revolução, pois, em tese, tal direito deveria estar expresso na legalidade positivada pelo Estado. Isso implicaria que a lei consentisse expressamente a quebra da própria legalidade, o que contraria as exigências de manutenção da ordem e da segurança jurídica, típicas do positivismo jurídico.

De acordo com a corrente materialista histórico-dialética, sustenta-se que o direito de revolução seria exercido pelos trabalhadores no plano histórico-social na dinâmica da luta entre classes sociais. Segundo a doutrina marxista, os sistemas econômicos escravagista, feudal e capitalista se baseariam na exploração do trabalho humano. Nesse sentido, os escravos, os servos e os operários puderam exercer historicamente o direito de revolução contra estruturas jurídico-políticas do Estado, que tradicionalmente estaria a serviço das elites. Sendo assim, o direito de revolução teria como fonte material a exploração do trabalho humano, o qual atingiria seu apogeu na sociedade capitalista industrial, ensejando o advento da revolução socialista.

Por seu turno, a corrente pós-positivista propõe um direito de revolução em sentido amplo, como decorrência de uma interpretação sociológica e teleológica da Constituição de cada país democrático. Com base nos princípios constitucionais do Estado Democrático de Direito, da República, da Soberania Popular, da Dignidade da Pessoa Humana, da Liberdade e da Igualdade, seria possível conceber a existência de um direito fundamental de revolução. Isso seria aquilo que a doutrina chama de direito de "resistência constitucional" ou de "desobediência civil". Tais direitos seriam exercidos por meio de uma oposição pacífica dos cidadãos contra atos ou decisões governamentais que implicassem o desrespeito aos princípios constitucionais acima referidos. Sendo assim, o direito de revolução não implicaria a quebra da legalidade, mas, em verdade, a afirmação dos valores incorporados na legalidade constitucional.

3. DIREITO E ESTRATIFICAÇÃO SOCIAL

Por derradeiro, convém examinar a função do Direito no plano da estratificação da vida social.

Entende-se por estratificação social o processo de classificação hierárquica das diferenças sociais em termos de uma ou mais dimensões de desigualdade social – como poder, prestígio ou riqueza.

Segundo Sabadell (2008, p. 205), o termo *estratificação* é usado na geologia para indicar a estrutura das rochas que são constituídas por diversas camadas e estratos, pelo que a Sociologia se vale do vocábulo para indicar que a sociedade é dividida em vários grupos sociais, constatando-se um fenômeno de superposição deles em diversos escalões hierárquicos.

Certamente, a estratificação social é um processo sociológico fundamental de hierarquização dos indivíduos numa dada comunidade humana, com a atribuição diferenciada de papéis, privilégios ou ônus sociais, seja por conta de critérios biológicos (por exemplo, sexo, idade, etnia), seja por força de critérios materiais (por exemplo, economia, cultura, religião).

Certamente, todas as sociedades humanas conheceram, conhecem e conhecerão alguma forma de estratificação social e, portanto, de alocação de indivíduos em diversas instâncias ou patamares sociais. Isso ocorre porque a igualdade absoluta é um ideal inatingível, considerando a própria diferença de aptidões e habilidades dos seres humanos. Eis que a estratificação possibilita uma forma de desigualdade socialmente construída.

A estratificação social comporta as tipologias da estratificação biológica e da estratificação social propriamente dita.

A estratificação social biológica se vale de elementos biológicos para promover a divisão social dos indivíduos, mormente o sexo, a idade e a etnia. A sociedade irá valorá-los para estabelecer a hierarquização dos atores sociais, a fim de que os indivíduos sejam alocados em escalões hierárquicos distintos.

Dentre os diversos tipos de estratificação biológica, podem ser destacadas: a estratificação sexual, a estratificação etária e a estratificação étnica.

A estratificação sexual diferencia os gêneros masculino e feminino, atribuindo diferentes papéis, privilégios e obrigações para homens e mulheres, ora valorizando a figura masculina em detrimento da figura feminina (patriarcalismo), ora valorizando a figura feminina em detrimento da figura masculina (matriarcalismo).

Por seu turno, a estratificação etária distingue os indivíduos com base no fenômeno biológico fundamentalmente mutável da idade, hierarquizando os idosos e os jovens dentro da estrutura social.

As sociedades primitivas, que ainda não conheciam a escrita, eram gerontocráticas, no sentido de que privilegiavam os idosos em detrimento dos mais jovens. Essa valorização se dava principalmente pelo fato de que os anciãos figuravam como o repositório dos costumes, visando à preservação e à continuidade das tradições da sociedade.

Ao contrário das sociedades primitivas, as sociedades atuais, mormente no contexto do capitalismo ocidental, já revelam a prevalência dos mais jovens em detrimento dos mais velhos, visto que a juventude movimenta, com a sua força produtiva e capacidade consumista, as engrenagens econômicas do mercado capitalista.

A estratificação étnica, por sua vez, diferencia os agentes sociais com base na sua inserção em determinados grupos étnicos, apropriando o elemento racial para estabelecer uma desigualdade de tratamento entre etnias.

A estratificação social propriamente dita organiza os indivíduos com base no peculiar *status* social, o qual deriva de elementos materiais de natureza tradicional, religiosa, cultural ou econômica, relativamente independentes dos critérios biológicos já estudados.

A estratificação social propriamente dita comporta a divisão da sociedade em castas, estamentos ou classes sociais.

As castas são categorias permanentes e imutáveis de estratificação social que se valem de elementos teológicos para a definição das relações humanas na sociedade, contrapondo, em polos estanques, as castas superiores e inferiores. Os membros das castas superiores são considerados descendentes diretos de uma divindade, que, segundo crenças religiosas arraigadas, teria fundado uma dada comunidade humana, o que justificaria a sua supremacia em face dos integrantes das castas inferiores.

Saliente-se, por oportuno, que a existência de uma sociedade de castas inviabiliza a mobilidade e a ascensão social. Uma vez nascido numa casta, o indivíduo permanecerá nela até a sua morte, transmitindo-se essa condição para seus sucessores, por força dos atributos da vitaliciedade e da hereditariedade destes papéis sociais. Ex.: a divisão de castas existentes na Índia e no Paquistão, fragmentada em brâmanes (sacerdotes), xátrias (soldados e proprietários), vaicias (fazendeiros e comerciantes), sudras (trabalhadores rurais e urbanos).

Os estamentos já despontam como categorias de estratificação social que diferenciam os indivíduos com base na nobreza de sua origem familiar, situando-se, portanto, na linha de transição das castas para as classes sociais. Os estamentos são agrupados com base na linhagem hereditária e na honra familiar. Embora seja raro, a sociedade estamental permite uma tênue mobilidade e ascensão social, por conta da aquisição voluntária ou involuntária de títulos de nobreza pelos indivíduos. Ex.: a sociedade europeia na era feudal, composta pela nobreza, pelo clero e pela plebe.

As classes sociais são categorias de estratificação social que refletem o amadurecimento do modo de produção capitalista nas sociedades ocidentais. A sociedade classista diferencia os atores sociais com base no acúmulo de recursos econômicos, contrapondo, de um lado, os proprietários dos bens de produção e, de outro lado, os trabalhadores, que somente podem disponibilizar a sua energia laboral nos processos produtivos.

Ao contrário das sociedades anteriormente estudadas, a sociedade classista possibilita, ao menos formalmente, a mobilidade horizontal e a mobilidade vertical (ascensão social). Ao empalmar uma quantidade significativa de recursos econômicos, o indivíduo estará apto a integrar uma classe social superior. Ex.: a sociedade brasileira atual, composta pela burguesia (grandes proprietários/empregadores), pela pequena burguesia (pequenos proprietários/empregadores), pela classe média (profissionais liberais e funcionários públicos) e pelos trabalhadores (não proprietários/empregados).

O papel do Direito é, portanto, dúplice no que se refere ao fenômeno da estratificação social, porquanto, historicamente, a ordem jurídica pode tanto espelhar os modelos de estratificação social, hierarquizando os indivíduos na sociedade mediante a alocação de privilégios e *status*, quanto oferecer instrumentos para corrigir as desigualdades sociais, mediante ações e políticas afirmativas.

No tocante aos tipos de estratificação social, podem ser destacados diversos pontos de conexão com o Direito brasileiro, notando-se uma tendência, no plano normativo, de minimização das assimetrias sociais, mormente após o advento da Constituição Federal de 1988, que estabeleceu o modelo do Estado Democrático de Direito, centrado na primazia da dignidade da pessoa humana, dos direitos fundamentais, na promoção do bem de todos e na vedação de quaisquer formas de preconceitos.

No plano infraconstitucional pátrio, a estratificação biológica é minimizada por marcos legislativos que concretizam políticas e ações afirmativas de tutela dos grupos socialmente mais vulneráveis da sociedade. A estratificação sexual é combatida, *v.g.*, pela Lei Maria da Penha. A estratificação etária é enfrentada por diplomas legislativos como o Estatuto do Idoso e o Estatuto da Criança e do Adolescente. Por sua vez, a estratificação étnica vem sendo mitigada pelo Estatuto da Igualdade Racial.

De outro lado, no que se refere à estratificação social propriamente dita, o Direito brasileiro não contempla a chamada estratificação fechada, baseada no imobilismo da divisão da sociedade em castas ou em estamentos, mas, ao revés, consagra a estratificação aberta de base classista.

Com efeito, a Constituição Federal de 1988 prevê a igualdade formal de todos perante a Lei e a opção econômica por um sistema capitalista equilibrado, fundado na propriedade privada, na livre iniciativa e na valorização do trabalho humano. Não obstante isto, verifica-se que, na prática social do nosso país, o acesso à Justiça e o tratamento jurídico dado pelos profissionais do direito variam conforme a classe social dos jurisdicionados, favorecendo muitas vezes as classes superiores da sociedade.

No plano infraconstitucional, podem ser citados, *v.g.*, o Direito Empresarial e o Direito do Trabalho como ramos jurídicos de inegável conteúdo classista, porquanto estão inseridos dentro da lógica do mercado capitalista que contrapõe, respectivamente, empresários e trabalhadores como agentes do processo de produção de riquezas na sociedade.

SINOPSE

Para a Teoria Geral do Direito, afigura-se extremamente relevante a pesquisa das funções exercidas pela ordem jurídica na sociedade, a partir dos pontos de convergência do Direito com os mecanismos de controle, de mudança e de estratificação da vida social.

O Direito se relaciona com o controle social, que se afigura como um processo sociológico de modelagem dos comportamentos humanos e de adequação da personalidade individual aos cânones socialmente aceitos.

As normas jurídicas são normas sociais que correspondem ao chamado "mínimo ético", visto que, ao disciplinar a interação do comportamento humano em sociedade, estabelecem elas os padrões de conduta e os valores indispensáveis para a própria sobrevivência de determinado grupo social.

O Direito está situado, portanto, na última fronteira do controle social, configurando o núcleo duro das instâncias de normatividade ética, atuando a sanção jurídica quando o espírito transgressor ingressa na zona mais restrita do juridicamente proibido.

O Direito apresenta, portanto, pontos de convergência com a mudança social, seja pela via da reforma, seja pelo caminho da revolução.

Entende-se por "mudança social" o contínuo e necessário processo de transformação das estruturas econômicas, políticas e ideológicas da sociedade, o qual permite vislumbrá-la em seu estado dinâmico.

De um lado, o Direito se relaciona intimamente com a reforma visto que as normas jurídicas podem figurar como instrumentos de transformação superficial de uma sociedade.

Por outro lado, o Direito se relaciona com a revolução fundamentalmente em três aspectos: a) a revolução pode ser considerada a matriz do poder constituinte originário e, portanto, de uma nova ordem jurídica; b) a revolução pode articular-se ideologicamente com as correntes do jusnaturalismo e do positivismo jurídico; c) a existência de um direito de revolução é objeto de grandes reflexões na teoria jurídico-sociológica.

O papel do Direito é, portanto, dúplice no que se refere ao fenômeno da estratificação social.

A estratificação social é um processo sociológico fundamental de hierarquização dos indivíduos numa dada comunidade humana, com a atribuição diferenciada de papéis, privilégios ou ônus sociais, seja por conta de critérios biológicos (por exemplo, sexo, idade, etnia), seja por força de critérios materiais (por exemplo, economia, cultura, religião).

As instituições e normas jurídicas podem tanto espelhar os modelos de estratificação social, hierarquizando os indivíduos na sociedade mediante a alocação de privilégios e *status*, quanto oferecer instrumentos para corrigir as desigualdades sociais, mediante ações e políticas afirmativas.

MARCOS LEGAIS PARA A APLICAÇÃO DA TEORIA GERAL DO DIREITO NO ORDENAMENTO JURÍDICO BRASILEIRO

1. A EFICÁCIA DAS NORMAS LEGISLATIVAS NO TEMPO E NO ESPAÇO: EXAME DA LINDB – LEI DE INTRODUÇÃO ÀS NORMAS DO DIREITO BRASILEIRO

A Lei de Introdução às Normas do Direito Brasileiro (LINDB) revela-se essencial para o estudo da Teoria Geral do Direito no Brasil, visto que fundamenta a exegese das diversas leis que compõem o sistema jurídico nacional e a ordem jurídica estrangeira.

A LINDB, inicialmente denominada Lei de Introdução ao Código Civil, pelo Decreto-Lei n. 4.657/42, adquiriu a nova denominação pela Lei n. 12.376/2010.

Dentre os comandos normativos mais importantes da LINDB para a interpretação e aplicação da legislação (pátria ou externa) no tempo e no espaço, merecem especial destaque os seguintes:

- a lei começa a vigorar em todo o país, salvo disposição contrária, quarenta e cinco dias depois de oficialmente publicada. Nos Estados estrangeiros, a obrigatoriedade da lei brasileira, quando admitida, inicia-se três meses depois de oficialmente publicada;
- se, antes de entrar a lei em vigor, ocorrer nova publicação de seu texto, destinada a correção, o prazo deste artigo e dos parágrafos anteriores começará a correr da nova publicação;
- as correções a texto de lei já em vigor consideram-se lei nova;
- a lei terá vigor até que outra a modifique ou revogue, não se destinando à vigência temporária;

- a lei posterior revoga a anterior quando expressamente o declare, quando seja com ela incompatível ou quando regule inteiramente a matéria de que tratava a lei anterior;
- a lei nova, que estabeleça disposições gerais ou especiais a par das já existentes, não revoga nem modifica a lei anterior;
- a lei revogada não se restaura por ter a lei revogadora perdido a vigência, salvo disposição em contrário;
- ninguém se escusa de cumprir a lei, alegando que não a conhece;
- o juiz decidirá o caso de acordo com a analogia, os costumes e os princípios gerais de direito, quando a lei for omissa;
- o magistrado, na aplicação da lei, atenderá aos fins sociais a que ela se dirige e às exigências do bem comum;
- a lei em vigor terá efeito imediato e geral, respeitados o ato jurídico perfeito, o direito adquirido e a coisa julgada;
- reputa-se ato jurídico perfeito o já consumado segundo a lei vigente ao tempo em que se efetuou;
- consideram-se adquiridos assim os direitos que o seu titular, ou alguém por ele, possa exercer, como aqueles cujo começo do exercício tenha termo pré-fixo, ou condição preestabelecida inalterável, a arbítrio de outrem;
- chama-se coisa julgada ou caso julgado a decisão judicial de que já não caiba recurso;
- a lei do país em que domiciliada a pessoa determina as regras sobre o começo e o fim da personalidade, o nome, a capacidade e os direitos de família;
- para qualificar os bens e regular as relações a eles concernentes, aplicar-se-á a lei do país em que estiverem situados;
- para qualificar e reger as obrigações, aplicar-se-á a lei do país em que se constituírem;
- a sucessão por morte ou por ausência obedece à lei do país em que domiciliado o defunto ou o desaparecido, qualquer que seja a natureza e a situação dos bens;

- as organizações destinadas a fins de interesse coletivo, como as sociedades e as fundações, obedecem à lei do Estado em que se constituírem;
- quando for o réu domiciliado no Brasil ou aqui tiver de ser cumprida a obrigação, é competente a autoridade judiciária brasileira;
- a prova dos fatos ocorridos em país estrangeiro rege-se pela lei que nele vigorar, quanto ao ônus e aos meios de produzir-se, não admitindo os tribunais brasileiros provas que a lei brasileira desconheça;
- poderá o juiz, não conhecendo a lei estrangeira, exigir de quem a invoca prova do texto e da vigência;
- será executada no Brasil a sentença proferida no estrangeiro, que congregue os seguintes requisitos: haver sido proferida por juiz competente; terem sido os partes citadas ou haver-se legalmente verificado à revelia; ter passado em julgado e estar revestida das formalidades necessárias para a execução no lugar em que foi proferida; estar traduzida por intérprete autorizado; ter sido homologada pelo Supremo Tribunal Federal;
- quando se houver de aplicar a lei estrangeira, ter-se-á em vista a disposição desta, sem considerar-se qualquer remissão por ela feita a outra lei;
- as leis, atos e sentenças de outro país, bem como quaisquer declarações de vontade, não terão eficácia no Brasil, quando ofenderem a soberania nacional, a ordem pública e os bons costumes;
- tratando-se de brasileiros, são competentes as autoridades consulares brasileiras para lhes celebrar o casamento e os mais atos de Registro Civil e de tabelionato, inclusive o registro de nascimento e de óbito dos filhos de brasileiro ou brasileira nascido no país da sede do Consulado.

Recentemente, a Lei n. 13.655, de 25 de abril de 2018, incluiu no corpo da Lei de Introdução às Normas do Direito Brasileiro (LINDB) novos dispositivos, estabelecendo parâmetros hermenêuticos de segurança jurídica e eficiência, a fim de orientar os processos de criação, aplicação e decisão dos atores jurídicos no âmbito do Direito Público.

Convém elencar esses relevantes preceitos:

- não se decidirá com base em valores jurídicos abstratos sem que sejam consideradas as consequências práticas da decisão, nas esferas administrativa, controladora e judicial;
- a motivação demonstrará a necessidade e a adequação da medida imposta ou da invalidação de ato, contrato, ajuste, processo ou norma administrativa, inclusive em face das possíveis alternativas;
- a decisão que, nas esferas administrativa, controladora ou judicial, decretar a invalidação de ato, contrato, ajuste, processo ou norma administrativa deverá indicar de modo expresso suas consequências jurídicas e administrativas;
- a decisão, nas áreas administrativa, controladora ou judicial, deverá, quando for o caso, indicar as condições para que a regularização ocorra de modo proporcional e equânime e sem prejuízo aos interesses gerais, não se podendo impor aos sujeitos atingidos ônus ou perdas que, em função das peculiaridades do caso, sejam anormais ou excessivos;
- serão considerados, na interpretação de normas sobre gestão pública, os obstáculos e as dificuldades reais do gestor e as exigências das políticas públicas a seu cargo, sem prejuízo dos direitos dos administrados;
- serão levadas em conta as circunstâncias práticas que houverem imposto, limitado ou condicionado a ação do agente, em decisão sobre regularidade de conduta ou validade de ato, contrato, ajuste, processo ou norma administrativa;
- serão consideradas, na aplicação de sanções, a natureza e a gravidade da infração cometida, os danos que dela provierem para a administração pública, as circunstâncias agravantes ou atenuantes e os antecedentes do agente;
- as punições aplicadas ao agente serão levadas em conta na dosimetria das demais sanções de mesma natureza e relativas ao mesmo fato;
- a decisão administrativa, controladora ou judicial que estabelecer interpretação ou orientação nova sobre norma de conteúdo in-

determinado, impondo novo dever ou novo condicionamento de direito, deverá prever regime de transição quando indispensável para que o novo dever ou condicionamento de direito seja cumprido de modo proporcional, equânime e eficiente e sem prejuízo aos interesses gerais;

- a revisão, nas esferas administrativa, controladora ou judicial, quanto à validade de ato, contrato, ajuste, processo ou norma administrativa cuja produção já se houver completado levará em conta as orientações gerais da época, sendo vedado que, com base em mudança posterior de orientação geral, se declarem inválidas situações plenamente constituídas;

- as orientações gerais são reconhecidas como as interpretações e especificações contidas em atos públicos de caráter geral ou em jurisprudência judicial ou administrativa majoritária, e ainda as adotadas por prática administrativa reiterada e de amplo conhecimento público;

- a autoridade administrativa poderá, para eliminar irregularidade, incerteza jurídica ou situação contenciosa na aplicação do direito público, inclusive no caso de expedição de licença, após a oitiva do órgão jurídico e, quando for o caso, após a realização de consulta pública, e presentes razões de relevante interesse geral, celebrar compromisso com os interessados, observada a legislação aplicável, o qual só produzirá efeitos a partir de sua publicação oficial;

- a decisão do processo, nas esferas administrativa, controladora ou judicial, poderá impor compensação por benefícios indevidos ou prejuízos anormais ou injustos resultantes do processo ou da conduta dos envolvidos;

- a edição de atos normativos por autoridade administrativa, em qualquer órgão ou Poder, salvo os de mera organização interna, poderá ser precedida de consulta pública para manifestação de interessados, preferencialmente por meio eletrônico, a qual será considerada na decisão;

- as autoridades públicas devem atuar para aumentar a segurança jurídica na aplicação das normas, inclusive por meio de regulamentos, súmulas administrativas e respostas a consultas, apresentando tais instrumentos caráter vinculante em relação ao órgão ou entidade a que se destinam, até ulterior revisão.

Eis, portanto, as diretrizes mais relevantes da Lei de Introdução às Normas do Direito Brasileiro (LINDB), as quais devem ser bem compreendidas e utilizadas pelos aplicadores da legislação brasileira, nas esferas judicial e gerencial, em face dos diversos casos concretos.

2. A TÉCNICA DE NOMOGÊNESE LEGISLATIVA: EXAME DA LEI COMPLEMENTAR N. 95/98

A Teoria da Técnica Legislativa afigura-se como a parte da Teoria Geral do Direito que estuda o modo de criação, estruturação e modificação dos diplomas legislativos qualificados como leis pelos ordenamentos jurídicos.

A legislação que embasa o estudo da técnica legislativa no Brasil é a Lei Complementar n. 95/98.

O referido diploma legislativo versa sobre a elaboração, a redação, a alteração e a consolidação das leis, conforme determina o parágrafo único do art. 59 da Constituição Federal, e estabelece normas para a consolidação dos atos normativos que menciona. Aplica-se, ainda, no que couber, aos decretos e aos demais atos de regulamentação emanados dos órgãos do Poder Executivo.

Dentre os dispositivos normativos mais importantes da Lei Complementar n. 95/98, merecem registro os seguintes:

- as emendas à Constituição Federal terão sua numeração iniciada a partir da promulgação da Constituição;
- as leis complementares, as leis ordinárias e as leis delegadas terão numeração sequencial em continuidade às séries iniciadas em 1946;
- a lei será estruturada em três partes básicas: parte preliminar, compreendendo a epígrafe, a ementa, o preâmbulo, o enunciado do objeto e a indicação do âmbito de aplicação das disposições normativas; parte normativa, compreendendo o texto das normas de conteúdo substantivo relacionadas com a matéria regulada;

parte final, compreendendo as disposições pertinentes às medidas necessárias à implementação das normas de conteúdo substantivo, às disposições transitórias, se for o caso, a cláusula de vigência e a cláusula de revogação, quando couber;

- a epígrafe, grafada em caracteres maiúsculos, propiciará identificação numérica singular à lei e será formada pelo título designativo da espécie normativa, pelo número respectivo e pelo ano de promulgação;
- a ementa será grafada por meio de caracteres que a realcem e explicitará, de modo conciso e sob a forma de título, o objeto da lei;
- o preâmbulo indicará o órgão ou instituição competente para a prática do ato e sua base legal;
- o primeiro artigo do texto indicará o objeto da lei e o respectivo âmbito de aplicação;
- cada lei tratará de um único objeto, excetuadas as codificações;
- a lei não conterá matéria estranha a seu objeto ou a este não vinculada por afinidade, pertinência ou conexão;
- o âmbito de aplicação da lei será estabelecido de forma tão específica quanto o possibilite o conhecimento técnico ou científico da área respectiva;
- o mesmo assunto não poderá ser disciplinado por mais de uma lei, exceto quando a subsequente se destine a complementar lei considerada básica, vinculando-se a esta por remissão expressa;
- a vigência da lei será indicada de forma expressa e de modo a contemplar prazo razoável para que dela se tenha amplo conhecimento, reservada a cláusula "entra em vigor na data de sua publicação" para as leis de pequena repercussão;
- a contagem do prazo para entrada em vigor das leis que estabeleçam período de vacância far-se-á com a inclusão da data da publicação e do último dia do prazo, entrando em vigor no dia subsequente à sua consumação integral;
- as leis que estabeleçam período de vacância deverão utilizar a cláusula "esta lei entra em vigor após decorridos (o número de) dias de sua publicação oficial";

- a cláusula de revogação deverá enumerar, expressamente, as leis ou disposições legais revogadas;
- a unidade básica de articulação dos textos legais será o artigo, indicado pela abreviatura "Art.", seguida de numeração ordinal até o nono e cardinal a partir deste;
- os artigos desdobrar-se-ão em parágrafos ou em incisos; os parágrafos em incisos, os incisos em alíneas e as alíneas em itens;
- os parágrafos serão representados pelo sinal gráfico "§", seguido de numeração ordinal até o nono e cardinal a partir deste, utilizando-se, quando existente apenas um, a expressão "parágrafo único" por extenso;
- os incisos serão representados por algarismos romanos, as alíneas por letras minúsculas e os itens por algarismos arábicos;
- o agrupamento de artigos poderá constituir Subseções; o de Subseções, a Seção; o de Seções, o Capítulo; o de Capítulos, o Título; o de Títulos, o Livro e o de Livros, a Parte;
- as composições de artigos podem também compreender agrupamentos em Disposições Preliminares, Gerais, Finais ou Transitórias, conforme necessário;
- os Capítulos, Títulos, Livros e Partes serão grafados em letras maiúsculas e identificados por algarismos romanos, podendo estas últimas desdobrar-se em Parte Geral e Parte Especial ou ser subdivididas em partes expressas em numeral ordinal, por extenso;
- as Subseções e Seções serão identificadas em algarismos romanos, grafadas em letras minúsculas e postas em negrito ou caracteres que as coloquem em realce;
- as disposições normativas serão redigidas com clareza, precisão e ordem lógica;
- a alteração da lei será feita mediante reprodução integral em novo texto, quando se tratar de alteração considerável; mediante revogação parcial; ou, nos demais casos, por meio de substituição, no próprio texto, do dispositivo alterado, ou acréscimo de dispositivo novo;

- qualquer renumeração de artigos e de unidades superiores ao artigo é vedada, mesmo quando recomendável, devendo ser utilizado o mesmo número do artigo ou unidade imediatamente anterior, seguido de letras maiúsculas, em ordem alfabética, tantas quantas forem suficientes para identificar os acréscimos;
- é vedado o aproveitamento do número de dispositivo revogado, vetado, declarado inconstitucional pelo Supremo Tribunal Federal ou de execução suspensa pelo Senado Federal em face de decisão do Supremo Tribunal Federal, devendo a lei alterada manter essa indicação, seguida da expressão "revogado", "vetado", "declarado inconstitucional, em controle concentrado, pelo Supremo Tribunal Federal", ou "execução suspensa pelo Senado Federal, na forma do art. 52, X, da Constituição Federal";
- é admissível a reordenação interna das unidades em que se desdobra o artigo, identificando-se o artigo assim modificado por alteração de redação, supressão ou acréscimo com as letras "NR" maiúsculas, entre parênteses, uma única vez ao seu final;
- as leis federais serão reunidas em codificações e consolidações, integradas por volumes contendo matérias conexas ou afins, constituindo, em seu todo, a Consolidação da Legislação Federal;
- a consolidação consistirá na integração de todas as leis pertinentes a determinada matéria num único diploma legal, revogando-se formalmente as leis incorporadas à consolidação, sem modificação do alcance nem interrupção da força normativa dos dispositivos consolidados;
- Preservando-se o conteúdo normativo original dos dispositivos consolidados, poderão ser feitas as seguintes alterações nos projetos de lei de consolidação: introdução de novas divisões do texto legal base; diferente colocação e numeração dos artigos consolidados; fusão de disposições repetitivas ou de valor normativo idêntico; atualização da denominação de órgãos e entidades da administração pública; atualização de termos antiquados e modos de escrita ultrapassados; atualização do valor de penas pecuniárias, com base em indexação padrão; eliminação de ambiguidades decorrentes do mau uso do vernáculo; homogeneização terminológica do texto; supressão de dispositivos declara-

dos inconstitucionais pelo Supremo Tribunal Federal, observada, no que couber, a suspensão pelo Senado Federal de execução de dispositivos; indicação de dispositivos não recepcionados pela Constituição Federal; declaração expressa de revogação de dispositivos implicitamente revogados por leis posteriores;

- o Poder Executivo ou o Poder Legislativo procederá ao levantamento da legislação federal em vigor e formulará projeto de lei de consolidação de normas que tratem da mesma matéria ou de assuntos a ela vinculados, com a indicação precisa dos diplomas legais expressa ou implicitamente revogados;
- a apreciação dos projetos de lei de consolidação pelo Poder Legislativo será feita na forma do Regimento Interno de cada uma de suas Casas, em procedimento simplificado, visando a dar celeridade aos trabalhos;
- as medidas provisórias ainda não convertidas em lei não serão objeto de consolidação;
- a Mesa Diretora do Congresso Nacional, de qualquer de suas Casas e qualquer membro ou Comissão da Câmara dos Deputados, do Senado Federal ou do Congresso Nacional poderá formular projeto de lei de consolidação;
- a Mesa do Congresso Nacional, na primeira sessão legislativa de cada legislatura, promoverá a atualização da Consolidação das Leis Federais Brasileiras, incorporando às coletâneas que a integram as emendas constitucionais, leis, decretos legislativos e resoluções promulgadas durante a legislatura imediatamente anterior, ordenados e indexados sistematicamente;
- os órgãos diretamente subordinados à Presidência da República e os Ministérios, assim como as entidades da administração indireta, adotarão, em prazo estabelecido em decreto, as providências necessárias para ser efetuada a triagem, o exame e a consolidação dos decretos de conteúdo normativo e geral e demais atos normativos inferiores em vigor, vinculados às respectivas áreas de competência, remetendo os textos consolidados à Presidência da República, que os examinará e reunirá em coletâneas, para posterior publicação;

- o Poder Executivo, até cento e oitenta dias do início do primeiro ano do mandato presidencial, promoverá a atualização das coletâneas, incorporando aos textos que as integram os decretos e atos de conteúdo normativo e geral editados no último quadriênio;
- eventual inexatidão formal de norma elaborada mediante processo legislativo regular não constitui escusa válida para o seu descumprimento.

Eis, em apertada síntese, os preceitos fundamentais da Lei Complementar n. 95/98, os quais devem ser necessariamente compreendidos e utilizados pelos estudiosos e aplicadores da legislação nacional, bem como pelas autoridades e servidores integrantes do Poder Legislativo e Poder Executivo no Brasil.

3. O CÓDIGO DE PROCESSO CIVIL (CPC/2015): CONTRIBUTOS PARA A TEORIA GERAL DO DIREITO

O atual Código de Processo Civil, criado através da Lei n. 13.105, de 16 de março de 2015, iniciou a sua vigência em 18 de março de 2016, revogando a Lei n. 5.869, de 11 de janeiro de 1973.

Com efeito, o novo diploma legal oferece importantes elementos para a reconstrução da Teoria Geral do Direito no Brasil, por meio de um novo paradigma hermenêutico que descortina arejados parâmetros para a interpretação e aplicação da ordem jurídica pátria.

De fato, o mencionado diploma legislativo adota um modelo pós-positivista no âmbito do Direito Processual, nos termos daquilo que se denomina neoprocessualismo.

Esse novo paradigma cognitivo do Direito Processual possibilita, deveras, um redimensionamento dos processos decisórios, judiciais e extrajudiciais, oportunizando o desenvolvimento de uma prestação jurisdicional que passa a estar centrada nos seguintes vetores axiológicos:

- constitucionalização principiológica do processo;
- redimensionamento do processo como espaço democrático para o acesso a uma ordem jurídica justa, pautada na realização dos direitos fundamentais dos cidadãos;

- superação do modelo formalista, abstrato e estatocêntrico do processo;
- superação da dicotomia direito material x direito processual;
- alargamento do campo argumentativo dos intérpretes;
- valorização da criação jurisprudencial da normatividade jurídica;
- dissolução das fronteiras clássicas do *civil Law* (tradição romano--germânica) e *common Law* (tradição anglo-americana);
- implemento da teoria dos precedentes e "commonização" do Direito Processual;
- consolidação do direito sumular como instrumento de uniformização interpretativa;
- otimização dos princípios da eticidade, da efetividade e da celeridade do processo;
- ênfase na utilização dos mecanismos de solução extrajudicial de conflitos;
- abertura para o exercício de uma racionalidade de base dialógico--comunicativa para a tomada das decisões judiciais;
- reforço do dever de fundamentação judicial das opções hermenêuticas;
- desenvolvimento de cooperação na busca da verdade jurídica, a ser viabilizada, conjuntamente, pelo Poder Judiciário, pelos sujeitos do processo e pela sociedade civil.

Decerto, tais diretrizes do neoprocessualismo integram o campo de estudo da Teoria Geral do Direito, porquanto produzem reflexos diretos no modo de atuação dos mais diversos intérpretes e aplicadores que militam na práxis jurídica: advogados, promotores, juízes, procuradores, gestores públicos, legisladores e particulares em geral.

Para a perspectiva mais específica da Hermenêutica Jurídica, merecem destaque as seguintes inovações trazidas pelo Novo Código de Processo Civil:

- o processo civil será ordenado, disciplinado e interpretado conforme os valores e as normas fundamentais estabelecidos na Constituição da República Federativa do Brasil, observando-se as disposições deste Código;

- a conciliação, a mediação e outros métodos de solução consensual de conflitos deverão ser estimulados por juízes, advogados, defensores públicos e membros do Ministério Público, inclusive no curso do processo judicial;
- a ameaça ou lesão a direito não poderá ser afastada da apreciação jurisdicional;
- as partes terão o direito de obter, em prazo razoável, a solução integral do mérito, incluída a atividade satisfativa;
- aquele que de qualquer forma participar do processo deverá comportar-se de acordo com a boa-fé;
- todos os sujeitos do processo deverão cooperar entre si para que se obtenha, em tempo razoável, decisão de mérito justa e efetiva;
- as partes terão paridade de tratamento em relação ao exercício de direitos e faculdades processuais, aos meios de defesa, aos ônus, aos deveres e à aplicação de sanções processuais, competindo ao juiz zelar pelo efetivo contraditório;
- o juiz atenderá aos fins sociais e às exigências do bem comum, resguardando e promovendo a dignidade da pessoa humana e observando a proporcionalidade, a razoabilidade, a legalidade, a publicidade e a eficiência;
- o juiz não poderá decidir, em grau algum de jurisdição, com base em fundamento a respeito do qual não se tenha dado às partes oportunidade de se manifestar, ainda que se trate de matéria sobre a qual deva decidir de ofício;
- todos os julgamentos dos órgãos do Poder Judiciário serão públicos, e fundamentadas todas as decisões, sob pena de nulidade;
- os juízes e os tribunais deverão obedecer à ordem cronológica de conclusão para proferir sentença ou acórdão;
- a norma processual não retroagirá e será aplicável imediatamente aos processos em curso, respeitados os atos processuais praticados e as situações jurídicas consolidadas sob a vigência da norma revogada;

- as disposições do Novo Código de Processo Civil serão aplicadas, supletiva e subsidiariamente, nos processos eleitorais, trabalhistas ou administrativos;
- os órgãos do Poder Judiciário, estadual ou federal, especializado ou comum, em todas as instâncias e graus de jurisdição, inclusive aos tribunais superiores, cumprirão o dever de recíproca cooperação, por meio de seus magistrados e servidores;
- aquele que litigar de má-fé como autor, réu ou interveniente responderá por perdas e danos;
- a pessoa natural ou jurídica, brasileira ou estrangeira, com insuficiência de recursos para pagar as custas, as despesas processuais e os honorários advocatícios terá direito à gratuidade da justiça, na forma da lei;
- o juiz ou o relator, considerando a relevância da matéria, a especificidade do tema objeto da demanda ou a repercussão social da controvérsia, poderá, por decisão irrecorrível, de ofício ou a requerimento das partes ou de quem pretenda manifestar-se, solicitar ou admitir a participação de pessoa natural ou jurídica, órgão ou entidade especializada, com representatividade adequada, no prazo de 15 (quinze) dias de sua intimação;
- os tribunais criarão centros judiciários de solução consensual de conflitos, responsáveis pela realização de sessões e audiências de conciliação e mediação e pelo desenvolvimento de programas destinados a auxiliar, orientar e estimular a autocomposição;
- a conciliação e a mediação são informadas pelos princípios da independência, da imparcialidade, da autonomia da vontade, da confidencialidade, da oralidade, da informalidade e da decisão informada;
- qualquer decisão judicial, seja ela interlocutória, sentença ou acórdão, não será considerada fundamentada se: limitar-se à indicação, à reprodução ou à paráfrase de ato normativo, sem explicar sua relação com a causa ou a questão decidida; empregar conceitos jurídicos indeterminados, sem explicar o motivo concreto de sua incidência no caso; invocar motivos que se prestariam a justificar qualquer outra decisão; não enfrentar todos os argu-

mentos deduzidos no processo capazes de, em tese, infirmar a conclusão adotada pelo julgador; limitar-se a invocar precedente ou enunciado de súmula, sem identificar seus fundamentos determinantes nem demonstrar que o caso sob julgamento se ajusta àqueles fundamentos; ou deixar de seguir enunciado de súmula, jurisprudência ou precedente invocado pela parte sem demonstrar a existência de distinção no caso em julgamento ou a superação do entendimento;

- os tribunais devem uniformizar sua jurisprudência e mantê-la estável, íntegra e coerente;
- os tribunais editarão enunciados de súmula correspondentes a sua jurisprudência dominante, devendo ater-se às circunstâncias fáticas dos precedentes que motivaram sua criação;
- os juízes e os tribunais observarão: as decisões do Supremo Tribunal Federal em controle concentrado de constitucionalidade; os enunciados de súmula vinculante; os acórdãos em incidente de assunção de competência ou de resolução de demandas repetitivas e em julgamento de recursos extraordinário e especial repetitivos; os enunciados das súmulas do Supremo Tribunal Federal em matéria constitucional e do Superior Tribunal de Justiça em matéria infraconstitucional; e a orientação do plenário ou do órgão especial aos quais estiverem vinculados;
- poderá haver modulação dos efeitos da alteração no interesse social e no da segurança jurídica, na hipótese de alteração de jurisprudência dominante do Supremo Tribunal Federal e dos tribunais superiores ou daquela oriunda de julgamento de casos repetitivos;
- a modificação de enunciado de súmula, de jurisprudência pacificada ou de tese adotada em julgamento de casos repetitivos observará a necessidade de fundamentação adequada e específica, considerando os princípios da segurança jurídica, da proteção da confiança e da isonomia;
- os tribunais darão publicidade a seus precedentes, organizando-os por questão jurídica decidida e divulgando-os, preferencialmente, na rede mundial de computadores;

- terão prioridade de tramitação, em qualquer juízo ou tribunal, os procedimentos judiciais: em que figure como parte ou interessado pessoa com idade igual ou superior a 60 (sessenta) anos ou portadora de doença grave; e os regulados pela Lei n. 8.069, de 13 de julho de 1990 (Estatuto da Criança e do Adolescente).

Desse modo, ficam aqui registrados, em apertada síntese, os mais relevantes contributos do atual Código de Processo Civil para o desenvolvimento da Teoria Geral do Direito em solo brasileiro.

Sendo assim, cumpre-nos aguardar a efetiva aplicação desse novo e relevante diploma legislativo e seus impactos na ciência do direito e na interpretação jurídica diuturnamente realizada no cotidiano forense do nosso país.

SINOPSE

A Lei de Introdução às Normas do Direito Brasileiro (LINDB) revela-se essencial para o estudo da Teoria Geral do Direito no Brasil, porquanto fundamenta a exegese das diversas leis que compõem o sistema jurídico nacional e a ordem jurídica estrangeira.

A LINDB, inicialmente denominada Lei de Introdução ao Código Civil, pelo Decreto-Lei n. 4.657/42, adquiriu a nova denominação pela Lei n. 12.376/2010.

Posteriormente, a Lei n. 13.655, de 25 de abril de 2018, incluiu no corpo da Lei de Introdução às Normas do Direito Brasileiro (LINDB) novos dispositivos, estabelecendo parâmetros hermenêuticos de segurança jurídica e eficiência, a fim de orientar os processos de criação, aplicação e decisão dos atores jurídicos no âmbito do Direito Público.

Por sua vez, a Teoria da Técnica Legislativa afigura-se como a parte da Teoria Geral do Direito que estuda o modo de criação, estruturação e modificação dos diplomas legislativos qualificados como leis pelos ordenamentos jurídicos.

A legislação que embasa o estudo da técnica legislativa no Brasil é a Lei Complementar n. 95/98.

O referido diploma legislativo versa sobre a elaboração, a redação, a alteração e a consolidação das leis, conforme determina o parágrafo único do art. 59 da Constituição Federal, e estabelece normas para a consolidação dos atos normativos que menciona. Aplica-se, ainda, no que couber, aos decretos e aos demais atos de regulamentação oriundos dos órgãos do Poder Executivo.

O recente Código de Processo Civil, criado pela Lei n. 13.105, de 16 de março de 2015, oferece também importantes elementos à construção de novos paradigmas para o conhecimento e para a aplicação do ordenamento jurídico no Brasil, contribuindo para os estudos, os debates e as aplicações dos conceitos examinados no âmbito da Teoria Geral do Direito.

QUESTÕES DE TEORIA GERAL DO DIREITO – CONCURSOS PÚBLICOS, EXAMES NACIONAIS DE CURSOS, EXAMES DE ORDEM (OAB) E AUTORIA PRÓPRIA

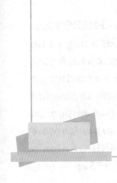

1) (Exame Nacional de Desempenho dos Estudantes – ENADE/2012) O Estado de direito contrapõe-se ao Estado absoluto, porquanto, baseado na lei (que rege governantes e governados), reconhece aos indivíduos a titularidade de direitos públicos subjetivos, ou seja, de posições jurídicas ativas com relação à autoridade estatal (GRINOVER, A. P. *Liberdades públicas e processo penal*. 2 ed. São Paulo: RT, 1982, p. 5. adaptado).

Os direitos fundamentais do indivíduo representam limites objetivos à atuação do ente estatal. Esses direitos estabelecem, portanto, um padrão ético a ser seguido pelo Estado. Nessa perspectiva, conclui-se que, em um Estado de direito,

a) o indivíduo é detentor de uma série de direitos fundamentais protegidos por garantias normativas que asseguram sua plena efetivação no plano prático.

b) a restrição da atuação do Estado está baseada no fato de o indivíduo ser titular de direitos indisponíveis e, ao mesmo tempo, detentor de prerrogativas processuais.

c) o agente estatal deve agir, na sua relação com o indivíduo, com base na ética, tendo em vista que os direitos públicos subjetivos exigem do Estado um compromisso moral com o cidadão.

d) a efetividade das garantias fundamentais é proporcional à liberdade concedida pelo Estado de direito ao indivíduo para o exercício de direitos fundamentais.

e) os limites encontrados pela autoridade estatal, em uma relação processual com um indivíduo, são estabelecidos em normas de cunho ético contempladoras de garantias fundamentais.

2) (Exame Nacional de Desempenho dos Estudantes – ENADE/2009) A História registra imagens da vivência de índios e negros no Brasil e de suas relações com o conquistador europeu. A esse propósito, assinale a alternativa que confirme a assertiva de que a história não deve ser vista "...*só como ciência do passado (...), mas como ciência do presente, na medida em que, em ligação com as ciências humanas, investiga as leis de organização e transformação das sociedades humanas*" (HESPANHA, Antonio M. *História das Instituições*. Coimbra: Almedina, 1952).

a) A questão dos índios e negros é superada na História do Brasil, pela Proclamação da República.

b) A ordem jurídica liberal democrática permitiu ascensão dos negros e dos índios na sociedade brasileira, como demonstram as ciências humanas.

c) A demarcação de reservas indígenas é acontecimento recente, que não deve ser associado a elementos históricos.

d) O reconhecimento da titularidade das terras aos remanescentes de quilombos inscreve-se no processo histórico das transformações das sociedades humanas.

e) A ordem jurídica é fenômeno autônomo que não se contamina com a dinâmica social e histórica.

3) (Exame Nacional de Desempenho dos Estudantes – ENADE/2009) Montesquieu, na sua clássica obra "O Espírito das Leis", elaborou a ideia da Separação de Poderes, com base na experiência política inglesa. Esse princípio, presente na Constituição brasileira sob a forma de cláusula pétrea, consiste

I. na absoluta e necessária independência dos poderes, de modo que apenas o Poder Judiciário possa fiscalizar os demais.

II. no esquema de independência equilibrada entre os poderes, que constitui o sistema de freios e contrapesos.

III. no regime presidencialista, já que no parlamentarismo o chefe do executivo é determinado pelo poder legislativo e, portanto, não há separação entre os poderes.

IV. na atribuição das diversas competências do Estado a cada um dos poderes.

Estão CORRETAS somente as afirmativas

a) I e III.
b) I e IV.
c) II e IV.
d) II e III.
e) I, II e III.

4) **(Exame Nacional de Desempenho dos Estudantes – ENADE/2009)**
Olhe pro menino
Sem camisa e descalço
Que chora por comida
Que te pede um trocado
Olhe pro menino
Que não tem onde morar
Não tem pra onde ir
E não tem onde ficar
Olhe em seus olhos
Sinta o ódio animal
A revolta que ele sente
Da injustiça social
(*Injustiça Social* – Esgoto. In: <http://www.letras.com.br/esgoto/injustica-social>).

A música retrata situação que afronta direitos fundamentais, registrados no texto constitucional brasileiro. Esses direitos traduzem-se em

a) falácias do legislador constituinte.
b) situações referidas à dignidade humana.
c) valores religiosos, de matriz filosófica.
d) regras gerais, sem eficácia plena.
e) situações políticas, sem viés jurídico.

5) **(Exame Nacional de Desempenho dos Estudantes – ENADE/2009)**
Texto 1:
"Diadorim vinha constante comigo. Que viesse sentido, soturno? Não era, não, isso eu é que estava crendo, e quase dois dias enganoso cri. Depois, somente, entendi que o emburro era mesmo meu. Saudade de amizade. Diadorim caminhava corre-

to, com aquele passo curto, que o dele era, e que a brio pelejava por espertar. Assumi que ele estava cansado, sofrido também. Aí mesmo assim, escasso no sorrir, ele não me negava estima, nem o valor de seus olhos. Por um sentir: às vezes eu tinha a cisma de que, só de calcar o pé em terra, alguma coisa nele doesse. Mas, essa ideia, que me dava, era do carinho meu. Tanto que me vinha a vontade, se pudesse, nessa caminhada, eu carregava Diadorim, livre de tudo, nas minhas costas" (ROSA, Guimarães. *Grande sertão:* veredas. São Paulo: Nova Fronteira, 1985).

Texto 2:

"É neste sentido que se afirma que a moralidade que o Direito visa garantir e promover no Estado Democrático de Direito não é a moralidade positiva – que toma os valores majoritariamente vigentes como um dado inalterável, por mais opressivos que sejam – mas a moralidade crítica. É a moral que não se contenta em chancelar e perpetuar todas as concepções e tradições prevalecentes numa determinada sociedade, mas propõe-se à tarefa de refletir criticamente sobre elas, a partir de uma perspectiva que se baseia no reconhecimento da igual dignidade de todas as pessoas" (Petição inicial da ADPF n. 178).

Os textos acima, de diferente natureza (literário, o de Guimarães Rosa; técnico-jurídico, o da petição na Arguição de Descumprimento de Preceito Fundamental n. 178), tratam das possiblidades de relação amorosa entre os seres humanos, da ordenação dessas relações pelo Direito, que hoje referenda as relações heterossexuais e nega reconhecimento às homossexuais, e do impacto desse reconhecimento, ou desse não reconhecimento, na autoestima das pessoas. Quais dos argumentos manejados na ADPF atuam para superar a rigidez da fórmula jurídica que só reconhece a união estável entre "homem e mulher" (CRFB, art. 226, § 3º)?

a) O argumento da eficácia jurídica, que afirma a necessidade de o Direito refletir a sociedade.

b) O argumento majoritário, que impõe ao Direito acompanhar o comportamento da maioria das pessoas.

c) O argumento do positivismo jurídico, que considera a lei como moral positiva.

d) O argumento da dignidade humana, que impõe reconhecimento da igual dignidade de todas as pessoas.
e) O argumento da moral, que deve chancelar as tradições prevalecentes na sociedade.

6) **(Exame Nacional de Desempenho dos Estudantes – ENADE/2009)**
"Trazia da infância de menino de engenho, criado, pela madrinha pernambucana quase matriarcal, mais como filho do que como afilhado, mais como neto do que como filho, mais como menina do que como menino – tanto que em Maçangana não aprendera a montar a cavalo – 'o interesse pelo escravo'. Um interesse com alguma coisa de docemente feminino no seu modo humanitário, sentimental, terno, de ser interesse. (...) Deixando a políticos convencionalmente masculinoides a visão apenas política ou somente econômica do problema brasileiro da escravidão, ele a todos excedeu na amplitude social, humana, suprapartidária, que deu a seu apostolado a favor dos escravos. E foi esse apostolado que fez dele um radical, com alguma coisa de socialista – socialista ético – em sua crítica ao sistema de trabalho e de propriedade dominante no Brasil Império; homens donos de homens; terras imensas, dominadas feudalmente por umas poucas e privilegiadas famílias; escravidão; latifúndio" (NABUCO, Joaquim. *Minha formação*. Brasília: Senado Federal, 1998. Gilberto Freyre projeta traços da personalidade de Joaquim Nabuco com base na comparação com "políticos convencionais").
Qual alternativa está de acordo com essa leitura?
a) Joaquim Nabuco mostra-se ético, e seus adversários, não.
b) Joaquim Nabuco leva em conta aspectos humanitários na questão do escravo; os políticos convencionais, aspectos políticos e econômicos.
c) Joaquim Nabuco é suave na pregação de suas ideias; os políticos convencionais, radicais.
d) Joaquim Nabuco apresenta-se com modos efeminados; os políticos convencionais, masculinos.
e) Joaquim Nabuco combate a escravidão; os políticos convencionais, o latifúndio.

7) (Exame Nacional de Desempenho dos Estudantes – ENADE/2006)
Segundo as concepções teóricas de Karl Marx, é correto afirmar que

a) o direito não pode ser visto como uma superestrutura que justifica e mantém a dominação econômica, pois pertence à estrutura social básica.
b) as relações econômicas são independentes das relações jurídicas.
c) as relações de trabalho determinam relações econômicas, mas não o contrário.
d) a alienação é produzida como consequência das crenças religiosas e, por isso, a modernidade, ao romper com a concepção teocêntrica de mundo, funda uma nova ordem.
e) as relações de dominação são anteriores ao capitalismo, mas ao capitalismo fundou a ideia de dominação contratual.

8) (Exame Nacional de Desempenho dos Estudantes – ENADE/2006)
A _____, nascida com a Ilustração, teria privilegiado o universal e a racionalidade; teria sido positivista e tecnocêntrica, acreditado no progresso linear da civilização, na continuidade temporal da história, em verdades absolutas, no planejamento racional e duradouro da ordem social e política; e teria apostado na padronização dos conhecimentos e da produção econômica como sinais da universalidade. Em contrapartida, a _____ privilegiaria a heterogeneidade e a diferença como forças libertadoras da cultura; teria afirmado o pluralismo contra o fetichismo da totalidade e enfatizado a fragmentação, a indeterminação, a descontinuidade e a alteridade, recusando tanto as "metanarrativas", isto é, filosofias e ciências com pretensão de oferecer uma interpretação totalizante do real, quanto os mitos totalizadores, como o mito futurista da máquina, o mito comunista do proletariado e o mito iluminista da ética racional e universal **(CHAUÍ, Marilena. Público, privado e despotismo. In: NOVAES, Adauto, org. Ética. 7. reimp. São Paulo: Companhia das Letras, 1992. p. 346).**

Os dois termos, suprimidos do texto acima, são, respectivamente,

a) antiguidade e modernidade.

b) modernidade e transmodernidade.
c) modernidade e pós-modernidade.
d) endomodernidade e pré-modernidade.
e) pré-modernidade e modernidade.

9) **(Exame Nacional de Desempenho dos Estudantes – ENADE/2006)**
A justiça é uma espécie de meio-termo, porém não no mesmo sentido que as outras virtudes, e sim porque se relaciona com uma quantia ou quantidade intermediária, enquanto a injustiça se relaciona com os extremos. E justiça é aquilo em virtude do qual se diz que o homem justo pratica, por escolha própria, o que é justo (...).

Este trecho, extraído de uma obra clássica da filosofia ocidental, trata de uma discussão da justiça considerada como

a) simetria, dentro da filosofia estética de Platão.
b) valor, no tridimensionalismo de Miguel Reale.
c) medida, dentro da concepção rigorista e positivista de Hans Kelsen.
d) virtude, dentro do pensamento ético de Aristóteles.
e) contradição, na oposição dialética entre justo e injusto, no pensamento de Karl Marx.

10) **(Exame Nacional de Desempenho dos Estudantes – ENADE/2006)**
A coisa é muito distinta no Estado nacional, o único no qual pode prosperar o capitalismo moderno. Funda-se na burocracia profissional e no direito racional (WEBER, Max. *Sociologia del derecho*. Granada: Editorial Comares, 2001. p. 242 – nossa tradução).

A partir da leitura do texto acima, NÃO pode ser atribuída ao pensamento de Max Weber a

a) dependência do capitalismo moderno com relação ao Estado nacional.
b) teoria funcionalista do Direito como sistema autopoiético, ao lado de outros subsistemas sociais.
c) concepção de que o Direito racional substitui a moral e a religião no regramento da vida social.
d) ideia de que a burocracia estabiliza um modo de dominação novo na história.

e) diferenciação dos sistemas sociais, com crescente processo de laicização e de juridificação na justificação do poder.

11) **(Exame Nacional de Desempenho dos Estudantes – ENADE/2009)** A História registra imagens da vivência de índios e negros no Brasil e de suas relações com o conquistador europeu. A esse propósito, assinale a alternativa que confirme a assertiva de que a história não deve ser vista "*... só como ciência do passado (...), mas como ciência do presente, na medida em que, em ligação com as ciências humanas, investiga as leis de organização e transformação das sociedades humanas*" (HESPANHA, Antonio M. *História das instituições*. Coimbra: Almedina, 1952).

a) A questão dos índios e negros é superada, na História do Brasil, pela Proclamação da República.

b) A ordem jurídica liberal democrática permitiu ascensão dos negros e dos índios na sociedade brasileira, como demonstram as ciências humanas.

c) A demarcação de reservas indígenas é acontecimento recente, que não deve ser associado a elementos históricos.

d) O reconhecimento da titularidade das terras aos remanescentes de quilombos inscreve-se no processo histórico das transformações das sociedades humanas.

e) A ordem jurídica é fenômeno autônomo que não se contamina com a dinâmica social e histórica.

12) **(Exame Nacional de Desempenho dos Estudantes – ENADE/2009)** A nomeação de cônjuge, companheiro ou parente em linha reta, colateral ou por afinidade, até o terceiro grau, inclusive, da autoridade nomeante ou de servidor da mesma pessoa jurídica investido em cargo de direção, chefia ou assessoramento, para o exercício de cargo em comissão ou de confiança, ou ainda de função gratificada na administração pública direta e indireta em qualquer dos Poderes da União, dos Estados, do Distrito Federal e dos Municípios, compreendido o ajuste mediante designações recíprocas, viola a Constituição Federal (Súmula Vinculante n. 13 do Supremo Tribunal Federal).

Com base na leitura dessa súmula, é CORRETO afirmar que o STF sedimentou o entendimento de que:

I. o patrimonialismo deve ser banido definitivamente da prática existente na Administração Pública.

II. a proibição da prática do nepotismo não se estende às empresas públicas e às sociedades de economia mista.

III. as nomeações de administradores públicos devem obedecer aos princípios da moralidade e da impessoalidade previstos na Constituição brasileira.

IV. o servidor concursado, detentor de função gratificada, uma vez que se enquadre nas hipóteses do enunciado, deve ser demitido do cargo efetivo a bem do serviço público.

V. as vedações previstas no enunciado sumulado impedem o exercício de cargo público provido por meio de concurso público de provas e títulos.

Estão CORRETAS somente as afirmativas

a) II e IV.
b) III e IV.
c) I e V.
d) I e III.
e) II e V.

13) (Exame Nacional de Desempenho dos Estudantes – ENADE/2009) "Os portugueses [...], assim que se estabeleceram no Brasil, começaram a anexar ao seu sistema de organização agrária de economia e de família uma dissimulada imitação de poligamia, permitida pela adoção legal, por pai cristão, quando este incluía em seu testamento os filhos naturais, ou ilegítimos, resultantes de mães índias e também de escravas negras. Filhos que, nesses testamentos, eram socialmente iguais, ou quase iguais, aos filhos legítimos. Aliás, não raras vezes, os naturais, de cor, foram mesmo instruídos na Casa Grande pelos frades ou pelos mesmos capelães que educavam a prole legítima, explicando-se assim a ascensão social de alguns desses mestiços" (FREYRE, Gilberto).

Com base na comparação entre esse texto, as mudanças da tutela jurídica das relações familiares, as transformações trazidas pela Constituição de 1988 e os dispositivos e princípios consagrados pelo Estatuto da Criança e do Adolescente, analise as seguintes afirmativas:

I. Em decorrência dos avanços tecnológicos, em especial o exame de DNA, o vínculo biológico é o único critério vigente no sistema brasileiro atual para o estabelecimento da filiação.

II. Os filhos havidos de relações incestuosas têm assegurado o vínculo de paternidade sem qualquer distinção de ordem patrimonial ou extrapatrimonial.

III. Pelo princípio da isonomia da prole e da dignidade da pessoa humana, os filhos serão diferenciados em legítimos ou ilegítimos, sendo equiparados para efeitos sucessórios.

IV. Atualmente, no sistema jurídico brasileiro, os critérios vigentes para o estabelecimento da filiação são: o vínculo biológico, o vínculo jurídico e o vínculo socioafetivo.

Estão CORRETAS somente as afirmativas

a) I e II.
b) I e III.
c) II e IV.
d) III e IV.
e) I, III e IV.

14) (Exame Nacional de Desempenho dos Estudantes – ENADE/2009) A Lei das Sociedades Anônimas estabelece padrões amplos e gerais no que tange aos atos caracterizadores de exercício abusivo de poder pelos acionistas controladores.

PORQUE

Tal critério normativo permite às autoridades administrativas e aos magistrados estabelecer outros atos lesivos que venham a ser praticados pelos controladores.

a) As duas afirmações são falsas.
b) As duas afirmações são verdadeiras, e a segunda justifica a primeira.
c) As duas afirmações são verdadeiras, e a segunda não justifica a primeira.
d) A primeira afirmação é verdadeira, e a segunda é falsa.
e) A primeira afirmação é falsa, e a segunda é verdadeira.

15) (Exame Nacional de Desempenho dos Estudantes – ENADE/2009)
A Constituição de 1988 estabelece a obrigatoriedade de participação dos sindicatos nas negociações coletivas e assegura o reconhecimento dos acordos e convenções coletivas de trabalho.

PORQUE

O Brasil ratificou a Convenção 87 da Organização Internacional do Trabalho – OIT, que determina a ampla liberdade sindical, proíbe a cobrança de contribuições sindicais obrigatórias e exige a participação das entidades sindicais nas negociações coletivas.

a) As duas afirmações são falsas.
b) As duas afirmações são verdadeiras, e a segunda justifica a primeira.
c) As duas afirmações são verdadeiras, e a segunda não justifica a primeira.
d) A primeira afirmação é verdadeira, e a segunda é falsa.
e) A primeira afirmação é falsa, e a segunda é verdadeira.

16) (Exame Nacional de Desempenho dos Estudantes – ENADE/2009)
Situação 1: Na Segunda Guerra Mundial, foi alvejado o barco de pesca SHANGRI-LLA na área costeira de Cabo Frio, ocasião em que morreram 10 pessoas. Após idas e vindas do processo, houve sua reapreciação pelo Tribunal Marítimo, em ação em que os familiares das vítimas pretendiam receber indenização por danos morais. Ficou provado que o barco foi alvejado pela embarcação U-199 da Alemanha. Após regular citação, em sua defesa, o governo alemão alega imunidade absoluta de jurisdição. A decisão definitiva do conflito de interesses foi pela prevalência da posição da República Alemã (RO 72/RJ – STJ).

Situação 2: Francês, de origem judaica, naturalizado brasileiro e aqui residente, propõe demanda em face da República Alemã, por ter sofrido danos morais, juntamente com sua família, durante a ocupação do território francês, na Segunda Guerra Mundial. O juiz de primeiro grau extinguiu a ação, sem citação, afirmando impossibilidade jurídica do pedido, em face da imunidade absoluta do Estado Alemão. Após regular tramitação, o Recurso Especial foi provido, com base no princípio da dignidade da pessoa humana, que recomendaria o conhecimento da causa, facultando a citação e manifestação da República Alemã, que poderia ter interesse em ver a causa julgada (RO 64/SP – STJ).

Ao analisar as situações descritas, chega-se à conclusão de que

a) não há possibilidade de submissão do Estado Soberano à jurisdição estrangeira.

b) quando a questão litigiosa referir-se aos direitos fundamentais, o Estado soberano será submetido à jurisdição estrangeira.

c) a imunidade absoluta para atos de império, aqueles praticados pelo Estado soberano, pode ser excepcionada havendo concordância do Estado.

d) a imunidade absoluta só prevalece quando se trata de atos de gestão, os que o Estado pratica como se particular fosse.

e) inexiste imunidade de jurisdição por atos delituosos que foram praticados no território do Estado do foro.

17) (Exame Nacional de Desempenho dos Estudantes – ENADE/2009) A evolução doutrinária brasileira, a respeito dos processos coletivos, autoriza a elaboração de um verdadeiro Direito Processual Coletivo, como ramo do Direito Processual Civil, que tem seus próprios princípios e institutos fundamentais, diversos dos do Direito Processual Individual. São pontos importantes do anteprojeto a reformulação do sistema de preclusões – sempre na observância do contraditório –, a reestruturação dos conceitos de pedido e causa de pedir – a serem interpretados extensivamente, a flexibilização da técnica processual com um aumento dos poderes do juiz, a ampliação dos esquemas da legitimação, para garantir maior acesso à justiça, mas com a paralela observância de requisitos que configuram a denominada "representatividade adequada" e põem em realce o necessário aspecto social da tutela dos interesses e direitos difusos, coletivos e individuais homogêneos, colocando a proteção dos direitos fundamentais de terceira geração a salvo de uma indesejada banalização. (BRASIL. Ministério da Justiça. Anteprojeto de Código Brasileiro de Processos Coletivos, janeiro de 2007).

Considerando o texto acima, pode-se concluir que a tutela processual coletiva

a) despreza por completo o Código de Processo Civil atual, por sua insuficiência técnica em lidar com lides coletivas.
b) reelabora totalmente as categorias clássicas do processo, essencialmente a questão do pedido.
c) adota o critério de *numerus clausus* das ações coletivas, para não permitir a vulgarização de tais demandas.
d) mantém a essência do processo civil atual, aperfeiçoando-o com regras mais abertas e flexíveis para a tutela coletiva.
e) utiliza os institutos do processo civil individual, de forma abreviada, em defesa dos interesses dos cidadãos.

(Defensoria Pública da União – DPU – CESPE/2010) A partir dos conceitos de estratificação e mobilidade sociais, julgue os itens subsequentes.

18) **Max Weber faz distinção entre três dimensões da sociedade: ordem econômica, representada pela classe; ordem social, representada pelo *status* ou estamento; ordem política, representada pelo partido. Cada uma dessas dimensões possui estratificação própria.**
( ) Certo ( ) Errado

19) **A mobilidade social implica movimento significativo na posição econômica, social e política de um indivíduo ou de um estrato.**
( ) Certo ( ) Errado

20) **(Defensoria Pública da União – DPU – CESPE/2010) A respeito das relações de poder e legitimação, julgue o próximo item.**
A forma legítima de dominação carismática, de acordo com Max Weber, está baseada na designação do líder pela virtude da fé na validade do estatuto legal.
( ) Certo ( ) Errado

21) **(Defensoria Pública da União – DPU – CESPE/2010) Considerando a social-democracia, o estado de bem-estar social e os estudos de Adam Przeworski, julgue o próximo item.**

Os social-democratas defendem a não abolição da propriedade privada dos meios de produção em troca da cooperação dos capitalistas na elevação da produtividade e na distribuição dos ganhos.

( ) Certo ( ) Errado

(Defensoria Pública da União – DPU – CESPE/2010) Com relação às concepções teóricas de Estado, julgue os itens subsequentes.

22) Para Thomas Hobbes, com a criação do Estado, o súdito deixa de abdicar de seu direito à liberdade natural para proteger a própria vida.

( ) Certo ( ) Errado

23) De acordo com a teoria política de John Locke, a propriedade já existe no estado de natureza e, sendo instituição anterior à sociedade, é direito natural do indivíduo, não podendo ser violado pelo Estado.

( ) Certo ( ) Errado

24) (Defensoria Pública da União – DPU – CESPE/2010) De acordo com as concepções teóricas do marxismo, julgue o item seguinte.

Segundo Louis Althusser, o aparelho ideológico de Estado dominante para a burguesia era a Igreja.

( ) Certo ( ) Errado

25) (Defensoria Pública do Estado de São Paulo – DPE-SP – FCC/2010) No ensaio "A Política como vocação", Max Weber realiza uma caracterização de três tipos de dominação legítima, a saber:

– A dominação que repousa sobre a "autoridade do 'passado eterno', isto é, dos costumes santificados pela validez imemorial e pelo hábito, enraizado nos homens, de respeitá-los".

– A dominação que se funda em "dons pessoais e extraordinários de um indivíduo", na "devoção e confiança estritamente pessoais depositadas em alguém que se singulariza por qualidades prodigiosas, por heroísmo ou por outras qualidades exemplares que dele fazem o chefe".

– A dominação que se impõe "em razão da crença na validez de um estatuto legal e de uma 'competência' positiva, fundada em regras racionalmente estabelecidas".

Estes modos de dominação correspondem, respectivamente, ao que Weber entende por dominação

a) legal, tradicional e carismática.
b) carismática, tradicional e legal.
c) tradicional, carismática e legal.
d) carismática, legal e tradicional.
e) tradicional, legal e carismática.

26) **(Defensoria Pública do Estado de São Paulo – DPE-SP – FCC/2010)** "A intelectualização e a racionalização crescentes não equivalem, portanto, a um conhecimento geral crescente acerca das condições em que vivemos. Significam, antes, que sabemos ou acreditamos que, a qualquer instante, poderíamos, bastando que o quiséssemos, provar que não existe, em princípio, nenhum poder misterioso e imprevisível que interfira com o curso de nossa vida; em uma palavra, que podemos dominar tudo, por meio da previsão. Equivale isso a despojar de magia o mundo. Para nós não mais se trata, como para o selvagem que acredita na existência daqueles poderes, de apelar a meios mágicos para dominar os espíritos ou exorcizá-los, mas de recorrer à técnica e à previsão. Tal é a significação essencial da intelectualização".

No trecho citado acima, retirado do ensaio "A Ciência como vocação", Max Weber caracteriza aquilo que entende ser um processo "realizado ao longo dos milênios da civilização ocidental", do qual a ciência participa como "elemento e motor". Weber denomina este processo

a) sistematização.
b) desencantamento.
c) tecnocracia.
d) descrença.
e) democratização.

27) (Companhia de Águas e Esgotos do Rio Grande do Norte – FGV/2010) Com base no materialismo histórico de Karl Marx, o estudo da sociedade deve ter como ponto de partida
   a) uma ideia ou conceito previamente fixado pelo pesquisador.
   b) o entendimento das intenções subjetivas dos atores sociais.
   c) as ideias da classe dominante e sua relação de dominação com a sociedade.
   d) a análise das relações do homem com a natureza e das relações entre homens na atividade produtiva.
   e) o comportamento humano diante dos problemas nascidos nas relações familiares.

28) (Companhia de Águas e Esgotos do Rio Grande do Norte – FGV/2010) De acordo com Weber, o fenômeno burocrático típico do Estado Moderno se caracteriza por todas as alternativas a seguir, À EXCEÇÃO DE UMA. Assinale-a.
   a) Há a possibilidade de promoção dos funcionários com base em critérios subjetivos e pessoais.
   b) É regida por regulamentos, ou seja, leis ou normas administrativas.
   c) É marcada pela hierarquia das funções entre funcionários.
   d) Há a proteção dos funcionários no exercício de suas funções.
   e) Há recrutamento por meio de concurso.

29) (Companhia de Águas e Esgotos do Rio Grande do Norte – FGV/2010) Max Weber define o Estado Moderno não pelos seus fins, mas pelos seus meios. Qual das dimensões abaixo NÃO caracteriza o Estado Moderno para o autor?
   a) Território delimitado.
   b) Monopólio do uso legítimo da força.
   c) Democracia.
   d) Racionalização do direito.
   e) Administração racional.

30) (Companhia de Águas e Esgotos do Rio Grande do Norte – FGV/2010) A respeito do liberalismo e do socialismo, ideologias poderosas desde o Século XVIII, analise as afirmativas a seguir.

I. Elas incorporam, de maneiras diferentes, os ideais do iluminismo.

II. Elas apelaram para os grupos sociais que tinham sido impulsionados pela Revolução Industrial.

III. Elas foram expostas, em uma série de textos clássicos, por grandes pensadores.

Assinale:
a) Se somente a afirmativa I estiver correta.
b) Se somente as afirmativas I e II estiverem corretas.
c) Se somente as afirmativas I e III estiverem corretas.
d) Se somente as afirmativas II e III estiverem corretas.
e) Se todas afirmativas estiverem corretas.

(Defensoria Pública da União – CESPE/2007) A respeito do peso das Ciências Sociais e da Sociologia em suas relações com as demais áreas do conhecimento humano, julgue os itens que seguem.

31) Nascida como uma espécie de física social, a sociologia desenvolveria seus cânones e modelos por meio de um processo de adaptação metodológica mecânica ao mundo das ciências exatas.
( ) Certo ( ) Errado

32) A historicidade dos conceitos nas ciências sociais exige do pesquisador da sociologia a cautela que leva à relativização de ideias, modelos e paradigmas que, mesmo apresentados muitas vezes como universais, refletem o ambiente no qual foram gerados.
( ) Certo ( ) Errado

33) O conceito de relações de poder confere mobilidade ao conceito tradicional de poder, relacionando-o à ideia de exercício e saber.
( ) Certo ( ) Errado

34) Os temas da estratificação, da mobilidade e das desigualdades sociais são recorrentes na tradição sociológica, embora também

sejam encontrados em quase todas as ciências sociais e humanas.

( ) Certo ( ) Errado

35) **(Exame Nacional de Desempenho dos Estudantes – ENADE/2003) Quando a Sociologia Jurídica tematiza a questão da burocratização dos tribunais, enfatizando que a forma e o procedimento estão acima da eficácia dos direitos humanos e sociais, expressa uma preocupação com**

a) o rigor que o magistrado deve necessariamente possuir ao interpretar com literalidade os textos de lei, para produzir segurança e certeza jurídicas.

b) o controle externo da magistratura, que seria a solução única e definitiva para as dificuldades da justiça brasileira.

c) o papel social do Judiciário na garantia de acesso à justiça e de afirmação dos direitos humanos.

d) as ameaças à justiça brasileira pelo crime organizado.

e) as dificuldades de aplicação da legislação esparsa do direito brasileiro.

36) **(Exame Nacional de Desempenho dos Estudantes – ENADE/2002) Estudiosos do direito destacam a diferença entre o direito "nos livros" e o direito "em ação". Temas como o cumprimento (ou não) das normas e a aplicação (ou não) de sanções sempre aparecem nesses estudos que se integram na**

a) Sociologia do Direito que trata da validade das normas.

b) Filosofia do Direito centrada nos exames valorativos da justiça e da moralidade do ordenamento.

c) Teoria Geral do Direito que vê na relação entre o ilícito e a sanção o núcleo da normatividade jurídica.

d) Teoria Geral do Direito que privilegia o aspecto positivo do ordenamento jurídico.

e) Sociologia do Direito que investiga a eficácia do direito.

37) **(Exame Nacional de Desempenho dos Estudantes – ENADE/2000) Com as mudanças em curso na sociedade – especialmente a globalização econômica e a propalada crise da soberania dos Estados nacionais – algumas correntes da sociologia jurídica**

tiveram, nos últimos dez anos, renovado impulso. Dentre elas, podemos destacar

a) as abordagens marxistas de crítica ao direito burguês.
b) o jusnaturalismo católico.
c) as análises neoweberianas do direito material.
d) o "psicologismo" social.
e) as correntes defensoras do pluralismo jurídico.

38) **(Exame Nacional de Desempenho dos Estudantes – ENADE 1998) A eficácia do direito, enquanto tema privilegiado da sociologia jurídica, implica:**

a) o estudo da eficiência dos magistrados.
b) o exame dos efeitos e consequências das regras jurídicas.
c) o reconhecimento da legitimidade do direito estatal.
d) a desqualificação dos elementos formais e valorativos do direito.
e) a análise da estrutura lógica da norma jurídica.

39) **(Exame Nacional de Desempenho dos Estudantes – ENADE/2006) A coisa é muito distinta no Estado nacional, o único no qual pode prosperar o capitalismo moderno. Funda-se na burocracia profissional e no direito racional (WEBER, Max. *Sociologia del derecho*. Granada: Editorial Comares, 2001. p. 242 – nossa tradução).**

A partir da leitura do texto acima, NÃO pode ser atribuída ao pensamento de Max Weber a

a) dependência do capitalismo moderno com relação ao Estado nacional.
b) teoria funcionalista do Direito como sistema autopoiético, ao lado de outros subsistemas sociais.
c) concepção de que o Direito racional substitui a moral e a religião no regramento da vida social.
d) ideia de que a burocracia estabiliza um modo de dominação novo na história.
e) diferenciação dos sistemas sociais, com crescente processo de laicização e de juridificação na justificação do poder.

40) (Defensoria Pública da União – DPU – Sociólogo – CESPE/2010)
Na perspectiva da sociologia jurídica

a) o direito é um aprimoramento do caráter humano.
b) o direito é uma função da sociedade.
c) o direito é proveniente de uma autoridade bem formada (Deus, Natureza ou Razão humana).
d) Deus e a Natureza são objetos de estudo, porque o são de todas as áreas relacionadas ao direito.
e) a lei escrita é objeto de estudo.

41) (Defensoria Pública da União – DPU – Sociólogo – CESPE/2010)
No Brasil, a inclusão da sociologia jurídica em currículos de cursos de nível superior derivou da necessidade de reflexão crítica sobre o direito e as instituições jurídicas. Com relação a esse assunto, é correto afirmar que a sociologia jurídica

a) é área que exige professores que tenham concluído, necessariamente, os cursos de direito e de sociologia.
b) passou a constituir disciplina obrigatória em todos os cursos brasileiros de direito a partir de 2002.
c) foi incluída, oficialmente, em currículos de cursos de nível superior em 1994.
d) passou a ser área oficial de estudos jurídicos em razão de exigências de movimentos sindicais a partir da década 80 do século passado.
e) limita-se ao estudo das instituições jurídicas.

42) (Defensoria Pública da União – DPU – Sociólogo – CESPE/2010)
A sociologia jurídica surgiu devido

a) à necessidade de explicar o direito para a população de baixa escolaridade.
b) ao crescimento vertiginoso de conhecimentos na área jurídica.
c) às disputas conceituais intermináveis entre acadêmicos de direito.
d) ao interesse epistemológico na relação entre direito e sociologia.
e) ao descompasso entre direitos assegurados e prática concreta de atores sociais.

43) (Defensoria Pública da União – DPU – Sociólogo – CESPE/2010)
Uma das dificuldades epistemológicas referentes à sociologia jurídica é a ausência de definições claras, objetivas e consensuais. Essa dificuldade ocorre porque

a) a sociologia jurídica exclui do âmbito de sua investigação a análise de adesão de atores sociais a normas jurídicas.

b) a sociologia jurídica é uma ciência humana carregada de subjetividade.

c) há um pluralismo jurídico e modelos de interlegalidades que nele se fundamentam.

d) sociólogos e juristas divergem, academicamente, quanto às metodologias de trabalho na área.

e) a sociologia jurídica constitui apenas interpretação da lei.

44) (Defensoria Pública da União – DPU – Sociólogo – CESPE/2010)
Os objetos de estudo da sociologia jurídica incluem

a) os mesmos objetos de estudo do direito.

b) as circunstâncias jurídicas.

c) a consolidação da legislação, da jurisprudência e da dogmática jurídica.

d) as formas com que o direito opera socialmente e a explicação sociológica do direito.

e) a designação dos valores e ideologias não explicitados e que estão contidos na legislação, na jurisprudência e na dogmática jurídica.

45) (Defensoria Pública da União – DPU – Sociólogo – CESPE/2010)
Entre os programas e ações do Conselho Nacional de Justiça, destaca-se a advocacia voluntária, que visa prestar assistência jurídica tanto aos presos quanto aos seus familiares. Devido à situação carcerária do Brasil, esse programa tem como objetivo

a) aliviar o trabalho dos juízes.

b) compensar o número insuficiente de advogados no Brasil.

c) facilitar o trabalho dos defensores públicos nos estados.

d) dar cumprimento pleno às sentenças de condenação.

e) fornecer meios para o exercício dos direitos dos mais pobres.

46) (Defensoria Pública do Estado de São Paulo – DPE-SP – Defensor Público – FCC/2012) Em Vigiar e Punir, Michel Foucault explicita os mecanismos disciplinares de poder que, segundo o filósofo, caracterizam a forma institucional da prisão do início do século XIX. De acordo com as análises deste autor, pode-se afirmar que a modalidade panóptica do poder disciplinar

a) não está na dependência imediata nem é o prolongamento direto das estruturas jurídico-políticas de uma sociedade e, portanto, é absolutamente independente destas estruturas.

b) está na dependência imediata e é o prolongamento direto das estruturas jurídico-políticas de uma sociedade e, desse modo, é absolutamente dependente destas estruturas.

c) está na dependência imediata, mas não é o prolongamento direto das estruturas jurídico-políticas de uma sociedade e, desse modo, é absolutamente dependente destas estruturas.

d) não está na dependência imediata, mas é o prolongamento direto das estruturas jurídico-políticas de uma sociedade e, entretanto, não é absolutamente dependente destas estruturas.

e) não está na dependência imediata nem é o prolongamento direto das estruturas jurídico-políticas de uma sociedade e, entretanto, não é absolutamente independente destas estruturas.

47) (Defensoria Pública do Estado de São Paulo – DPE-SP – Defensor Público – FCC/2012) "Toda a atividade orientada segundo a ética pode ser subordinada a duas máximas inteiramente diversas e irredutivelmente opostas". Esta afirmação precede as análises de Max Weber, no ensaio "A Política como Vocação", acerca da oposição entre, de um lado, a atitude daquele que, convencido da justeza intrínseca de seus atos, é indiferente aos efeitos que estes atos podem acarretar e, de outro lado, a atitude daquele que leva em conta as consequências previsíveis de seus atos. Segundo a terminologia empregada por Weber no ensaio mencionado, estas duas atitudes referem-se, respectivamente, àquilo a que o autor denomina

a) ética de justeza e ética de consequência.

b) ética de justeza e ética de responsabilidade.

c) ética de convicção e ética de responsabilidade.

d) ética de convicção e ética de consequência.

e) ética de responsabilidade e ética de convicção.

48) **(Defensoria Pública do Estado de São Paulo – DPE-SP – Defensor Público – FCC/2012)** Um dos instrumentos do poder disciplinar, caracterizado por Michel Foucault em seu livro *Vigiar e Punir*, consiste em uma forma de punição que é, ao mesmo tempo, um exercício das condutas dos indivíduos. Este instrumento da disciplina é denominado, pelo autor,

a) pena capital.

b) sanção normalizadora.

c) execução normativa.

d) sanção repressora.

e) poder soberano.

49) **(TRT 20ª Região – Analista Judiciário (administrativa) – Superior – FCC/2002)** Emile Durkheim, considerado o precursor da sociologia jurídica, afirmava que o direito

a) é uma ciência neutra.

b) pressupõe continuidade e estabilidade social.

c) é extemporâneo à sociedade.

d) consiste em relações de poder que dependem da vontade e dos desejos dos indivíduos.

e) torna visível a estrutura social existente e varia de acordo com as relações sociais que rege.

50) **(TRT 20ª Região – Analista Judiciário (administrativa) – Superior – FCC/2002)** No Brasil, a inclusão da sociologia jurídica em currículos de cursos de nível superior derivou da necessidade de reflexão crítica sobre o direito e as instituições jurídicas. Com relação a esse assunto, é correto afirmar que a sociologia jurídica

a) é área que exige professores que tenham concluído, necessariamente, os cursos de direito e de sociologia.

b) passou a constituir disciplina obrigatória em todos os cursos brasileiros de direito a partir de 2002.

c) foi incluída, oficialmente, em currículos de cursos de nível superior em 1994.

d) passou a ser área oficial de estudos jurídicos em razão de exigências de movimentos sindicais a partir da década 80 do século passado.

e) limita-se ao estudo das instituições jurídicas.

51) **(TRT 20ª Região – Analista Judiciário (administrativa) – Superior – FCC/2002) O tráfico de drogas nas favelas do Rio de Janeiro é apontado como exemplo da ausência do Estado, que, ao negligenciar a garantia dos direitos sociais, abandona parcelas da população à violência e ao embate entre traficantes e policiais. Os traficantes resolvem conflitos entre moradores e assistem famílias desamparadas pelo Estado, desenvolvendo fortes laços de solidariedade com os moradores. Nesse contexto, a situação é sociologicamente definida como**

a) fenômeno psicossocial em que o aspecto emocional prevalece sobre o jurídico.

b) fenômeno normal, devido à particularidade de cada pessoa e de cada grupo social.

c) fenômeno patológico, porque representa desvio da função do Estado.

d) conflito entre a autonomia dos grupos sociais e a heteronomia que caracteriza o direito estatal.

e) conflito entre a justiça dos traficantes e a representação social de justiça dos moradores.

52) **(TRT 20ª Região – Analista Judiciário (administrativa) – Superior – FCC/2002) O acesso à justiça por comunidades tradicionais, como as de indígenas, quilombolas, ribeirinhos, vaqueiros etc., é realizado por meio da justiça comunitária. Os julgamentos são feitos com base nos símbolos, mitos e rituais desses grupos. Acerca desse assunto, assinale a opção correta.**

a) A justiça comunitária foi criada para atender, exclusivamente, indígenas e ciganos.

b) Por formarem comunidades com cultura diferente da cultura da etnia dominante no local onde vivem, os grupos citados necessitam de justiça específica.

c) A justiça comunitária complementa o atual modelo jurídico ao mitigar a crise do ordenamento jurídico-estatal diante das formas alternativas de solução para litígios que têm surgido.

d) Povos de etnias não dominantes atuam como apêndices da sociedade dominante, o que justifica a criação de estrutura jurídica específica.

e) O multiculturalismo e o pluriculturalismo dos diversos grupos étnicos resultam em tratamento jurídico igualitário para os grupos não dominantes em determinada sociedade.

53) **(TRT 20ª Região – Analista Judiciário (administrativa) – Superior – FCC/2002) A produção de conhecimentos sociológicos e antropológicos acerca da realidade do sistema e dos ritos judiciários esbarra na dificuldade de se obter a colaboração dos magistrados. Com base nessas informações, assinale a opção correta.**

a) A inclusão da sociologia e da antropologia no direito é desnecessária. O direito é uma das disciplinas mais antigas e consolidadas.

b) A colaboração dos magistrados não tem influência na produção de conhecimento sociológico e antropológico sobre o sistema e os ritos jurídicos.

c) Apesar dos problemas de cooperação dos magistrados em pesquisas sociológicas e antropológicas, é possível conhecer a realidade do sistema judiciário por meio, por exemplo, da análise de processos.

d) A prática jurídica está alicerçada em preceitos científicos e técnicos, não havendo necessidade de maiores esclarecimentos sobre ela.

e) A realidade dos ritos judiciários pode ser conhecida entrevistando-se pessoas que tenham sido vítimas de erros jurídicos.

54) **(Defensoria Pública do Estado de São Paulo – DPE-SP – FCC/2010) Em sua teoria da norma jurídica, Norberto Bobbio distingue as sanções jurídicas das sanções morais e sociais. Segundo esta distinção, a sanção jurídica, diferentemente da sanção moral, é sempre uma resposta de grupo e, diferentemente da sanção social, a sanção jurídica é regulada em geral com as mesmas formas e através das mesmas fontes de produção das regras primárias. Para o autor, tal distinção oferece um critério para distinguir, por sua vez, as normas jurídicas das normas morais e das normas sociais. Considerando-se este**

critério, pode-se afirmar que são normas jurídicas as normas cuja execução é garantida por uma sanção

a) externa e institucionalizada.
b) interna e não institucionalizada.
c) interna e institucionalizada.
d) externa e não institucionalizada.
e) interna e informal.

55) **(Defensoria Pública do Estado de São Paulo – DPE-SP – FCC/2010)** Em sua Teoria Pura do Direito, Hans Kelsen concebe o Direito como uma "técnica social específica". Segundo o filósofo, na obra *O que é justiça?*, "esta técnica é caracterizada pelo fato de que a ordem social designada como 'Direito' tenta ocasionar certa conduta dos homens, considerada pelo legislador como desejável, provendo atos coercitivos como sanções no caso da conduta oposta". Tal concepção corresponde à definição kelseniana do Direito como

a) uma positivação da justiça natural.
b) uma ordem estatal facultativa.
c) uma ordem axiológica que vincula a interioridade.
d) um veículo de transformação social.
e) uma ordem coercitiva.

56) **(Defensoria Pública do Estado de São Paulo – DPE-SP – FCC/2010)** Ao comentar a doutrina aristotélica da justiça, Tercio Sampaio Ferraz Junior, em sua obra *Estudos de Filosofia do Direito*, indica aquele que seria o "preceito básico do direito justo, pois só por meio dele a justiça se revelaria em sua atualidade plena". Este preceito, que também pode ser definido como "uma feliz retificação do justo estritamente legal" ou ainda "o justo na concretude", é denominado

a) liberdade.
b) dignidade.
c) vontade.
d) equidade.
e) piedade.

57) **(Defensoria Pública do Estado de São Paulo – DPE-SP – FCC/2010)** "Esse princípio tem, nas regras de Direito, uma função análoga a que tem o princípio da causalidade nas leis naturais por meio das quais a ciência natural descreve a natureza. Uma regra de direito, por exemplo, é a afirmação de que, se um homem cometeu um crime, uma punição deve ser infligida a ele, ou a afirmação de que, se um homem não paga uma dívida contraída por ele, uma execução civil deve ser dirigida contra sua propriedade. Formulando de um modo mais geral: se um delito for cometido, uma sanção deve ser executada".

No trecho reproduzido acima, em sua obra *O que é justiça?*, Hans Kelsen refere-se ao princípio

a) da eficácia.
b) da imputação.
c) do monismo metodológico.
d) da imperatividade do direito.
e) da validade.

58) **(Defensoria Pública do Estado de São Paulo – DPE-SP – FCC/2010)** Em sua teoria do ordenamento jurídico, Norberto Bobbio estuda os aspectos da unidade, da coerência e da completude do ordenamento. Relativamente ao aspecto da coerência do ordenamento jurídico, "a situação de normas incompatíveis entre si" refere-se ao problema

a) das lacunas.
b) da incompletude.
c) das antinomias.
d) da analogia.
e) do espaço jurídico vazio.

59) **(Defensoria Pública do Estado de São Paulo 2010 – DPE-SP – FCC/2010)** "Na fase madura de seu pensamento, a substituição da lei pela convicção comum do povo (*Volksgeist*) como fonte originária do direito relega a segundo plano a sistemática lógico-dedutiva, sobrepondo-lhe a sensação (*Empfindung*) e a intuição (*Anschauung*) imediatas. Savigny enfatiza o relacionamento primário da intuição do jurídico não à regra genérica e abstrata,

mas aos 'institutos de direito' (*Rechtsinstitute*), que expressam 'relações vitais' (*Lebensverhältnisse*) típicas e concretas".

Esta caracterização, realizada por Tercio Sampaio Ferraz Junior, em sua obra *A Ciência do Direito*, corresponde a aspectos essenciais da seguinte escola filosófico-jurídica:

a) Historicismo jurídico.
b) Realismo jurídico.
c) Normativismo.
d) Positivismo jurídico.
e) Jusnaturalismo.

(Defensoria Pública da União – DPU – CESPE/2010) Considerando concepções teóricas do empirismo e do racionalismo, julgue os itens que seguem.

60) Segundo o racionalismo, todo e qualquer conhecimento é embasado na experiência e só é válido quando verificado por fatos metodicamente observados.
( ) Certo   ( ) Errado

61) Segundo John Stuart Mill, o conhecimento matemático é fundamentado na experiência e a indução é o único método científico.
( ) Certo   ( ) Errado

62) **(Defensoria Pública da União – DPU – CESPE/2010)** A respeito da filosofia antiga, julgue o próximo item.

De acordo com os sofistas, o direito natural não se fundava na natureza racional do homem, mas, sim, na sua natureza passional, instintiva e animal.
( ) Certo   ( ) Errado

(Defensoria Pública da União – DPU – CESPE/2007) Tendo o texto abaixo como referência inicial, julgue os itens que se seguem.

Conhecemos pouco dos sofistas. Em primeiro lugar, porque, com exceção de um sofista tardio, Isócrates, de quem temos as obras, não possuímos senão fragmentos dos dois principais sofistas: Protágoras de Abdera e Górgias de Leontini. Em segundo, porque os testemunhos recolhidos pela doxografia foram escritos por seus inimigos – Tucídides, Aristófanes, Xenofonte, Platão e Aristóteles –, que nos deixaram relatos altamente desfavoráveis nos quais o sofista aparece como impostor, mentiroso e demagogo. Esses qualificativos acompanharam os sofistas durante séculos e a palavra sofista era empregada sempre com sentido pejorativo (CHAUI, Marilena. *Introdução à história da filosofia* – dos pré-socráticos a Aristóteles. São Paulo: Cia. das Letras, 2002 – com adaptações).

63) Desde o final do século XIX, tem-se observado uma reabilitação da sofística. Historiadores da filosofia, a partir de então, consideram os sofistas fundadores da pedagogia democrática mestres da arte da educação do cidadão.
( ) Certo   ( ) Errado

64) A sofística é uma arte e uma ciência. Além de um modo de ensinar, ela designa uma doutrina, tal qual a dos filósofos, diferindo da destes apenas por seus desdobramentos práticos e por suas implicações políticas.
( ) Certo   ( ) Errado

(Defensoria Pública da União – DPU – CESPE/2007) Tendo como referência inicial o texto abaixo, julgue o item a seguir.

Muitas têm sido as explicações das causas históricas para a origem da filosofia na Jônia. Alguns consideram que as navegações e as transformações técnicas tiveram o poder de desencantar o mundo e forçar o surgimento de explicações racionais sobre a realidade. Outros enfatizam a invenção do calendário (tempo abstrato), da moeda (signo abstrato para a ação de troca) e da escrita alfabética (transcrição abstrata da palavra e do pensamento), que teriam propiciado o desenvolvimento da capacidade de abstração dos gregos, abrindo caminho para a filosofia (CHAUI, Marilena. *Introdução à história da filosofia* – dos pré-socráticos a Aristóteles. São Paulo: Cia. das Letras, 2002 – com adaptações).

65) A formação da pólis, a cidade-Estado, é a principal determinação histórica para o nascimento da filosofia.
( ) Certo   ( ) Errado

66) (Exame Nacional de Desempenho dos Estudantes – ENADE/2006)
A justiça é uma espécie de meio-termo, porém não no mesmo sentido que as outras virtudes, e sim porque se relaciona com uma quantia ou quantidade intermediária, enquanto a injustiça se relaciona com os extremos. E justiça é aquilo em virtude do qual se diz que o homem justo pratica, por escolha própria, o que é justo (...).

Este trecho, extraído de uma obra clássica da filosofia ocidental, trata de uma discussão da justiça considerada como

a) simetria, dentro da filosofia estética de Platão.
b) valor, no tridimensionalismo de Miguel Reale.
c) medida, dentro da concepção rigorista e positivista de Hans Kelsen.
d) virtude, dentro do pensamento ético de Aristóteles.
e) contradição, na oposição dialética entre justo e injusto, no pensamento de Karl Marx.

67) (Exame Nacional de Desempenho dos Estudantes – ENADE/2002)
A Filosofia do Direito preocupa-se com o fundamento ético do sistema jurídico, com os problemas lógicos do conceito de Direito e com a concretização dessas exigências éticas e lógicas na ordem social e histórica do Direito Positivo
PORQUE
a Filosofia do Direito implica compreender a experiência jurídica na unidade de seus elementos ético, lógico, social e histórico.

a) Se as duas são verdadeiras e a segunda justifica a primeira.
b) Se as duas são verdadeiras e a segunda não justifica a primeira.
c) Se a primeira é verdadeira e a segunda é falsa.
d) Se a primeira é falsa e a segunda é verdadeira.
e) Se as duas são falsas.

68) (Exame Nacional de Desempenho dos Estudantes – ENADE/2000)
Considere o seguinte texto de Miguel Reale:

"Se desejarmos alcançar um conceito geral de regra jurídica, é preciso, por conseguinte, abandonar a sua redução a um juízo hipotético, para situar o problema segundo outro prisma. A concepção formalista do Direito de Kelsen, para quem o Direito é norma, e nada mais do que norma, se harmoniza com a compreensão da regra jurídica como simples enlace lógico que, de maneira hipotética, correlaciona, através do verbo dever ser, uma consequência C ao fato F, mas não vemos como se possa vislumbrar qualquer relação condicional ou hipotética em normas jurídicas como estas:

a) "Compete privativamente à União legislar sobre serviço postal" (Constituição, art. 22, V);

b) "Brasília é a Capital Federal" (Constituição, art. 18, parágrafo 1º);

c) "Todo homem é capaz de direitos e obrigações na vida civil" (Código Civil, art. 2º); ..."

(REALE, Miguel. *Lições preliminares de direito*. São Paulo: Saraiva, 2000. p. 94)

Na passagem transcrita, o autor procura

a) defender a noção de norma como juízo hipotético.

b) aderir à concepção positiva de Kelsen.

c) demonstrar a origem jusnaturalista de todas as normas.

d) mostrar que existem normas jurídicas que não podem ser pensadas como juízos hipotéticos.

e) deixar claro que não existe relação de consequência entre as normas constitucionais e as do Código Civil.

69) (Exame Nacional de Desempenho dos Estudantes – ENADE/1999)
A expressão "hierarquia normativa", segundo Kelsen, alude

a) ao predomínio das normas gerais sobre os privilégios.

b) ao caráter autoritário do Estado.

c) ao fato de que a sentença, como ato concreto e específico, se sobrepõe à lei, geral e abstrata.

d) ao fato de que a criação de uma norma é determinada por outra.

e) a um ordenamento jurídico que sancione a estratificação da sociedade.

70) (Exame Nacional de Desempenho dos Estudantes – ENADE/1998) O positivismo jurídico engloba doutrinas que

a) igualam o direito natural ao direito positivo.
b) acreditam ser o direito positivo o desdobramento inevitável do direito natural.
c) afirmam serem as leis do Estado portadoras de valores positivos.
d) defendem a observância ao direito positivo como um dever moral.
e) repelem a crença em um fundamento valorativo do direito.

71) (Exame de Ordem Unificado X – OAB – Primeira Fase – FGV/2013) "Manter os próprios compromissos não constitui dever de virtude, mas dever de direito, a cujo cumprimento pode-se ser forçado. Mas prossegue sendo uma ação virtuosa (uma demonstração de virtude) fazê-lo mesmo quando nenhuma coerção possa ser aplicada. A doutrina do direito e a doutrina da virtude não são, consequentemente, distinguidas tanto por seus diferentes deveres, como pela diferença em sua legislação, a qual relaciona um motivo ou outro com a lei".

Pelo trecho acima podemos inferir que Kant estabelece uma relação entre o direito e a moral. A esse respeito, assinale a afirmativa correta.

a) O direito e a moral são idênticos, tanto na forma como no conteúdo prescritivo. Assim, toda ação contrária à moralidade das normas jurídicas é também uma violação da ordem jurídica.
b) A conduta moral refere-se à vontade interna do sujeito, enquanto o direito é imposto por uma ação exterior e se concretiza no seu cumprimento, ainda que as razões da obediência do sujeito não sejam morais.
c) A coerção, tanto no direito quanto na moral, é um elemento determinante. É na possibilidade de impor-se pela força, independentemente da vontade, que o direito e a moral regulam a liberdade.

d) Direito e moral são absolutamente distintos. Consequentemente, cumprir a lei, ainda que espontaneamente, não é demonstração de virtude moral.

72) **(Defensoria Pública do Estado do Paraná – DPE-PR – Defensor Público – FCC/2012) A contribuição da Filosofia para o exercício do ser Defensor Público que somente se realiza sendo Defensor Público, é:**
   a) a Filosofia contribui na medida em que é, unilateralmente, visão de mundo e da Ciência, confere ao Defensor Público uma visão peculiarmente distante e abrangente das partes.
   b) a Filosofia torna livre no Defensor o seu Ser, a necessidade interna de resgate de sua essência mais própria, de modo a conferir a essa essência a sua dignidade de ser Defensor Público.
   c) a Filosofia é o pensar do pensar descompromissado, ainda que eventualmente, possa alcançar qualquer utilidade prática ou teórica para a função de Defensor Público.
   d) a Filosofia é a visão panorâmica e histórica dos filósofos e a partir daí, a escolha de uma delas para filtragem do olhar e elaboração de teses de defesa.
   e) a Filosofia é erudição, conhecimentos abrangentes sobre a vida, conferindo ao Defensor Público experiência na solução de problemas e desafios do cotidiano forense.

73) **(Defensoria Pública do Estado do Paraná – DPE-PR – Defensor Público – FCC/2012) Um argumento correto quanto à doutrina da norma para Hans Kelsen é:**
   a) para Kelsen as normas jurídicas são juízos, isto é, enunciados sobre um objeto dado ao conhecimento. São apenas comandos do ser.
   b) para Kelsen, na obra Teoria Pura do Direito, norma é o sentido de um ato através do qual uma conduta é prescrita, permitida ou, especialmente, facultada, no sentido de adjudicada à competência de alguém.
   c) Kelsen não reconhece a distinção entre normas jurídicas e proposições normativas.
   d) para Kelsen a norma que confere validade a todo o sistema jurídico ou conjunto de normas é a norma fundamental que se confunde com a Constituição, já que ambas são postas e impostas.

e) segundo Mata Machado, Kelsen, enquanto jusnaturalista, reduz o direito à norma, mas desenvolve a noção de direito objetivo enquanto coisa devida e a de justiça como Direito Natural.

74) **(Defensoria Pública do Estado de São Paulo − DPE-SP − Defensor Público − FCC/2012)** A Ciência do Direito (...), se de um lado quebra o elo entre jurisprudência e procedimento dogmático fundado na autoridade dos textos romanos, não rompe, de outro, com o caráter dogmático, que tentou aperfeiçoar, ao dar-lhe a qualidade de sistema, que se constrói a partir de premissas cuja validade repousa na sua generalidade racional. A teoria jurídica passa a ser um construído sistemático da razão e, em nome da própria razão, um instrumento de crítica da realidade".

Esta caracterização, realizada por Tercio Sampaio Ferraz Júnior, em sua obra *A Ciência do Direito*, evoca elementos essenciais do

a) jusnaturalismo moderno.

b) historicismo.

c) realismo crítico.

d) positivismo jurídico.

e) humanismo renascentista.

75) **(Defensoria Pública do Estado − DPE-SP − Defensor Público − FCC/2010)** Ao comentar a doutrina aristotélica da justiça, Tercio Sampaio Ferraz Júnior, em sua obra *Estudos de Filosofia do Direito*, indica aquele que seria o "preceito básico do direito justo, pois só por meio dele a justiça se revelaria em sua atualidade plena". Este preceito, que também pode ser definido como "uma feliz retificação do justo estritamente legal" ou ainda "o justo na concretude", é denominado

a) dignidade.

b) vontade.

c) equidade.

d) piedade.

e) liberdade.

76) (Defensoria Pública do Estado – DPE-SP – Defensor Público – FCC/2010) Em sua *Teoria Pura do Direito*, Hans Kelsen concebe o Direito como uma "técnica social específica". Segundo o filósofo, na obra *O que é justiça?*, "esta técnica é caracterizada pelo fato de que a ordem social designada como 'Direito' tenta ocasionar certa conduta dos homens, considerada pelo legislador como desejável, provendo atos coercitivos como sanções no caso da conduta oposta". Tal concepção corresponde à definição kelseniana do Direito como
a) uma ordem estatal facultativa.
b) uma ordem axiológica que vincula a interioridade.
c) um veículo de transformação social.
d) uma ordem coercitiva.
e) uma positivação da justiça natural.

77) (Defensoria Pública do Estado – DPE-SP – Defensor Público – FCC/2010) "Na fase madura de seu pensamento, a substituição da lei pela convicção comum do povo (*Volksgeist*) como fonte originária do direito relega a segundo plano a sistemática lógico-dedutiva, sobrepondo-lhe a sensação (*Empfindung*) e a intuição (*Anschauung*) imediatas. Savigny enfatiza o relacionamento primário da intuição do jurídico não à regra genérica e abstrata, mas aos 'institutos de direito' (*Rechtsinstitute*), que expressam 'relações vitais' (*Lebensverhältnisse*) típicas e concretas".
Esta caracterização, realizada por Tercio Sampaio Ferraz Júnior, em sua obra *A Ciência do Direito*, corresponde a aspectos essenciais da seguinte escola filosófico-jurídica:
a) Normativismo.
b) Positivismo jurídico.
c) Jusnaturalismo.
d) Historicismo Jurídico.
e) Realismo Jurídico.

(Defensoria Pública da União – DPU – Defensor Público – CESPE/2007) Conhecemos pouco dos sofistas. Em primeiro lugar, porque, com exceção de um sofista tardio, Isócrates, de quem temos as obras, não possuímos senão fragmentos dos dois principais sofistas: Protágoras de Abdera e Górgias de Leontini. Em segundo, porque os testemunhos recolhidos pela doxografia foram escritos por seus inimigos – Tucídides, Aristófanes, Xenofonte, Platão e Aristóteles –, que nos deixaram relatos altamente desfavoráveis nos quais o sofista aparece como impostor, mentiroso e demagogo. Esses qualificativos acompanharam os sofistas durante séculos e a palavra sofista era empregada sempre com sentido pejorativo (CHAUI, Marilena. *Introdução à história da filosofia*: dos pré-socráticos a Aristóteles. São Paulo: Cia. das Letras, 2002 – com adaptações).

Tendo o texto acima como referência inicial, julgue os itens que seguem.

78) Desde o final do século XIX, tem-se observado uma reabilitação da sofística. Historiadores da filosofia, a partir de então, consideram os sofistas fundadores da pedagogia democrática mestres da arte da educação do cidadão.
( ) Certo ( ) Errado

79) A sofística é uma arte e uma ciência. Além de um modo de ensinar, ela designa uma doutrina, tal qual a dos filósofos diferindo da destes apenas por seus desdobramentos práticos e por suas implicações políticas.
( ) Certo ( ) Errado

(Defensoria Pública da União – DPU – Defensor Público – CESPE/2007) Muitas têm sido as explicações das causas históricas para a origem da filosofia na Jônia. Alguns consideram que as navegações e as transformações técnicas tiveram o poder de desencantar o mundo e forçar o surgimento de explicações racionais sobre a realidade. Outros enfatizam a invenção do calendário (tempo abstrato), da moeda (signo abstrato para a ação de troca) e da escrita alfabética (transcrição abstrata da palavra e do pensamento), que teriam propiciado o desenvolvimento da capacidade de abstração dos gregos, abrindo caminho para a filosofia.

Idem, ibidem

Tendo como referência inicial o texto acima, julgue o item a seguir.

80) **A formação da *pólis*, a cidade-Estado, é a principal determinação histórica para o nascimento da filosofia.**

( ) Certo ( ) Errado

81) **(Exame de Ordem Unificado XI – OAB – Primeira Fase – FGV/2013) Boa parte da doutrina jusfilosófica contemporânea associa a ideia de Direito ao conceito de razão prática ou sabedoria prática.**

Assinale a alternativa que apresenta o conceito correto de razão prática.

a) Uma forma de conhecimento científico (*episteme*) capaz de distinguir entre o verdadeiro e o falso.

b) Uma técnica (*techne*) capaz de produzir resultados universalmente corretos e desejados.

c) A manifestação de uma opinião (*doxa*) qualificada ou ponto de vista específico de um agente diante de um tema específico.

d) A capacidade de bem deliberar (*phronesis*) a respeito de bens ou questões humanas.

82) **(Exame de Ordem Unificado XI – OAB – Primeira Fase – FGV/2013) Considere a seguinte afirmação de Aristóteles:**

"Temos pois definido o justo e o injusto. Após distingui-los assim um do outro, é evidente que a ação justa é intermediária entre o agir injustamente e o ser vítima da injustiça; pois um deles é ter demais e o outro é ter demasiado pouco" (Aristóteles. *Ética a Nicômaco*. Coleção Os Pensadores. São Paulo: Abril Cultural, 1973, p. 329).

De efeito, é correto concluir que para Aristóteles a justiça deve sempre ser entendida como

a) produto da legalidade, pois o homem probo é o homem justo.

b) espécie de meio termo.

c) relação de igualdade aritmética.

d) ação natural imutável.

83) **(Defensoria Pública-SP – FCC/2010)** Ao comentar a doutrina aristotélica da justiça, Tercio Sampaio Ferraz Júnior, em sua obra *Estudos de Filosofia do Direito*, indica aquele que seria o "preceito básico do direito justo, pois só por meio dele a justiça se revelaria em sua atualidade plena". Este preceito, que também pode ser definido como "uma feliz retificação do justo estritamente legal" ou ainda "o justo na concretude", é denominado:
a) Liberdade.
b) Dignidade.
c) Vontade.
d) Equidade.
e) Piedade.

84) **(Tribunal de Justiça de Alagoas – CESPE/UnB/2008)** Considerando que teorias relativas aos princípios jurídicos sugerem que regras e princípios seriam espécies de normas jurídicas, assinale a opção congruente com essa ideia.
a) As regras estabelecem o dever-ser mediante a imposição de deveres, proibições e permissões; diferentemente, os princípios atuam tão somente com função hermenêutica, para possibilitar a escolha das regras que melhor se conformem ao caso concreto.
b) O conteúdo das regras caracteriza-se por expressar determinações obrigatórias mais completas e precisas; diferentemente, o conteúdo dos princípios se apresenta com maior abstração e generalidade, afetando significativamente o modo de sua implementação.
c) As regras restringem-se a regulamentar condutas em casos concretos; diferentemente, os princípios precipuamente estruturam o sistema jurídico, o que lhes confere caráter hierárquico superior às regras.
d) As regras são fundamentadas pelos princípios, sendo destes deduzidas; diferentemente, os princípios só podem ser revelados pelas regras, extraindo-se indutivamente de suas aplicações particulares os princípios implícitos ou explícitos no ordenamento jurídico.
e) As regras podem estar em oposição tanto a princípios quanto a outras regras, conflito este que causará ou sua validade, ou

sua invalidade; diferentemente, os princípios só podem estar em oposição a outros princípios, conflito que só poderá se resolver pela técnica da ponderação.

85) **(Tribunal de Justiça de Alagoas – CESPE/UnB/2008) Acerca das espécies e métodos clássicos de interpretação adotados pela hermenêutica jurídica, assinale a opção correta.**
   a) A interpretação autêntica pressupõe que o sentido da norma é o fixado pelos operadores do direito, por meio da doutrina e jurisprudência.
   b) A interpretação lógica se caracteriza por pressupor que a ordem das palavras e o modo como elas estão conectadas são essenciais para se alcançar a significação da norma.
   c) A interpretação sistemática se caracteriza por pressupor que qualquer preceito normativo deverá ser interpretado em harmonia com as diretrizes gerais do sistema, preservando-se a coerência do ordenamento.
   d) A interpretação histórica se caracteriza pelo fato de que o significado da norma deve atender às características sociais do período histórico em que é aplicada.
   e) A interpretação axiológica pressupõe uma unidade objetiva de fins determinados por valores que coordenam o ordenamento, assim legitimando a aplicação da norma.

86) **(Tribunal de Justiça de Alagoas – CESPE/UnB/2008) Considerando as alusões à equidade pelo ordenamento jurídico brasileiro, revela-se importante identificar a posição dessa figura em face do quadro das fontes do direito. A respeito dessa relação, é correto afirmar que a equidade**
   a) não se revela como fonte do direito, pois a autorização de seu emprego apenas permite ao juiz criar normas para o caso concreto com base em preceitos de justiça.
   b) não se revela como fonte do direito, pois a autorização de seu emprego apenas permite ao juiz aplicar ao caso concreto normas gerais de justiça previamente positivadas no ordenamento.
   c) não se revela como fonte do direito, pois a autorização de seu emprego apenas permite ao juiz buscar uma melhor compreensão hermenêutica das normas particulares que se aplicam ao caso concreto.

d) se revela como fonte do direito, pois ela se compõe de um conjunto de valores e normas preexistentes ao ordenamento positivo, os quais incidirão sempre que autorizadas por este.

e) se revela como fonte do direito, pois ela prescreve parâmetros para a decisão judicial que não se apoiam nas normas positivadas no ordenamento.

87) **(Tribunal de Justiça de Alagoas – CESPE/UnB/2008) Podem-se encontrar diversos argumentos para justificar a aplicação da analogia no direito, entre os quais a busca pela vontade do legislador ou a imperiosa aplicação da igualdade jurídica, demandando-se soluções semelhantes para casos semelhantes. Com referência a essa aplicação, é correto afirmar que**

a) a analogia tem como principal função descobrir o sentido e o alcance das normas jurídicas.

b) a analogia *legis* se caracteriza por recorrer à síntese de um complexo de princípios jurídicos.

c) a analogia *juris* ocorre quando se formula regra nova, semelhante a outra já existente.

d) a analogia pressupõe que casos análogos sejam estabelecidos em face de normas análogas, mas não díspares.

e) a analogia afasta a criação de regra nova, mas exige interpretação extensiva de regras já existentes.

88) **(Tribunal de Justiça de Alagoas – CESPE/UnB/2008) Um postulado fundamental à teoria do ordenamento jurídico propõe que o direito seja considerado como um conjunto que forma entidade distinta dos elementos que o compõem, em razão de sua unidade, coerência e completude. Com base nessa ordem de ideias, assinale a opção correta.**

a) A ideia de que o direito se organiza em um ordenamento jurídico remonta à época justiniana do direito romano, que, no *corpus juris civilis*, propôs um sistema completo de direito formado pelas *Constituitiones*, *Digesto*, *Institutas* e *Codex*.

b) É essencial, para que o direito seja coerente e completo, que suas normas decorram de uma única fonte ou origem primária, capaz de solucionar definitivamente questões sobre a identificação de todas as normas jurídicas.

c) A unidade é uma característica exclusiva do positivismo jurídico, já que este propõe uma igualdade mínima quanto ao conteúdo substancial das normas, por compartilharem valores que assim as unificam como sistema.

d) A ideia de coerência do sistema jurídico é concebida pela negação de que nele possam permanecer antinomias entre normas de igual ou diferente hierarquia, afirmando que duas normas antinômicas não poderão ser simultaneamente válidas.

e) O ordenamento jurídico é completo porque, ainda que se verifiquem lacunas normativas, ele oferece um conjunto de fontes primárias e secundárias de direito capazes de produzir as normas necessárias para preenchê-las.

89) **(Procurador-Geral da República – PGR – Procurador/2005) No que se refere ao conflito de normas é correto afirmar que:**

a) a antinomia de segundo grau é o conflito existente entre ideias fundamentais;

b) o conflito entre normas de direito internacional privado pode ser real ou aparente;

c) a antinomia entre normas atinentes à prescrição das ações relativas aos bens públicos é aparente e imprópria;

d) o conflito normativo no direito interno resolve-se pelos critérios hierárquico e da especialidade.

90) **(Ministério Público – MP-SC – Promotor de Justiça/2012)**

I. O acesso à justiça está entre as grandes preocupações da sociedade contemporânea. Não se limita à simples petição ao Poder Judiciário, mas ao direito de uma pronta e efetiva resposta, em um prazo razoável, além do julgamento imparcial por um juiz ou tribunal, à observância do devido processo legal e às demais garantias processuais e constitucionais.

II. O acesso à Justiça apresenta finalidades básicas no sistema jurídico, pelo qual as pessoas podem reivindicar seus direitos e/ou resolver seus litígios sob os auspícios do Estado. Citam-se como exemplos duas destas finalidades: a) o sistema deve ser igualmente acessível a todos; b) ele deve produzir resultados que sejam individual e socialmente justos.

III. A origem primária do Direito está relacionada diretamente com suas fontes. Estas fontes podem ser: materiais ou formais.

IV. Na aplicação da lei, o juiz atenderá aos fins sociais a que ela se dirige e às exigências do bem comum. Neste contexto, a

ciência do direito, articulada no modelo teórico hermenêutico apresenta, especialmente, as tarefas de: a) interpretar as normas; b) verificar a existência da lacuna jurídica; c) afastar contradições normativas.

V. A hermenêutica é a arte de interpretar. Contudo, não contém regras bem ordenadas quando da fixação de princípios e critérios para interpretação. Pode-se afirmar que a hermenêutica se esgota no campo da interpretação jurídica, por ser apenas um instrumento para sua realização.

a) Apenas as assertivas I, II, III e IV estão corretas.
b) Apenas as assertivas II, III e IV estão corretas.
c) Apenas as assertivas I, III e V estão corretas.
d) Apenas as assertivas I, II e IV estão corretas.
e) Todas as assertivas estão corretas.

91) **(Procurador-Geral do Estado – PGE-AC – Procurador – FMP-RS/2012) Assinale a alternativa CORRETA.**

a) Antinomia jurídica ocorre quando há lacuna legislativa.
b) No Direito brasileiro, a equidade possui apenas função interpretativa.
c) A analogia, assim como o costume e os princípios gerais de direito, tem função integrativa no sistema jurídico brasileiro.
d) O critério ou princípio hierárquico – *lex superior derogat legi inferiori* – visa a solucionar o problema da necessidade de integração de lacunas axiológicas.

92) **(TRF 1ª Região – Juiz/2011) O conflito aparente de normas penais é resolvido:**

a) pelos princípios da especialidade, da subsidiariedade e da consunção, alguns autores incluindo também o princípio da alternatividade;
b) pelos princípios da especialidade e da consunção, não dizendo respeito à questão o princípio da subsidiariedade, que é relativo à ação penal;
c) exclusivamente pelo princípio da especialidade;
d) pelos princípios da especialidade e da subsidiariedade.

93) **(TRF 1ª Região – Juiz/2011) Em face das proposições abaixo, assinale a única alternativa correta:**

I. os termos interpretação e hermenêutica são tecnicamente sinônimos.

II. as disposições transitórias em uma lei nova, destinadas a dar um tratamento jurídico provisório a certas situações, em face da ab-rogação da lei anterior, constituem o que se denomina de segundo regime legislativo.

III. dá-se a retroatividade mínima (temperada ou mitigada), quando a lei nova atinge os efeitos futuros de atos anteriores à sua vigência.

IV. no Brasil, o princípio da irretroatividade é meramente legal.

a) todas estão incorretas.
b) somente a III está correta.
c) somente a III e IV estão corretas.
d) todas estão corretas.

94) **(Magistratura AL, Hermenêutica, CESPE/UnB/2008)** Considerando que teorias relativas aos princípios jurídicos sugerem que regras e princípios seriam espécies de normas jurídicas, assinale a opção congruente com essa ideia.

a) As regras estabelecem o dever-ser mediante a imposição de deveres, proibições e permissões; diferentemente, os princípios atuam tão somente com função hermenêutica, para possibilitar a escolha das regras que melhor se conformem ao caso concreto.

b) O conteúdo das regras caracteriza-se por expressar determinações obrigatórias mais completas e precisas; diferentemente, o conteúdo dos princípios se apresenta com maior abstração e generalidade, afetando significativamente o modo de sua implementação.

c) As regras restringem-se a regulamentar condutas em casos concretos; diferentemente, os princípios precipuamente estruturam o sistema jurídico, o que lhes confere caráter hierárquico superior às regras.

d) As regras são fundamentadas pelos princípios, sendo destes deduzidas; diferentemente, os princípios só podem ser revelados pelas regras, extraindo-se indutivamente de suas aplicações particulares os princípios implícitos ou explícitos no ordenamento jurídico.

e) As regras podem estar em oposição tanto a princípios quanto a outras regras, conflito este que causará ou sua validade, ou sua invalidade; diferentemente, os princípios só podem estar em oposição a outros princípios, conflito que só poderá se resolver pela técnica da ponderação.

95) **(Magistratura AL, Hermenêutica, CESPE/UnB/2008) Acerca das espécies e métodos clássicos de interpretação adotados pela hermenêutica jurídica, assinale a opção correta.**

a) A interpretação autêntica pressupõe que o sentido da norma é o fixado pelos operadores do direito, por meio da doutrina e jurisprudência.

b) A interpretação lógica se caracteriza por pressupor que a ordem das palavras e o modo como elas estão conectadas são essenciais para se alcançar a significação da norma.

c) A interpretação sistemática se caracteriza por pressupor que qualquer preceito normativo deverá ser interpretado em harmonia com as diretrizes gerais do sistema, preservando-se a coerência do ordenamento.

d) A interpretação histórica se caracteriza pelo fato de que o significado da norma deve atender às características sociais do período histórico em que é aplicada.

e) A interpretação axiológica pressupõe uma unidade objetiva de fins determinados por valores que coordenam o ordenamento, assim legitimando a aplicação da norma.

96) **(Magistratura AL, Hermenêutica, CESPE/UnB/2008) Considerando as alusões à equidade pelo ordenamento jurídico brasileiro, revela-se importante identificar a posição dessa figura em face do quadro das fontes do direito. A respeito dessa relação, é correto afirmar que a equidade:**

a) não se revela como fonte do direito, pois a autorização de seu emprego apenas permite ao juiz criar normas para o caso concreto com base em preceitos de justiça.

b) não se revela como fonte do direito, pois a autorização de seu emprego apenas permite ao juiz aplicar ao caso concreto normas gerais de justiça previamente positivadas no ordenamento.

c) não se revela como fonte do direito, pois a autorização de seu emprego apenas permite ao juiz buscar uma melhor compreensão hermenêutica das normas particulares que se aplicam ao caso concreto.

d) se revela como fonte do direito, pois ela se compõe de um conjunto de valores e normas preexistentes ao ordenamento positivo, os quais incidirão sempre que autorizadas por este.

e) se revela como fonte do direito, pois ela prescreve parâmetros para a decisão judicial que não se apoiam nas normas positivadas no ordenamento.

97) **(Magistratura AL, Hermenêutica, CESPE/UnB/2008) Podem-se encontrar diversos argumentos para justificar a aplicação da analogia no direito, entre os quais a busca pela vontade do legislador ou a imperiosa aplicação da igualdade jurídica, demandando-se soluções semelhantes para casos semelhantes. Com referência a essa aplicação, é correto afirmar que:**

a) a analogia tem como principal função descobrir o sentido e o alcance das normas jurídicas.

b) a *analogia legis* se caracteriza por recorrer à síntese de um complexo de princípios jurídicos.

c) a *analogia juris* ocorre quando se formula regra nova, semelhante a outra já existente.

d) a analogia pressupõe que casos análogos sejam estabelecidos em face de normas análogas, mas não díspares.

e) a analogia afasta a criação de regra nova, mas exige interpretação extensiva de regras já existentes.

98) **(Magistratura AL, Hermenêutica, CESPE/UnB/2008) Um postulado fundamental à teoria do ordenamento jurídico propõe que o direito seja considerado como um conjunto que forma entidade distinta dos elementos que o compõem, em razão de sua unidade, coerência e completude. Com base nessa ordem de ideias, assinale a opção correta.**

a) A ideia de que o direito se organiza em um ordenamento jurídico remonta à época justiniana do direito romano, que, no *corpus juris civilis*, propôs um sistema completo de direito formado pelas Constitutiones, Digesto, Institutas e Codex.

b) É essencial, para que o direito seja coerente e completo, que suas normas decorram de uma única fonte ou origem primária, capaz de solucionar definitivamente questões sobre a identificação de todas as normas jurídicas.

c) A unidade é uma característica exclusiva do positivismo jurídico, já que este propõe uma igualdade mínima quanto ao conteúdo substancial das normas, por compartilharem valores que assim as unificam como sistema.

d) A ideia de coerência do sistema jurídico é concebida pela negação de que nele possam permanecer antinomias entre normas de igual ou diferente hierarquia, afirmando que duas normas antinômicas não poderão ser simultaneamente válidas.

e) O ordenamento jurídico é completo porque, ainda que se verifiquem lacunas normativas, ele oferece um conjunto de fontes primárias e secundárias de direito capazes de produzir as normas necessárias para preenchê-las.

99) (Exame de Ordem Unificado X – OAB – Primeira Fase – FGV/2013) A hermenêutica aplicada ao direito formula diversos modos de interpretação das leis. A interpretação que leva em consideração principalmente os objetivos para os quais um diploma legal foi criado é chamada de:

a) interpretação restritiva, por levar em conta apenas os objetivos da lei, ignorando sua estrutura gramatical.

b) interpretação extensiva, por aumentar o conteúdo de significado das sentenças com seus objetivos historicamente determinados.

c) interpretação autêntica, pois apenas as finalidades da lei podem dar autenticidade à interpretação.

d) interpretação teleológica, pois o sentido da lei deve ser considerado à luz de seus objetivos.

100) (Defensoria Pública do Estado – DPE-RO – Defensor Público – CESPE/2012) Considerando a hermenêutica jurídica, e ainda considerando a interpretação do direito, a superação dos métodos de interpretação mediante puro raciocínio lógico-dedutivo e o método de interpretação pela lógica do razoável, assinale a opção correta.

a) Há um princípio geral informador de todo o ordenamento jurídico nacional, necessário à interpretação, que pode ser inferido da existência de várias normas e ao qual se chega por meio da indução.

b) De acordo com o método de interpretação da lógica do razoável, devem ser considerados os fins em função dos quais a lei seja editada e haja de ser compreendida pela sua causa final.

c) No processo lógico, a lógica formal, de tipo puro, *a priori,* só é adequada na análise dos conceitos jurídicos essenciais e, para tudo que pertence à existência humana – a prática do Direito, inclusive –, impõe-se o uso da lógica do humano e do razoável (lógica material).

d) Interpretar a norma jurídica corresponde a integrar, preencher lacunas e aplicar, de forma lógica, o direito ao caso concreto.

e) Atualmente, utiliza-se, na interpretação das leis, a exegese escolástica, partindo-se do conjunto principiológico existente nas normas.

101) **(TRT 9ª Região (PR) – Juiz do Trabalho – ESPP/2012) Diz o art. 226, § 3º, da Constituição da República: "Para efeito da proteção do Estado, é reconhecida a união estável entre o homem e a mulher como entidade familiar, devendo a lei facilitar sua conversão em casamento". O art. 1.723 do Código Civil, por sua vez, estabelece: "É reconhecida como entidade familiar a união estável entre o homem e a mulher, configurada na convivência pública, contínua e duradoura e estabelecida com o objetivo de constituição de família". Considere as proposições abaixo, acerca do julgamento sobre a matéria pelo STF (ADI 4277, Rel. Min. Ayres Britto).**

I. Estabeleceu o STF interpretação conforme a Constituição do art. 1.723 do Código Civil, vetando o preconceito e a discriminação e excluindo da exegese desse dispositivo qualquer significado que impeça o reconhecimento da união contínua, pública e duradoura entre pessoas do mesmo sexo como família, idêntica à união estável heteroafetiva.

II. Adotou o STF a teoria da "norma geral negativa" de Kelsen, segundo a qual o que não estiver juridicamente proibido, ou obrigado, está juridicamente permitido.

III. Segundo o STF, o direito à liberdade de orientação sexual é direta emanação do princípio da dignidade da pessoa humana, inclusive no sentido de se tratar de direito à autoestima e à busca da felicidade.

IV. Deu ênfase, o STF, ao § 2º do art. 5º da Constituição, reconhecendo direitos fundamentais não expressamente enunciados no texto, emergentes do regime e dos princípios adotados pela Carta.

Considerando as proposições acima, assinale a alternativa correta:

a) Apenas a proposição I é correta.
b) Apenas a proposição II não é correta.
c) Apenas a proposição IV não é correta.
d) Apenas a proposição IV é correta.
e) Todas as proposições são corretas.

102) (Tribunal de Justiça do Estado do Paraná – TJPR – Juiz/2010) O pensador inglês Herbert Hart, tido como um dos principais representantes da escola do Positivismo Jurídico, que teve lugar na segunda metade do século XX, manteve a defesa da tese kelseniana da separação entre o Direito e a Moral, sendo que, a partir dessa premissa metodológica, propôs um conceito analítico de Direito. Os críticos do pensamento de Herbert Hart normalmente lhe atribuem a aceitação de cinco teses que seriam consequências lógicas deduzidas da ideia de separação entre Direito e Moral, entre as quais apenas alguma(s) foi/foram verdadeiramente defendida(s) por Herbert Hart e, de resto, pelos principais autores positivistas do século XX, sob o argumento de que as tais cinco teses são logicamente independentes e que, nessa condição, pode-se aceitar a validade de alguma(s) e, ao mesmo tempo, rechaçar outras sem que se caia em contradição. Das cinco teses abaixo que os críticos de Herbert Hart associam ao seu pensamento, marque como falsa(s) (F) aquela(s) que ele não defendeu e como verdadeira(s) (V) aquela(s) que ele de fato sustentou. Em seguida, assinale a opção CORRETA.

( ) A tese da Lei, segundo a qual o conceito de Direito deve ser definido mediante o conceito de Lei.

( ) A tese da Neutralidade, segundo a qual o conceito de Direito tem que ser definido prescindindo-se de seu conteúdo.

( ) A tese da Subsunção, segundo a qual a aplicação do Direito pode ser levada a cabo em todos os casos mediante uma subsunção livre de valorações.

( ) A tese do Subjetivismo, segundo a qual os critérios do Direito "reto" são de natureza subjetiva.

( ) A tese do Legalismo, segundo a qual as normas do Direito devem ser obedecidas em todas as circunstâncias.

a) F, V, V, F, F
b) V, F, F, V, F
c) V, F, V, V, V
d) F, V, F, V, F

103) (Defensoria Pública do Estado – DPE-SP – Defensor Público – FCC/2010) *"Na fase madura de seu pensamento, a substituição da lei pela convicção comum do povo (Volksgeist) como fonte originária do direito relega a segundo plano a sistemática lógico-dedutiva, sobrepondo-lhe a sensação (Empfindung) e a intuição (Anschauung) imediatas. Savigny enfatiza o relacionamento primário da intuição do jurídico não à regra genérica e abstrata, mas aos 'institutos de direito' (Rechtsinstitute), que expressam 'relações vitais' (Lebensverhältnisse) típicas e concretas".*

Esta caracterização, realizada por Tercio Sampaio Ferraz Júnior, em sua obra *A Ciência do Direito*, corresponde a aspectos essenciais da seguinte escola filosófico-jurídica:

a) Normativismo.
b) Positivismo jurídico.
c) Jusnaturalismo.
d) Historicismo Jurídico.
e) Realismo Jurídico.

104) (Tribunal de Contas do Estado – TCE-RS – Auditor Público Externo – FMP-RS/2011) Sobre a interpretação das normas constitucionais, assinale a alternativa correta.

a) Para a hermenêutica constitucional contemporânea, dispositivo textual e norma são coisas idênticas, havendo, entre eles, uma correspondência biunívoca, de tal forma que todo dispositivo veicula uma e tão somente uma norma e para toda norma há um específico dispositivo textual.

b) Conforme a denominada teoria subjetiva da interpretação, é tarefa da interpretação constitucional identificar ou descobrir a vontade objetiva da Constituição, afastando-se qualquer interferência, no processo interpretativo, da vontade e das pré-compreensões do intérprete.

c) Aceita a distinção entre texto constitucional e norma constitucional, conclui-se que a norma constitucional não é o pressuposto da interpretação constitucional, mas o seu resultado.

d) Em direito constitucional, é vedada a interpretação extensiva, sobretudo do âmbito de proteção de normas de direitos fundamentais, porque, invariavelmente, se trata de estratagema do intérprete para usurpar a vontade do Poder Constituinte.

e) Na teoria constitucional contemporânea ganhou *status* de opinião comum a tese segundo a qual os métodos ou elementos tradicionais de interpretação, sistematizados por Friedrich Karl von Savigny, devem ser completamente afastados do processo de interpretação da Constituição, porque são historicamente anacrônicos e metodologicamente inadequados para aferir o verdadeiro sentido dos dispositivos constitucionais.

105) **(Defensoria Pública do Estado – DPE-SE – Defensor Público – CESPE/2012) Com relação aos métodos de interpretação das normas constitucionais, assinale a opção correta.**

a) Segundo o método tópico-problemático, as normas constitucionais são fechadas e determinadas, sem nenhum viés fragmentário.

b) Para cada caso concreto que envolva normas constitucionais, há um método de interpretação adequado que se revela o correto.

c) De acordo com o método hermenêutico clássico, devem-se adotar os critérios tradicionais relacionados por Savigny como forma de se preservar o conteúdo da norma interpretada e evitar que ele se perca em considerações valorativas.

d) Uma das características do método hermenêutico-concretizador é ignorar a pré-compreensão do intérprete.

e) Consoante o método científico-espiritual, a interpretação da Constituição restringe-se ao campo jurídico-formal, não sendo admitida qualquer perspectiva política ou sociológica de construção e preservação da unidade social.

106) **(SEFAZ-PB – Auditor Fiscal de Tributos Estaduais – FCC/2006)** O método de interpretação das normas constitucionais segundo o qual se procura identificar a finalidade da norma, levando-se em consideração o seu fundamento racional, é o método:
a) literal.
b) gramatical.
c) histórico.
d) sistemático.
e) teleológico.

107) **(Exame de Ordem Unificado X – OAB – Primeira Fase – FGV/2013)** A hermenêutica aplicada ao direito formula diversos modos de interpretação das leis. A interpretação que leva em consideração principalmente os objetivos para os quais um diploma legal foi criado é chamada de:
a) interpretação restritiva, por levar em conta apenas os objetivos da lei, ignorando sua estrutura gramatical.
b) interpretação extensiva, por aumentar o conteúdo de significado das sentenças com seus objetivos historicamente determinados.
c) interpretação autêntica, pois apenas as finalidades da lei podem dar autenticidade à interpretação.
d) interpretação teleológica, pois o sentido da lei deve ser considerado à luz de seus objetivos.

108) **(Magistratura – AL – CESPE/2008)** Acerca das espécies e métodos clássicos de interpretação adotados pela hermenêutica jurídica, assinale a opção correta.
a) A interpretação autêntica pressupõe que o sentido da norma é o fixado pelos operadores do direito, por meio da doutrina e jurisprudência.
b) A interpretação lógica se caracteriza por pressupor que a ordem das palavras e o modo como elas estão conectadas são essenciais para se alcançar a significação da norma.
c) A interpretação sistemática se caracteriza por pressupor que qualquer preceito normativo deverá ser interpretado em harmonia com as diretrizes gerais do sistema, preservando-se a coerência do ordenamento.

d) A interpretação histórica se caracteriza pelo fato de que o significado da norma deve atender às características sociais do período histórico em que é aplicada.

e) A interpretação axiológica pressupõe uma unidade objetiva de fins determinados por valores que coordenam o ordenamento, assim legitimando a aplicação da norma.

109) **(Tribunal de Justiça – TJBA – Juiz Substituto – CESPE/2012) O método hermenêutico clássico de interpretação constitucional concebe a interpretação como uma atividade puramente técnica de conhecimento do texto constitucional e preconiza que o intérprete da Constituição deve se restringir a buscar o sentido da norma e por ele se guiar na sua aplicação, sem formular juízos de valor ou desempenhar atividade criativa.**
( ) Certo ( ) Errado

110) **(Tribunal de Justiça – TJES – Juiz Substituto – CESPE/2011)De acordo com o princípio da interpretação conforme a Constituição, em face de normas plurissignificativas, o intérprete deve buscar o sentido da norma que mais a compatibilize com a CF, ainda que sua interpretação contrarie o texto literal da norma.**
( ) Certo ( ) Errado

(Advocacia-Geral da União – AGU – Procurador Federal/2010) A respeito das normas constitucionais programáticas, julgue o(s) seguinte(s) item(ns):

111) **De acordo com entendimento do STF, configura exemplo de norma constitucional programática o preceito constitucional segundo o qual a política agrícola deve ser planejada e executada na forma da lei, com a participação efetiva do setor de produção, envolvendo tanto produtores e trabalhadores rurais, como setores de comercialização, de armazenamento e de transportes.**
( ) Certo ( ) Errado

112) **O método hermenêutico-concretizador caracteriza-se pela praticidade na busca da solução dos problemas, já que parte de um problema concreto para a norma.**
( ) Certo ( ) Errado

113) (Exame de Ordem – OAB-RS/2006) Analise as alternativas abaixo considerando o modelo apresentado por José Afonso da Silva acerca da classificação da eficácia das normas constitucionais, especialmente estudada em sua obra intitulada *Aplicabilidade das normas constitucionais*, Malheiros.

a) As denominadas normas constitucionais de eficácia plena (*self-executing*) representam, doutrinariamente, uma revolução no pensamento clássico norte-americano de que a aplicabilidade das normas constitucionais seria excepcional quando suas disposições, por si mesmas, se mostrassem aptas à imediata execução.

b) O constituinte brasileiro ao promulgar a Carta de 1988 adotou o entendimento de que as normas constitucionais devem, em geral, depender de uma complementação legislativa que lhes integre a eficácia. Eis que predominam no Texto de 1988 as denominadas normas constitucionais de eficácia limitada.

c) As normas constitucionais de eficácia plena são, algumas delas, meramente declarativas, pois não comportam um efetivo comando jurídico de comportamento proibido ou permitido dirigido aos cidadãos que devam observar suas premissas e preceitos. Assim, disposições constitucionais de eficácia plena, mas meramente declaratórias, como a contida no art. 1º – *A República Federativa do Brasil, formada pela união indissolúvel dos Estados e Municípios e do Distrito, constitui-se em Estado Democrático de Direito e tem como fundamentos: (...)* – são desprovidas, no plano jurídico, de real eficácia em função da sua natureza meramente enunciativa.

d) É dominante na doutrina de que as denominadas normas constitucionais de eficácia plena dirigem-se, exclusivamente, ao legislador.

e) Segundo lições de José Afonso da Silva, as normas constitucionais de eficácia limitada são de três tipos, a saber: a) normas definidoras de princípios institutivo ou organizativo; b) normas definidoras de princípio programático; c) normas de conteúdo hermenêutico.

114) O modo de conhecimento racional, sistemático e metódico da realidade, comprometido com o oferecimento de respostas para os problemas da sociedade e da natureza, pode ser definido como:

a) conhecimento vulgar.
b) conhecimento religioso.
c) conhecimento moral.
d) conhecimento científico.
e) conhecimento filosófico.

115) O modo de conhecimento da realidade, baseado na mera apreensão empírica do mundo pelo sujeito cognoscente, sem construções racionais mais elaborados pelo intelecto humano, pode ser definido como:
a) conhecimento leigo.
b) conhecimento teológico.
c) conhecimento moral.
d) conhecimento científico.
e) conhecimento filosófico.

116) Pode-se dizer que a Filosofia do Direito, ao estudar os pressupostos, a natureza, as propriedades e a finalidade do fenômeno jurídico, desenvolve uma abordagem de natureza:
a) dogmática.
b) positivista.
c) normativista.
d) autopoiética.
e) especulativa.

117) O ramo da Filosofia do Direito que indaga sobre o problema dos pressupostos, da natureza, da metodologia e dos caracteres da apreensão cognitiva no plano jurídico, pode ser denominado:
a) ontologia jurídica.
b) gnoseologia jurídica.
c) epistemologia jurídica.
d) deontologia jurídica.
e) axiologia jurídica.

118) Sobre as modalidades de jusnaturalismo, pode-se assegurar que:

a) O jusnaturalismo cosmológico é característico do teocentrismo da idade medieval.

b) O jusnaturalismo teológico reflete o contexto histórico do ocidente após a segunda guerra mundial.

c) O jusnaturalismo racionalista é a expressão das revoluções liberais burguesas da modernidade jurídica.

d) O jusnaturalismo de conteúdo variável surge no século XIX, como um desdobramento do positivismo cientificista.

e) O jusnaturalismo de conteúdo variável é a doutrina do direito natural que caracterizou a reflexão sobre a justiça na Grécia antiga.

119) **Sobre as críticas ao jusnaturalismo, é correto assegurar que:**

a) O jusnaturalismo vislumbra o direito em sua dimensão fática, contribuindo para o exame da eficácia social da ordem jurídica.

b) O jusnaturalismo costuma ser criticado em face da insegurança jurídica gerada pela abertura semântica da expressão "direito natural".

c) O jusnaturalismo é uma doutrina jurisfilosófica que permite um uso exclusivamente progressista pela força de transformação social.

d) O jusnaturalismo contribui para a ciência jurídica por não confundir as esferas do ser e do dever-ser.

e) O jusnaturalismo costuma ser criticado por negligenciar o tratamento metafísico do direito.

120) **No tocante aos contornos gerais do positivismo legalista, afirma-se que:**

a) O positivismo legalista, assim como o jusnaturalismo, orienta-se pela busca de um padrão inato e absoluto de justiça.

b) O positivismo legalista prioriza as dimensões valorativa e fática na compreensão do direito.

c) O positivismo legalista enfatiza a superioridade do direito positivo, ao passo que nega a existência de um direito natural.

d) A Escola de Exegese da França é considerada como a legítima opositora do positivismo legalista moderno.

e) O positivismo legalista é a concepção jurisfilosófica hegemônica no ambiente pré-revolucionário da modernidade jurídica.

121) Sobre as teses fundamentais do positivismo legalista, pode-se afirmar que:

a) o positivismo legalista valoriza a lei e a jurisprudência como fontes do direito.

b) o positivismo legalista realça o papel da sociedade civil na produção do direito, conforme o modelo do pluralismo jurídico.

c) o positivismo legalista nega a existência de lacunas jurídicas no sistema legal.

d) o positivismo legalista admite a ocorrência de antinomias jurídicas entre as normas de um diploma legislativo.

e) o positivismo legalista sustenta ser possível a perda de efetividade normativa (revolta dos fatos contra a lei).

122) Ainda no tocante ao positivismo legalista, afirma-se que:

a) a vontade da lei (*voluntas legis*) é o mais importante referencial hermenêutico do positivismo legalista.

b) o positivismo legalista valoriza o papel do intérprete na construção do significado da norma legal.

c) o positivismo legalista se opõe à ideia de neutralidade axiológica do Poder Judiciário.

d) o positivismo legalista sustenta uma interpretação prospectiva e dinâmica do fenômeno jurídico.

e) o método gramatical, baseado na literalidade do texto de lei, é aceito pelo positivismo legalista no campo da interpretação do direito.

123) No que se refere às críticas desferidas ao positivismo legalista, sustenta-se que:

a) o positivismo legalista contribui para a construção de uma ciência jurídica dentro de parâmetros de objetividade, segurança e previsibilidade social.

b) a discussão sobre a legitimidade e efetividade da ordem jurídica é patente no plano do positivismo legalista.

c) o positivismo legalista merece aplausos quando preserva o direito natural como categoria essencial ao conhecimento jurídico.

d) a valorização dos costumes e dos negócios jurídicos como fontes jurídicas é um dos grandes contributos do positivismo legalista.

e) o positivismo legalista se notabiliza pela recusa ao silogismo (raciocínio lógico-dedutivo) no âmbito da hermenêutica jurídica.

124) Sobre o Historicismo Jurídico, pode-se afirmar que:
a) o Historicismo jurídico valoriza a jurisprudência como principal fonte jurídica.
b) o Historicismo jurídico enfatiza a dimensão normativista do fenômeno jurídico.
c) o Historicismo jurídico recusa a noção de espírito do povo para a compreensão do Direito.
d) o Historicismo jurídico estuda o Direito como objeto cultural.
e) o Historicismo jurídico utiliza a vontade do legislador como referencial hermenêutico.

125) Sobre o Sociologismo Jurídico, pode-se sustentar que:
a) o Sociologismo Jurídico valoriza uma interpretação retrospectiva do fenômeno jurídico.
b) o Sociologismo Jurídico enxerga o direito efetivo em sua dimensão fática.
c) o Sociologismo Jurídico enfatiza o papel da legislação como fonte do direito.
d) o Sociologismo Jurídico afasta a contribuição da jurisprudência na elaboração do Direito.
e) o Sociologismo Jurídico preocupa-se com a validade formal da ordem jurídica.

126) Sobre as teses fundamentais do positivismo legalista, pode-se afirmar que:
a) o positivismo legalista valoriza a jurisprudência como fonte relevante do direito.
b) o positivismo legalista realça o papel da sociedade civil na produção do direito.
c) o positivismo legalista afirma a existência de lacunas jurídicas no sistema legal.
d) o positivismo legalista sustenta ser possível a revolta dos fatos contra a lei.
e) o positivismo legalista admite a interpretação literal e neutra do texto de lei.

127) Sobre o jusnaturalismo, afirma-se que:
a) o jusnaturalismo propõe a superioridade do direito positivo sobre o direito natural.
b) o jusnaturalismo está baseado numa ideia de Justiça mutável e relativa.
c) o jusnaturalismo procura identificar o direito natural com um padrão absoluto e imutável de justo.
d) o jusnaturalismo realça a dimensão normativista do Direito estatal.
e) o jusnaturalismo se afasta de uma reflexão sobre as conexões do Direito e a Justiça.

128) De acordo com a vertente de pensamento jusnaturalista, o Direito pode ser situado ontologicamente como sendo um objeto:
a) social.
b) natural.
c) real.
d) histórico.
e) cultural.

129) Segundo a corrente jusfilosófica do positivismo lógico, o Direito pode ser situado ontologicamente como sendo um objeto:
a) social.
b) natural.
c) biológico.
d) ideal.
e) cultural.

130) Sobre a teoria filosófica do direito e da justiça na visão de Hans Kelsen, é incorreto afirmar que:
a) a teoria kelseniana só se ocupa do direito tal como é, até porque figura como uma teoria do direito positivo, pelo que o fim da ciência jurídica não é julgar o direito positivo, mas, ao revés, conhecê-lo na sua essência e compreendê-lo mediante a análise de sua estrutura lógico-formal.
b) para Kelsen, a ciência do direito não tem de decidir o que é justo, isto é, prescrever como devemos tratar os seres huma-

nos, mas descrever aquilo que de fato é valorado como justo, sem se identificar a si própria com um destes juízos de valor.

c) segundo Kelsen, o valor do justo seria absoluto, perene e imutável, tal como foi preconizado pelo jusnaturalismo, ao utilizar o conceito de natureza como fundamento para a definição da justiça.

d) Kelsen sustenta um relativismo axiológico ao afirmar que, no exame do problema da justiça, se partimos de um ponto de vista racional-científico e não metafísico, reconheceremos que há muitos ideais de justiça diferentes e contraditórios entre si, nenhum deles excluindo, portanto, a possibilidade de um outro entendimento sobre o justo.

e) Kelsen satisfaz-se com uma justiça relativa, só podendo declarar o que significa justiça para ele próprio, propondo uma justiça sob cuja proteção a ciência pode prosperar e, ao lado dela, a verdade e a sinceridade. Para ele, trata-se da justiça que comporta a liberdade, a paz, a democracia e a tolerância.

131) No que se refere à teoria da justiça preconizada por John Rawls, é incorreto afirmar que:

a) Rawls sustenta que a justiça deve ser vislumbrada no plano institucional, não estando, pois, circunscrita à esfera moral dos indivíduos. A justiça das instituições é que beneficia ou prejudica um agrupamento humano.

b) Rawls se vale da posição original das partes no momento da celebração do contrato social, simulando condições ideais de igualdade que permitiriam aos homens a escolha dos padrões civilizatórios. Seria esta a concepção de justiça a definir os alicerces da estrutura societária.

c) segundo Rawls, cada pessoa deveria ter um direito igual ao mais amplo sistema total de liberdades básicas. De outro lado, as desigualdades socioeconômicas deveriam ser distribuídas de forma que, não só redundassem nos maiores benefícios possíveis para os menos assistidos, como também fossem minoradas pela abertura de oportunidades.

d) Rawls propõe uma ética do altruísmo, fundada na abdicação consciente de certos privilégios e vantagens materiais em função dos desfavorecidos. Verificando-se qual o grupo socialmente preterido (em face da raça, sexo, cultura ou religião), mecanismos legislativos compensatórios seriam utilizados para reparar as eventuais injustiças (*affirmative action*).

e) Rawls concorda plenamente com o pensamento idealista de Platão, afirmando que a sociedade justa aloca seus integrantes, segundo aptidões e habilidades, nos termos de uma verdadeira meritocracia.

132) No tocante ao positivismo legalista e a interpretação do direito, afirma-se que:

a) a vontade da lei é o mais importante referencial hermenêutico do positivismo legalista.

b) o positivismo legalista valoriza o papel do intérprete na construção do significado da norma legal.

c) o positivismo legalista se compatibiliza com a ideia da neutralidade axiológica na interpretação realizada pelo Poder Judiciário.

d) o positivismo legalista sustenta uma interpretação prospectiva e dinâmica do fenômeno jurídico.

e) o método gramatical, baseado na literalidade do texto de lei, é recusado pelo positivismo legalista no campo da interpretação do direito.

133) No tocante aos reflexos do pós-positivismo jurídico no plano da interpretação do direito, é correto afirmar que:

a) enfatiza o uso da interpretação gramatical ou filológica da normatividade jurídica.

b) valoriza o uso das regras como vetores de uma interpretação axiológica da ordem jurídica.

c) nega o papel dos princípios como elementos de uma interpretação teleológica do ordenamento jurídico.

d) oportuniza o ativismo judicial na realização de uma interpretação mais construtiva e dinâmica do direito.

e) considera a segurança jurídica um valor absoluto e sempre superior à ideia de justiça.

134) Sobre os tipos de normas sociais, pode-se sustentar que:

a) a técnica e a ética sempre entram em conflito na regulação do comportamento.

b) as normas éticas, ao regular a conduta humana, enfatizam a otimização dos resultados.

c) as normas técnicas englobam necessariamente a Etiqueta, a Moral e o Direito.

d) as normas técnicas priorizam sempre os meios legítimos em detrimento dos fins.

e) as normas técnicas e éticas figuram como padrões de "dever--ser" comportamental.

135) **São caracteres das normas jurídicas, exceto:**
a) heteronomia.
b) exterioridade.
c) coercitividade.
d) bilateralidade.
e) ausência de sanção.

136) **Sobre os atributos das normas jurídicas, pode-se afirmar que:**
a) o conceito de vigor pode exprimir o tempo de validade da norma jurídica.
b) o conceito de efetividade pressupõe a hierarquização das normas jurídicas.
c) o conceito de legitimidade expressa a compatibilidade axiológica das normas jurídicas.
d) toda norma jurídica revogada tem preceitos descumpridos pela sociedade.
e) toda norma jurídica materialmente válida apresenta efetividade no mundo real.

137) **A adequação vertical de uma norma jurídica inferior com o conteúdo e com o procedimento estabelecidos por uma norma jurídica superior corresponde, respectivamente, aos atributos normativos da:**
a) incidência e vigor.
b) validade material e validade formal.
c) vigência e incidência.
d) efetividade e legitimidade.
e) legitimidade e efetividade.

138) **A compatibilidade axiológica de uma norma jurídica com o valor histórico-cultural da justiça exprime o atributo normativo da:**
a) validade formal.

b) força vinculante.

c) incidência.

d) aplicabilidade.

e) legitimidade.

139) Quando uma norma jurídica necessita da criação de outra norma jurídica para produzir seus efeitos jurídicos, pode-se afirmar que resta comprometida a:

a) vigência.

b) incidência.

c) validade.

d) eficácia técnica.

e) aplicabilidade.

140) A restauração dos efeitos jurídicos de uma norma jurídica revogada pela revogação da norma revogadora exprime o seguinte fenômeno normativo:

a) vigência indeterminada.

b) vigência determinada.

c) incidência imediata.

d) incidência mediata.

e) repristinação.

141) Nas sociedades ocidentais contemporâneas, o mundo ético se compõe das normas de etiqueta, das normas morais e das normas jurídicas. São caracteres das normas morais, exceto:

a) autonomia.

b) unilateralidade.

c) ausência de coercitividade.

d) interioridade.

e) natureza difusa da sanção.

142) Sobre a classificação das normas jurídicas, é correto afirmar que:

a) os contratos apresentam normas individualizadas, com destinatários específicos.

b) as leis não apresentam normas revestidas de abstração e de generalidade.

c) as normas jurídicas são sempre irrretroativas, não alcançando as situações do passado.

d) as normas cogentes não disciplinam diretamente a conduta humana em sociedade.

e) as normas de direito público relativizam o princípio da supremacia do interesse coletivo.

143) Sobre a classificação tradicional sobre a aplicabilidade das normas jurídicas, pode-se afirmar que:

a) todas as normas jurídicas apresentam necessariamente aplicabilidade contida.

b) as normas de aplicabilidade plena não produzem originariamente seus efeitos.

c) as normas de aplicabilidade limitada requerem a elaboração de norma jurídica posterior para produção de seus amplos efeitos.

d) as normas de aplicabilidade contida não admitem a restrição de seus efeitos jurídicos.

e) a aplicabilidade implica sempre a eficácia social de uma norma jurídica.

144) No tocante à validade temporal das normas jurídicas, a lei pode não prever um lapso temporal entre o momento de sua publicação e o início de sua vigência. Trata-se de um diploma legal com o seguinte atributo normativo:

a) efeito repristinatório.

b) vigência indeterminada.

c) vigência determinada.

d) incidência imediata.

e) incidência mediata.

145) No tocante à estrutura das normas jurídicas, pode-se afirmar que:

a) as regras são normas jurídicas que consubstanciam os valores e os fins maiores do sistema jurídico.

b) os princípios cumprem uma função essencial de potencializar a tomada de decisões mais estáveis e previsíveis no sistema jurídico.

c) as regras jurídicas são aplicadas através de uma técnica hermenêutica chamada de ponderação de bens e interesses.

d) os princípios apresentam um fechamento semântico que não requer a concretização mediadora do intérprete do direito.

e) as regras jurídicas descrevem situações específicas e determinadas, estabelecendo parâmetros de segurança jurídica.

146) Sobre os critérios de solução das antinomias jurídicas, afirma-se que:

a) o critério hierárquico implica a prevalência da norma posterior em face da norma anterior.

b) o critério hierárquico deve prevalecer sobre os critérios cronológico e da especialidade.

c) o critério cronológico requer a exclusão da norma superior em face da norma inferior.

d) a especialidade não admite a aplicação da norma especial em detrimento da norma geral.

e) o critério cronológico deve prevalecer sobre os critérios hierárquico e da especialidade.

147) Sobre o problema da completude da ordem jurídica, afirma-se que:

a) o argumento culturalista viabiliza a concepção de um sistema jurídico fechado.

b) a proibição do "julgador deixar de decidir" permite conceber a ordem jurídica como um sistema aberto.

c) o argumento de que "tudo que não está juridicamente proibido, está juridicamente permitido" implica a possibilidade de um sistema jurídico fechado.

d) os defensores da incompletude da ordem jurídica admitem somente a existência de lacunas valorativas.

e) os costumes não são elementos utilizados no campo da integração jurídica.

148) A sanção jurídica apresenta natureza:

a) premial.

b) negativa.
c) positiva.
d) difusa.
e) organizada.

149) São instrumentos tradicionais de integração do direito, exceto:
a) equidade.
b) analogia.
c) costumes.
d) princípios jurídicos.
e) leis ordinárias.

150) No tocante à teoria do ordenamento jurídico, é correto afirmar que:
a) a noção racional de sistema é incompatível com a teoria do ordenamento jurídico.
b) a pirâmide normativa kelseniana impossibilita a compreensão da validade das normas jurídicas.
c) os contratos estão situados no ápice da pirâmide normativa kelseniana.
d) as relações de validade normativa, segundo Hans Kelsen, apresentam natureza exclusivamente material.
e) as relações de validade normativa, segundo Hans Kelsen, podem apresentar natureza formal.

151) No tocante aos dogmas da teoria do ordenamento jurídico, afirma-se que:
a) o dogma da unidade permite a teorização sobre a norma jurídica fundamental.
b) o dogma da completude afirma a existência de antinomias jurídicas.
c) o dogma da coerência possibilita o debate acerca da norma jurídica fundamental.
d) o dogma da unidade sustenta a existência de lacunas jurídicas.
e) o dogma da coerência implica a teorização das lacunas jurídicas.

152) No tocante às lacunas jurídicas, afirma-se que:

a) a ausência de efetividade configura uma lacuna normativa.
b) a falta de legitimidade ocasiona uma lacuna valorativa.
c) a lacuna normativa não pode ser preenchida através do uso da analogia.
d) a equidade compromete a ideia de integração do direito.
e) costumes e princípios gerais do direito não podem preencher lacunas jurídicas.

153) A adequação da norma jurídica com o valor histórico-cultural do justo expressa um atributo normativo denominado:
a) vigência.
b) vigor.
c) legitimidade.
d) efetividade.
e) aplicabilidade.

154) A adequação da norma jurídica com a realidade dos fatos sociais refere-se a um atributo normativo denominado:
a) validade.
b) vigor.
c) legitimidade.
d) efetividade.
e) aplicabilidade.

155) A possibilidade de uma norma jurídica produzir amplos e imediatos efeitos jurídicos, independentemente da criação de outra norma jurídica, refere-se a um atributo normativo denominado:
a) validade.
b) vigor.
c) legitimidade.
d) efetividade.
e) aplicabilidade.

156) A compatibilidade vertical de uma norma jurídica inferior com uma norma jurídica superior exprime um atributo normativo conhecido como:

a) validade.
b) inicidência.
c) legitimidade.
d) efetividade.
e) aplicabilidade.

157) **No tocante às fontes das normas jurídicas, afirma-se que:**

a) as normas legislativas, produzidas somente pelos parlamentos, figuram como fontes materiais do direito.

b) as normas jurisprudenciais resultam geralmente do exercício da autonomia privada dos particulares.

c) a súmula vinculante desponta como uma espécie normativa que integra o conceito de negócio jurídico.

d) a doutrina expressa um conjunto normativo de decisões judiciais reiteradas pelos tribunais.

e) o reconhecimento do poder normativo dos grupos sociais permite superar a concepção positivista do monismo estatal na produção da normatividade jurídica.

158) **Todo acontecimento decorrente da vontade humana que se revela capaz de realizar a hipótese abstratamente prevista na norma jurídica, produzindo as consequências de direito, para criar, modificar ou extinguir relações jurídicas, pode ser denominado:**

a) direito subjetivo.
b) fato jurídico *stricto sensu* (em sentido estrito).
c) ato jurídico.
d) obrigações jurídicas.
e) dever jurídico.

159) **Todo acontecimento independente da vontade humana que se revela capaz de realizar a hipótese abstratamente prevista na norma jurídica, produzindo as consequências de direito, para criar, modificar ou extinguir relações jurídicas, pode ser denominado:**

a) direito subjetivo.
b) fato jurídico *stricto sensu* (em sentido estrito).

c) ato jurídico.
d) obrigações jurídicas.
e) dever jurídico.

160) O conjunto de faculdades que são conferidas pelo ordenamento jurídico e titularizadas pelo sujeito ativo de uma dada relação jurídica, para que, bilateralmente, seja exigido o cumprimento das obrigações pelo sujeito passivo, pode ser denominado:
a) direito subjetivo.
b) direito objetivo.
c) direito público.
d) direito privado.
e) direito natural.

161) O complexo de normas jurídicas, produzidas por órgãos estatais ou por particulares, que disciplinam as interações sociais, atribuindo, bilateralmente, faculdades e obrigações para os sujeitos da relação jurídica, pode ser denominado:
a) direito subjetivo.
b) direito objetivo.
c) direito potestativo.
d) direito inato.
e) direito natural.

162) O conjunto de obrigações jurídicas que são assumidas pelo sujeito passivo e que se afiguram como o objeto do direito subjetivo no âmbito de uma relação jurídica pode ser denominado:
a) fato jurídico *lato sensu* (em sentido amplo).
b) fato jurídico *stricto sensu* (em sentido estrito).
c) ato jurídico.
d) negócio jurídico.
e) dever jurídico.

163) A conduta humana do sujeito ativo que deriva do exercício desproporcional de um direito subjetivo, capaz de configurar a prática de uma ilicitude, pode ser denominada:

a) fato jurídico *lato sensu* (em sentido amplo).
b) obrigação de dar.
c) obrigação de fazer.
d) abuso de direito.
e) inadimplemento contratual.

164) **Sobre os fundamentos filosóficos da hermenêutica jurídica, é incorreto afirmar:**
a) para Schleiermacher, seria necessário abandonar a literalidade da interpretação gramatical em prol do que ele denominou de interpretação psicológica, a fim de mapear as circunstâncias concretas que influenciaram a elaboração do texto, recriando a mente do autor de acordo com os influxos sociais que marcaram sua existência.
b) segundo Umberto Eco, a hermenêutica adquire o estatuto de um modo de conhecimento da vida humana, especialmente apto para apreender a cultura, situando a tarefa interpretativa no plano histórico, propondo pioneiramente a explicação e a compreensão como modos de cognição da natureza e da realidade cultural.
c) para Martin Heidegger, a indagação hermenêutica considera menos a relação do intérprete com o outro do que a relação que o hermeneuta estabelece com a sua própria situação no mundo. O horizonte da compreensão é a apreensão e o esclarecimento de uma dimensão primordial, que precede a distinção sujeito/objeto: o ser-no-mundo.
d) na visão de Hans Georg Gadamer, o significado emerge à medida que o texto e o intérprete envolvem-se na dialética de um permanente diálogo, norteado pela compreensão prévia que o sujeito cognoscente já possui do objeto – a chamada pré-compreensão.
e) para Paul Ricoeur, a hermenêutica deve consolidar um modelo dialético que enlace a verdade como desvelamento (ontologia da compreensão) e a exigência de objetividade representada pelos métodos rigorosos das ciências humanas (necessidade de uma explicação).

165) **Sobre as teses fundamentais do positivismo legalista e a interpretação do direito, pode-se afirmar que:**
a) o positivismo legalista valoriza a jurisprudência como fonte formal do direito.

b) o positivismo legalista realça o papel da sociedade civil na produção do direito.
c) o positivismo legalista nega a existência de lacunas jurídicas no plano legislativo.
d) o positivismo legalista admite a ocorrência de antinomias jurídicas no diploma legislativo.
e) o positivismo legalista sustenta ser possível a perda de efetividade normativa e a revolta dos fatos contra a lei.

166) **Esse processo de interpretação do direito objetiva: conferir a aplicabilidade da norma jurídica às relações sociais que lhe deram origem; elastecer o sentido da norma a relações novas, inéditas ao momento de sua criação; e temperar o alcance do preceito normativo, a fim de fazê-lo espelhar as necessidades atuais da comunidade jurídica. Eis o método:**
a) gramatical.
b) lógico.
c) histórico.
d) sociológico.
e) teleológico.

167) **Quando se utiliza esse método de interpretação jurídica, o intérprete perquire os antecedentes imediatos e remotos que influenciaram a criação da norma jurídica. Eis o método:**
a) gramatical.
b) sistemático.
c) histórico.
d) sociológico.
e) teleológico.

168) **Esse método interpretativo procura delimitar o escopo, vale dizer, a *ratio essendi* do preceito normativo, para a partir dele determinar o seu real significado. A delimitação do sentido normativo requer, pois, a captação dos fins para os quais se elaborou a norma jurídica. Eis o método:**
a) gramatical.
b) sistemático.

c) histórico.
d) sociológico.
e) teleológico.

169) Esse processo de interpretação do direito objetiva: conferir a aplicabilidade da norma jurídica às relações sociais que lhe deram origem; elastecer o sentido da norma a relações novas; e temperar o alcance do preceito normativo, a fim de fazê-lo espelhar as necessidades atuais da comunidade jurídica. Trata-se do uso do seguinte método:
a) gramatical.
b) sistemático.
c) histórico.
d) sociológico.
e) teleológico.

170) Quando o hermeneuta utiliza esse método interpretativo, desenvolve-se uma interpretação jurídica meramente textual, buscando fixar o sentido literal do diploma normativo. Atualmente ele é visto como o ponto de partida e não mais como o término do processo hermenêutico, ante o risco da realização de injustiças. Eis o método:
a) gramatical.
b) sistemático.
c) histórico.
d) sociológico.
e) teleológico.

171) O hermeneuta se debruça sobre as expressões normativas, investigando a origem etimológica dos vocábulos e aplicando as regras estruturais de concordância ou regência, verbal e nominal. Trata-se de um processo hermenêutico quase que superado, ante o anacronismo do brocardo jurídico – *in claris cessat interpretatio*. Esse é o método:
a) gramatical.
b) lógico.
c) histórico.

d) sociológico.
e) teleológico.

172) Em se tratando dessa forma de interpretação jurídica, o intérprete perquire os antecedentes imediatos e remotos que influenciaram a criação do modelo normativo constitucional ou infraconstitucional. Eis o método:
a) gramatical.
b) lógico.
c) histórico.
d) sociológico.
e) teleológico.

173) Essa técnica interpretativa procura delimitar o escopo, vale dizer, a *ratio essendi* do preceito normativo, para a partir dele determinar o seu real significado. A delimitação do sentido normativo requer, pois, a captação dos fins para os quais se elaborou a norma jurídica. Eis o método:
a) gramatical.
b) lógico.
c) histórico.
d) sociológico.
e) teleológico.

174) Diante da tensão dialética entre direitos fundamentais, considerada a inexistência de hierarquia prévia no plano normativo da Constituição, o conflito será dirimido pelo uso da seguinte técnica hermenêutica:
a) gramatical.
b) lógico-sistemática.
c) histórica.
d) sociológica.
e) ponderação dos bens e interesses.

175) O método de estudo da Sociologia geral e jurídica que enfatiza a apreensão do significado cultural das ações sociais pode ser denominado:

a) estruturalista.
b) dedutivo.
c) indutivo.
d) compreensivo.
e) dialético.

176) O método de estudo da Sociologia geral e jurídica que enfatiza a neutralidade axiológica e o distanciamento do cientista social pode ser denominado:
a) estruturalista.
b) dedutivo.
c) indutivo.
d) compreensivo.
e) positivista.

177) No tocante ao pensamento social da Antiguidade e da Idade Média, é correto afirmar que:
a) Sócrates contribuiu para o pensamento social por negar a capacidade racional do ser humano de conceber estruturas de poder essencialmente justas.
b) segundo Platão, tirania, oligarquia e demagogia seriam caracterizadas pela prevalência do bem comum da sociedade política em detrimento do interesse privado dos governantes.
c) na República ideal de Aristóteles, a relação política seria marcada pela superioridade das classes oprimidas, cuja participação garantiria a organização social de um governo perfeito.
d) Santo Agostinho oferece um tratamento racional e empírico aos estudos sobre os fenômenos sociais, contribuindo para o posterior surgimento da Sociologia Geral e Jurídica.
e) São Tomás de Aquino procurou conciliar a fé com a razão no tratamento dos temas sociais.

178) Sobre o pensamento de Émile Durkheim, pode-se asseverar que:
a) rompeu totalmente com as bases metodológicas do positivismo de Augusto Comte no campo sociológico geral e jurídico.
b) negou a natureza coercitiva do Direito no campo das relações humanas e das instituições sociais.

c) dissociou o fenômeno da divisão do trabalho dos modelos de solidariedade social.

d) considerou que as sociedades primitivas seriam caracterizadas pelo paradigma da solidariedade mecânica.

e) descreveu objetivamente a transição histórico-social de uma ordem jurídico-civil para uma ordem jurídico-penal.

179) **Sobre a contribuição de Karl Marx para o estudo sociológico geral e jurídico, pode-se afirmar que:**

a) o materialismo histórico-dialético procura exprimir a primazia concedida à superestrutura político-ideológica (Estado, Moral, Religião, Direito) na organização de uma dada sociedade.

b) o Estado e o Direito se afiguram, na visão marxista, como aparelhos institucionais que buscam minimizar as desigualdades geradas pela estratificação de classes sociais.

c) a sociedade medieval, regida pelo feudalismo, teria conhecido a estratificação classista baseada na exploração do trabalho servil.

d) a ditadura do proletariado seria uma via de passagem necessária para a configuração da etapa final do feudalismo.

e) a estatização dos meios de produção teria sido viabilizada na fase transitória do capitalismo industrial.

180) **Sobre as relações entre a mudança social e o fenômeno jurídico, pode-se asseverar que:**

a) a mudança social é um processo sociológico que se verifica somente nas sociedades orientais contemporâneas.

b) a mudança social é um processo sociológico que contradiz a noção de historicidade da vida humana.

c) a revolução é uma modalidade de mudança social mais branda e acessória que a reforma.

d) o direito de revolução pode ser sustentado pela corrente jusnaturalista.

e) o direito de revolução pode ser reconhecido pela concepção positivista.

181) **No que se refere ao pensamento de Augusto Comte, pode-se dizer que:**

a) reconheceu a influência dos valores no plano do conhecimento científico.

b) admitiu a neutralidade axiológica como pressuposto para a construção da ciência.

c) vislumbrou a filosofia como o único caminho válido para atingir a verdade.

d) descreveu a lei dos três estados de evolução social, que culminaria com o estágio metafísico.

e) criou a Sociologia como uma espécie de física social, baseada na busca da proximidade sujeito-objeto.

182) Sobre a contribuição de Karl Marx para o estudo sociológico, pode-se afirmar que:

a) o materialismo histórico-dialético procura exprimir a primazia concedida à infraestrutura econômica na condução da superestrutura político-ideológica de uma sociedade.

b) o estado e o direito se afiguram como aparelhos institucionais de realização e legitimação da violência organizada, de modo a evitar a desigualdade entre as classes sociais.

c) a sociedade medieval, regida pelo feudalismo, não teria conhecido a estratificação classista.

d) a ditadura do proletariado seria uma via de passagem para a etapa final do capitalismo evoluído.

e) a estatização dos meios de produção teria sido viabilizada na fase transitória do capitalismo comercial.

183) Aquele mecanismo que integra o chamado controle social preventivo, inibindo a ocorrência de infrações sociais através do oferecimento de um estímulo, pode ser denominado:

a) sanção premial.

b) sanção difusa.

c) sanção organizada.

d) coação.

e) socialização.

184) No tocante ao pensamento social antigo, é correto afirmar que:

a) os sofistas contribuíram para o pensamento social por acreditar na capacidade racional do ser humano de conceber estruturas de poder essencialmente justas.

b) a maiêutica socrática é marcada por um dogmatismo que inviabiliza a reflexão crítica do fenômeno social e jurídico.

c) na República ideal de Platão, a relação política seria marcada pela superioridade das classes oprimidas, cuja participação garantiria a organização social de um governo perfeito.

d) Aristóteles oferece um tratamento realista e indutivo aos estudos sobre os fenômenos sociais, contribuindo para o posterior surgimento da Sociologia Geral e Jurídica.

e) segundo Aristóteles, tirania, oligarquia e demagogia seriam caracterizadas pela prevalência do bem comum da sociedade política em detrimento do interesse particular dos governantes.

185) **Sobre a contribuição de Karl Marx para o estudo sociológico geral e jurídico, pode-se afirmar que:**

a) o materialismo histórico-dialético procura exprimir a primazia concedida à superestrutura político-ideológica na organização de uma dada sociedade.

b) o estado e o direito se afiguram como aparelhos institucionais de realização e legitimação da violência organizada, de modo a propiciar e reproduzir a estratificação de classes sociais.

c) a sociedade medieval, regida pelo feudalismo, teria conhecido a estratificação classista baseada na exploração do trabalho assalariado.

d) a ditadura do proletariado seria uma via de passagem necessária para a configuração da etapa final do escravagismo.

e) a estatização dos meios de produção teria sido viabilizada na fase transitória do feudalismo.

186) **No que se refere ao pensamento sociológico de Max Weber, pode-se dizer que:**

a) os significados das ações sociais seriam assimilados através de um modo de conhecimento cultural chamado de compreensão.

b) a legitimidade carismática figuraria como uma garantia de fortalecimento das instituições contra o personalismo político.

c) a legitimidade tradicional repousaria na observância estrita de procedimentos previstos pela ordem jurídica.

d) a legitimidade legal-burocrática valorizaria a força dos costumes na formação do Estado e do Direito.

e) na visão weberiana, o protestantismo teria obstaculizado o pleno desenvolvimento econômico e social dos Estados capitalistas.

187) No tocante ao papel desempenhado pelas normas éticas no sistema de controle social das sociedades ocidentais, é correto assegurar que:

a) a descortesia configura sempre a mais grave modalidade de infração social.

b) a imoralidade é punida geralmente com uma sanção social de natureza difusa.

c) a ilicitude se origina do simples descumprimento dos preceitos de cortesia existentes numa dada sociedade.

d) a falta de etiqueta ocasiona a aplicação de uma sanção institucionalizada pelo Estado.

e) a descortesia implica necessariamente a realização de uma ação proibida pela ordem jurídica.

188) (TJ-PE – Juiz – FCC/2013) No caso de publicação para corrigir texto de lei publicado com incorreção:

a) deverá, necessariamente, ser estabelecido um prazo para sua nova entrada em vigor, além de disciplinar as relações jurídicas estabelecidas antes da nova publicação.

b) deve o conflito entre os textos ser resolvido pelo juiz por equidade, porque a Lei de Introdução às Normas do Direito Brasileiro não regula os efeitos da nova publicação de texto de lei.

c) não haverá novo prazo de *vacatio legis* depois da nova publicação, se ocorrer antes de a lei ter entrado em vigor.

d) tratando-se de lei já em vigor, as correções consideram-se lei nova.

e) não se considerarão lei nova as correções, tenha ou não já entrado em vigor o texto incorreto.

189) (TC-DF – Procurador – CESPE/2013) A respeito da eficácia da lei no tempo e no espaço, julgue os itens a seguir.

No curso de uma relação contratual civil, caso surja lei nova que trate da matéria objeto da relação jurídica entabulada, essa nova lei deverá ser aplicada à referida relação se apresentar regra mais favorável ao devedor.

( ) Certo   ( ) Errado

190) (TJ-RR – Titular de Serviços de Notas e de Registros – CESPE/2013) Em relação à Lei de Introdução às Normas do Direito Brasileiro, assinale a opção correta.

a) O direito pátrio admite o instituto da *vacatio legis*, aplicável a todos os atos normativos, inclusive aos decretos e regulamentos.

b) Em regra, a equidade revela-se um método de integração das normas jurídicas.

c) Aplica-se a Lei da Nacionalidade para regular as questões relacionadas ao nome, começo e fim da personalidade, capacidade e direitos de família.

d) A antiga Lei de Introdução ao Código Civil mudou de nome, passando a denominar-se Lei de Introdução às Normas do Direito Brasileiro. Em que pese tal aspecto, esse diploma normativo continua sendo um apêndice do Código Civil de 2002.

e) No que diz respeito à vigência normativa, é correto afirmar que, com a promulgação, a lei passa a existir e a ser válida.

191) (TRT 15ª Região – Analista Judiciário – FCC/2013) Marcelo trabalhou por mais de 29 anos sob a égide de lei que previa direito a se aposentar aos 30 anos de trabalho. Durante estes mais de 29 anos, cumpriu os requisitos à aposentação. Contudo, antes de atingir os 30 anos de trabalho, sobreveio lei majorando para 32 anos o tempo necessário à aposentação. Referida lei não previu regras de transição para os trabalhadores que estivessem trabalhando sob o regime jurídico anterior. Diante deste quadro, Marcelo ajuizou ação no âmbito da qual requereu a aposentação aos 30 anos trabalhados. Esta ação deverá ser jugada:

a) procedente, porque, passados 29 dos 30 anos necessários à aposentação, Marcelo passou a ter direito adquirido ao regime jurídico anterior.

b) improcedente, porque, quando do advento da nova lei, Marcelo possuía mera expectativa de direito.

c) procedente, porque, apesar do advento da lei nova, Marcelo possuía direito adquirido ao tempo que, de acordo com a lei revogada, faltava para sua aposentação.

d) improcedente, porque não existe proteção ao direito adquirido em matéria de ordem pública.

e) procedente, porque a lei nova não previu regras transitórias explícitas.

192) **(AL-RN – Analista Legislativo – FCC/2013) Considere a seguinte situação hipotética: A Lei W entrará em vigor no dia 09 de setembro de 2013, ou seja, 45 dias após a sua publicação. Ocorre que, no dia 26 de agosto de 2013 houve nova publicação do texto legal da Lei W destinada à correção. Neste caso, de acordo com a Lei de Introdução às Normas do Direito Brasileiro, o prazo de quarenta e cinco dias:**

a) começará a correr da nova publicação.

b) não se interromperá ou suspenderá com a nova publicação fluindo normalmente.

c) será acrescido de mais dez dias a contar do dia 26 de agosto de 2013.

d) será contado em dobro, iniciando-se a partir do dia 26 de agosto de 2013.

e) será acrescido de mais quinze dias a contar do dia 26 de agosto de 2013.

193) **(MPE-CE – Técnico Ministerial – FCC/2013) De acordo com a Lei de Introdução às Normas do Direito Brasileiro,**

a) em regra, a lei começa a vigorar em todo o país na data de sua publicação.

b) admite-se o descumprimento da lei em caso de desconhecimento acerca de seu conteúdo.

c) quando a lei for omissa, o juiz decidirá o caso com base no direito estrangeiro.

d) a lei nova deve respeitar o direito adquirido, salvo quando beneficiar pessoa hipossuficiente.

e) lei posterior revoga a anterior quando expressamente o declare, quando seja com ela incompatível ou quando regule inteiramente a matéria de que tratava a lei anterior.

194) **(TRE-RJ – Analista Judiciário – CESPE/2012) Julgue os itens a seguir, a respeito de conflito e eficácia das leis, pessoas naturais e jurídicas, bens públicos, prescrição e decadência.**

A partir da revogação originada pelo novo Código Civil, é correto afirmar que ocorreu ab-rogação com relação ao Código Civil de 1916.

( ) Certo ( ) Errado

195) (TJ-RR – Agente de Proteção – CESPE/2012) Com base no que dispõe a Lei de Introdução às Normas do Direito Brasileiro, julgue os itens seguintes.

A *vacatio legis* de uma lei, em regra, é de um ano, a contar da publicação da norma.

( ) Certo ( ) Errado

196) (DPE-TO – Analista em Gestão Especializado – COPESE – UFT/2012) Segundo a Lei de Introdução às Normas do Direito Brasileiro, assinale a alternativa INCORRETA:
a) Não se destinando à vigência temporária, a lei terá vigor até que outra a modifique ou revogue.
b) Nos Estados, estrangeiros, a obrigatoriedade da lei brasileira, quando admitida, se inicia cento e vinte dias depois de oficialmente publicada.
c) Se, antes de entrar a lei em vigor, ocorrer nova publicação de seu texto, destinada a correção, o prazo de *vacatio legis* começará a correr da nova publicação.
d) As correções a texto de lei já em vigor consideram-se lei nova.

197) (MDIC – Analista de Comércio Exterior – ESAF/2012) Assinale a opção incorreta sobre as formas de revogação da lei.
a) A revogação expressa é, algumas vezes, singular, taxativa e refere-se especialmente à disposição abolida.
b) A derrogação ocorre quando a nova lei regula toda a matéria, que era regulada pela lei precedente, caso em que a revogação desta é sempre total.
c) A revogação tácita, que também é chamada de indireta, pode verificar-se de dois modos diversos, um deles ocorre quando a lei nova encerra disposições incompatíveis com as da anterior, podendo a revogação ser parcial.
d) A revogação expressa pode também ser geral, compreensiva e aplicar-se a todas as disposições contrárias, sem individualização.

e) A sucessiva ab-rogação de uma lei, que ab-rogou outra anterior, não faz ressurgir a anterior, nem mesmo no caso em que não tenha sido promulgada outra lei nova.

198) **(TRT 6ª Região – Analista Judiciário – FCC/2012) Nos Estados estrangeiros, a obrigatoriedade da lei brasileira, quando admitida, se inicia, depois de oficialmente publicada, em:**
a) três meses.
b) noventa dias.
c) um mês.
d) trinta dias.
e) quarenta e cinco dias.

199) **(TRT 4ª Região – Juiz do Trabalho – FCC/2012) As regras estabelecidas na Constituição Federal e na Lei de Introdução às Normas do Direito Brasileiro, a respeito do direito intertemporal:**
a) preservam a coisa julgada dos efeitos da lei nova, mas não o direito adquirido, nem o ato jurídico perfeito.
b) permitem sempre a prevalência das normas de ordem pública, em relação ao direito adquirido.
c) estabelecem a coexistência da regra do efeito imediato da lei com a vedação de ela prejudicar o direito adquirido, o ato jurídico perfeito e a coisa julgada.
d) não admitem em qualquer hipótese lei com efeito retroativo.
e) impedem o efeito imediato da lei, apenas para não atingir o ato jurídico perfeito.

200) **(MPE-RR – Promotor de Justiça – CESPE/2012) Considerando o que dispõe a Lei de Introdução às Normas do Direito Brasileiro bem como a interpretação de seus dispositivos, assinale a opção correta,**
a) Denomina-se conflito aparente o conflito normativo passível de solução mediante critérios hierárquicos, cronológicos e embasados na especialidade.
b) A lei nova que estabeleça disposições gerais ou especiais, a par das já existentes, revoga a lei anterior.
c) A possibilidade de repristinação da norma é a regra geral no ordenamento jurídico pátrio.

d) A ab-rogação corresponde à supressão parcial de norma anterior; a derrogação, à supressão total da norma.

e) A declaração privada da vontade oriunda de outro país terá eficácia no Brasil, ainda que ofenda a ordem pública e os bons costumes locais.

201) **(TJ-AL – Analista Judiciário – CESPE/2012) Assinale a opção correta de acordo com a Lei de Introdução às Normas do Direito Brasileiro (LINDB).**

a) Correções de texto de lei já em vigor não se consideram lei nova.

b) De acordo com o princípio da obrigatoriedade, a lei que não se destina a viger apenas temporariamente, vigorará até que outra a modifique ou revogue.

c) A LINDB prevê expressamente, no caso de a lei ser omissa, o emprego da equidade, da analogia, dos costumes e dos princípios gerais do direito pelo juiz incumbido de decidir a respeito do caso concreto.

d) A analogia não pode ser utilizada para se proceder à colmatação de lacunas.

e) Denomina-se caso julgado a decisão judicial da qual não caiba mais recurso.

202) **(TJ-RR – Técnico Judiciário – CESPE/2012) Com base no que dispõe a Lei de Introdução às Normas do Direito Brasileiro, julgue os itens que se seguem.**

Uma lei entrará em vigor no país quarenta e cinco dias após sua publicação em diário oficial, salvo disposição em contrário. Nos estados estrangeiros, quando admitida, a lei entrará em vigor seis meses após sua publicação oficial.

( ) Certo ( ) Errado

203) **(DPE-TO – Analista Jurídico – COPESE – UFT/2012) Nos termos da Lei de Introdução às Normas do Direito Brasileiro, assinale a alternativa INCORRETA:**

a) Salvo disposição contrária, a lei começa a vigorar em todo o país quarenta e cinco dias depois de oficialmente publicada.

b) Nos Estados, estrangeiros, a obrigatoriedade da lei brasileira, quando admitida, se inicia três meses depois de oficialmente publicada.

c) Se, antes de entrar a lei em vigor, ocorrer nova publicação de seu texto, destinada a correção, o prazo de *vacatio legis* começará a correr da nova publicação.

d) A lei nova, que estabeleça disposições especiais a par das já existentes, revoga ou modifica a lei anterior.

204) (TRT 9ª Região – Juiz do Trabalho – ESPP/2012) Considerando a teoria do Direito Civil acerca das locuções "direito objetivo" e "direito subjetivo", assinale a alternativa incorreta:

a) O direito subjetivo associa-se à noção de *"facultas agendi"*.

b) Visto como um conjunto de normas que a todos se dirige e a todos vincula, temos o "direito subjetivo".

c) Direito subjetivo é a prerrogativa de invocação da norma jurídica, pelo titular, na defesa do seu interesse.

d) Visto sob o ângulo subjetivo, o direito é o interesse juridicamente tutelado (Ihering)

e) O direito objetivo refere-se a um conjunto de regras que impõem à conduta humana certa direção ou limite. Ele descreve condutas obrigatórias e comina sanções pelo comportamento diverso dessa descrição.

205) (TRT 21ª Região – Juiz – 2ª Parte – 2012) Sobre a eficácia da lei, considerando as assertivas abaixo, assinale a alternativa correta:

I. As correções a texto de lei já em vigor consideram-se mera retificação do texto anterior.

II. A lei nova, que estabeleça disposições gerais ou especiais a par das já existentes, não revoga nem modifica a lei anterior.

III. A lei revogada, salvo disposição em contrário, restaura-se imediatamente quando a lei revogadora perde a sua vigência.

IV. A lei do país onde nasceu a pessoa é que determina as regras sobre o começo e o fim da personalidade, o nome, a capacidade e os direitos de família.

V. Com o objetivo de evitar conflitos que podem surgir em razão da aplicação da nova lei, o legislador pode inserir, no próprio texto do novo diploma legal, as disposições que terão vigência temporária.

a) apenas a assertiva III está correta.
b) apenas a assertiva I está correta.
c) apenas as assertivas II e V estão corretas.
d) apenas as assertivas I e IV estão corretas.
e) apenas as assertivas II e III estão corretas.

206) **(TRF 2ª Região – Analista Judiciário – Execução de Mandados – FCC/2012) Considere as seguintes assertivas a respeito da Lei de Introdução às Normas do Direito Brasileiro:**

I. As correções a texto de lei já em vigor consideram-se lei nova.

II. A lei nova, que estabeleça disposições gerais ou especiais a par das já existentes, revoga a lei anterior.

III. A lei do domicílio do herdeiro ou legatário regula a capacidade para suceder.

IV. Reputa-se ato jurídico perfeito o já consumado segundo a lei vigente ao tempo em que se efetuou.

Está correto o que consta APENAS em:
a) I e III.
b) I, III e IV.
c) III e IV.
d) II e IV.
e) I, II e IV.

207) **(MDIC – Analista de Comércio Exterior – ESAF/2012) A propósito do início da vigência da lei, todas as afirmativas abaixo são verdadeiras, exceto:**
a) A contagem do prazo para entrada em vigor das leis que estabeleçam período de vacância far-se-á com a inclusão da data da publicação e do último dia do prazo, entrando em vigor no dia subsequente à sua consumação integral.
b) Salvo disposição em contrário, a lei começa a vigorar em todo o território nacional quarenta e cinco dias depois de oficialmente publicada.
c) As emendas ou correções à lei que já tenha entrado em vigor não serão consideradas lei nova.
d) Se, durante a *vacatio legis*, vier a lei a ser corrigida em seu texto, que contém erros materiais ou falhas de ortografia,

ensejando nova publicação, os prazos mencionados nos itens anteriores começam a correr da data da nova publicação.

e) Nos estados estrangeiros, a obrigatoriedade da lei brasileira, quando admitida, inicia-se três meses depois de oficialmente publicada.

208) (TRT 6ª Região – Técnico Judiciário – FCC/2012) Dispõe a Lei de Introdução às Normas do Direito Brasileiro que a obrigação resultante do contrato reputa-se constituída no lugar em que residir o proponente (art. 9º, § 2º) e o Código Civil que reputar-se-á celebrado o contrato no lugar em que for proposto (art. 435). Neste caso,

a) ambas as disposições legais se acham em vigor e não se contradizem.

b) o Código Civil foi revogado nessa disposição pela Lei de Introdução às Normas do Direito Brasileiro.

c) aquela regra estabelecida na Lei de Introdução às Normas do Direito Brasileiro foi revogada pelo Código Civil.

d) ambas as disposições se revogam reciprocamente.

e) tendo o juiz dúvida sobre qual das normas legais deve aplicar, possui a faculdade de considerar revogada qualquer das duas regras, aplicando a outra.

209) (TJ-RR – Técnico Judiciário – CESPE/2012) Com base no que dispõe a Lei de Introdução às Normas do Direito Brasileiro, julgue os itens que se seguem.

Integração normativa consiste na obrigatoriedade de o juiz furtar-se à decisão quando a lei for omissa.

( ) Certo   ( ) Errado

210) (TJ-RR – Agente de Proteção – CESPE/2012) Com base no que dispõe a Lei de Introdução às Normas do Direito Brasileiro, julgue os itens seguintes.

A interpretação sistemática de uma norma implica a adequação da lei ao contexto da sociedade e aos fatos sociais.

( ) Certo   ( ) Errado

211) (MPE-TO – Promotor de Justiça – CESPE/2012) Considerando a importância das leis para a manutenção da ordem jurídica, assinale a opção correta.

a) No que se refere aos bens, a Lei de Introdução às Normas do Direito Brasileiro estabelece que a regra para aplicação da norma em relação a bens móveis transportados é a relativa à situação dos bens.

b) No ordenamento brasileiro, uma lei revogada pode ser repristinada, caso a lei que a tenha revogado seja declarada inconstitucional.

c) São lacunas do direito: a normativa, a ontológica, a axiológica e a antinômica.

d) Contrato celebrado em território ficto não será regulado pela norma jurídica brasileira, mas pela lei do país onde o contrato tenha sido realizado.

e) Em caso de conflito de norma especial anterior e norma geral posterior, prevalecerá, pelo critério hierárquico, a primeira norma.

212) (MPE-SP – Promotor de Justiça – MPE-SP/2012) No que tange às normas do Direito Brasileiro:

I. Salvo disposição contrária, a lei começa a vigorar em todo o país trinta dias depois de oficialmente publicada.

II. As correções a texto de lei já em vigor consideram-se lei nova.

III. A lei do país em que domiciliada a pessoa determina as regras sobre o começo e o fim da personalidade, o nome, a capacidade e os direitos de família.

IV. Só à autoridade judiciária brasileira compete conhecer das ações relativas a imóveis de estrangeiros situados no Brasil.

V. As leis, atos e sentenças de outro país, bem como quaisquer declarações de vontade, não terão eficácia no Brasil enquanto não homologadas pelo Superior Tribunal de Justiça.

Está correto o que se afirma APENAS em:

a) I, II, III e V.
b) II, III e IV.
c) III, IV e V.
d) I, II, IV e V.

e) I, II e III.

213) **(Prefeitura de Maringá/PR – Procurador Municipal – PUC--PR/2015)** "O texto, preceito, enunciado normativo é alográfico. Não se completa no sentido nele impresso pelo legislador. A 'completude' do texto somente é realizada quando o sentido por ele expressado é produzido, como nova forma de expressão, pelo intérprete. Mas o 'sentido expressado pelo texto' já é algo novo distinto do texto. A interpretação do direito opera a mediação entre o caráter geral do texto normativo e sua aplicação particular: isto é, opera a sua inserção na vida. (GRAU, Eros Roberto. *Ensaio e discurso sobre a interpretação/aplicação do direito*. 5. ed. São Paulo: Malheiros, 2009. p. 83).

"Nesse ponto, cabe outra advertência: a afirmação de que a súmula é (também) um texto deve ser compreendido a partir de um olhar hermenêutico. Destarte, quando afirmo que a súmula é um texto, quero dizer que este texto, ao ser interpretado, deverá ensejar uma norma (sentido) que respeite, de forma radical, a coerência e integridade do direito. Caso contrário, ela será aplicada de forma objetificada, entificadamente, isto é, será uma categoria a partir da qual se fará deduções e subsunções" (STRECK, Lenio Luiz. *Lições de Crítica Hermenêutica do Direito*. Porto Alegre: Livraria do Advogado, 2014. p. 143).

A partir da leitura dos trechos acima transcritos e segundo o que deles se extrai, é CORRETO afirmar:

a) A hermenêutica fundada no aspecto literal da norma jurídica permite que o juiz a aplique de maneira uniforme e vertical a todos os casos similares, a despeito dos contornos do caso concreto.

b) A norma é identificada no direito como sinônimo de lei material e, portanto, de regra geral, impessoal e abstrata a que todos estão sujeitos e em relação a qual ninguém poderá se escusar de cumprir sob alegação de que não a conhece.

c) A interpretação é transformação de uma expressão (o texto) em outra (a norma), de sorte que a norma não é apenas o texto normativo nela transformado, pois ela resulta também do conteúdo entre o texto e os fatos (a realidade).

d) A regra jurídica a ser verticalizada para aplicação no caso concreto é extraída, pelo intérprete autêntico, por intermédio da compreensão da norma edificada pelo Poder Legislativo.

e) As súmulas são enunciados legislativos propostos pelo Poder Judiciário para uniformizar a interpretação sobre determinados temas, constituindo-se, portanto, normas que precisam ser interpretadas para que virem regras jurídicas aptas a solucionar casos concretos no futuro.

214) **(BACEN – Procurador – CESPE/2013) A interpretação segundo a qual o juiz procura alcançar o sentido da lei em consonância com as demais normas que inspiram determinado ramo de direito é denominada.**

a) Histórica.

b) Lógica.

c) Sistemática.

d) Teleológica.

e) Analógica.

215) **(MPE-PI – Promotor de Justiça – CESPE/2012) Considerando as regras de introdução às normas do direito brasileiro e os direitos do nascituro, assinale a opção correta.**

a) Segundo as regras legais brasileiras, permite-se ao julgador o *non liquet*, nos casos de lacunas ou obscuridade da norma.

b) O Código Civil não admite a doação feita ao nascituro, apesar de lhe assegurar o *status* de pessoa humana.

c) Como o Código Civil exige o nascimento com vida para a aquisição da personalidade civil, o nascituro não tem direito a indenização por danos morais pela morte do pai.

d) O efeito repristinatório não é automático. Apenas excepcionalmente a lei revogada voltará a viger quando a lei revogadora for declarada inconstitucional ou quando for concedida a suspensão cautelar da eficácia da norma impugnada.

e) De acordo com a lei brasileira, o itinerante tem como domicílio presumido o local de moradia de seus pais ou de seu curador ou tutor.

216) **(MPE-AC – Promotor de Justiça – CESPE/2014) No que se refere às vertentes teóricas acerca da natureza jurídica do direito subjetivo, assinale a opção correta.**

a) Segundo a teoria da garantia, o direito subjetivo constitui interesse tutelado pela ordem jurídica mediante o reconhecimento da vontade individual, o que pressupõe um direito subsistente na volição.

b) A teoria lógico-formal, centrada em depurar do estudo do direito quaisquer elementos metajurídicos, promove a redução formalista do dever jurídico e, concomitantemente, do direito subjetivo à norma jurídica.

c) De acordo com a teoria da vontade-potência, da conjugação dos elementos vontade e interesse, o direito subjetivo seria o bem ou interesse protegido pelo reconhecimento do poder da vontade humana, visto que é dirigido a um bem reconhecido pela ordem jurídica.

d) Segundo a teoria eclética, não há direito subjetivo: nem o indivíduo nem a coletividade possuem direitos, uma vez que a regra de direito cria um comportamento (positivo ou negativo), configurando-se uma situação de caráter objetivo.

e) A teoria egológica do direito confere novo tratamento à noção de direito subjetivo, que, identificado com a liberdade humana, expressa o movimento espontâneo da vida humana, liberdade fenomenizada no campo do não proibido.

217) **(DPE-SP – Defensor Público – FCC/2015)** "A exigência de uma sistematização do Direito acabou por impor aos juristas a valorização do preceito legal no julgamento de fatos vitais decisivos. Daí surgiu, na França, já no século XIX, a poderosa 'École de l'Exégèse', de grande influência nos países em que o espírito napoleônico predominou, correspondendo, no mundo germânico, à doutrina dos pandectistas. A tarefa do jurista circunscreveu-se, a partir daí, cada vez mais à teorização e sistematização da experiência jurídica, em termos de uma unificação construtiva dos juízos normativos e do esclarecimento dos seus fundamentos (...)".

No trecho acima, extraído de seu livro A Ciência do Direito, Tércio Sampaio Ferraz Júnior refere-se a características do

a) Jusnaturalismo jurídico.
b) Historicismo jurídico.
c) Positivismo jurídico.
d) Realismo jurídico.
e) Neopositivismo jurídico.

218) **(DPE-SP – Defensor Público – FCC/2015)** No panorama histórico da Ciência do Direito, realizado por Tércio Sampaio Ferraz Júnior, na obra *A Ciência do Direito*, o autor caracteriza a prática dos glosadores da seguinte forma: "Tomando como base assentada os textos de Justiniano, os juristas da época passaram a dar-lhes um tratamento metódico, cujas raízes estavam nas técnicas explicativas usadas em aulas, sobretudo no chamado *Trivium*, composto de gramática, retórica e dialética, que compunham as *artes liberales* de então. Com isto, eles desenvolveram uma técnica especial de abordagem de textos pré-fabricados e aceitos por sua autoridade, caracterizada pela glosa gramatical e filológica, pela exegese ou explicação do sentido, pela concordância, pela distinção". Neste sentido, o autor considera que neste confronto do texto estabelecido e do seu tratamento explicativo, presente na prática dos glosadores, é que nasce a:

a) Jurisprudência medieval com seu caráter eminentemente dialético.
b) Ciência do Direito com seu caráter eminentemente dogmático.
c) Ciência do Direito com seu caráter eminentemente zetético.
d) Ciência do Direito com seu caráter exclusivamente interpretativo.
e) Jurisprudência romana com seu caráter prioritariamente comparativo.

219) **(TJ-PI – Juiz – CESPE/2012)** O fato de um juiz, transcendendo a letra da lei, utilizar de raciocínio para fixar o alcance e a extensão da norma a partir de motivações políticas, históricas e ideológicas caracteriza o exercício da interpretação

a) Teleológica.
b) Sistemática.
c) Histórica.
d) Lógica.
e) Doutrinária.

220) **(PC-AL – Delegado de Polícia – CESPE/2012)** Com base no que dispõe a Lei de Introdução às Normas do Direito Brasileiro (LINDB) e Direito Civil, julgue os itens subsecutivos.

Duas são as hipóteses em que cabe o efeito repristinatório: quando houver previsão expressa na norma jurídica ou quando decorrer de declaração de inconstitucionalidade da lei.

( ) Certo ( ) Errado

221) **(TRT 9ª Região – Juiz do Trabalho – ESPP/2012)** A vigência da norma jurídica é um dos temas mais importantes do Direito Civil, que se relaciona com diversos outros campos do conhecimento jurídico. Dentre as alternativas abaixo, selecione a que não corresponde ao pensamento de Hans Kelsen sobre a norma jurídica (especialmente em "Teoria pura do direito"):

a) "Vigência" (estar a norma valendo) e "validade" (ser a norma vigente) são expressões sinônimas.

b) A vigência da norma jurídica não é condicionada por um mínimo de eficácia (isto é, o fato real de ela ser efetivamente aplicada e observada).

c) Uma norma jurídica que nunca e em parte alguma é aplicada e respeitada não será considerada como norma válida.

d) A referência da norma ao espaço e ao tempo é o domínio da vigência espacial e temporal da norma.

e) A norma pode valer quando o ato de vontade de que ela se constitui já não existe.

222) **(DPE-SC – Defensor Público – FESPE/2012)** Sobre a Lei de Introdução às Normas do Direito Brasileiro, é correto afirmar:

a) A lei revogada se restaura por ter a lei revogadora perdido a vigência.

b) As correções a texto de lei já em vigor não se consideram lei nova.

c) A lei posterior revoga a anterior apenas quando expressamente o declare.

d) A lei começa a vigorar em todo o país quarenta e cinco dias depois de oficialmente publicada e se, antes de entrar a lei em vigor, ocorrer nova publicação de seu texto, destinada a correção, o prazo continua correndo da primeira publicação.

e) Consideram-se adquiridos assim os direitos que o seu titular, ou alguém por ele, possa exercer, como aqueles cujo começo do exercício tenha termo pré-fixo, ou condição preestabelecida inalterável, a arbítrio de outrem.

223) (PC-AL – Delegado de Polícia – CESPE/2012) Com base no que dispões a Lei de Introdução às Normas do Direito Brasileiro (LINDB) e Direito Civil, julgue os itens subsecutivos.

A LINDB é considerada uma *lex legum*, ou seja, uma norma de sobredireito.

( ) Certo ( ) Errado

224) (DPE-PR – Assessor Jurídico – PUC-PR/2012) Sobre a aplicação da lei no tempo e no espaço, bem como acerca da interpretação das normas jurídicas, assinale a alternativa CORRETA:

I. Salvo disposição contrária, a lei começa a vigorar em todo o país quarenta dias depois de oficialmente publicada.

II. A lei nova, que estabeleça disposições gerais ou especiais a par das já existentes, não revoga nem modifica a lei anterior.

III. A lei do país em que domiciliada a pessoa determina as regras sobre o começo e o fim da personalidade, o nome, a capacidade e os direitos de família.

IV. A lei posterior revoga a anterior quando expressamente o declare, quando seja com ela incompatível ou quando regule inteiramente a matéria de que tratava a lei anterior.

V. As correções a texto de lei já em vigor não se consideram lei nova, pois somente complementam legislação anterior.

a) Apenas as assertivas I, II, III e IV são verdadeiras.
b) Apenas as assertivas IV e V são verdadeiras.
c) Apenas as assertivas III e V são verdadeiras.
d) Apenas as assertivas II, III e IV são verdadeiras.
e) Apenas as assertivas I, III e V são verdadeiras.

225) (PGR – Procurador – PGR/2012) Assinale a alternativa correta:

a) Denomina-se lei temporária aquela que surge para regular, de modo contrário ao estabelecido na lei geral, fatos ou relações jurídicas que, por sua natureza, estariam nela compreendidos.

b) As Ordenações portuguesas, adaptadas do direito romano clássico, tiveram mais vigência no Brasil do que em Portugal, pois mantiveram-se em vigor até o advento do Código Civil de 1916.

c) À *Equity* do direito inglês corresponde a mesma definição da equidade do direito brasileiro, sendo certo afirmar que, como fonte do direito inglês moderno, é aplicada da mesma maneira.

d) A seguradora se exime do dever de indenizar quando houver transferência do veículo a terceiros sem a sua prévia comunicação.

226) **(TJ-AC – Técnico Judiciário – CESPE/2012) Com base na Lei de Introdução às Normas Brasileiras, julgue os itens a seguir.**

A interpretação extensiva é uma das formas utilizadas pelo mecanismo de integração normativa por analogia.

( ) Certo ( ) Errado

227) **(MPE-SC – Promotor de Justiça – MPE-SC/2012)**

I. O acesso a justiça está entre as grandes preocupações da sociedade contemporânea. Não se limita à simples petição ao Poder Judiciário, mas ao direito de uma pronta e efetiva resposta, em um prazo razoável, além do julgamento imparcial por um juiz ou tribunal, à observância do devido processo legal e às demais garantias processuais e constitucionais.

II. O acesso à Justiça apresenta finalidades básicas no sistema jurídico, pelo qual as pessoas podem reivindicar seus direitos e/ou resolver seus litígios sob os auspícios do Estado. Citam-se como exemplos duas destas finalidades: a) o sistema deve ser igualmente acessível a todos; b) ele deve produzir resultados que sejam individual e socialmente justos.

III. A origem primária do Direito está relacionada diretamente com suas fontes. Estas fontes podem ser: materiais ou formais.

IV. Na aplicação da lei, o juiz atenderá aos fins sociais a que ela se dirige e às exigências do bem comum. Neste contexto, a ciência do direito, articulada no modelo teórico hermenêutico apresenta, especialmente, as tarefas de: a) interpretar as normas; b) verificar a existência da lacuna jurídica; c) afastar contradições normativas.

V. A hermenêutica é a arte de interpretar. Contudo, não contém regras bem ordenadas quando da fixação de princípios e critérios para interpretação. Pode-se afirmar que a hermenêutica

se esgota no campo da interpretação jurídica, por ser apenas um instrumento para sua realização.
a) Apenas as assertivas I, II, III e IV estão corretas.
b) Apenas as assertivas II, III e IV estão corretas.
c) Apenas as assertivas I, III e V estão corretas.
d) Apenas as assertivas I, II e IV estão corretas.
e) Todas as assertivas estão corretas.

228) **(TRE-PR – Analista Judiciário – FCC/2012) NÃO se destinando a vigência temporária, a lei**
a) terá vigor até que outra a modifique ou revogue.
b) vigorará enquanto não cair em desuso.
c) só poderá ser revogada pela superveniência de nova ordem constitucional.
d) somente vigorará, até que outra lei expressamente a revogue
e) não poderá ser revogada.

229) **(TRT 24ª Região – Juiz do Trabalho – TRT/2012) Assinale a alternativa CORRETA:**
a) As disposições da Lei de Introdução às Normas do Direito Brasileiro (LINDB) regem a vigência da lei no tempo e no espaço; disciplinam a aplicação dos princípios gerais do direito, dos costumes, analogia e equidade para colmatar lacunas legais em determinadas situações; dão operatividade à garantia constitucional do respeito à coisa julgada, direito adquirido e ato jurídico perfeito. No sistema constitucional brasileiro, a eficácia retroativa da lei que é sempre excepcional, que jamais se presume e que deve necessariamente emanar de disposição legal expressa, não pode gerar lesão ao ato jurídico perfeito, ao direito adquirido e à coisa julgada.
b) Salvo disposição em contrário, a lei começa a vigorar em todo o país 65 dias depois de oficialmente publicada.
c) O instituto da revogação tácita não é previsto no ordenamento jurídico pátrio.
d) O princípio da irretroatividade da lei não é aplicado no Direito do Trabalho, por força de disposição expressa de dispositivo consolidado.
e) A cláusula da irretroatividade da lei convive com outro preceito do direito intertemporal que é o da eficácia imediata e geral

da lei nova, assim que entre em vigor, alcançando a todos indistintamente, atingindo os efeitos que já foram produzidos quando estava em vigor a lei revogada.

(TJ-AC – Auxiliar – CESPE/2012) Com base na Lei de Introdução às Normas Brasileiras, julgue os itens a seguir.

230) A vigência da norma começa com sua promulgação.

( ) Certo   ( ) Errado

231) Em decorrência do ato jurídico perfeito, do direito adquirido e da coisa julgada, aplica-se o princípio da irretroatividade das leis, sejam elas penais ou civis.

( ) Certo   ( ) Errado

232) (TRT 1ª Região – Juiz do Trabalho – FCC/2012) Salvo disposição em contrário, a lei revogada não se restaura por ter a lei revogadora perdido a vigência. Este enunciado é

a) verdadeiro e caracteriza derrogação legal.
b) verdadeiro e caracteriza o princípio da irretroatividade legal.
c) falso e caracteriza a vacância legal.
d) falso e configura a ab-rogação legal.
e) verdadeiro e configura a regra sobre repristinação legal.

233) (PGE-RO – Procurador – PGE-RO/2001) Quando a lei for omissa, o juiz decidirá o caso com o emprego da

a) analogia, dos costumes e dos princípios gerais do direito.
b) equidade em quaisquer casos, dos costumes e dos princípios gerais do direito.
c) analogia, da equidade e dos costumes, apenas.
d) interpretação, dos costumes, da equidade e dos princípios gerais do direito.
e) interpretação, da analogia e dos princípios gerais do direito.

234) (TCM-BA – Procurador Especial de Contas – FCC/2011) Desempenhando diferentes funções, classifica-se o costume, conforme seu conteúdo, do seguinte modo:

I. *Praeter legem.*

II. *Secundum legem.*

III. *Contra legem.*

Sobre eles, é correto afirmar que o primeiro:

a) exerce função supletiva; o segundo é interpretativo; e o terceiro não é admitido pelo sistema, embora possa induzir o legislador a modificar leis anacrônicas ou injustas.

b) não é admitido pelo sistema, embora possa induzir o legislador a modificar leis anacrônicas ou injustas; o segundo é interpretativo; e o terceiro exerce função supletiva.

c) é interpretativo; o segundo exerce função supletiva; e o terceiro não é admitido pelo sistema, todavia pode induzir o legislador a modificar leis anacrônicas ou injustas.

d) não é admitido pelo sistema, embora possa induzir o legislador a modificar leis anacrônicas ou injustas; o segundo exerce função supletiva; e o terceiro é interpretativo.

e) é interpretativo; o segundo não é admitido pelo sistema, embora possa induzir o legislador a modificar leis anacrônicas ou injustas; e o terceiro exerce função supletiva.

235) (TJ-PB – Juiz – CESPE/2011) Com relação aos institutos da interpretação e da integração da lei, assinale a opção correta.

a) Segundo a doutrina, os princípios gerais do direito expressam-se nas máximas jurídicas, nos adágios ou brocardos, sendo todas essas expressões fórmulas concisas que representam experiência secular, com valor jurídico próprio.

b) A interpretação histórica tem por objetivo adaptar o sentido ou a finalidade da norma às novas exigências sociais, em atenção às demandas do bem comum.

c) Implícito no sistema jurídico civil, o princípio segundo o qual ninguém pode transferir mais direitos do que tem é compreendido como princípio geral de direito, podendo ser utilizado como meio de integração das normas jurídicas.

d) No direito civil, não há doutrina que admita a hierarquia na utilização dos mecanismos de integração das normas jurídicas constantes no Código Civil.

e) Não há distinção entre analogia *legis* e analogia *juris*, uma vez que ambas se fundamentam em um conjunto de normas para a obtenção de elementos que permitam sua aplicação em casos concretos.

236) (TRT 14ª Região – Analista Judiciário – FCC/2012) A Lei n. XX/09 foi revogada pela Lei n. YY/10. Posteriormente, a Lei n. ZZ/10 revogou a Lei n. YY/10. Nesse caso, salvo disposição em contrário, a Lei n. XX/09

a) não se restaura por ter a Lei revogadora perdido a vigência.
b) só se restaura se a Lei n. YY/10 tiver sido expressamente revogada pela Lei n. ZZ/10.
c) restaura-se integralmente, independentemente, de novo diploma legal.
d) só se restaura se a revogação da Lei n. YY/10 for decorrente de incompatibilidade com a Lei n. ZZ/10.
e) só se restaura se a Lei n. ZZ/10 tiver regulamentado inteiramente a matéria de que tratava a Lei n. YY/10.

237) (TJ-ES – Analista Judiciário – Taquigrafia – CESPE/2011) Com base na Lei de Introdução às Normas Brasileiras, julgue os itens que se seguem.

O magistrado, deparando-se com a ausência de norma aplicável ao caso concreto que esteja julgando, deve suspender o julgamento e solicitar ao Poder Legislativo a edição de lei sobre a matéria.

( ) Certo   ( ) Errado

238) (TRF 3ª Região – Juiz Federal – CESPE/2011) Publicada lei de vigência imediata que revogou normas anteriores, houve o ajuizamento de ADI, tendo sido a referida lei declarada inconstitucional dois meses depois de sua publicação.

Considerando essa situação hipotética, assinale a opção correta.

a) Para preservar a segurança das relações, deve-se, como regra, manter a exigibilidade do título fundado na lei declarada inconstitucional.
b) Em razão do princípio da obrigatoriedade simultânea, a lei teve vigência, por dois meses, em todo o território nacional e em outros países.
c) A declaração de inconstitucionalidade deve afetar os atos praticados durante a vigência da lei, visto que, na hipótese, se admite, de acordo com o ordenamento nacional, repristinação.

d) A declaração de inconstitucionalidade afeta a vigência da lei assim declarada da mesma forma que opera o esgotamento do prazo nas leis temporárias.

e) Dada a declaração de inconstitucionalidade, a decisão afeta os atos praticados no período da *vacatio legis*.

239) **(TCU – Auditor Federal de Controle Externo – CESPE/2011) Com relação à Lei de Introdução ao Código Civil e às normas do direito brasileiro, julgue os itens a seguir.**

A vigência, uma qualidade da lei, diz respeito a sua eficácia temporal.

( ) Certo ( ) Errado

240) **(TRT 1ª Região – Juiz do Trabalho – FCC/2011) O princípio da irretroatividade das leis, nos limites adotados na legislação brasileira**

a) não se aplica ao Direito do Trabalho, sempre que a lei nova conferir vantagens aos empregados.

b) admite que a lei nova atinja as partes posteriores dos fatos pendentes, como se dá em alguns casos de relações jurídicas continuativas.

c) impede a vigência de qualquer lei retroativa.

d) é incompatível com o efeito imediato da lei, mesmo que não venha a ferir o direito adquirido, o ato jurídico perfeito e a coisa julgada.

e) não será observado em nenhuma hipótese, quando a matéria se inserir no âmbito do direito público ou o direito controvertido estiver sob a égide de norma de ordem pública.

241) **(PGE – MP – Procurador – FCC/2011) É correto afirmar que,**

a) salvo disposição contrária, a lei começa a vigorar em todo o País 45 (quarenta e cinco) dias depois de oficialmente promulgada.

b) nos Estados estrangeiros, a obrigatoriedade da lei brasileira, quando admitida, se inicia 90 (noventa) dias depois de oficialmente promulgada.

c) se antes de entrar a lei em vigor, ocorrer nova publicação de seu texto, destinada a correção, o prazo de início de sua vigência começará a correr da data da primeira publicação.

d) não se destinando à vigência temporária, a lei terá vigor até que outra a modifique ou a revogue.

e) a lei nova, que estabeleça disposições gerais ou especiais a par das já existentes, sempre revoga a anterior.

242) **(TJ-PB – Juiz – CESPE/2011) À luz das disposições legais e da jurisprudência acerca da vigência e da eficácia da lei, assinale a opção correta,**

a) A norma declarada inconstitucional é nula *ab origine* e, em regra, não se revela apta à produção de efeito algum, sequer o de revogar a norma anterior, que volta a viger plenamente nesse caso.

b) As regras de direito intertemporal, segundo as quais as obrigações devem ser regidas pela lei vigente ao tempo em que se constituíram, não são aplicáveis quando a obrigação tiver base extracontratual.

c) O fato de, antes da entrada em vigor de determinada lei, haver nova publicação de seu texto para simples correção não é capaz, por si só, de alterar o prazo inicial de vigência dessa lei.

d) Como, em regra, a lei vigora até que outra a modifique ou revogue, lei nova que estabeleça disposições especiais a par das já existentes revoga ou modifica a lei anterior.

e) A repristinação ocorre com a revogação da lei revogadora e, salvo disposição em contrário, é amplamente admitida no sistema normativo pátrio.

243) **(TJ-MA – Titular de Serviços de Notas e de Registros – IESES/2011) Assinale a alternativa correta:**

a) Quando a lei for omissa, o juiz decidirá o caso somente de acordo com a analogia.

b) Segundo a Lei de Introdução às Normas de Direito Brasileiro, a lei começa a vigorar em todo o país 60 (sessenta) dias depois de oficialmente publicada.

c) Não se destinando à vigência temporária, a lei terá vigor até que outra a modifique ou revogue.

d) O casamento de estrangeiro não poderá celebrar-se perante autoridades diplomáticas ou consulares do país de ambos os nubentes.

244) **(TJ-PE – Juiz – FCC/2011) No Direito brasileiro vigora a seguinte regra sobre a repristinação da lei:**

a) não se destinando a vigência temporária, a lei vigorará até que outra a modifique ou revogue.

b) se, antes de entrar em vigor, ocorrer nova publicação da lei, destinada a correção, o prazo para entrar em vigor começará a correr da nova publicação.

c) correções a texto de lei já em vigor consideram-se lei nova.

d) salvo disposição em contrário, a lei revogada não se restaura por ter a lei revogadora perdido a vigência.

e) a lei nova, que estabeleça disposições gerais ou especiais a par das já existentes, não revoga nem modifica a lei anterior.

245) **(TRE-RN – Analista Judiciário – FCC/2011) A lei nova, que estabeleça disposições gerais ou especiais a par das já existentes:**

a) modifica a lei anterior, apenas.

b) revoga a lei anterior, apenas.

c) não revoga nem modifica a lei anterior.

d) derroga a lei anterior.

e) revoga ou modifica a lei anterior.

246) **(PC-MG – Escrivão de Polícia Civil – FUMARC/2011) São fontes do Direito:**

a) a ética, a moral, a religião, a lei e a analogia.

b) a lei, a jurisprudência, a sanção, a coação e a coerção.

c) a política, os costumes, os fatos, os atos normativos e administrativos.

d) a lei, os costumes, a analogia, a doutrina e a jurisprudência.

247) **(STM – Analista Judiciário – CESPE/2011) No que se refere à Lei de Introdução ao Código Civil e ao Novo Código Civil, julgue os itens a seguir.**

Havendo lacuna no sistema normativo, o juiz não poderá abster-se de julgar. Nesse caso, para preenchimento dessa lacuna, o juiz deve valer-se, em primeiro lugar, da analogia; persistindo a lacuna, serão aplicados os costumes e, por fim, os princípios gerais do direito.

( ) Certo   ( ) Errado

248) (Exame de Ordem Unificado IV – OAB – Primeira Fase – FGV/2011)
Suponha que tenha sido publicada no Diário Oficial da União, do dia 26 de abril de 2011 (terça-feira), uma lei federal, com o seguinte teor:
Lei GTI, de 25 de abril de 2011.
Define o alcance dos direitos da personalidade previstos no Código Civil.
O Presidente da República
Faço saber que o Congresso Nacional decreta e eu sanciono a seguinte Lei:
Art. 1º: Os direitos da personalidade previstos no Código Civil aplicáveis aos nascituros são estendidos aos embriões laboratoriais (*in vitro*), ainda não implantados no corpo humano.
Art. 2º: Esta lei entra em vigor no prazo de 45 dias. Brasília, 25 de abril 2011, 190º da Independência da República e 123º da República.
Ante a situação hipotética descrita e considerando as regras sobre a forma de contagem do período de vacância e a data em que a lei entrará em vigor, é correto afirmar que a contagem do prazo para entrada em vigor de lei que contenha período de vacância se dá:
a) pela exclusão da data de publicação da lei e a inclusão do último dia do prazo, entrando em vigor no dia subsequente à sua consumação integral, que na situação descrita será o dia 13/06/2011.
b) pela inclusão da data de publicação e do último dia do prazo, entrando em vigor no dia subsequente à sua consumação integral, passando a vigorar no dia 10/06/2011.
c) pela inclusão da data de publicação e exclusão do último dia do prazo, entrando em vigor no dia 09/06/2011.
d) pela exclusão da data de publicação e do último dia do prazo, entrando em vigor no dia 11/06/2011.

249) (TJ-MA – Titular de Serviços de Notas e de Registros – IESES/2011)
Assinale a alternativa correta:
a) O processo de criação da lei passa por duas fases: da elaboração e da publicação.

b) Não conhecendo a lei estrangeira, não poderá o juiz exigir de quem a invoca prova do texto e da vigência.

c) São consideradas fontes formais do direito somente a lei e a analogia.

d) A lei em vigor terá efeito imediato e geral, respeitados o ato jurídico perfeito, o direito adquirido e a coisa julgada.

250) (TRT 23ª Região – Analista Judiciário – FCC/2011) João ajuizou ação de cobrança contra José, com base em lei vigente na época do negócio jurídico que gerou a correspondente obrigação, e obteve ganho de causa. A sentença transitou em julgado no dia 18 de maio de 2008. No dia 18 de abril de 2010, foi publicada outra lei, que expressamente revogou a lei vigente na época do negócio jurídico que gerou a obrigação. Nesse caso,

a) a lei nova não será aplicada à relação jurídica entre João e José, porque violaria o ato jurídico perfeito e a coisa julgada.

b) a lei nova será aplicada à relação jurídica entre João e José, porque não ocorreu a coisa julgada, nem o ato jurídico perfeito.

c) a lei nova não será aplicada à relação jurídica entre João e José, porque, embora não caracterizado o ato jurídico perfeito, ocorreu a coisa julgada.

d) a lei nova não será aplicada à relação jurídica entre João e José, porque, embora não tenha ocorrido a coisa julgada, ficou caracterizado o ato jurídico perfeito.

e) a lei nova será aplicada à relação jurídica entre João e José, porque a lei nova foi publicada antes do prazo de dois anos da data do trânsito em julgado da sentença que decidiu a relação jurídica.

251) (TJ-ES – Analista Judiciário – Oficial de Justiça Avaliador – CESPE/2011) Acerca da Lei de Introdução ao Código Civil (LICC) e da personalidade das pessoas, julgue os itens a seguir.

De acordo com a LICC, a lei entra em vigor na data de sua publicação. Portanto, durante o prazo de *vacatio legis* (vacância), a lei estará plenamente em vigor.

( ) Certo ( ) Errado

252) (SEFAZ-RJ – Auditor Fiscal da Receita Estadual – FGV/2011) A lei brasileira começa a vigorar em todo o país no prazo nela descrito e, no seu silêncio, em quarenta e cinco dias depois de oficialmente publicada. A esse respeito, assinale as afirmativas a seguir:

I. A lei terá vigor até que outra a modifique ou revogue, não se admitindo, portanto, leis destinadas à vigência temporária.

II. A lei revogada por outra que com ela se tornou incompatível deverá ser restaurada, caso a lei revogadora perca vigência.

III. A lei brasileira entrará em vigor nos Estados estrangeiros que a admitam em três meses depois de oficialmente publicada.

Assinale

a) se somente a afirmativa III estiver correta.
b) se nenhuma afirmativa estiver correta.
c) se somente as afirmativas I e III estiverem corretas.
d) se somente as afirmativas I e II estiverem corretas.
e) se somente a afirmativa II estiver correta.

253) **(TJ-SP – Juiz – VUNESP/2011) Assinale a alternativa correta.**

a) Se durante a *vacatio legis* ocorrer nova publicação de texto de lei, destinada a correção, o prazo da obrigatoriedade, com relação à parte corrigida, começará a correr da nova publicação.
b) Os direitos adquiridos na vigência de lei publicada com incorreções são atingidos pela publicação do texto corrigido.
c) As correções a texto de lei em vigor consideram-se lei nova, tornando-se obrigatórias de imediato.
d) A lei nova que estabelece disposições gerais a par das já existentes revoga a lei anterior.
e) A lei nova que estabelece disposições especiais a par das já existentes revoga a lei anterior.

254) **(BDMG – Advogado – FUMARC/2011) Para responder as questões de 36 a 40 tenha como base o Código Civil Brasileiro.**
Marque a alternativa FALSA:

a) Não se destinando à vigência temporária, a lei terá vigor até que outra a modifique ou revogue.
b) A lei posterior revoga a anterior quando expressamente o declare, quando seja com ela incompatível ou quando regule inteiramente a matéria de que tratava a lei anterior.

c) A lei nova, que estabeleça disposições gerais ou especiais a par das já existentes, revoga e modifica a lei anterior.

d) Salvo disposição em contrário, a lei revogada não se restaura por ter a lei revogadora perdido a vigência.

255) (TJ-ES – Analista Judiciário – CESPE/2011) "Ficava deitado na cama, sentindo-me infeliz, chorando com pena de mim, e chorar era uma espécie de lenimento para a minha alma. Eu assumia todas as culpas. Era culpado por Armande ter se corrompido, por ter se casado com um ator medíocre; culpado por não ter ajudado Marie-Madeleine a se livrar da maldade que a pervertia; culpado por ter tratado com hipócrita condescendência mulheres que de fato desprezava; culpado por ter deixado Molière morrer abandonado. Pensei em morrer. Lembrei-me de um pensamento de Montaigne que diz ser a morte voluntária a mais bela; a vida depende da vontade de outrem, a morte, da nossa. Até que um dia, não sei quanto tempo durou essa minha angústia, entrei na biblioteca do meu pai e apanhei na estante os ensaios de Michel de Montaigne. Abri uma página ao acaso e li uma frase que dizia ser um sinal de fraqueza, e não de virtude, ir agachar-se sob o túmulo a fim de escapar dos golpes do destino. Percebi, enquanto relia o seu livro, que o grande pensador era contraditório, tinha dúvidas, não era imune ao sofrimento, e mais: tinha preconceitos, era injusto nos seus julgamentos, tinha suas fraquezas e imperfeições, mas sabia que isso não o tornava menos humano e digno. Não sei dizer que ensinamentos tirei da leitura. O certo é que, seja qual for o motivo da minha transformação, um dia fui a uma das baias, selei um alazão e com ele percorri as terras de meu pai. E na volta da cavalgada, comi com um apetite que havia muito tempo não tinha. Poucos dias depois eu voltava para Paris. Meu objetivo era descobrir quem, afinal, havia envenenado Molière". Rubem Fonseca. O doente Molière. São Paulo: Companhia das Letras, 2000, p. 124-5.

Com base no que dispõe a Lei de Introdução ao Código Civil, julgue os itens que se seguem.

Em regra, a lei revogada se restaura por ter a lei revogadora perdido a vigência.
( ) Certo   ( ) Errado

(TJ-SE – Técnico Judiciário – CESPE/2014) No que se refere aos dispositivos da Lei de Introdução às Normas do Direito Brasileiro e à vigência, aplicação, interpretação e integração das leis, julgue os seguintes itens.

256) A Lei Federal n. 12.376/2010 renomeou a Lei de Introdução ao Código Civil para Lei de Introdução às Normas do Direito Brasileiro, mas não fez quaisquer alterações relativas às normas de interpretação, vigência e aplicação das leis.
( ) Certo   ( ) Errado

257) Conforme previsão expressa da Lei de Introdução às Normas do Direito Brasileiro, nas hipóteses de omissão legislativa, serão aplicados a analogia, os costumes, a equidade e os princípios gerais de direito.
( ) Certo   ( ) Errado

258) A interpretação teleológica consiste na análise da norma de forma contextual, com a comparação entre os dispositivos do próprio texto legal e outros diplomas normativos.
( ) Certo   ( ) Errado

259) (TC-DF – Procurador – CESPE/2013) O princípio da irretroatividade da lei nova se aplica às leis de ordem pública.
( ) Certo   ( ) Errado

260) (IPEM-RO – Assistente Jurídico – FUNCAB/2013) Após a publicação oficial e salvo disposição em contrário, a lei nova passa a vigorar em todo o país após:
a) 15 (quinze) dias.
b) 30 (trinta) dias.
c) 45 (quarenta e cinco) dias.
d) 60 (sessenta) dias.
e) 90 (noventa) dias.

261) (PC-PA – Escriturário – UEPA/2013) Analise as proposições abaixo e marque a alternativa correta.

a) A lei nova que estabeleça disposições gerais ou especiais a par das já existentes, acarreta a revogação e/ou modificação da lei anterior.

b) De acordo com a Lei de Introdução ao Código Civil, o desconhecimento das disposições legais caracteriza excludente de ilicitude de condutas contrárias à lei.

c) Salvo disposição contrária, a lei começa a vigorar no prazo de 90 (noventa) dias depois de oficialmente publicada.

d) Quando a lei for omissa, o juiz decidirá o caso de acordo com a analogia, os costumes e os princípios gerais de direito.

e) A lei nova de ordem pública pode alterar os efeitos de ato já consumado segundo a lei vigente ao tempo em que se efetuou.

262) (TJ-PB – Juiz Leigo – CESPE/2013) A lei, fonte primária do direito brasileiro, é

a) específica, facultativa, provisória e competente.
b) genérica, facultativa, permanente e competente.
c) específica, imperativa, provisória e competente.
d) genérica, facultativa, provisória e concreta.
e) genérica, imperativa, permanente e autorizante.

263) (TRT 15ª Região – FCC/2013) Osmar obteve provimento judicial autorizando matrícula em curso de Ensino Superior independentemente do pagamento de quaisquer taxas, por sentença da qual não mais cabe recurso. No entanto, enquanto frequentava o curso, sobreveio Lei Municipal determinando que todos os estudantes do Ensino Superior deveriam pagar taxa destinada à alfabetização de adultos carentes. Osmar

a) será atingido pela nova lei, que previu efeito retroativo de maneira tácita.

b) será atingido pela nova lei, que possui efeito imediato e atinge todas as situações pendentes.

c) será atingido pela nova lei, tendo em vista tratar-se de norma de ordem pública.

d) não será atingido pela nova lei, mas seria se a norma tivesse previsto efeito retroativo de maneira expressa.

e) não será atingido pela nova lei, em razão da proteção conferida à coisa julgada.

264) (AL-RN – Assessor Técnico de Controle Interno – FCC/2013) No tocante à lei, sua eficácia no tempo e modos de revogação,

a) se o legislador omitir-se em dizer quando a lei entrará em vigor, isto ocorrerá em trinta dias no Brasil e em três meses no exterior.

b) a lei terá sempre vigência imediata e indeterminada.

c) a vigência de lei com prazo certo e determinado chama-se regra cronológica.

d) norma repristinatória é aquela que revoga a norma revogadora dando eficácia à norma anteriormente revogada.

e) ab-rogação é a revogação parcial da norma jurídica; derrogação é sua revogação total.

265) (SEGER-ES – Analista Executivo – CESPE/2013)

Lei n. 12.602, de 3 de abril de 2012

Institui a Semana e o Dia Nacional da Educação Infantil.

A PRESIDENTA DA REPÚBLICA Faço saber que o Congresso Nacional decreta e eu sanciono a seguinte Lei:

Art. 1º É instituída a Semana Nacional da Educação Infantil, a ser celebrada anualmente na semana de 25 de agosto, data esta que passa a ser comemorada como o Dia Nacional da Educação Infantil, em homenagem à Dra. Zilda Arns.

Art. 2º Esta Lei entra em vigor na data de sua publicação.

Brasília, 3 de abril de 2012; 191º da Independência e 124º da República.

DILMA ROUSSEFF
Aloizio Mercadante
Vitor Paulo Ortiz Bittencourt
Este texto não substitui o publicado no DOU de 4.4.2012.

A respeito da lei acima transcrita, assinale a opção correta com fundamento na Lei de Introdução às Normas do Direito Brasileiro.

a) Caso o artigo 2º não existisse, a lei em pauta entraria em vigor apenas sessenta dias após a sua publicação, período em que se teria a vacância da lei.

b) Conforme o princípio da obrigatoriedade, todos terão que comemorar a data do dia 25 de agosto como sendo o Dia Nacional da Educação Infantil, já que, por essa norma, foi decretado feriado nacional.

c) Hoje, para se corrigir essa lei, alterando-se a data do Dia Nacional da Educação Infantil para o dia 26 de agosto, seria necessária uma lei nova.

d) Pelo princípio da continuidade, o fim da vigência da lei em questão ocorrerá quando outra a modificar ou a revogar expressamente.

e) De acordo com as informações contidas no referido documento legal, é correto afirmar que a data da promulgação corresponde à data da publicação da norma.

266) (TER-MS – Analista Judiciário – CESPE/2013) Assinale a opção correta de acordo com a Lei de Introdução às Normas do Direito Brasileiro, Decreto-Lei n. 4.657/1942,

a) Direito adquirido é o direito material ou imaterial já incorporado ao patrimônio de uma pessoa.

b) Ao aplicar a lei, o magistrado poderá optar entre atender ou não às exigências do bem comum.

c) A lei do país em que a pessoa for domiciliada é que determina a regra sobre os direitos de família; dessa forma, caso um muçulmano domiciliado no Iraque venha ao Brasil para se casar com três mulheres poderá ser celebrado o casamento civil entre ele e suas três esposas.

d) *vacatio legis* é o espaço de tempo entre a data da promulgação e a entrada em vigor da lei.

e) Ab-rogação e derrogação designam, respectivamente, a revogação parcial e a revogação total de uma norma.

267) (SERPRO – Analista – CESPE/2013) A respeito das normas relativas à aplicação e vigência da lei contidas na Lei de Introdução às Normas do Direito Brasileiro, julgue os itens seguintes.

Ao decidir uma lide, caso constate que não há lei que regulamente aquela matéria, o juiz deverá suspender o julgamento e aguardar que seja editada lei que regulamente a matéria.

( ) Certo   ( ) Errado

268) (Polícia Federal – Delegado de Polícia – CESPE/2013) A revogação de uma norma pela superveniência de outra que disponha sobre a mesma matéria poderá atingir as situações já consumadas sob a égide da lei antiga, afetando os efeitos pretéritos produzidos ou incidindo sobre os efeitos presentes ou futuros de situações passadas ocorridas na vigência da norma revogada.
( ) Certo   ( ) Errado

269) (TJ-PB – Juiz Leigo – CESPE/2013) Com relação às formas de integração da norma jurídica, assinale a opção correta,
a) O costume é instituto típico do sistema *civil law*.
b) Entende-se por analogia a aplicação, a determinado caso concreto, de uma norma próxima ou de um conjunto de normas próximas, a despeito da existência de norma prevista para o referido caso.
c) A lacuna ontológica pressupõe a existência de norma para regular o caso concreto, sem, entretanto, eficácia social.
d) O costume *secundum legem* é forma de integração da norma jurídica.
e) Em caso de lacuna ou obscuridade da lei, o juiz deve recorrer, primeiramente, aos princípios gerais do direito, uma vez que são esses princípios que orientam todo o ordenamento jurídico.

270) (SERPRO – Analista – CESPE/2013) Considerar-se-á revogada uma lei até então vigente quando uma lei nova, aprovada segundo as regras do processo legislativo, passar a regulamentar inteiramente a mesma matéria de que tratava a lei anterior, ainda que a lei nova não o declare expressamente.
( ) Certo   ( ) Errado

271) (MPE-SE – Analista – FCC/2013) Considere as afirmativas:
I. Salvo disposição contrária, a lei começa a vigorar em todo o país 45 dias depois de oficialmente publicada.
II. Não se destinando à vigência temporária, a lei terá vigor até que outra a modifique ou revogue.
III. Salvo disposição em contrário, a lei revogada restaura-se ao ter a lei revogadora perdido vigência.
Está correto o que se afirma em:

a) I e II, apenas.
b) I e III, apenas.
c) I, II e III.
d) I, apenas.
e) II, apenas.

272) **(TJ-AM – Juiz – FGV/2013) O fenômeno da repristinação consiste,**

a) na revogação parcial de uma lei.
b) na restauração da vigência de uma lei revogada, por ter a lei revogadora perdido a vigência, e somente ocorre em virtude de disposição expressa que a preveja.
c) na restauração da vigência de uma lei revogada, por ter a lei revogadora perdido a vigência, e ocorre independentemente de disposição expressa que a preveja.
d) na extinção da obrigatoriedade de lei temporária.
e) na revogação de uma lei por outra que regule inteiramente a matéria de que tratava a anterior.

273) **(PC-GO – Delegado de Polícia – UEG/2013) Supondo-se que a Lei W, de vigência considerada temporária pelo ordenamento jurídico, revoga, de forma expressa, a Lei X e que, devido a mudanças de comportamentos socioeconômicos, a lei revogadora vem a perder sua vigência, tem-se que:**

a) a lei revogada fica impossibilitada de ser restaurada por ter a lei revogadora perdido a vigência, pois ao ordenamento jurídico pátrio é incabível o princípio da caducidade.
b) as correções promovidas no texto da Lei W, ainda em vigor, consideram-se lei nova.
c) de acordo com o estudo da Lei de Introdução às Normas de Direito Brasileiro, a Lei revogada "X" é imediatamente restaurada, como uma resposta aos anseios socioeconômicos da evolução e porque não se pode ficar sem lei.
d) de acordo com a Lei de Introdução às Normas de Direito Brasileiro, a Lei destinada à vigência temporária possuirá vigor até que outra a revogue.

274) **(DPE-SC – Analista Técnico – FEPESE/2013) Assinale a alternativa correta.**

a) A lei começa a vigorar em todo o país quarenta e cinco dias após a sua sanção.

b) Não se consideram lei nova as correções a texto de lei já em vigor.

c) Quando a lei for omissa, o juiz decidirá o caso de acordo com a equidade, a analogia, os costumes e os princípios gerais de direito.

d) A lei nova, que estabeleça disposições gerais ou especiais a par das já existentes, não revoga nem modifica a lei anterior.

e) Nos Estados estrangeiros, a obrigatoriedade da lei brasileira, quando admitida, se inicia noventa dias depois de oficialmente publicada.

275) **(TJ-PE – Titular de Serviços de Notas e de Registros – FCC/2013) No tocante à aplicação e vigência da lei é correto afirmar que.**

a) nos Estados estrangeiros, a obrigatoriedade da lei brasileira, quando admitida, inicia-se três meses depois de oficialmente publicada.

b) salvo disposição em sentido contrário, a lei começa a vigorar em todo o país imediatamente após sua publicação oficial.

c) não se admite a repristinação legal em nenhuma hipótese.

d) as correções a texto de lei já em vigor consideram-se meras inserções textuais, sem modificações de sua vigência, em nenhuma hipótese.

e) lei nova, que estabeleça disposições gerais ou especiais a par das já existentes, modifica ou revoga a lei anterior, conforme o caso.

276) **(TCE-RO – Auditor de Controle Externo – CESPE/2013) Deparando-se com a incidência de duas normas em uma mesma situação, uma resolução normativa de agência reguladora e uma lei a ela anterior, o juiz deverá resolver o conflito pelo critério da cronologia.**

( ) Certo   ( ) Errado

277) **(TRT 6ª Região – Juiz do Trabalho – FCC/2013) A Lei n. 2 dispôs sobre toda a matéria de que tratava a Lei n. 1; a Lei n. 4 trouxe disposição incompatível com a Lei n. 3, a Lei n. 6 expressamente revogou algumas disposições da Lei n. 5 e a Lei Geral nos**

trouxe, sobre a mesma matéria, disposições a par da Lei Especial n. 7. Pode-se, então, afirmar que:
a) a Lei n. 3 e a Lei n. 7 sofreram revogação tácita.
b) a Lei n. 5 foi derrogada e a Lei n. 7 não sofreu revogação parcial, nem total.
c) a Lei n. 5 foi ab-rogada e a Lei n. 7 sofreu derrogação.
d) a Lei n. 7 foi revogada tacitamente e a Lei n. 5 foi expressamente ab-rogada.

278) (TRT 5ª Região – Analista Judiciário – FCC/2013) Luís Caetano, Juiz de Direito de Vitória da Conquista, deixa de julgar um processo que lhe foi atribuído, alegando que as provas dos autos são boas para ambos os lados e que, ademais, não há lei prevendo a hipótese em julgamento. De acordo com a Lei de Introdução às Normas do Direito Brasileiro, Luís Caetano agiu:
a) bem, pois embora a ausência de lei não impedisse o julgamento, por haver outros meios para supri-la, as provas boas para ambos os lados impedem a formação da convicção judicial.
b) mal, pois ninguém se escusa de cumprir a lei, alegando que não a conhece, como era o caso.
c) mal, pois na aplicação da lei o juiz atenderá às regras de sua interpretação e ao bom senso jurídico.
d) bem, pois a ausência de lei impede o julgamento, por falta de parâmetros para tanto.
e) mal, pois sendo a lei omissa, deveria ter decidido o caso de acordo com a analogia, os costumes e os princípios gerais de direito, valorando as provas de acordo com os ditames legais, já que o provimento jurisdicional é imperativo.

279) (AL-RN – Analista Legislativo – FCC/2013) Considere a seguinte situação hipotética: A Lei A teve início de vigência no dia 27 de novembro de 2012. Posteriormente foi publicada a Lei B e a Lei C. Considerando que a Lei B estabeleceu disposições gerais sobre a Lei A a par das já existentes e a Lei C estabeleceu disposições especiais sobre a Lei A a par das já existentes, é certo que a Lei B:
a) e a Lei C revogaram a Lei A.
b) e a Lei C não revogaram e nem modificaram a Lei A.

c) e a Lei C modificaram a Lei A.
d) revogou a Lei A e a Lei C modificou a Lei A.
e) modificou a Lei A e a Lei C revogou a Lei A.

280) **(MPE-SC – Promotor de Justiça – MPE – SC/2016)** Partindo-se do pressuposto de que o significado de uma norma jurídica pode ser extraído de sua interpretação, não há como negar à Jurisprudência a categoria de fonte do direito, doutrinariamente classificada como fonte material.
( ) Certo   ( ) Errado

281) **(MPE-SC – Promotor de Justiça – MPE – SC/2016)** Enquanto os naturalistas compreendem o direito como decorrência natural da legislação pátria, os positivistas defendem que o direito se positivou independentemente da vontade humana e das leis, tendo como pressupostos os valores do ser humano e a busca da justiça.
( ) Certo   ( ) Errado

282) **(MPE-SC – Promotor de Justiça – MPE-SC/2016)** Momento fundamental na história da interpretação do direito foi a obra de Zitelmann, intitulada "As Lacunas do Direito", cujo trabalho firmou a tese de que não existe plenitude na legislação positiva.
( ) Certo   ( ) Errado

283) **(TCU – Auditor Federal de Controle Externo – CESPE/2011)** De acordo com a Lei de Introdução ao Código Civil, não há hierarquia entre as fontes formais do direito, de maneira que, mesmo havendo lei expressa a respeito da causa sob julgamento, o juiz, em vez de aplicar a lei, poderá dar preferência à aplicação da analogia, dos costumes ou dos princípios gerais do direito.
( ) Certo   ( ) Errado

284) **(TRT 21ª Região – Analista Judiciário – CESPE/2010)** A respeito de interpretação, integração e aplicação da lei, julgue os itens a seguir.

O juiz que aplica a um caso concreto norma jurídica prevista para situação semelhante, considerando a identidade de finalidade, utiliza a interpretação extensiva:

( ) Certo ( ) Errado

285) **(Exame de Ordem Unificado I – OAB – Primeira Fase – CESPE/2010) A respeito da vigência, aplicação, eficácia e interpretação da lei, assinale a opção correta:**
a) A derrogação torna sem efeito uma parte de determinada norma, não perdendo esta a sua vigência.
b) A interpretação da norma presta-se a preencher as lacunas existentes no sistema normativo.
c) O regime de bens obedece à lei do país em que for celebrado o casamento.
d) Em regra, caso a lei revogadora venha a perder a vigência, restaura-se a lei revogada.

286) **(MPE-RO – Promotor de Justiça – CESPE/2010) Assinale a opção correta com referência à Lei de Introdução ao Código Civil (LICC).**
a) A equidade, uma das formas de colmatação de lacunas, está expressa na LICC.
b) Os fatos sociais são disciplinados pela LICC, haja vista que se referem ao direito internacional privado.
c) A LICC prevê o procedimento de integração do direito como recurso técnico para a interpretação das normas jurídicas.
d) Segundo a LICC, a autointegração do direito, como espécie de integração, ocorre quando se utilizam recursos do próprio sistema.
e) A LICC foi criada originariamente mediante lei ordinária.

287) **(TCE-RO – Procurador – FCC/2010) Em relação à aplicação da lei no tempo, é correto afirmar:**
a) Salvo disposição em contrário, a vigência da lei inicia-se a partir de sua publicação oficial.
b) Salvo disposição em contrário, a vigência da lei inicia-se no país quarenta e cinco dias depois de publicada oficialmente.
c) Exceto disposição contrária, a lei revogada restaura-se ao ter a lei revogadora perdido a vigência.

d) A vigência da lei começa a partir da sanção presidencial, ou da promulgação da Medida Provisória.

e) Lei nova, que estabeleça disposições gerais ou especiais a par das já existentes, poderá eventualmente revogar ou alterar a lei anterior.

288) **(Fundação Casa – Analista Administrativo – VUNESP/2010) É correto afirmar que as leis:**

a) que os Governos Estaduais elaborem por autorização do Governo Federal, dependem da aprovação deste e começam a vigorar no prazo que a legislação estadual fixar.

b) de vigência temporária permanecerão em vigor até que outras as modifiquem ou revoguem.

c) revogadas se restauram por ter a lei revogadora perdido a vigência, salvo disposição em contrário.

d) que estabeleçam disposições gerais ou especiais a par das já existentes, revogam ou modificam as leis anteriores.

e) quando admitidas nos Estados estrangeiros, serão obrigatórias três meses depois de oficialmente publicadas.

289) **(CODESP-SP – Advogado – FGV/2010) O Congresso Nacional elaborou a Lei 15.000/2010 – Código de Processos Coletivos –, que foi posteriormente sancionada e promulgada pelo Presidente da República, e publicada no dia 15 de maio de 2010, sendo omissa quanto ao período de *vacatio legis*. Tendo a situação hipotética em mente, assinale a afirmativa verdadeira.**

a) Ocorrendo nova publicação em 27 de junho de 2010 em que haja modificação de quatro dos setenta e cinco artigos da lei, um novo período de *vacatio* se abre para a integralidade da lei, em decorrência do princípio da segurança jurídica.

b) A contagem do prazo exclui o dia da publicação, mas inclui o do último dia do prazo, entrando em vigor no dia subsequente à sua consumação integral, prevalecendo a velha parêmia romana *dies a quo non computatur in termino*.

c) A Lei de Introdução ao Código Civil adotou o princípio da vigência sincrônica quando a lei for omissa quanto ao período de *vacatio legis*. Esse princípio admite exceções, como, por exemplo, a lei orçamentária anual, que vigora a partir do 1º dia do ano, ainda que nenhum de seus artigos faça estipulações a respeito, pouco importando a data de sua publicação oficial.

d) O ordenamento jurídico brasileiro repugna o instituto da repristinação, inadmitindo-o ainda que a lei nova revogadora da lei anterior expressamente restaure a lei original.

e) Nos Estados estrangeiros, a obrigatoriedade da lei brasileira, quando admitida, se inicia 6 (seis) meses depois de oficialmente publicada.

290) **(MPE-SE – Promotor de Justiça – CESPE/2010) Considere que a Lei A, de vigência temporária, revogue expressamente a Lei B. Nesse caso, quando a lei A perder a vigência,**

a) a lei B será automaticamente restaurada, já que a lei A é temporária e os seus efeitos, apenas suspensivos.

b) a lei B será automaticamente restaurada, já que não pode haver vácuo normativo.

c) a lei B não será restaurada, já que não se admite antinomia real.

d) a lei B não será restaurada, salvo disposição expressa nesse sentido.

e) a revogação será tida como ineficaz, porque não pode ser determinada por lei de vigência temporária.

291) **(TRE-BA – Técnico Judiciário – CESPE/2010) Acerca da capacidade, do domicílio, da Lei de Introdução ao Código Civil, dos direitos da personalidade e dos bens, julgue os itens que se seguem.**

Uma lei revogada não se restaurará por ter a lei revogadora perdido a vigência, salvo disposição em contrário.

( ) Certo   ( ) Errado

292) **(TRE-BA – Analista Judiciário – CESPE/2010) Considerando a Lei de Introdução ao Código Civil (LICC) – Decreto-Lei n. 4.657/1942 – e a vigência das leis no tempo e no espaço, julgue os itens a seguir.**

A lei anterior, expressamente revogada pela edição de nova lei, tem sua vigência automaticamente restaurada em caso de revogação da lei que a revogou.

( ) Certo   ( ) Errado

293) **(TRE-BA – Analista Judiciário – CESPE/2010)** No que diz respeito às normas da Lei de Introdução ao Código Civil, julgue os itens a seguir.

A norma legal, depois de oficialmente publicada, tem vigência imediata obrigatória, permanecendo na ordem jurídica enquanto não for alterada ou revogada por outra.

( ) Certo ( ) Errado

294) **(TRE-BA – Analista Judiciário – CESPE/2010)** Acerca do direito civil, julgue os itens seguintes.

Dá-se a ultra-atividade da lei quando a lei revogada sobrevive, continuando a ser aplicada às situações ocorridas ao tempo de sua vigência.

( ) Certo ( ) Errado

295) **(SERPRO – Analista – CESPE/2010)** Quanto à vigência e ao conflito de lei, julgue o item abaixo.

Uma das hipóteses em que a lei posterior revoga a anterior é quando seja com ela incompatível, sendo que a lei revogada, salvo disposição em contrário, se restaura por ter a lei revogadora perdido a vigência.

( ) Certo ( ) Errado

296) **(PGM-PI – Procurador Municipal – FCC/2010)** Sobre a repristinação é a regra vigente no direito brasileiro:

a) Salvo disposição em contrário, a lei revogada não se restaura por ter a lei revogadora perdido a vigência.

b) A lei nova, que estabeleça disposições gerais ou especiais a par das já existentes, não revoga nem modifica a lei anterior.

c) Não se destinando à vigência temporária, a lei terá vigor até que outra a modifique ou revogue.

d) A lei posterior revoga a anterior quando expressamente o declare.

e) A lei posterior revoga a anterior quando seja com ela incompatível.

297) (MPE-SP – Analista de Promotoria I – VUNESP/2010) No âmbito do direito intertemporal (direito conflitual de leis no tempo), deve-se pressupor, como regra geral e princípio absoluto:

a) a retroatividade da lei nova.

b) a irretroatividade da lei nova, preservado o princípio da segurança jurídica.

c) a retroatividade justa, resguardados sempre o ato jurídico perfeito e a coisa julgada.

d) o efeito imediato e geral da nova lei, respeitados tão somente o ato jurídico perfeito e o direito adquirido.

e) a sobrevivência da lei antiga, resguardada a ultratividade da norma.

298) (TRT 1ª Região – Juiz do Trabalho – CESPE/2010) A respeito de hierarquia, interpretação e integração de lei, assinale a opção correta:

a) A interpretação teleológica pode ser utilizada pelo juiz para superar antinomia.

b) Não há hierarquia entre lei complementar e decreto autônomo, quando este for validamente editado.

c) O costume, para que possa suprir lacuna legal, deve consistir em conduta reiterada de determinada prática.

d) Não é correto falar em hierarquia entre lei editada pela União e lei editada por estado.

e) A interpretação é do tipo analógica quando pressupõe que a autoridade expressou na norma exatamente o que pretendia.

299) (AGU – Contador – CESPE/2010) Considerando que, no dia 31 de maio de 2010, determinada lei tenha sido publicada no Diário Oficial, julgue o item abaixo.

Se a referida lei nada estabelecer a respeito do início da sua vigência, ela passará a vigorar, em todo o país, um dia depois de oficialmente publicada.

( ) Certo   ( ) Errado

300) (AGU – Agente Administrativo – CESPE/2010) Com relação à Lei de Introdução ao Código Civil e à disciplina legal da propriedade, aos atos ilícitos e aos contratos, julgue os próximos itens.

Uma lei que seja publicada no Diário Oficial da União sem cláusula de vigência entrará em vigor 45 dias após sua publicação.
( ) Certo ( ) Errado

301) **(Exame de Ordem Unificado XXI – OAB – Primeira Fase – FGV/2017)**
De acordo com o contratualismo proposto por Thomas Hobbes em sua obra Leviatã, o contrato social só é possível em função de uma lei da natureza que expresse, segundo o autor, a própria ideia de justiça.
Assinale a opção que, segundo o autor na obra em referência, apresenta esta lei da natureza.
a) Tratar igualmente os iguais e desigualmente os desiguais.
b) Dar a cada um o que é seu.
c) Que os homens cumpram os pactos que celebrem.
d) Fazer o bem e evitar o mal.

302) **(Exame de Ordem Unificado XXI – OAB – Primeira Fase – FGV/2017)**
Há um limite para a interferência legítima da opinião coletiva sobre a independência individual, e encontrar esse limite, guardando-o de invasões, é tão indispensável à boa condição dos negócios humanos como a proteção contra o despotismo político.
– John Stuart Mill

A consciência jurídica deve levar em conta o delicado balanço entre a liberdade individual e o governo das leis. No livro *A Liberdade. Utilitarismo*, John Stuart Mill sustenta que um dos maiores problemas da vida civil é a tirania das maiorias.

Conforme a obra citada, assinale a opção que expressa corretamente a maneira como esse autor entende o que seja tirania e a forma de proteção necessária.
a) A tirania resulta do poder do povo como autogoverno porque o povo não é esclarecido para fazer suas escolhas. A proteção contra essa tirania é delegar o governo aos mais capacitados, como uma espécie de governo por meritocracia.
b) A deliberação de juízes ao imporem suas concepções de certo e errado sobre as causas que julgam, produz a mais poderosa tirania, pois subjuga a vontade daqueles que estão sob a jurisdição desses magistrados. Apenas o duplo grau de jurisdição pode proteger a sociedade desta tirania.

c) Os governantes eleitos impõem sobre o povo suas vontades e essa forma de opressão é a única tirania da maioria contra a qual se deve buscar a proteção na vida social, o que é feito por meio da desobediência civil.

d) A sociedade, quando faz as vezes do tirano, pratica uma tirania mais temível do que muitas espécies de opressão política, pois penetra nos detalhes da vida e escraviza a alma. Por isso é necessária a proteção contra a tirania da opinião e do sentimento dominantes.

303) **(Exame de Ordem Unificado XXII – OAB – Primeira Fase – FGV/2017) Um sério problema com o qual o advogado pode se deparar ao lidar com o ordenamento jurídico é o das antinomias. Segundo Norberto Bobbio, em seu livro *Teoria do Ordenamento Jurídico*, são necessárias duas condições para que uma antinomia ocorra.**

Assinale a opção que, segundo o autor da obra em referência, apresenta tais condições.

a) As duas normas em conflito devem pertencer ao mesmo ordenamento; as duas normas devem ter o mesmo âmbito de validade, seja temporal, espacial, pessoal ou material.

b) Ambas as normas devem ter procedido da mesma autoridade legislativa; as duas normas em conflito não devem dispor sobre uma mesma matéria.

c) Ocorre no âmbito do processo judicial quando há uma divergência entre a decisão de primeira instância e a decisão de segunda instância ou quando um tribunal superior de natureza federal confirma a decisão de segunda instância.

d) As duas normas aplicáveis não apresentam uma solução satisfatória para o caso; as duas normas não podem ser integradas mediante recurso a analogia ou costumes.

304) **(Exame de Ordem Unificado XXII – OAB – Primeira Fase – FGV/2017) A principal tese sustentada pelo paradigma do positivismo jurídico é a validade da norma jurídica, independentemente de um juízo moral que se possa fazer sobre o seu conteúdo. No entanto, um dos mais influentes filósofos do direito juspositivista, Herbert Hart, no seu pós-escrito ao livro *O Conceito de Direito*, sustenta a possibilidade de um positivis-**

mo brando, eventualmente chamado de positivismo inclusivo ou *soft positivism*.

Assinale a opção que apresenta, segundo o autor na obra em referência, o conceito de positivismo brando.

a) O reconhecimento da existência de normas de direito natural e de que tais normas devem preceder às normas de direito positivo sempre que houver conflito entre elas.

b) A jurisprudência deve ser considerada como fonte do direito da mesma forma que a lei, de maneira a produzir uma equivalência entre o sistema de *common law* ou de direito consuetudinário e sistema de *civil law* ou de direito romano-germânico.

c) O positivismo brando ocorre no campo das ciências sociais, não possuindo, portanto, o mesmo rigor científico exigido no campo das ciências da natureza.

d) A possibilidade de que a norma de reconhecimento de um ordenamento jurídico incorpore, como critério de validade jurídica, a obediência a princípios morais ou valores substantivos.

305) **(Exame de Ordem Unificado XXIII – OAB – Primeira Fase – FGV/2017)** *... só a vontade geral pode dirigir as forças do Estado de acordo com a finalidade de suas instituições, que é o bem comum...* **– Jean-Jacques Rousseau**

A ideia de vontade geral, apresentada por Rousseau em seu livro *Do Contrato Social*, foi fundamental para o amadurecimento do conceito moderno de lei e de democracia.

Assinale a opção que melhor expressa essa ideia conforme concebida por Rousseau no livro citado.

a) A soma das vontades particulares.

b) A vontade de todos.

c) O interesse particular do soberano, após o contrato social.

d) O interesse em comum ou o substrato em comum das diferenças.

306) **(Exame de Ordem Unificado XXIII – OAB – Primeira Fase – FGV/2017)** *A igualdade de recursos é uma questão de igualdade de quaisquer recursos que os indivíduos possuam privadamente.* **– Ronald Dworkin**

A igualdade é um dos valores supremos presentes na Constituição da República e, também, objeto de um debate profundo no âmbito da Filosofia do Direito.

Assinale a alternativa que apresenta a concepção de igualdade distributiva, defendida por Ronald Dworkin em seu livro *A Virtude Soberana*.

a) Circunstâncias segundo as quais as pessoas não são iguais em bem-estar, mas nos recursos de que dispõem.

b) Possibilidade de que todos os membros de uma comunidade política devem ter de usufruir o bem-estar em condição de igualdade.

c) Igual partilha dos poderes políticos e dos direitos individuais em uma dada sociedade.

d) Um conjunto de políticas que assegurem a maximização utilitária do bem-estar em médio a longo prazo para a maior parte da população.

307) **(Exame de Ordem Unificado XXIV – OAB – Primeira Fase – FGV/2017)** *O povo maltratado em geral, e contrariamente ao que é justo, estará disposto em qualquer ocasião a livrar-se do peso que o esmaga.* – John Locke

O art. 1º, parágrafo único, da Constituição Federal de 1988 afirma que "todo o poder emana do povo, que o exerce por meio de representantes eleitos ou diretamente". Muitos autores associam tal disposição ao conceito de direito de resistência, um dos mais importantes da Filosofia do Direito, de John Locke.

Assinale a opção que melhor expressa tal conceito, conforme desenvolvido por Locke na sua obra *Segundo Tratado sobre o Governo Civil*.

a) A natureza humana é capaz de resistir às mais poderosas investidas morais e humilhações, desde que os homens se apoiem mutuamente.

b) Sempre que os governantes agirem de forma a tentar tirar e destruir a propriedade do povo ou deixando-o miserável e exposto aos seus maus-tratos, ele poderá resistir.

c) Apenas o contrato social, que tira o homem do estado de natureza e o coloca na sociedade política, é capaz de resistir às ameaças externas e às ameaças internas, de tal forma que institui o direito de os governantes resistirem a toda forma de guerra e rebelião.

d) O direito positivo deve estar isento de toda forma de influência da moral e da política. Uma vez que o povo soberano produza as leis, diretamente ou por meio de seus representantes, elas devem resistir a qualquer forma de interpretação ou aplicação de caráter moral e político.

308) **(Exame de Ordem Unificado XXIV – OAB – Primeira Fase – FGV/2017)** *É verdade que nas democracias o povo parece fazer o que quer, mas a liberdade política não consiste nisso.* **– Montesquieu**

No preâmbulo da Constituição da República, os constituintes afirmaram instituir um Estado Democrático destinado a assegurar, dentre outras coisas, a liberdade. Esse é um conceito de fundamental importância para a Filosofia do Direito, muito debatido por inúmeros autores. Uma importante definição utilizada no mundo jurídico é a que foi dada por Montesquieu em seu *Do Espírito das Leis*.

Assinale a opção que apresenta a definição desse autor na obra citada.

a) A liberdade consiste na forma de governo dos homens, e não no governo das leis.

b) A disposição de espírito pela qual a alma humana nunca pode ser aprisionada é o que chamamos de liberdade.

c) Liberdade é o direito de fazer tudo o que as leis permitem.

d) O direito de resistência aos governos injustos é a expressão maior da liberdade.

309) **(Exame de Ordem Unificado XXV – OAB – Primeira Fase – FGV/2018)** A ideia da existência de lacuna é um desafio ao conceito de completude do ordenamento jurídico. Segundo o jusfilósofo italiano Norberto Bobbio, no livro *Teoria do Ordenamento Jurídico*, pode-se completar ou integrar as lacunas existentes no Direito por intermédio de dois métodos, a saber: heterointegração e autointegração.

Assinale a opção que explica como o jusfilósofo define tais conceitos na obra em referência.

a) O primeiro método consiste na integração operada por meio de recursos a ordenamentos diversos e a fontes diversas daquela que é dominante; o segundo método consiste na integração cumprida por meio do mesmo ordenamento, no âmbito da mesma fonte dominante, sem recorrência a outros ordenamentos.

b) A heterointegração consiste em preencher as lacunas recorrendo-se aos princípios gerais do Direito, uma vez que estes não estão necessariamente incutidos nas normas do Direito positivo; já a autointegração consiste em solucionar as lacunas por meio das convicções pessoais do intérprete.

c) O primeiro método diz respeito à necessidade de utilização da jurisprudência como meio adequado de solucionar as lacunas sem gerar controvérsias; por outro lado, o segundo método implica buscar a solução da lacuna por meio de interpretação extensiva.

d) A heterointegração exige que o intérprete busque a solução das lacunas nos tratados e nas convenções internacionais de que o país seja signatário; por seu turno, a autointegração está relacionada à busca da solução na jurisprudência pátria.

310) **(Exame de Ordem Unificado XXV – OAB – Primeira Fase – FGV/2018)** *Uma punição só pode ser admitida na medida em que abre chances no sentido de evitar um mal maior.* – Jeremy Bentham

Jeremy Bentham, em seu livro *Princípios da Moral e da Legislação*, afirma que há quatro casos em que não se deve infligir uma punição.

Assinale a opção que corresponde a um desses casos citados pelo autor na obra em referência.

a) Quando a lei não é suficientemente clara na punição que estabelece.

b) Quando o prejuízo produzido pela punição for maior do que o prejuízo que se quer evitar.

c) Quando o juiz da causa entende ser inoportuna a aplicação da punição.

d) Quando o agressor já sofreu o suficiente em função das vicissitudes do processo penal.

GABARITO

1) A	**34)** Certo	**67)** A
2) D	**35)** C	**68)** D
3) C	**36)** E	**69)** D
4) B	**37)** E	**70)** E
5) D	**38)** B	**71)** B
6) B	**39)** B	**72)** B
7) E	**40)** B	**73)** B
8) C	**41)** C	**74)** A
9) D	**42)** E	**75)** C
10) B	**43)** C	**76)** D
11) D	**44)** D	**77)** D
12) D	**45)** E	**78)** C
13) C	**46)** E	**79)** E
14) B	**47)** C	**80)** C
15) D	**48)** B	**81)** D
16) C	**49)** E	**82)** B
17) D	**50)** C	**83)** D
18) Certo	**51)** D	**84)** B
19) Certo	**52)** D	**85)** C
20) Errado	**53)** C	**86)** A
21) Certo	**54)** A	**87)** D
22) Errado	**55)** E	**88)** D
23) Certo	**56)** D	**89)** C
24) Errado	**57)** B	**90)** A
25) C	**58)** C	**91)** C
26) B	**59)** A	**92)** A
27) D	**60)** Errado	**93)** B
28) A	**61)** Certo	**94)** B
29) C	**62)** Certo	**95)** C
30) E	**63)** Certo	**96)** A
31) Errado	**64)** Errado	**97)** D
32) Certo	**65)** Certo	**98)** D
33) Certo	**66)** D	**99)** D

100) C	**135)** E	**170)** A
101) E	**136)** C	**171)** A
102) D	**137)** B	**172)** C
103) D	**138)** E	**173)** E
104) C	**139)** E	**174)** E
105) C	**140)** E	**175)** D
106) E	**141)** C	**176)** E
107) D	**142)** A	**177)** E
108) C	**143)** C	**178)** D
109) Certo	**144)** D	**179)** C
110) Errado	**145)** E	**180)** D
111) Certo	**146)** B	**181)** B
112) Errado	**147)** C	**182)** A
113) A	**148)** E	**183)** A
114) D	**149)** E	**184)** D
115) A	**150)** E	**185)** B
116) E	**151)** A	**186)** A
117) B	**152)** B	**187)** B
118) C	**153)** C	**188)** D
119) B	**154)** D	**189)** Errado
120) C	**155)** E	**190)** E
121) C	**156)** A	**191)** B
122) E	**157)** E	**192)** A
123) A	**158)** C	**193)** E
124) D	**159)** B	**194)** Certo
125) B	**160)** A	**195)** Errado
126) E	**161)** B	**196)** B
127) C	**162)** E	**197)** B
128) B	**163)** D	**198)** A
129) D	**164)** B	**199)** C
130) C	**165)** C	**200)** A
131) E	**166)** D	**201)** E
132) C	**167)** C	**202)** Errado
133) D	**168)** E	**203)** D
134) E	**169)** D	**204)** B

205) C	**240)** B	**275)** A
206) B	**241)** D	**276)** Errado
207) C	**242)** A	**277)** B
208) A	**243)** C	**278)** E
209) Errado	**244)** D	**279)** B
210) Errado	**245)** C	**280)** Errado
211) B	**246)** D	**281)** Errado
212) B	**247)** Certo	**282)** Certo
213) C	**248)** B	**283)** Errado
214) C	**249)** D	**284)** Errado
215) D	**250)** A	**285)** A
216) D	**251)** Errado	**286)** D
217) C	**252)** A	**287)** B
218) B	**253)** A	**288)** E
219) D	**254)** C	**289)** C
220) Errado	**255)** Errado	**290)** D
221) B	**256)** Certo	**291)** Certo
222) E	**257)** Errado	**292)** Errado
223) Certo	**258)** Errado	**293)** Errado
224) D	**259)** Certo	**294)** Certo
225) B	**260)** C	**295)** Errado
226) Errado	**261)** D	**296)** A
227) A	**262)** E	**297)** B
228) A	**263)** E	**298)** B
229) A	**264)** D	**299)** Errado
230) Errado	**265)** C	**300)** Errado
231) Errado	**266)** A	**301)** C
232) E	**267)** Errado	**302)** D
233) A	**268)** Certo	**303)** A
234) A	**269)** C	**304)** D
235) C	**270)** Certo	**305)** D
236) A	**271)** A	**306)** A
237) Errado	**272)** B	**307)** B
238) C	**273)** B	**308)** C
239) Certo	**274)** D	**309)** A
		310) B

REFERÊNCIAS

AARNIO, Aulis. *Lo racional como razonable*: un tratado sobre la justificación jurídica. Madrid: Centro de Estudios Constitucionales, 1991.

ADEODATO, João Maurício. *Filosofia do direito*: uma crítica à verdade na ética e na ciência. São Paulo: Saraiva, 2005.

ALEXY, Robert. *Teoria da argumentação jurídica*. São Paulo: Landy, 2001.

_____. *Teoría de los derechos fundamentales*. Madrid: CEPC, 2002.

_____. *Constitucionalismo discursivo*. Porto Alegre: Livraria do Advogado, 2007.

ALVIM, Angélica Arruda. Princípios constitucionais do processo, *Revista de Processo*, São Paulo, ano 19, n. 74, 1994.

ALVIM, Teresa Arruda. *Nulidades da sentença*. 3. ed. São Paulo: Revista dos Tribunais, 1993.

AMARAL, Gustavo. *Direito, escassez e escolha*. Rio de Janeiro: Renovar, 2001.

ANDRADE, Christiano José de. *O problema dos métodos da interpretação jurídica*. São Paulo: Revista dos Tribunais, 1992.

ARAÚJO CINTRA, Antônio Carlos de; GRINOVER, Ada Pellegrini; DINAMARCO, Cândido Rangel. *Teoria geral do processo*. 14. ed. São Paulo: Malheiros, 1997.

ARIZA, Santiago Sastre. La ciencia jurídica ante el neoconstitucionalismo. In: CARBONELL, Miguel (Org.). *Neoconstitucionalismo(s)*. Madrid: Editorial Trotta, 2003.

ARRUDA JÚNIOR, Edmundo Lima de. *Lições de direito alternativo II*. São Paulo: Acadêmica, 1992.

_____; GONÇALVES, Marcus Fabiano. *Fundamentação ética e hermenêutica*: alternativas para o direito. Florianópolis: Cesusc, 2002.

ATIENZA, Manuel. *As razões do direito*: teorias da argumentação jurídica. São Paulo: Landy, 2003.

ÁVILA, Humberto. *Teoria dos princípios*. São Paulo: Malheiros, 2005.

BARACHO, José Alfredo de Oliveira. *Processo constitucional*. Rio de Janeiro: Forense, 1984.

BARCELLOS, Ana Paula de. *A eficácia jurídica dos princípios constitucionais*: o princípio da dignidade da pessoa humana. Rio de Janeiro: Renovar, 2002.

BARROSO, Luís Roberto. *O direito constitucional e a efetividade de suas normas*. 5. ed. Rio de Janeiro: Renovar, 2001.

_____. *Interpretação e aplicação da Constituição*. São Paulo: Saraiva, 2002.

_____. *A nova interpretação constitucional*. Rio de Janeiro: Renovar, 2006.

BAUMAN, Zygmunt. *O mal-estar da pós-modernidade*. Rio de Janeiro: Jorge Zahar, 1998.

BEDAQUE, José Roberto dos Santos. *Direito e processo*: influência do direito material sobre o processo. São Paulo: Malheiros, 1995.

BERGEL, Jean-Louis. *Teoria geral do direito*. São Paulo: Martins Fontes, 2001.

BERMAN, Marshall. *Tudo o que é sólido desmancha no ar*: a aventura da modernidade. São Paulo: Companhia das Letras, 1986.

BETTI, Emilio. *Interpretación de la ley y de los actos jurídicos*. Madrid: Editoriales de Derecho Reunidas, 1956.

BITTAR, Eduardo Carlos Bianca. *Curso de filosofia do direito*. São Paulo: Atlas, 2001.

BLEICHER, Josef. *Hermenêutica contemporânea*. Lisboa: Edições 70, 1980.

BOBBIO, Norberto. *A era dos direitos*. Trad. Carlos Nelson Coutinho. Rio de Janeiro: Campus, 1992.

_____. *Teoria do ordenamento jurídico*. Brasília: UnB, 1996.

_____. *O positivismo jurídico*: lições de filosofia do direito. São Paulo: Ícone, 1999a.

_____. *Teoria generale del derecho*. Santa Fé de Bogotá: Editorial Temis, 1999b.

_____. *Teoria da norma jurídica*. Bauru: Edipro, 2003.

BONAVIDES, Paulo. *Curso de direito constitucional*. 11. ed. São Paulo: Malheiros, 2001.

BRASIL. Constituição (1988). *Constituição da República Federativa do Brasil*. Brasília: Senado, 1988.

BRITO, Edvaldo. *Limites da revisão constitucional*. Porto Alegre: Sergio Antonio Fabris Editor, 1993.

_____. Teoria da decisão, *Revista do Magistrado*, Salvador: Tribunal de Justiça, n. 2, 2005.

CAMARGO, Marcelo Novelino. *Leituras complementares de direito constitucional*. Salvador: JusPodivm, 2007.

CANARIS, Claus Wilhelm. *Pensamento sistemático e conceito de sistema na ciência do direito*. Trad. A. Menezes Cordeiro. Lisboa: Fundação Calouste Gulbenkian, 1989.

CANOTILHO, J. J. Gomes. *Direito constitucional e teoria da Constituição*. Coimbra: Almedina, 1991.

_____. *Direito constitucional e teoria da Constituição*. 3. ed. Coimbra: Almedina, 1998.

_____; MOREIRA, Vital. *Fundamentos da Constituição*. Coimbra: Coimbra Ed., 1991.

CASTRO, Auto de. *A ideologia jusnaturalista*: dos estoicos à ONU. Salvador: S. A. Artes Gráficas, 1954.

CHAUÍ, Marilena et al. *Primeira filosofia*: lições introdutórias. São Paulo: Brasiliense, 1984.

COELHO, Fábio Ulhoa. *Roteiro de lógica jurídica*. São Paulo: Max Limonad, 1997.

COMPARATO, Fábio Konder. *A afirmação histórica dos direitos humanos*. São Paulo: Saraiva, 2005.

_____. *Ética*: direito, moral e religião no mundo moderno. São Paulo: Companhia das Letras, 2006.

CORREAS, Oscar. *Pluralismo jurídico, alternatividad y derecho indígena*. México-D.F.: Ed. Fontamara, 2003.

COSSIO, Carlos. *La valoración jurídica y la ciencia del derecho*. Buenos Aires: Ediciones Arayú, 1954.

CUNHA JÚNIOR, Dirley da. *Controle judicial das omissões do poder público.* São Paulo: Saraiva, 2004.

_____. *Controle de constitucionalidade*: teoria e prática. Salvador: JusPodivm, 2006.

DANTAS, David Diniz. *Interpretação constitucional no pós-positivismo*: teoria e casos práticos. São Paulo: Madras, 2005.

DE GIORGI, Raffaele. *Scienza del diritto e legittimazione.* Lecce: Pensa Multimedia, 1998.

_____. *Temi di filosofia del diritto.* Lecce: Pensa Multimedia, 2006.

DIDIER JÚNIOR, Fredie. *Curso de direito processual civil.* 6. ed. Salvador: JusPodivm, 2006. v. 1.

DIMOULIS, Dimitri; MARTINS, Leonardo. *Teoria geral dos direitos fundamentais.* São Paulo: Revista dos Tribunais, 2007.

DINIZ, Maria Helena. *Compêndio de introdução à ciência do direito.* São Paulo: Saraiva, 2005.

DWORKIN, Ronald. *Los derechos en serio.* Trad. Marta Guastavino. Barcelona: Ed. Ariel, 1997.

_____. *O império do direito.* Trad. Jefferson Luiz Camargo. São Paulo: Martins Fontes, 1999.

_____. *Uma questão de princípio.* Trad. Luís Carlos Borges. São Paulo: Martins Fontes, 2000.

ECO, Umberto. *Interpretação e superinterpretação.* São Paulo: Martins Fontes, 2005.

ENGISCH, Karl. *El ambito de lo no jurídico.* Córdoba: Universidad Nacional de Córdoba, 1960.

_____. *Introdução ao pensamento jurídico.* Lisboa: Fundação Calouste Gulbenkian, 1988.

ENTERRÍA, Eduardo García. *Reflexiones sobre la ley y los principios generales del derecho.* Madrid: Editorial Civitas, 1986.

ESPÍNDOLA, Ruy Samuel. *Conceitos de princípios constitucionais*: elementos para uma dogmática constitucionalmente adequada. São Paulo: Revista dos Tribunais, 1999.

FERRAJOLI, Luigi. *Direito e razão*: teoria do garantismo penal. São Paulo: Revista dos Tribunais, 2002.

FERRAZ JUNIOR, Tercio Sampaio. *A ciência do direito*. São Paulo: Atlas, 1980.

_____. *Introdução ao estudo do direito*: técnica, decisão e dominação. São Paulo: Atlas, 1994.

_____. *Introdução ao estudo do direito*: técnica, decisão e dominação. 5. ed. São Paulo: Atlas, 2007.

FERREIRA, Pinto. *Manual de sociologia e de pesquisa social*. Rio de Janeiro: Forense, 1988.

FLEINER, Thomas. *O que são direitos humanos?* São Paulo: Max Limonad, 2003.

FOUCAULT, Michel. *A ordem do discurso*. São Paulo: Edições Loyola, 2002.

GADAMER, Hans-Georg. *Verdade e método*: fundamentos de hermenêutica filosófica. Petrópolis: Vozes, 1997.

GOMES, Orlando. *A crise do direito*. São Paulo: Max Limonad, 1955.

_____. *Raízes históricas e sociológicas do Código Civil brasileiro*. São Paulo: Martins Fontes, 2003.

GRAU, Eros Roberto. *Ensaio e discurso sobre a interpretação/aplicação do direito*. São Paulo: Malheiros, 2002.

GRENZ, Stanley J. *Pós-modernismo*: um guia para entender a filosofia do nosso tempo. Trad. Antivan Guimarães Mendes. São Paulo: Vida Nova, 1997.

GRINOVER, Ada Pellegrini. *Garantia constitucional do direito de ação*. São Paulo: Revista dos Tribunais, 1973.

_____. *Teoria geral do processo*. São Paulo: Malheiros, 1997.

GUERRA FILHO, Willis S. *Autopoiese do direito na sociedade pós-moderna*. Porto Alegre: Livraria do Advogado, 1997a.

_____. *Dos direitos humanos aos direitos fundamentais*. Porto Alegre: Livraria do Advogado,1997b.

_____. Sobre o princípio da proporcionalidade. In: LEITE, George Salomão. *Dos princípios constitucionais*: considerações em torno das normas principiológicas da Constituição. São Paulo: Malheiros, 2003.

GUIBOURG, Ricardo A. et al. *Introducción al conocimiento científico*. Buenos Aires: Editoria Universitaria de Buenos Aires, 1996.

GUIMARÃES, Aquiles Côrtes. *Fenomenologia e direitos humanos*. Rio de Janeiro: Lumen Juris, 2007.

GUSMÃO, Paulo Dourado de. *Filosofia do direito*. Rio de Janeiro: Forense, 1985.

_____. *Introdução ao estudo do direito*. Rio de Janeiro: Forense, 2003.

HÄBERLE, Peter. The constitutional state and its reform requirements, *Ratio Juris*, Oxford: Blackwell, v. 13, n. 1, 2000.

HABERMAS, Jünger. *Direito e democracia*: entre facticidade e validade. Trad. Flávio Beno Siebeneichler. Rio de Janeiro: Tempo Brasileiro, 1997.

HEIDEGGER, Martin. *Ser e tempo*. Petrópolis: Vozes, 1997.

Holmes, Stephen; Sunstein, Cass R. *The cost of rights*: why liberty depends on taxes. Nova Iorque/Londres: Norton, 1999.

HORKHEIMER, Max. *Eclipse da razão*. Rio de Janeiro: Labor, 1976.

JORGE JÚNIOR, Alberto Gosson. *Cláusulas gerais no novo Código Civil*. São Paulo: Saraiva, 2004.

KANT, Immanuel. *Crítica da razão prática*. Trad. Rodolfo Schaefer. São Paulo: Martin Claret, 2005.

KELSEN, Hans. *Teoria pura do direito*. São Paulo: Martins Fontes, 1994.

_____. *Teoria pura do direito*. 4. ed. São Paulo: Martins Fontes, 1995.

_____. *O que é justiça?* São Paulo: Martins Fontes, 2001.

_____. *O problema da justiça*. São Paulo: Martins Fontes, 2003.

_____. *Teoria pura do direito*. Trad. João Baptista Machado. 7. ed. São Paulo: Martins Fontes, 2006.

KRELL, Andreas Joachim. *Direitos sociais e controle judicial no Brasil e na Alemanha*: os (des)caminhos de um direito constitucional comparado. Porto Alegre: Sergio Antonio Fabris Editor, 2002.

KUHN, T. S. *A estrutura das revoluções científicas*. São Paulo: Perspectiva, 1994.

LACERDA, Galeno. O código como sistema legal de adequação do processo, *Revista do Instituto dos Advogados do Rio Grande do Sul – Comemorativa do Cinquentenário*, Porto Alegre, 1976.

LARENZ, Karl. *Metodologia da ciência do direito*. Lisboa: Fundação Calouste Gulbenkian, 1989.

_____. *Derecho justo*: fundamentos de ética jurídica. Madrid: Civitas, 1993.

LATORRE, Angel. *Introdução ao direito*. Coimbra: Almedina, 2002.

LEAL, Rosemiro Pereira. *Teoria processual da decisão jurídica*. São Paulo: Landy, 2002.

LUHMANN, Niklas. *El derecho de la sociedad*. México, D.F.: Universidad Ibero-americana, 2002.

MACHADO NETO, Antônio Luís. *Sociologia do direito natural*. Salvador: Progresso, 1957.

_____. *Dois estudos de eidética sociológica*. Salvador: Universidade Federal da Bahia, 1975.

_____. *Sociología jurídica*. São Paulo: Saraiva, 1987.

_____. *Compêndio de introdução à ciência do direito*. São Paulo: Saraiva, 1988.

MARCONDES, Danilo. *Iniciação à história da filosofia*. Rio de Janeiro: Jorge Zahar, 1997.

MARINONI, Luiz Guilherme. A jurisdição no estado contemporâneo. *Estudos de direito processual civil – Homenagem ao Professor Egas Dirceu Moniz de Aragão*. São Paulo: Revista dos Tribunais, 2005.

MARMOR, Andrei. *Direito e interpretação*. Trad. Luís Carlos Borges. São Paulo: Martins Fontes, 2000.

MARQUES, Cláudia Lima. *Contratos no Código de Defesa do Consumidor*. São Paulo: Revista dos Tribunais, 2002.

MARTINS-COSTA, Judith; BRANCO, Gerson Luiz Carlos. *Diretrizes teóricas do novo Código Civil brasileiro*. São Paulo: Saraiva, 2002.

MELLO, Celso Bandeira de. *Discricionariedade e controle jurisdicional*. São Paulo: Malheiros, 1998.

MENDONÇA, Paulo Roberto Soares. *A argumentação nas decisões judiciais*. Rio de Janeiro: Renovar, 1997.

MIAILLE, Michel. *Introdução crítica ao direito*. Lisboa: Editorial Estampa, 2005.

MIRANDA, Jorge. *Manual de direito constitucional*. Coimbra: Coimbra Ed., 2000. t. IV.

MONTESQUIEU, Charles de Secondat, Baron de. *O espírito das leis*: as formas de governo, a federação, a divisão dos poderes, presidencialismo *versus* parlamentarismo. Introdução, tradução e notas de Pedro Vieira Mota. São Paulo: Saraiva, 1996.

MORAES, Alexandre de. *Direito constitucional*. São Paulo: Atlas, 2006.

MORAES, Maria Celina Bodin de. O conceito de dignidade humana: substrato axiológico e conteúdo normativo. In: SARLET, Ingo Wolfgang. *Constituição, direitos fundamentais e direito privado*. Porto Alegre: Livraria do Advogado, 2003.

MOREIRA, José Carlos Barbosa. A função social do processo civil moderno e o papel do juiz e das partes na direção e instrução do processo, *Revista de Processo*, São Paulo, ano 10, n. 37, 1985.

MORIN, Edgar. *Para sair do século XX*. Trad. Vera Harvey. Rio de Janeiro: Nova Fronteira, 1986.

MOURULLO, Gonzalo Rodríguez. *Aplicación judicial del derecho y lógica de la argumentación jurídica*. Madrid: Editorial Civitas, 1988.

NADAL, Fábio. *A Constituição como mito*: o mito como discurso legitimador da Constituição. São Paulo: Método, 2006.

NADER, Paulo. *Filosofia do direito*. Rio de Janeiro: Forense, 2000.

_____. *Introdução ao estudo do direito*. Rio de Janeiro: Forense, 2003.

NEDEL, José. *John Rawls*: uma tentativa de integração de liberdade e igualdade. Porto Alegre: Edipucrs, 2000.

NERY JÚNIOR, Nelson. *Princípios do processo civil na Constituição Federal*. 3. ed. São Paulo: Revista dos Tribunais, 1996.

NEVES, Marcelo C. P. *A constitucionalização simbólica*. São Paulo: Acadêmica, 1994.

_____. Constitucionalização simbólica e desconstitucionalização fática: mudança simbólica da Constituição e permanência das estruturas reais de poder, *Revista de Informação Legislativa*, Brasília: Senado Federal, n. 132, out./dez. 1996, p. 321-30.

NINO, Carlos Santiago. *Consideraciones sobre la dogmática jurídica (con referencia particular a la dogmática penal)*. México: UNAM, 1974.

NUNES, Luiz Antônio Rizzatto. *O princípio constitucional da dignidade da pessoa humana*. São Paulo: Saraiva, 2002.

_____. *Manual de introdução ao estudo do direito*. São Paulo: Saraiva, 2003.

OLIVEIRA, Marcelo Andrade Cattoni de. *Devido processo legislativo*. Belo Horizonte: Mandamentos, 2000.

PALMER, Richard E. *Hermenêutica*. Lisboa: Edições 70, 1999.

PARDO, Davi Wilson de Abreu. *Os direitos fundamentais e a aplicação judicial do direito*. Rio de Janeiro: Lumen Juris, 2003.

PASQUALINI, Alexandre. Hermenêutica: uma crença intersubjetiva na busca da melhor leitura possível. In: BOUCAULT, Carlos E. de Abreu; RODRIGUEZ, José Rodrigo. *Hermenêutica plural*. São Paulo: Martins Fontes, 2002.

PECES-BARBA, Gregório Martínez. *La dignidad de la persona desde la filosofia del derecho*. Madrid: Dykinson, 2003.

PERELMAN, Chaïm. *Lógica jurídica*: nova retórica. Trad. Virginia Pupi. São Paulo: Martins Fontes, 1998.

_____. *Ética e direito*. Trad. Maria Ermantina Galvão. São Paulo: Martins Fontes, 1999.

PETRINI, João Carlos. *Pós-modernidade e família*: um itinerário de compreensão. Bauru-SP: Edusc, 2003.

PIOVESAN, Flávia. *Direitos humanos e o direito constitucional internacional*. 4. ed. São Paulo: Max Limonad, 2000.

POPPER, Karl. *O mito do contexto*. Lisboa: Edições 70, 1999.

PORTANOVA, Rui. *Princípios do processo civil*. Porto Alegre: Livraria do Advogado, 1997.

_____. *Motivações ideológicas da sentença*. 5. ed. Porto Alegre: Livraria do Advogado, 2003.

RASELLI, Alessandro. *Studi sul potere discrezionale del giudice civile*. Milano: Giuffrè, 1975.

RAWLS, John. *Uma teoria da justiça*. São Paulo: Martins Fontes, 2002.

_____. *Justiça e democracia*. São Paulo: Martins Fontes, 2003.

REALE, Miguel. *Fundamentos do direito*. São Paulo: Revista dos Tribunais/Universidade de São Paulo, 1972.

_____. *Teoria tridimensional do direito*. São Paulo: Saraiva, 1994.

_____. *Filosofia do direito*. São Paulo: Saraiva, 1995.

_____. *Lições preliminares de direito*. São Paulo: Saraiva, 1995.

_____. *Lições preliminares de direito*. 23. ed. São Paulo: Saraiva, 1996.

RICOEUR, Paul. *Do texto à ação*. Porto: Rés, 1989.

_____. *Conflito das interpretações*: ensaios de hermenêutica. Porto: Rés, 1989b.

ROUANET, Paulo Sérgio. *Mal-estar na modernidade*. São Paulo: Companhia das Letras, 1993.

SÁ, Djanira Maria Radamés de. *Teoria geral do direito processual civil*. 2. ed. São Paulo: Saraiva, 1998.

SABADELL, Ana Lucia. *Manual de sociologia jurídica*: introdução a uma leitura externa do direito. São Paulo: Revista dos Tribunais, 2002; 2008.

SALDANHA, Nelson. *Ordem e hermenêutica*. Rio de Janeiro: Renovar, 1988.

SANTOS, Boaventura de Sousa. *Pela mão de Alice*: o social e o político na pós--modernidade. São Paulo: Cortez, 1995.

_____. *Crítica da razão indolente*: contra o desperdício de experiência. São Paulo: Cortez, 2001.

SARLET, Ingo Wolfgang. *A eficácia dos direitos fundamentais*. Porto Alegre: Livraria do Advogado, 1998.

_____. *Dignidade da pessoa humana e direitos fundamentais na Constituição Federal de 1988*. Porto Alegre: Livraria do Advogado, 2001.

SCHLEIERMACHER, Friedrich. *Hermenêutica*. Petrópolis: Vozes, 1999.

SCURO NETO, Pedro. *Sociologia geral e jurídica*. São Paulo: Saraiva, 2004.

SECCO, Orlando de Almeida. *Introdução ao estudo do direito*. Rio de Janeiro: Lumen Juris, 2009.

SICHES, Luís Recaséns. *Tratado general de filosofia del derecho*. México: Editorial Porrúa, 1959.

_____. *Nueva filosofia de la interpretación del derecho*. México: Fondo de Cultura Económica, 1980.

SILVA, José Afonso da. *Aplicabilidade das normas constitucionais*. 7. ed. São Paulo: Malheiros, 2007.

SOARES, Ricardo Maurício Freire. *A nova interpretação do Código brasileiro de Defesa do Consumidor*. São Paulo: Saraiva, 2007.

_____. *Tendências do pensamento jurídico contemporâneo*. Salvador: JusPodivm, 2007.

_____. *Direito, justiça e princípios constitucionais*. Salvador: JusPodivm, 2008.

_____. *O devido processo legal*: uma visão pós-moderna. Salvador: JusPodivm, 2008.

_____. *O princípio constitucional da dignidade da pessoa humana*. São Paulo: Saraiva, 2010.

_____. *Hermenêutica e interpretação jurídica*. São Paulo: Saraiva, 2010.

SOUSA, António Francisco de. *Conceitos indeterminados no direito administrativo*. Coimbra: Almedina, 1994.

SOUZA, Carlos Aurélio Mota de. *Segurança jurídica e jurisprudência:* um enfoque filosófico-jurídico. São Paulo: LTr, 1996.

STRECK, Lenio Luiz. *Hermenêutica jurídica e(m) crise*: uma exploração hermenêutica da construção do direito. Porto Alegre: Livraria do Advogado, 2001.

TEPEDINO, Gustavo. *A parte geral do novo Código Civil*: estudos na perspectiva civil-constitucional. Rio de Janeiro: Renovar, 2002.

TEUBNER, Gunther. *O direito como sistema autopoiético*. Lisboa: Fundação Calouste Gulbenkian, 1993.

TORRES, Ricardo Lobo (Org.). *Legitimação dos direitos humanos*. Rio de Janeiro: Renovar, 2002.

TOURAINE, Alain. *Crítica da modernidade*. Petrópolis: Vozes, 1994.

TUCCI, Rogério Lauria; TUCCI, José Rogério Cruz. *Constituição de 1988 e processo*. São Paulo: Saraiva, 1989.

VALDÉS, Joaquín Arce y Flórez. *Los principios generales del derecho y su formulación constitucional*. Madrid: Editorial Civitas, 1990.

VENOSA, Sílvio de Salvo. *Introdução ao estudo do direito*. São Paulo: Atlas, 2006.

VERDÚ, Pablo Lucas. *Teoria de la constitución como ciencia cultural*. 2. ed. Madrid: Dykinson, 1998.

VIEHWEG, Theodor. *Tópica e jurisprudência*. Brasília: Departamento de Imprensa Nacional, 1979.

VIEIRA, Oscar Vilhena. *Direitos fundamentais*: uma leitura da jurisprudência do STF. São Paulo: Malheiros, 2006.

WARAT, Luis Alberto. *Lenguage y definición jurídica*. Buenos Aires: Cooperadora de Derecho y Ciencias Sociales, 1973.

_____. *Filosofia do direito*: uma introdução crítica. São Paulo: Moderna, 1996.

WATANABE, Kazuo. *Da cognição no processo civil*. 2. ed. Campinas: Bookseller, 2000.

WRÓBLEWSKI, Jerzy. *Constitución y teoría general de la interpretación jurídica*. Madrid: Editorial Civitas, 1988.

ZIULU, Adolfo Gambino. *Derecho constitucional*: principios y derechos constitucionales. Buenos Aires: Depalma, 1997.